LUZIA
SUTTER REHMANN

GEH – FRAGE

(4.Esra 5)

die Gebärerin

Feministisch-
befreiungstheologische
Untersuchungen
zum Gebärmotiv
in der Apokalyptik

Mit einem Vorwort von
Luise Schottroff

Chr. Kaiser
Gütersloher
Verlagshaus

Die Deutsche Bibliothek – CIP-Einheitsaufnahme

Sutter Rehmann, Luzia:
Geh, frage die Gebärerin! : Feministisch–
befreiungstheologische Untersuchungen
zum Gebärmotiv in der Apokalyptik / Luzia Sutter Rehmann.
Mit einem Vorw. von Luise Schottroff. –
Gütersloh : Kaiser, Gütersloher Verl.-Haus, 1995
ISBN 3-579-00099-3

ISBN 3-579-00099-3
© Chr. Kaiser/Gütersloher Verlagshaus, Gütersloh 1995

Umschlaggestaltung: Dieter Rehder, Aachen
Gesamtherstellung: Weserdruckerei Rolf Oesselmann GmbH, Stolzenau
Gedruckt auf chlorfrei gebleichtem Werkdruckpapier
Printed in Germany

»Giving birth. But who gives it? And to whom
is it given? Certainly it doesn't feel
like giving, which implies a flow, a gentle
handing over, no coercion ... Maybe the
phrase was made by someone viewing the
result only ... Yet one more thing that needs
to be re-named.«

*Margaret Atwood**

»Geh hin und frage die Schwangere,
ob nach neun Monaten ihre Gebärmutter
das Kindchen noch zurückhalten kann?
Ich sprach: Gewiß nicht, Herr!
Und er erwiderte mir:
In der Unterwelt sind die Kammern
der Seelen der Gebärmutter zu vergleichen.
Denn, wie eine gebärende Frau sich beeilt,
der Geburtsnot zu entkommen,
so beeilen sich auch diese,
das zurückzugeben, was ihnen von Anfang an
anvertraut worden war.«

4Esr 4,40-42

* Margaret Atwood, Giving Birth, S. 225

Inhalt

Dank

Beim Abschluß meines Theologiestudiums stand ich ziemlich schiffbrüchig da: voller feministischer Kritik, aufgebracht über das Verschweigen der Frauengeschichte und die Absolutsetzung der männlichen Perspektive, angefüllt mit Wissen, das mich nicht befreite, eher denkunfähig machte. Da mein feministischer Ansatz in der Abschlußarbeit Herrn Professor Heinrich Ott weiterführend schien, ermunterte er mich, eine Dissertation zu unternehmen.

Ich – eine Dissertation? Konnte ich denn so viel lesen, erarbeiten, denken, kombinieren – daran glaubte ich eigentlich nicht. Doch mein Freund, Christoph Rehmann, und einige Freundinnen, waren von der Idee begeistert. Zuerst brachte ich widerwillig mein Vikariat hinter mich. Während dieser Zeit reifte mein Entschluß, es mit einer Dissertation zu versuchen. Doch wo konnte ich eine Doktormutter finden, die mich wirklich lehrte, begleitete, ermunterte, kritisierte und weiterführte?

Ich schrieb »große« Frauen an, deren Namen mir von Büchern bekannt waren. Ihre Reaktionen waren enttäuschend: Aus strukturellen Gründen konnten sie keine Doktorandinnen zur Promotion führen.

Luise Schottroff schrieb, daß sie zur Zeit noch nicht feministische Dissertationen betreuen könnte. Doch vielleicht würde sie demnächst ihren Ort wechseln...

Beinahe vergaß ich mein Ansinnen und versuchte, mich in das Gemeindeleben zu schicken. Als ich die frohe Botschaft von Luise Schottroff erhielt, daß sie in Kassel Doktorandinnen betreuen könne, war ich vertretende Pfarrerin in einem kleinen Dorf im Baselbiet. Nun war es soweit. Ich freute mich auf eine Vertiefung in Feministischer Theologie und die Aussicht auf eine inspirierende Auseinandersetzung, auf einen Weg, dessen Ziel ich nicht kannte, aber dessen verschlungene Kurven mich interessierten, und dessen Blumen am Rand verlockten mich. Die Frauen-Bewegung braucht kompetentes Wissen, braucht die Aufarbeitung der christlichen Traditionen, um sich bewußt verwurzeln zu können.

Mit einer Freundin wagte ich die Reise zu Luise Schottroff. Auch wenn diese Freundin schnell aus dem Unternehmen ausgestiegen ist, bin ich ihr dankbar für diesen gemeinsamen Aufbruch.

Im DoktorandInnen-Kreis entdeckte ich gleichgesinnte Frauen, Schwestern wie Ruth Habermann und Ivoni Richter Reimer, die genauso wissensdurstig und voller Tatenlust waren, und von strukturellen patriarchalen Hürden gebremst wurden wie ich teilweise auch.

Diese Treffen – voller intellektueller Herausforderungen – schufen für mich den Boden, auf dem ich zaghaft losmarschieren konnte.

Da ich keine finanzielle Unterstützung für eine Auslandspromotion finden konnte, suchte ich nach einer Teilzeitstelle. Gottlob fand ich diese rasch in der Projektstelle für Frauen der evangelisch-reformierten Kirche Basel.

Nun begann eine energievolle Zeit, die vom Wechsel zwischen der geduldigen Lese- und Schreibarbeit zuhause und der quirligen, bewegten Frauenarbeit auf der Stelle charakterisiert war. Es gab viele powervolle Sitzungen mit suchenden und aufgebrochenen Frauen, viele Möglichkeiten, sich zu stärken, zu organisieren, öffentlich zu werden – und immer wieder stille, konzentrierte Arbeit beim Forschen als Innewerden, Arbeit auch an mir, nicht nur an den Texten.

Diese Zeit wurde durch unser erstes Kind verändert. Nun begann der Dreitakt: Stelle – Dissertation – Kind, der mich oft außer Atem brachte. Umso mehr als unsere Flurina ein krankes Herz hatte und gefährdetes Leben mitbrachte. Die Auseinandersetzung mit dem Arbeitsthema ›Gebären‹ wude durch existentielles Bangen und Hoffen intensiviert. Ihr Tod bedeutete eine Zäsur – aber nicht das Ende meiner Arbeit.

In der Zeit zwischen Februar 1989 und April 1993 sind unsere drei Töchter zur Welt gekommen und Flurina ist gestorben – und dennoch war dies die Schreibzeit meiner Arbeit, die intensivste Zeit.

Viel Dank gebührt hier meinem Freund und Lebenspartner, Christoph Rehmann, der mich tausendmal durch wüste Einöden begleitete und wieder an den Schreibtisch schubste, der mir half, Bücher auszuleihen und Texte zu korrigieren, mich mit Hören und Diskutieren unterstützte und mit mir Job-Sharing im Haushalt praktizierte.

Viel Dank gehört auch meinen Eltern, die als hütende Großeltern ihren Beitrag zu dieser Arbeit geleistet haben.

Und Luise Schottroff begleitete mich in ein neues Wissensgebiet und öffnete mir Zugänge zu Literatur, Methoden und Fragestellungen. Sie wurde mir Wegbereiterin, Lehrerin und unermüdliche Hebamme in allen Dissertations-Wehen.

In der Kursarbeit meiner Stelle habe ich Interesse und Unterstützung erfahren. Es war mir sehr wichtig, daß ich das Erforschte weitergeben und somit prüfen und ergänzen konnte. Hier möchte ich allen Teilnehmerinnen danken, die mich während der Entstehungszeit meiner Arbeit auf ihre Weise kritisiert und beflügelt haben.

Zum Fertigstellen einer Dissertation braucht es am Ende doch unzählige Arbeitsgänge. Hier danke ich Stefanie Rieke-Kochsiek, Dr. Verena Jegher, Doris Strahm und Dr. Marga Bührig – mit viel Engagement haben sie Korrekturen angebracht und mitgelesen. Gerry Thönen hat mir sein Computerwissen zur Verfügung gestellt und lange Überarbeitungsphasen mit mir ausgehalten. Dr. Else Kähler hat mir vor der Drucklegung noch einmal viel Zeit und Energie geschenkt, um meine Arbeit kritisch durchzulesen.

Schließlich danke ich der evangelisch-reformierten Kirche Basel, die die Drucklegung dieser Arbeit großzügig unterstützte.

Sieben Jahre Arbeit und Leben sind mit diesem Buch verbunden und tiefer Dank an alle, die mit mir diese Jahre geteilt haben.

Luzia Sutter Rehmann

Vorwort

In der Bilder- und Mythensprache apokalyptischer Texte ist das Gebären ein häufiges Motiv. Indem Luzia Sutter Rehmann von dieser Tatsache ausgeht und sie in verschiedene Richtungen entfaltet, hat sie zum Ziel, einen Beitrag zu einer feministisch-theologischen Eschatologie zu leisten.

Das Thema Eschatologie ist in der feministisch-theologischen Diskussion bisher ein Randthema geblieben. Nur Rosemary R. Ruether hat ihm bisher größere Beachtung geschenkt, obwohl die Suche nach Quellen der Hoffnung ein zentrales feministisch-theologisches Anliegen ist.

Die Untersuchung von jüdischen und christlichen apokalyptischen Texten, in denen das Gebärmotiv eine Rolle spielt, legt eine feministisch-kritische Perspektive auf diese Texte nahe: Wie kommen Frauenerfahrungen in ihnen zur Sprache?

Wie sich im Verlauf der Arbeit zeigt, führt das Gebärmotiv aber auch ins Zentrum apokalyptischen Denkens. Das umgangssprachliche Negativklischee (Apokalypse = Katastrophe) beruht – das wird sehr schnell deutlich – auf Mißverständnissen dieser Tradition. Luzia Sutter Rehmann gelingt es, die apokalyptische Hoffnungssprache und Hoffnungskraft in feministischen Fragen nach den Gebärerfahrungen der Frauen zu entfalten.

Luzia Sutter Rehmann spricht eine engagierte und warme Sprache, wie wir sie in wissenschaftlichen Zusammenhängen endlich wieder brauchen. Sie spricht von Hoffnungen in einer Welt, die uns zwingen will, alle Hoffnung fahren zu lassen. Dieses Buch bietet beides: Bilder und Sprache, die heute zu Herzen gehen, und historische Arbeit.

Die historische Arbeit zeigt, wie damals in der jüdischen und frühchristlichen Apokalyptik gelitten, gekämpft und gehofft wurde, wie die Erde und die Menschen geliebt wurden. Dieses Buch erschließt den Schatz apokalyptischer Traditionen, der lange besonders von ChristInnen verkannt wurde. Luzia Sutter Rehmann ist zugleich Historikerin und Lehrerin der Hoffnung heute. Sie macht deutlich, wie groß die Katastrophe unserer Zeit ist, in der die Verseuchung von Erde, Luft und Wasser unaufhaltsam scheint. Sie schöpft Kraft aus der Erinnerung an die Kämpfe unserer Vorfahren in neutestamentlicher Zeit und erweckt ihre Hoffnungen zu neuem Leben. Ich habe die Entstehung dieses Buches mit Freude begleitet. Es war eine Zeit voller Entdeckungen und Bereicherungen für mich.

Inhaltlich knüpft dieses Buch besonders an Jürgen Ebachs Apokalyptikforschung an, die gegenüber der traditionellen christlich-theologischen Forschung neue Wege geht; aber auch Ernst Käsemanns Theologie ist – wenn auch nicht unkritisiert – Grundlage dieser weiterführenden Arbeit.

Luzia Sutter Rehmann setzt sich mit dem Antijudaismus in der christlichen Bibelauslegung und Hermeneutik kritisch auseinander. Die Unterscheidung von jüdischer Apokalyptik und christlicher Eschatologie disqualifiziert Apokalyptik (als Berechnen des Endes usw.), ist also antijudaistisch – und macht die historische Verwurzelung des frühen Christentums in jüdischer Apokalyptik unsichtbar.

Diese Unterscheidung ist in nahezu allen christlichen Auslegungen bis auf einige marginale Ausnahmen in neuester Zeit anzutreffen.

Die sozialgeschichtliche Arbeit knüpft an meine Forschungen an. Sie umfaßt hier Aspekte der Geschichte jüdischer und christlicher MärtyrerInnen und Frauenerfahrungen mit Schwangerschaft, Geburt und sexueller Askese.

Die Abfolge der fünf Kapitel mit Textanalysen entspricht dem Forschungsprozeß dieser Arbeit. Die Autorin setzt mit Markus 13,28ff. und Röm 8,18-25 ein, weil sie hier traditionelle christliche Auslegung und feministisch-befreiungstheologische Auslegung miteinander vergleichen kann und so die inhaltlichen und methodischen Profile jeweils genauer sichtbar machen kann. Der nächste Schritt ist von dem Interesse bestimmt, apokalyptische Bilder und Mythologie aus ihrem Zusammenhang mit der Gemeindeorganisation im frühen Christentum heraus zu verstehen. Deshalb wird hier der Text 1 Kor 15,19-28 thematisiert, in dem es auf der mythologischen Ebene um die Herrschaft geht, und in den Zusammenhang der Gemeinde in Korinth gestellt (und dem Bild dieser Gemeinde, das in der christlichen Forschung vermittelt wird). Das 4. Esrabuch enthält auffällig viele Texte mit Verwendungen des Gebärmotivs und führt die Autorin zu dem Aspekt der kosmischen Dimension apokalyptischer Hoffnungen (Gebärende Erde). Ein Kapitel ist dem vielschichtigen Mythos von der Himmelskönigin in Apk 12 gewidmet. Der Autorin liegt daran, eindimensionale Erklärungen der apokalyptischen Hoffnungsprache zu vermeiden. Sie beharrt auf der Mehrdeutigkeit dieses apokalyptischen Mythos – wie der Apokalyptik überhaupt.

Dieses Kapitel ist ein Höhepunkt der Arbeit. Obwohl die Johannesapokalypse ein radikal androzentrischer und z. T. frauenfeindlicher Text ist, ist in Apk 12, 1-6 nicht nur eine Frau im Zentrum seiner Mythologie, es wird hier auch sichtbar, daß sich im frühen Christentum Gemeinden als Orte der Solidarität mit verfolgten, gequälten und leidenden Frauen verstanden. Die Extremsituation der gebärenden Himmelskönigin wird von Frau Sutter Rehmann durch weiteres außerbiblisches Material zur Gefährdung der Frauen durch Gebären und die Steigerung dieser Not in der Verfolgung von Frauen verdeutlicht.

Ich wünsche diesem Buch Leserinnen und Leser, die es für sich als Schatzkiste erkennen und seine Schätze immer wieder hervorholen, sie weiterbenutzen und weitergeben.

Luise Schottroff

I. Einführung

1. Einstieg

Es muß möglich sein, Wahrheit und Hoffnung zusammenzudenken. Die Gewißheit der Katastrophe als Folge vielfacher Gewalt *und* die Hoffnung, daß doch abwendbar sein könnte, was konsequent aus unserem Tun und Lassen folgt – auf beiden Augen sehend will ich Theologie betreiben. Die Analyse des Patriarchats[1] und die Sehnsucht nach der neuen Erde, wo Gottes Nähe für alle spürbar ist, sind die motivierenden Kräfte meines Arbeitens. Hoffnungslosigkeit halte ich für einen Luxus, den sich heute niemand mehr leisten kann.[2] Viele und immer mehr Menschen begreifen heute, daß eine Abkehr von der Gewalt nötig ist. Doch wie ist diese Abkehr denkbar? Ist sie es überhaupt? Ist »Rettung« nur aufgrund von Illusionen erhoffbar? Wer aber Hoffnung mit Illusionen zu Motoren der Lebenskraft machen will, baut auf Sand. Aus der Hoffnung auf Besserung resultiert eine Wirklichkeitsverleugnung. Wir können unsere Ansprüche an uns und andere nicht aufschieben, vertagen.

»Wir können es uns nicht leisten, das, was wir tun und sein können, auf eine Zukunft zu verlagern. Die Bewährungsprobe findet jetzt statt. Alles, was wir zu tun haben, haben wir jetzt zu tun.«[3]

Damit führt das Zusammendenken von Wahrheit und Hoffnung, exakter Analyse und Sehnsucht nach der Nähe Gottes, zum befreienden Handeln, zur Praxis der Veränderung. Abkehr von Gewalt heißt Umkehr zum Leben.

2. Zur Apokalyptik-Forschung

In der Apokalyptik-Forschung ist bis heute keine befriedigende Definition, was Apokalyptik denn sei, gefunden worden. Wohl gilt allgemein, daß »Apokalypse« die Literaturgattung der Offenbarungsschriften bezeichnet, während »Apokalyptik« darüber hinaus die religiöse Vorstellungswelt, die geistige Strömung meint, aus der diese Literatur stammt.[4] Meist wird anhand formaler Merkmale wie z.B.

---

1. Zur Patriarchatsdefinition siehe E. Schüssler Fiorenza, Brot statt Steine, S. 15, und dies., Methodenproblematik, S. 135/136.
2. Vgl. dazu Dorothee Sölle, Gott im Müll, S. 162f.
3. Christina Thürmer-Rohr, Vagabundinnen, S. 29.
4. Ph. Vielhauer, Geschichte der urchristlichen Literatur, S. 486.

Stilelemente (Pseudonymität, Himmels – u. Höllenreisen, Bildersprache, Jenseits-schilderungen) oder wesentliche Leitideen (Determinismus und Naherwartung, pessimistische Sicht des Menschen und des Kosmos, Endzeit-Urzeit-Motiv, Dua-lismus der zwei Äonen, Universalismus und Individualismus) ein Zugang zur Apokalyptik gesucht.[5] Immer wieder wird die Frage aufgeworfen, ob Apokalyp-tik ein Erbe der Prophetie und/oder der Weisheit sei.[6] Auch keineswegs geklärt ist die soziologische Frage nach den Trägerkreisen, die hinter der Apokalyptik ge-standen haben. Es gibt Versuche, eine antipharisäische Gruppe zu bezeichnen, die sich vom späteren Rabbinismus abgesetzt habe. Verbreitet ist auch die Ansicht, daß politisch unterdrückte Kreise Träger der Apokalyptik gewesen seien. Doch sei hier äußerste Vorsicht angebracht, da die Quellenlage eine genaue Fixierung nicht zuläßt.[7] Auch Johann Maier hält es für fragwürdig, eine soziologische Grup-pe als Träger der Apokalyptik bestimmen zu wollen. Zudem hält er den Gegen-satz Apokalyptik- Pharisäismus für unlogisch und auf falschen Voraussetzungen beruhend. Gerade das Buch Daniel habe für das rabbinische und das orthodoxe Judentum bis heute eine grundlegende Rolle gespielt.[8] Werner Zager weist in sei-ner Untersuchung über die Wertung der Apokalyptik in der neutestamentlichen Forschung darauf hin, daß diese verbreitet negativ ist. Der Apokalyptik wird nach-gesagt, daß sie die Zukunft, resp. das Ende berechne, die Endereignisse ausmale (Phantastik, Spekulation), und von einem deterministischen Geschichtsschema-tismus geprägt sei.[9]

Wie schließe ich mit meiner Arbeit an diese schwierige Forschungslage an? Wie definiere ich Apokalyptik und welchen hermeneutischen Zugang habe ich zu ihr gefunden?

Ich bin mir bewußt, daß dies sehr heikle und doch grundlegende Fragen für meine Arbeit sind.

In der vorliegenden Arbeit habe ich nicht die »Apokalyptik« untersucht, son-dern einzelne Textstellen, die von apokalyptischer Eschatologie geprägt sind. Dabei habe ich festgestellt, daß apokalyptische Eschatologie von den *Leidenserfahrun-gen* der Menschen ausgeht. Dazu gehört, daß sie versucht, eine *Analyse* der herr-schenden soziopolitischen Mißstände zu machen. Um dies zu erkennen, dürfen wir an der mythologisch gefärbten Sprache nicht irre werden. Sie sucht vor allem

---

5. So z. B.: John Collins, Towards the Morphology, S. 1-20. H. Köster, Einführung in das Neue Testament, S. 240-241. Klaus Koch, Einleitung. Zu einer ausführlichen Sichtung der Forschungslage in diesen Fragen s. W. Zager, Begriff und Wertung. – In den Analysen zur Forschungslage zu einzelnen, hier ausführlich thematisierten Tex-ten (Teile 2-6 der Dissertation), wird jeweils eine grundsätzliche Auseinander-setzung mit dem Forschungsstand auch zur Frage der Apokalyptik geführt.
6. So z. B. Werner H. Schmidt, Apokalyptik, S. 67-69.
7. K. Koch, Einleitung, S. 18.
8. J. Maier, Apokalyptik im Judentum, S. 45.
9. W. Zager, Begriff und Wertung, S. 254. In meinen Untersuchungen der Kommentato-ren habe ich das weithin auch feststellen können.

in den prophetischen Traditionen nach *Hoffnungen* und *Verheißungen,* die in der gegenwärtigen Zeit gelten könnten. Aber auch die *MärtyrerInnen-Tradition* spielt eine wichtige Rolle. Für apokalyptische Eschatologie ist die Gegenwart die *Entscheidungssituation,* in der es in den Händen eines Jeden liegt, ob das Reich Gottes jetzt anbricht oder weiter hinausgezögert wird. Diese Betonung der Entscheidungssituation setzt *Handlungsenergien* frei und ist m. E. ein Gegensatz zu Quietismus und Schicksalsergebenheit. So möchte ich die in meiner Arbeit vorgefundene apokalyptische Eschatologie beschreiben als sensibilisiert auf Leidens- und Schreckenserfahrungen einer unterdrückten Menschheit, als ausschauend nach einer gerechten Welt, als überzeugt, daß es auf die Mitarbeit der Menschen ankommt und daß Gott das Unrecht nicht als ewiges Schicksal, als condition humaine verhängt hat, so daß die leidenschaffenden Ungerechtigkeiten verändert werden können, ja müssen, soll das Reich Gottes Wirklichkeit werden.

Soziologische Trägerkreise habe auch ich nicht definitiv ausmachen können. Unruhige Geister, ja, Menschen voller Sehnsucht nach der Nähe Gottes, doch kann ich zur Debatte »Prophetie oder Weisheit« mit meiner Arbeit nichts hinzufügen. Im Gegenteil, ich meine, überall, wo Leiden und Sehnsucht nach Heil in Aktivität münden kann und wo eine Analyse der ungerechten Zustände versucht wird, wird eine apokalyptische Eschatologie mehr oder weniger explizit betrieben. Ich möchte gegenüber der Suche nach Trägerkreisen vorsichtig sein, weil damit auch eine subtile Ausgrenzung versucht werden kann. Bei den negativen Vorurteilen, die gegenüber dem Komplex der apokalyptischen Theologie herrschen, wären ausgrenzbare Gruppen ein sehr gefälliges Ergebnis dieser Suche. Auch gegenüber einem formalen Zugang anhand objektiver Kriterien melde ich Vorbehalte an. Eine solche Vorgehensweise läuft Gefahr, sich an der verwirrend bunten Oberfläche zu verfangen und dient kaum dem besseren Verständnis. Freilich sind formale Merkmale vorhanden, doch existiert auch eine große Grauzone, der mit klaren Grenzen nicht zu Leibe gerückt werden kann. Ich bin der Meinung, mit sorgfältiger Einzelexegese kann nach Aspekten der apokalyptischen Eschatologie gesucht werden. Dabei muß man sich allerdings von den Texten und den Erfahrungen der betroffenen Menschen (Sozialgeschichte) sagen lassen, was hier und jetzt gefordert ist. So wie es Heils- und UnheilsprophetInnen gab, Prophetie für das eigene Wohl oder aus tiefem religiösem Engagement heraus, so ist apokalyptische Eschatologie unterschiedlich. Es gibt Texte, die befreiend wirkten, andere aber zerstörend. Weder das eine, noch das andere gehört als Wesensmerkmal zur Apokalyptik. Vielmehr ist genauer zu fragen, was wem zu welcher Zeit gesagt wurde. Das Nachbeten von einst revolutionären Gedanken kann mit der Zeit systemerhaltend wirken – und umgekehrt.

Hier ist denn auch die Frage zu stellen, wozu ich apokalyptische Eschatologie untersuche, warum mich solche Texte interessieren oder beunruhigen. Dies ist die Frage nach dem erkenntnisleitenden Interesse. Nehme ich das Leiden der Menschen grundsätzlich nicht wahr – und rede darum höchstens von »Trostliteratur« – oder teile ich einige Leidenserfahrungen und das Bedürfnis nach einer Analyse der herrschenden Zustände als Zustände der Gottesferne und Menschenverachtung?

Ich glaube nicht, daß es weiterführt, die Apokalyptik abzuwerten, sie gar lächerlich zu machen oder zu verdammen. Dies würde nur eine allzu geduldige Eschatologie und die dazugehörige quietistische Praxis der Leidensverdrängung oder -überhöhung fördern. Die Apokalyptik zu überhöhen, dafür besteht kein Grund, da sie je nach Lesart auch zu panischer Endstimmung und Bürgerkriegs-Euphorie und Intoleranz führen kann.

Grundsätzlich unterscheidet apokalyptische Eschatologie von anderer Eschatologie, daß sie eine Analyse des Weltzustandes in ihr Denkmuster einbezieht und nicht losgelöst von »dieser Welt« ewiggültige Sätze finden will und schließlich, daß sie Menschen befähigt, aus ihrer Opferhaltung herauszukommen und die hinnehmende Resignation abzuschütteln, statt Menschen zu passiven BürgerInnen zu machen, die die herrschenden Mißstände unter (fast) allen Umständen akzeptieren. Es zeichnet apokalyptische Eschatologie aus, daß sie nach Wegen der Befreiung sucht. Wie diese Wege und Mittel aussehen, ist zu diskutieren. Vor Einseitigkeit, Engführung, Intoleranz und Gewalttätigkeit muß gewarnt werden. Doch nicht aus sicherer Distanz, vom sauberen Schreibtisch aus, sondern im engagierten Gespräch mit Menschen.

3. Anknüpfung I: Befreiungstheologie

Mit diesen Überlegungen beginne ich die Auseinandersetzung um die biblische Tradition der Apokalyptik. Kriege (Mk 13,7), Erdbeben und Hungersnöte (Mk 13,8 parr), die Zerstörung des Tempels in Jerusalem (Mk 13,2 parr), Seuchen (Lk 21,11), Unterdrückung der jesuanischen Bewegung durch die Behörden (Mk 13,11), Hinrichtungen (Mk 13,12 parr) – ohne Ende sind die Leidenserfahrungen in den neutestamentlichen Schriften. Doch die apokalyptische Rede erschöpft sich nicht mit der Analyse der Katastrophe. An wichtigen Stellen finden wir Hoffnungsbilder, die auch die vorangehenden bitteren Aufzählungen von Unrecht in neues Licht rücken: Die Nähe Gottes wird denen zugesagt, die standhaft sind (Mk 13,13) und alle Vertriebenen und Flüchtlinge werden eingesammelt von Gottes Engeln (Mk 13,27). Eindrücklich ist auch das Hoffnungsbild bei Lukas, das deutlich Erlösung und Widerstand verbindet:

»Wenn aber dies zu geschehen anfängt, so richtet euch auf und hebt eure Häupter empor, denn eure Erlösung naht.« Lk 21,28

Der apokalyptischen Tradition ist es immer wieder gelungen, Angst und Hoffnung, das Wissen vom Untergang und die Gewißheit auf erlösende Gerechtigkeit zusammenzubringen. Sie ist unerbittliche Analyse der herrschenden Mißstände und Hoffnungsprache der unterdrückten Menschen in einem. Ich sehe in der Apokalyptik grundlegende Anknüpfungsmomente für eine Befreiungstheologie.

18

Denn in der befreiungstheologischen Arbeit ist es wichtig, von der konkreten Situation der Unterdrückung auszugehen und nicht über theologische Wahrheiten *an sich* nachzudenken.[10] Die Identifizierung mit der Situation der Menschen ist Ausgangspunkt für theologisches Denken:

»Nur wenn man weiß, daß man unterdrückt wird, nur wenn man den Unterdrücker kennt, kann man befreit werden.«[11]

Joao Batista Libanio und Maria Clara Lucchetti Bingemer[12] werfen der klassischen Eschatologie vor, die Christen von der Aufgabe zu entbinden, sich um die Utopien zu kümmern. Sie habe sich zu sehr auf das Ergebnis des Lebens – den Himmel, die Hölle, das Fegefeuer, das Gericht über den einzelnen – oder auf das Endschicksal der Welt und der Geschichte konzentriert. Die beiden BefreiungstheologInnen betonen dagegen das Interesse am sozialen und politischen Engagement, an der sozialen Bedeutung der Utopien.

»Es fragt sich also: wie sind die weltlichen Utopien mit der Eschatologie verbunden? Mehr jedenfalls als bloß moralisch, im Sinne eines Verdienstes, einer bestandenen Prüfung! Die Utopien stellen sich heute als durchzuführendes historisches Projekt dar, das in der Geschichte verwirklicht werden und daher Enthusiasmus hervorrufen sowie zum Handeln bewegen kann.«[13]

Allan Boesak nennt darum den Inhalt christlicher Ethik Befreiung. Die Solidarität führt zur aktiven Teilnahme an der Befreiung, die zur Veränderung der unterdrückerischen und unmenschlichen Strukturen führt. Boesak drückt aus, daß die biblische Botschaft historische und eschatologische Dimensionen hat. Die Erinnerung an den historischen Exodus ist auch ein Hinweis auf die Zukunft Gottes und seines Volkes:

»Diese eschatologische Dimension sollte nicht, wie das in der Theologie oft der Fall war, zu einer Lähmung führen, zu einer Haltung des geduldigen Wartens auf den Herrn, die den Menschen krank macht. Diese Krankheit nennt Martin Luther King ›giveupitis‹, die ›gib's doch auf Krankheit‹.«[14]

Nach Boesak realisiert die schwarze Befreiungstheologie, daß die neutestamentliche Eschatologie ein Ruf zu den Waffen sei, eine Aufforderung, sich mit der bestehenden Unterdrückung nicht abzufinden, sondern sich auf die Seite der Unterdrückten und Armen zu stellen und für eine neue Menschheit einzustehen. Die-

---

10. Norbert Greinacher, Zentrale Streitpunkte, in ders. (Hg.), Konflikt um die Theologie der Befreiung, S.304.
11. Allan A. Boesak, Unschuld, die schuldig macht, S. 170.
12. J.-B. Libanio/M. C. Lucchetti Bingemer, Christliche Eschatologie, S. 24f.
13. Ebd., S. 26.
14. Boesak, Unschuld, die schuldig macht, S. 170.

se Arbeit an der Gesellschaft, am Reich Gottes könne Revolution genannt werden. Dabei müsse aber nicht an eine gewaltsame Revolution gedacht werden. Vielmehr sei das das Wichtige, daß ein grundlegender sozialer Wandel herbeigeführt werde in Richtung Gerechtigkeit und Frieden.

Versöhnung verlangt ein neues Bild von der Menschheit. Aber diese neue Menschheit verlangt gleichzeitig neue Strukturen in der Gesellschaft. Es kann nicht um Emanzipation unterdrückter Menschen in eine Gesellschaft hinein gehen ohne radikale Veränderung dieser Gesellschaft. So ist die Suche nach einer völlig neuen Ordnung ein elementarer Bestandteil verschiedener Befreiungstheologien. Diese Suche soll nicht von vornherein als »utopisch« und somit als illusionär abgetan werden. Aus diesem unentwegten Suchen spricht auch das unentwegte Festhalten an der Gerechtigkeit Gottes und seinen Verheißungen, und es ist ein Vermächtnis der biblischen Hoffnung. Der Glaube an ein Land jenseits des Jordans ist ein widerständiger Glaube, der sich gegen Reduzierung und Vereinnahmung sträubt.

»Diese Utopie ist nicht ein Glaube an die Möglichkeit einer vollkommenen Gesellschaft, sondern vielmehr ein Glaube, daß diese unvollkommene Ordnung nicht nötig ist. Christliche Utopie gründet auf der Vision, daß alle sozialen Systeme unter Gottes Urteil in der Geschichte stehen.«[15]

Der lateinamerikanische Befreiungstheologe José Miguez Bonino nennt das Gottesreich einen Aufruf zum aktiven, verändernden Engagement. In diesem Kontext wird

»das mutige Bekenntnis zur Auferstehung der Toten und einem ewigen Leben weder ein egozentrisches Festhalten am eigenen Leben, noch ein Ausgleich für die Leiden im Leben, noch eine Projektion unerfüllter Träume, sondern eine zuversichtliche Bejahung der triumphierenden Liebe Gottes und seiner Solidarität mit dem Menschen...«[16]

Die Rede vom Reich Gottes soll nicht Leugnung der Geschichte bedeuten, sondern Ansporn, ihre Hinfälligkeit zu beseitigen, um den wahren Sinn des menschlichen Zusammenlebens zu verwirklichen. In diesen Bemühungen, die Liebe Gottes zu realisieren, ist das Gottesreich tatsächlich gegenwärtig, wenn auch unvollkommen und fragmentarisch.[17]

Utopie ist ein kritischer und offener Begriff bei Frei Betto. Sozialismus z.B. stelle für engagierte Menschen ein utopisches Projekt dar.

»Aber unsere Utopie erschöpft sich nicht in irgendeinem sozialistischen Projekt. Sie geht darüber hinaus, denn die Kategorie des Reiches Gottes auf Erden, die wir benutzen, erlaubt es uns, in allen gesellschaftlichen Prozessen wach und aktiv zu bleiben. Mit anderen

15. Rubem Alves, Christian Realism, zitiert nach A. Boesak 1977, S. 177.
16. José Miguez Bonino, Theologie im Kontext der Befreiung, S. 133.
17. Ebd. S.124.

Worten: aus christlicher Sicht werden wir durch den Sozialismus, den Kommunismus, den Utopismus und ich weiß nicht durch wie viele ›Ismen‹ hindurchgehen, bis das erreicht ist, was wir das Reich Gottes nennen.«[18]

Das Reich Gottes bleibt für Betto utopisch in dem Sinne, daß es kein erreichbarer Ort ist, sondern die permanente Dynamik der Überwindung wirtschaftlicher, politischer und persönlicher Widersprüche beim Aufbau der neuen Menschen.[19]

4. Anknüpfung II: Jürgen Ebach

Die Befreiungstheologie hat für ein anderes Verständnis der biblischen Apokalyptik wichtige Begriffe neu erarbeitet. Die Politisierung des christlichen Glaubens, d.h. seine unbedingte Einbettung in die Geschichte der unterdrückten und armen Menschen, und somit das Offenlegen unterdrückerischer und ausbeuterischer Strukturen, bereitet einen differenzierten Zugang zur Apokalyptik vor: Die apokalyptische Hoffnung auf das Einbrechen der Gerechtigkeit Gottes ist für die Notleidenden letzter Halt, Lebenskraft, um dem gegenwärtigen Unrecht widerstehen zu können. Für die MachthaberInnen und diejenigen, die vom herrschenden Zustand profitieren, ist die Ansage des Endes schrecken- und angsterregend.

»So ist die Frage, ob und unter welchen Bedingungen eine apokalyptische Stimmung, die Erwartung des Weltunterganges mit Entsetzen oder mit Hoffnung verbunden ist (oder ob das eine falsche Alternative ist), eine historische und zugleich eine praktisch-politische.«[20]

Ebach zeigt, wie die Apokalyptik in der herrschenden Auslegung zum Eskapismus, zur Weltflucht verkam. Aber die Auferstehungshoffnung der Apokalyptiker entspringt nicht der Aufspaltung in zwei Welten und entspricht nicht einer Vertröstung auf ein Jenseits. Vielmehr war es das Festhalten an der Gerechtigkeit über den Tod hinaus, das die Hoffnung auf ein Jenseits der Gewaltgeschichte – nicht der Geschichte überhaupt – hervorbrachte.[21]

Mit der der Apokalyptik eigenen Art, Theologie zu treiben, setzt sich Ebach sehr aufmerksam auseinander. Die Zitate aus den Prophetenbüchern, die mancherorts den apokalyptischen Text konfigurieren, sieht er in einer widerständigen Praxis begründet. Symbolische Sprache tritt an die Stelle symbolischer Aktionen der ProphetInnen. Indem einzelne Aussagen alter Zitate Akzentverschiebungen und kleine, aber gewichtige Veränderungen erhalten, wird das Alte neu zusam-

---

18. Frei Betto, Zeichen des Widerspruchs, S. 98.
19. Ebd., S. 99.
20. Jürgen Ebach, Apokalypse, S.6.
21. Ebd., S. 54f.

mengefügt, neu gesehen. So erscheinen Traditionsinhalte wie Schöpfung, Bund, Exodus, Davidsverheißung in neuer Perspektive. Apokalyptik ist nicht Epigonen-Werk, sondern kann die aktuell gedeutete Gegenwart der AdressatInnen in das Gewand des alten – und somit in die Kontinuität der Geschichte Gottes mit seinem Volk – kleiden. Wie in Apk 21 kann aber auch noch etwas anderes deutlich werden: Die Friedenserwartung Jesajas, die eine Erwartung grundsätzlicher heilvoller Umgestaltung von Himmel und Erde ist, wird hier radikal anders angeordnet. Denn hier ist von keiner Umgestaltung des Alten zum Neuen die Rede, sondern vom Neuen, das an die Stelle des Alten tritt. So arbeitet Ebach das Geschichtsbild der Apokalyptik heraus als eines, das nicht mit »Reform« und »Entwicklung«, sondern mit Abbruch und Neuanfang zu tun hat.[22]

5. Anknüpfung III: Feministische Theologie

Die Visionen der Apokalyptik sind Theorie, – indem sie »schauen«, was noch nicht realisiert ist und »durchschauen«, was der Fall ist, – und Praxis, indem das Reden von diesem Geschauten Hoffnung und Kraft wecken kann, gegen das Unrecht aufzustehen. Somit komme ich zu einem weiteren Anknüpfungspunkt für mein Arbeiten: zur Frauenbewegung. Auch wenn der explizite und reflektierte Bezug der religiösen Frauenbewegung zur Eschatologie nur an wenigen Orten vorhanden ist,[23] gehört das Bild vom »sehend-werden« in diesen Zusammenhang. Die bisherige Sichtweise wird als Blindheit erkannt, neues, verwandeltes Wahrnehmen muß erarbeitet werden. Christine Schaumberger nimmt dieses Bild auf, um die feministische Bekehrung als Bruch, Ruck, Aufbruch zu kennzeichnen, der Frauen als ganze Personen in allen Dimensionen ihres Lebens aufschreckt. Dieses Bild vom Sehend-werden deutet an,

»daß feministische Bekehrung nicht Umkehren auf gewohnten Bahnen, nicht Ausbrechen unter Zurücklassung des Herkömmlichen im unveränderten Zustand, schon gar nicht Weitergehen, Ausweiten, Ergänzen des Gewohnten ist, sondern sowohl Überprüfung und Veränderung des Vorfindlichen als auch Erfindung und Neugestaltung.«[24]

Die Visionen einer neuen Gesellschaft, in welcher Gegenseitigkeit und soziale Gerechtigkeit gelebt werden können, treiben Frauen dazu, die Ungerechtigkeit der herrschenden patriarchalen Gesellschaft offenzulegen, zu enthüllen und die wahren Machtverhältnisse zu benennen. So kommt Patriarchatsanalyse in der Intention dem biblischen 'αποκαλύπτειν nahe. In diese Praxis der sehend-werden-

---

22. Ebd., S.19.
23. Vgl. dazu Luzia Sutter Rehmann, Eschatologie, S.86/87.
24. Christine Schaumberger, Subversive Bekehrung, S.200/201.

den Frauen ordne ich auch die vorliegende Arbeit ein. In einer Aufbruchbewegung wie derjenigen der Frauen wirken viele eschatologische Kräfte: das Verlangen nach der Nähe Gottes, die Beunruhigung über das Dauern der ungerechten Herrschaft, das Aufdecken der Unrechtsverhältnisse, das erinnernde Suchen in der Frauengeschichte, zahlreiche Konflikte, die aus dem Ringen um die Befreiung erwachsen. Aus diesem Zusammenwirken der Kräfte entstehen Momente der Solidarität und der Gemeinschaft, die dem wohltuenden Schatten Gottes gleichkommen.

Rosemary R.Ruether kritisiert am klassischen eschatologischen Denken die extreme Doppeldeutigkeit Frauen gegenüber. Einerseits werden Frauen in das Erlösungsgeschehen implizit einbezogen, andererseits ist gerade das Frausein etwas die Seligkeit Bedrohendes.[25] Weibliche Lebensprozesse – Schwangerschaft, Gebären, Stillen, Menstruieren, weibliches Fleisch an sich – geraten auf die Seite der todbringenden Vergänglichkeit, währenddessen die fruchtbaren lebens- und lustspendenden Aspekte aus dem Heil und der »Versöhnung« herausfallen. Weiblichkeit wird gerade in männlich-asketischer Literatur zum Symbol für die vergängliche, unreine Leiblichkeit, der ein wahrer Christ entfliehen muß, um die Seele fürs ewige Leben zu retten.[26] Dieses eschatologische Denken basiert meist auf einer unheilvollen Verknüpfung mit dem Sündenfall-Mythos. Durch den Sündenfall sei die Schöpfung – die Natur, die Leiblichkeit, die Sexualität etc.- in Opposition zu Gott geraten. Daß Eva sich in der biblischen Erzählung (Gen 3,1ff.) als besonders initiativ erwies, wird als Argument für die moralische Minderwertigkeit der Frauen gewertet. So wird die Frau bei Augustin nur dann zum christlichen Himmel zugelassen, wenn ihr Leib vom kindertragenden Gefäß zum spirituellen Körper verwandelt wird.[27]

Apokalyptische Theologie wendet sich gegen eine Fortschreibung der gegenwärtigen Herrschaftsverhältnisse ins Unendliche. Darum redet sie von der Hoffnung auf den Abbruch der Unrechtsgeschichte. Die lineare Zeitvorstellung verhält sich zudem quer zu den natürlichen Lebensprozessen, die zyklisch geprägt sind, und läuft Gefahr, Unrecht und Leiden in der Gegenwart zu »übersehen«. Wenn die Gegenwart zum austauschbaren Punkt auf der fortlaufenden Linie in die himmlische Zukunft verkommt, ist es um das engagierte Wahrnehmen von Unrecht geschehen. Die apokalyptische Rede von der sich erfüllenden Zeit setzt sich deutlich von der linearen Zeitvorstellung ab: Für Menschen, die gegenwärtig an einem Unrechtssystem leiden, ist es wichtig, eine Hoffnungssprache zu sprechen, die ihre Sehnsucht nach Heilwerden ausdrücken kann, ohne das Unrecht zu verschleiern. Die apokalyptische Eschatologie wählt dazu heilende Bilder, die auf einen konkreten Leidenszustand zugeschnitten sind und gleichzeitig das radikale Heil- und Neuwerden ausdrücken. So spricht Deuterojesaia vom Heimholen

25. Rosemary R. Ruether, Sexismus und die Rede von Gott, S.290.
26. Z.B. 2. Clemens-Brief, An die Jungfrauen, in: V. Thalhofer (Hg.), Bibliothek der Kirchenväter, S.79-80.
27. Augustinus, Der Gottesstaat, 22,17.

der Vertriebenen durch Gott: Einerseits macht er damit deutlich, daß die Vertriebenen heimatlos und bedroht sind, andererseits spricht er ihnen Heimat und Zukunft zu (Jes 43,5f.). Ebenso richtet sich die Rede vom Einsammeln durch Gottes Engel (Mk 13,27) an Menschen, die in der römischen Gesellschaft heimatlos und bedroht sind (Mk 13,9f.).

Um die apokalyptische Literatur feministisch befragen zu können, habe ich einige Gebärmotive untersucht. Da Apokalyptik Widerstandsliteratur ist, die aufklären und bewegen will, möchte ich wissen, wie Frauenerfahrungen in ihr zur Sprache kommen. Gebären ist ein Beispiel aus dem weiblichen Lebenszusammenhang, woran sich Fragen nach dem Alltag der Frauen, ihrem Leiden und Hoffen, ihren Bedrohungen, Krankheiten, ihrer Rolle als Ehefrau und Mutter und vieles mehr knüpfen lassen.

Daß ich Gebären als Beispiel gewählt habe, hängt auch mit meiner Lebenssituation zusammen. Während dieser Arbeit bin ich dreimal schwangergegangen und Mutter geworden (s. u. 2.10.).

6. Hermeneutische Ausgangspunkte

Nun komme ich dazu, meine hermeneutischen Ausgangspunkte zu erläutern. In meiner Arbeit habe ich bewußt nicht nur biblische Texte untersucht. Das 4. Esrabuch ist nicht nur ein sehr spannendes Dokument einer theologischen Auseinandersetzung, sondern auch wichtig für eine Untersuchung der apokalyptischen Eschatologie. Überhaupt ist der größte Teil apokalyptischer Literatur nicht in den jüdischen oder christlichen Kanon aufgenommen worden. Das wirft natürlich die Frage auf, wie ich zu dieser kanonischen Auswahl stehe. Dazu gilt es folgendes zu sagen: Erstens sind die Kriterien, nach denen bei der Auswahl des Kanons vorgegangen wurde, nie definiert und überliefert worden, weder auf jüdischer noch auf christlicher Seite.[28] Zweitens ist diese Auswahl höchst wahrscheinlich ausschließlich durch Männer erfolgt. Beides läßt feministische kritische Theologie hellhörig werden: Gegebenenfalls muß auch die jüdische und christliche apokryphe Literatur in theologisches Arbeiten miteinbezogen werden, um sich ein besseres Bild vom Gegenstand machen zu können. Andererseits richtet sich eine Hermeneutik des Verdachts[29] sowohl auf den biblischen Text wie auch auf dessen Auslegungsgeschichte, um diese ideologiekritisch auf ihre leitenden Interessen zu befragen, wie auch auf die ihnen zugrundeliegenden Wahrnehmungs- und Denkmuster, auf ihre herrschaftserhaltenden oder -störenden Funktionen und daraufhin, inwiefern Frauen marginalisiert oder verschwiegen werden. In dieser Hinsicht wird der Kanon von feministischen Theologinnen als Dokument der historischen Sieger analysiert.

28. H. Schüngel-Straumann, Bibel, S. 51.
29. E. Schüssler Fiorenza, Biblische Grundlegung, S. 25.

Während eine hermeneutische Bibelinterpretation ihr Verstehen auf einer gemeinsamen menschlichen Existenz, die den historischen Graben überwindet, gründet, setzt die materialistische Exegese gemeinsame Klassenstrukturen voraus. Für eine feministisch-befreiungstheologische Hermeneutik ist hingegen dreierlei grundlegend: 1. Was geschehen ist, muß in neuen Kontexten verständlich gemacht werden. Doch bleibt letztlich eine unaufholbare Distanz, die ihren Niederschlag in Respekt vor dem Text finden kann. 2. Der eigene Standpunkt bestimmt bewußt den Blickwinkel, aus welchem ein Sachverhalt betrachtet wird. Die eigene Perspektive wird reflektiert und sorgfältig in jeder Interpretation mitbedacht. Das hilft Einseitigkeiten (wie z.B. Androzentrismus) verhindern. 3. Eine feministisch-kritische Befreiungshermeneutik setzt die Kontinuität patriarchaler *und* demokratisch-kommunikativer Gesellschaftsstrukturen voraus.[30] So wie das Patriarchat schon die bestimmende Gesellschaftsform und Lebenskultur der Menschen zu neutestamentlicher Zeit war, so können dennoch innerhalb des Patriarchats immer wieder systemkritische, befreiende Traditionen ausgemacht werden. Diese doppelte Einbindung – in patriarchale wie befreiende, nicht-patriarchale Strukturen – prägt sowohl die Perspektive feministischer Exegetinnen, wie auch diejenige der Texte selbst. Denn einerseits sind sie von Männern verfaßt und kanonisiert (s. »Dokument der historischen Sieger«), andererseits ist die Bibel von der Perspektive der Machtlosen aus geschrieben, und Gott wird in ihr sichtbar als einer, der auf der Seite der Unterdrückten, der kleinen Leute kämpft. Dieser differenzierte Blick wird aber nur möglich durch eine Analyse des heutigen Kontexts und des gesellschaftlichen Kontexts der biblischen Texte.

7. Gebären: sozialgeschichtlich untersucht

Gebären setzt Frauen voraus. Doch wie kommen sie in der Auslegungsliteratur vor? Und wie in den biblischen und apokryphen Schriften? Wie erging es ihnen bei der Geburt? Was konnten die Autoren der verschiedenen Texte über Geburtsnöte und -hilfe, über Hoffnungen und Bedrohungen der Schwangeren wissen? In welchen Bildern drückten sie ihre Erfahrungen, die nicht diejenigen der Schwangeren selbst sind, aus? Welche Hoffnungen wurden an gebärfähige Frauen herangetragen? Erfahrung und Ideologie, Wissen und Macht sind Brennpunkte, in deren Mitte die Gebärende steht. Steht sie wirklich – oder sitzt sie – oder liegt sie in den Wehen?

Mit diesen exemplarischen Fragen eröffne ich den Horizont für die Sozialgeschichte. Sie ist der Grund, auf den ich methodisch meine Untersuchungen aufbaue. Sozialgeschichtlich arbeiten bedeutet, den gesellschaftlichen Zusammenhang, in dem die biblischen und apokryphen Texte entstanden sind, genau kennen

---

30. E. Schüssler Fiorenza, ebd., S. 24.

zu lernen und so konkret wie möglich sichtbar werden zu lassen.[31] Auf Inschriften wird z.B. die Lebensbedrohung der Gebärenden spürbar, die das viele und oft frühe Gebären für Frauen bedeutete. Dies ist ein Aspekt, den wir heute in den Industrieländern nicht ohne weiteres mitbedenken. In Büchern von Ärzten können wir erfahren, welches Wissen über die Geburt schon vorhanden war. Da diese Literatur aber keine Frauenerfahrungen widerspiegelt, ist auch der Einbezug gegenwärtiger Erfahrungen von Frauen beim Gebären wichtig. Wie ich bei der Untersuchung des 4. Esrabuches zeigen werde, ist das »Zittern und Beben« ein Geburts-Phänomen, das zu einer glücklichen Entbindung gehört. Erschütterung ist notwendig, damit Raum für Neues entsteht. Dieses Wissen lebt in apokalyptischen Texten und betrifft sowohl das Kinderkriegen wie die Ablösungen von Herrschaft oder die kosmische Erneuerung.[32]

8. Zur Auseinandersetzung mit der herrschenden Auslegung

Mit der vorliegenden Arbeit bin ich auf einen Weg gegangen. Ich bin ausgezogen, um eine feministische Eschatologie (in Ansätzen) zu entwerfen. In der Auseinandersetzung mit herrschenden Auslegungslinien habe ich aufgezeigt, wie in der herkömmlichen Exegese mit apokalyptisch geprägter Eschatologie umgegangen wird. Dabei interessierte mich nicht der besondere Einzelfall, sondern Auslegungs-Züge, Linien, die immer wieder nachgezogen werden, die mir aber problematisch erscheinen. In diesem Sinn habe ich auch die Literatur ausgewählt. Der Schwerpunkt liegt auf der modernen deutschsprachigen Auslegung, auch wenn einige englischsprachige KommentatorInnen zu Wort kommen. Es handelt sich um wissenschaftliche Kommentare, die leicht zugänglich sind, die im allgemeinen als bekannt, nützlich und aufschlussreich gelten. Anhand dieser weitverbreiteten Kommentare, die ganze TheologInnen-Generationen gelehrt und begleitet haben, möchte ich Schwierigkeiten des traditionellen Zugangs zu apokalyptischen Texten darstellen. Viele Ausgrenzungsmechanismen schränken die Bedeutung der Apokalyptik ein. Dabei bin ich auch auf große antijudaistische Vorurteile gestoßen, die es aufzuarbeiten gilt. Die Auseinandersetzung mit der Auslegung von biblischen Texten schärft den Blick für eigenes Suchen. Es zeigt sich, daß das Übersehene von Bedeutung ist. Um zu einer frauenfreundlichen Eschatologie zu

---

31. Vgl. Luise und Willy Schottroff, Die kostbare Liebe, S. 7f. Zur historischen Methode der Feministischen Theologie siehe: Luise Schottroff, Feministische Kritik an Paulus.

32. Der friedensbewegte Robert Jungk wählte für sein Buch den Titel »Menschenbeben – Der Aufstand gegen das Unerträgliche« (München 1983). Damit setzt er sich in Kontinuität zur Apokalyptik, die als Aufklärungs- und Widerstandsliteratur bewegen will.

kommen, ist Abkehr von androzentrischer Sprache und patriarchalem Denken notwendig. Andererseits werden auch Anknüpfungsmöglichkeiten sichtbar, wie z.B. der differenzierte Diskussionsstand über Apokalyptik in der Debatte von E. Käsemann und R. Bultmann, hinter den nicht zurückgegangen werden sollte. Die Auseinandersetzung mit zahlreichen KommentatorInnen ist stets auch ein Stück Patriarchatskritik. Im Zusammenhang mit der vorliegenden Arbeit betrifft sie nicht nur die herrschenden Verhältnisse, sondern auch deren Fortschreibung ins Unendliche, d.h. die Vorstellungen vom Eschaton und damit von der Offenheit der Zukunft überhaupt. Wenn Menschen gegenwärtiges Leben erschwert oder beeinträchtigt wird, ist das eine Sache. Aber wenn ihnen auch die Hoffnungskraft getrübt wird – daß es eines Tages anders sein kann, daß es nicht immer so weitergehen muß, daß Erlösung auch für sie soziale Gerechtigkeit meint – dann ist das einer ausführlichen Untersuchung wert.

9. Zum modus procendi

Begonnen habe ich die vorliegende Arbeit, indem ich auf die an vielen neutestamentlichen Stellen vorkommenden Gebärmotive aufmerksam wurde. Gebären – eine komplexe Erfahrung für Frauen, ein Beispiel von unbezahlter Frauenarbeit, Gebärideologien, Gebärmythen – könnte ein reiches Interpretationsfeld für Feministische Theologie sein.

Beim genauen Hinsehen bemerkte ich, daß viele dieser Gebär-Stellen zugleich apokalyptische Texte waren. Das weckte in mir die Frage nach dem Zusammenhang von Gebären und Apokalyptik, wie auch das Interesse, Apokalyptik aus feministischer Perspektive zu befragen. Wie kommt die apokalyptische Tradition dazu, Gebären theologisch zu reflektieren, in ihre eschatologischen Vorstellungen einzubinden? Was will sie damit ausdrücken? Bevor ich mich diesen Fragen zuwenden konnte, mußte ich einen Weg zur Apokalyptik bahnen. Wie wird eine apokalyptische Textstelle von der herkömmlichen Exegese kommentiert? Was verstehen die KommentatorInnen unter Apokalyptik? Es war mir wichtig, die herkömmlichen Auslegungen mit feministisch-befreiungstheologischen Interpretationen von apokalyptischen Stellen zu vergleichen. Solche fand ich für Mk 13,28ff. und Röm 8,18-25. So habe ich mich mit dem Gleichnis vom grünenden Feigenbaum (Mk 13,28ff.) als erstes auseinandergesetzt. Dabei habe ich den formalistischen Zugang vieler Exegeten problematisiert, wie auch ihr negatives, von theologischem Antijudaismus geprägtes Apokalyptikverständnis. Dagegen habe ich die redaktionsgeschichtlich orientierte Arbeitsweise von Jürgen Ebach und Luise Schottroff gestellt. Nach diesen Vorarbeiten war mein Handwerkszeug genügend geklärt, daß ich eigene exegetische Überlegungen beginnen und zu einem weiteren Textbeispiel, Röm 8,18-25, schreiten konnte.

Hier findet sich der Zusammenhang von Gebären und Apokalyptik – aber auch die Marginalisierung des Gebärens durch die Kommentatoren, die zu einer Verengung ihrer Interpretationen führt. Zudem werden die politischen Hintergründe der AdressatInnen des Römerbriefes außer Acht gelassen. Es zeigt sich aber, daß ohne deren Einbezug weder »Leiden« noch die Arbeit des Paulus verstanden werden können.

Die Erfragung der politischen Hintergründe der AdressatInnen wie der Arbeit des Paulus führten mich zur weiteren Frage nach der Organisation der frühchristlichen Gemeinden. Anhand von 1 Kor 15,19-28 habe ich versucht, verschiedene Vorstellungen der sozialen Wirklichkeit von Korinth aufzuzeigen. Wohin führt das Modell des Liebespatriarchalismus (E. Troeltsch), wenn es bewußt oder unbewußt in die Exegese einfließt? Die apokalyptische Vision der neuen Ordnung und die Ordnung des (Liebes-)Patriarchats sind einander, wie ich glaube aufzeigen zu können, diametral entgegengesetzt. Hingegen fügt sich das sozio-politische Modell der »Kirche der Armen« oder der »Frauen-Kirche« nahtlos in die apokalyptische Vision des Paulus vom Ende jeglicher Herrschaft ein. Diese Erkenntnis finde ich sehr wichtig für einen feministisch-befreiungstheologischen Zugang zur Apokalyptik. Nicht nur wo »Gebären« als typische Frauenarbeit als theologisches Denkmodell aufgegriffen wird, lohnt sich eine feministische Befragung der Apokalyptik. Auch in 1 Kor 15,19-28, wo eine recht männlich-militärische Sprache gesprochen wird, liegen Gemeinde-Erfahrungen zugrunde, die auf ein geschwisterliches Zusammenleben von Frauen und Männern schließen lassen.

In einem vierten Schritt möchte ich meine Kenntnisse über Schwangerschaft, Geburt, Gebären anhand sozialgeschichtlicher Hintergrundsarbeit erweitern. Ich halte es sowohl für die Rekonstruktion von Frauengeschichte, wie auch für die theologische Interpretation apokalyptischer Texte für sehr aufschlußreich, was rund um die Gebärende gewußt und gedacht wurde. Dies neu erarbeitete Wissen kann ich anhand des 4. Esrabuches überprüfen und anwenden. Die gebärende Erde ist eine apokalyptische Vorstellung, die nicht nur in 4Esra vorkommt. Sie macht auf den Auftrag der ErdbewohnerInnen aufmerksam, an der Umwandlung der Erde Anteil zu nehmen, mitzuwirken, so daß die Geburt von Gottes neuer Welt gelingen kann und sich nicht verzögert.

Gerade in 4Esra wird deutlich, wie aufschlußreich es ist, wenn »Gebären« aus androzentrischer Perspektive befreit wird. So ist es z. B. eine Verkürzung, den Zeitpunkt des Endes mit dem Ende gleichzusetzen. Die Stunde der Geburt als Termin sagt noch nichts über den Geburts*verlauf* aus. Erst das Wahrnehmen der Geburt als Prozeß richtet das theologische Interesse auf eine eschatologische Lebensführung. So können wir aber gerade anhand der Gebärarbeit einiges über die eschatologische *Praxis* der Glaubenden erfahren. Dabei ist das Verständnis des Mutter-Motivs in 4Esra grundlegend. Es läßt sich m. E. keine Zweiweltentheorie, bestehend aus einer materiellen gegenwärtigen und einer geistigen zukünftigen Welt, aus dem 4Esra herauslesen. Denn gerade das Mutter-Motiv verhindert das Gegeneinander-Ausspielen der beiden Welten. Die Mutter, jetzt trauernd, weil kinderlos, wird wieder glücklich und mit Kindern gesegnet. Sie muß nicht überwunden werden, damit die neue Welt Gottes Realität wird. Esra selbst erscheint dann auch nicht als Überwinder und militanter Kämpfer, sondern als prophetischer Tröster und eschatologischer Geburtshelfer. Er hält mit der trauernden Mutter nach Hoffnung Ausschau, was für die Gegenwart der bedrängten Glaubenden zum beispielhaften Verhalten wird.

Eine wichtige apokalyptische Stelle bildet den Abschluß meiner Arbeit: Apk 12,1-6. Ich versuche mit dem mythischen Material, das uns der Verfasser präsentiert, sorgfältig umzugehen, indem ich es in Beziehung zu konkreten historischen Frauenerfahrungen setze. Die schwere Geburt der Göttin Leto steht nicht zusammenhangslos neben den zahlreichen Grabinschriften von Wöchnerinnen, das Schicksal schwangerer Märtyrerinnen widerspiegelt sich in der Bedrohung der Bergarbeiterfrau Domitila. Die Antwort, die der apokalyptische Verfasser auf die Bedrohungen der Gebärenden gibt, ist radikal und erstaunlich: Es gibt einen Ort für Frauen, der von Gott bereitet ist. Dort können Frauen Zuflucht und Ruhe finden. Dort gibt es vielleicht keine Geburtsmühsale mehr, denn am Rande tauchen asketische Frauengemeinschaften auf. Gebär-Verzicht, das Aufgeben der weiblichen Mittäterschaft, ist eine völlig andere Antwort als diejenige des 4Esra oder des Paulus. Wir können also »Gebären« nicht einfach übersetzen, sondern stellen eine Fülle von Interpretationen fest, die aber alle auf eine aktive eschatologische Haltung hinweisen. Das Reich Gottes kommt nicht von ungefähr, einfach so, beziehungslos zu unserem Verhalten. Es steht in enger Korrelation mit unserer Lebensführung.

- Gott selbst arbeitet an unserer Erlösung und die ganze Schöpfung – inklusive wir selbst – arbeitet mit (Röm 8,18-25).
- Die Erde soll verwandelt werden, sie weiß es und wird zur Gebärenden, der wir beizustehen haben (4Esra).
- Den bestehenden Unrechtsverhältnissen wird der Untergang angesagt und wir beendigen unsere Mittäterschaft an der Fortschreibung dieser Verhältnisse, so daß der Abbruch der Menschenherrschaft deutlich wird (Apk 12,1-6). Die eschatologischen Vorstellungen haben intensiv mit unserem gegenwärtigen Leben und Arbeiten zu tun.

10. Methodisches Vorgehen

Die vorliegende Arbeit knüpft methodisch an die hermeneutischen Schritte für einen feministisch-theologischen Umgang mit biblischer Tradition an, wie sie von Luise Schottroff, Dorothee Sölle und Elisabeth Schüssler Fiorenza für feministisch-befreiungstheologische Bibellektüre erarbeitet wurden.[33] Gemeinsam ist

33. L. u. W. Schottroff, Parteilichkeit, S. 7-13; E. Schüssler Fiorenza, Grundlegung, S. 13-44 u. 25-27; D. Sölle, in: L. Schottroff, Lydias Schwestern, S. 93-95.

diesen hermeneutischen Modellen der gründliche Einbezug des Kontextes der BibelleserInnen und des Kontextes des biblischen Textes, wie auch die Betonung der daraus erwachsenen Praxis.

a) Grundlegend für befreiende Lektüre biblischer Texte ist die Auseinandersetzung mit dem eigenen Kontext. Dazu gehört die *Erfahrungsbezogenheit* des Arbeitens. Diese äußert sich hier in der feministischen Perspektive, mit der ich an die Texte herangehe. Aus meiner Erfahrung heraus, daß Fragen von Frauen, ihre Lebenswirklichkeit und ihre Probleme im patriarchalen Wissenschaftsbetrieb kaum wahrgenommen werden, lese ich die Texte und suche nach den Erfahrungen meiner Schwestern. Dabei steht Gebären als Frauenerfahrung mit den damit verbundenen Hoffnungen und Ängsten im Zentrum. Gebären bestimmte aber auch meine Lebenssituation während den Entstehungsjahren dieser Arbeit. Ich habe drei Töchter geboren und die Freuden und Mühsale der Schwangerschaft kennengelernt, wie auch das Aufgeben und Wiederaufnehmen der kirchlichen und theologischen Arbeit, das Stillen, Nähren und Pflegen und die Begrenztheit meiner eigenen Kräfte. Einerseits ist diese Zeit reich an intensiven Erfahrungen, andererseits erlebte ich auch die problematischen Spannungen zwischen Muttersein und beruflichen Ansprüchen. Unser erstes und krankes Kind hat mir das Herz geöffnet für Schicksale anderer Mütter und Kinder, die von Krankheit und Not, Armut und Gewalt geprägt sind und denen kaum medizinische Hilfsmittel zur Verfügung stehen.

b) Der zweite Schritt auf dem Weg einer befreienden Textlektüre beinhaltet die *Patriarchatskritik* oder die *theologische Ideologiekritik*. Die androzentrische Sprache und Perspektive der modernen Auslegungsliteratur ist nicht nur an vielen Orten frauenfeindlich, sondern auch antijudaistisch. Ausdrücke wie »Wehen der Endzeit«, »Geburt der neuen Welt Gottes« wird mit Unverständnis und Ablehnung begegnet. Die Angst vor dem Weltende muß grundsätzlich hinterfragt werden. Diese Angst entpuppt sich als ein Problem der Privilegierten, die ihren Reichtum und ihre Machtposition nicht aufgeben wollen. Die Patriarchatsanalyse findet sich in der vorliegenden Arbeit vor allem in der Auseinandersetzung mit den Kommentatoren, aber auch mit herausragenden Theologen, die für wichtige Deutungstraditionen stehen. Die feministische Analyse androzentrischer Sprache gilt auch der Aufdeckung patriarchaler Muster und dient somit der Situierung des Kontextes, in welchen der Text eingebettet wurde.

c) Nach diesen Vorarbeiten kann an die Texte herangegangen werden. Wir *erinnern* uns an Befreiungserfahrungen unterdrückter Frauen und Männer, wir suchen nach ihren Hoffnungsquellen, ihren Visionen und benennen die Konflikte, die aus ihrem Glauben sowohl innerhalb ihrer Gemeinschaft, wie auch mit ihrer Umwelt entstanden sind.

Hier setzt die exegetische Arbeit an den Texten ein. Dabei werden andere Texte herangezogen, um einzelne Wörter oder Vorstellungszusammenhänge besser zu begreifen. Dies können außerbiblische Belege (wie z. B. apokryphe Apokalypsen oder Apostelgeschichten, Märtyrerakten, das 4.Makkabäerbuch) sein oder Stellen aus der hebräischen Bibel und andere neutestamentliche Schriften oder aber zusätzliche Materialien (wie z. B. Inschriften, medizinische Lehrbücher, Komödien).

Die historisch-kritische Methode wird von mir durchaus angewandt, wenn auch an wichtiger Stelle kritisiert: Einerseits halte ich literarkritische Operationen am Text für empfindliche Eingriffe in ein Textganzes, das nur gerechtfertigt sein kann, wenn auch die inhaltlichen Vorgaben und Interessen der InterpretInnen offengelegt werden, was aber faktisch bei den von mir untersuchten wissenschaftlichen Kommentaren nicht der Fall ist. Andererseits schließt die historisch-kritische Methode die sozialgeschichtliche Fragestellung mit ein, wobei allerdings die Solidaritäten deklariert werden sollten. Feministisch-befreiungstheologische Sozialgeschichte ergreift Partei für diejenigen, die »unten« sind, währenddessen die herrschende Auslegungstradition ihre Solidarität nicht offenlegt.

d) Der letzte Schritt ist der Übergang zu einer *veränderten Praxis*. Aus meiner Arbeit ergeben sich neue Zugänge zu apokalyptisch-eschatologischen Texten und somit neue Interpretationsmöglichkeiten, die – so hoffe ich – das Erträumen und Erarbeiten der Geburt der neuen Welt Gottes beflügeln helfen. Zudem geschieht eine Theologisierung des Alltags, wenn Frauen ihre Gebärarbeit als Mitarbeit am neuen, von Unrecht unversehrten Leben deuten können und es wagen, die Vision aus ihren Erfahrungen heraus zu entwickeln.

Viele meiner FreundInnen und KollegInnen tun sich schwer mit der apokalyptischen Literatur. Sie ist ihnen ein Gebiet mit sieben Siegeln. Ich hoffe sehr, daß durch meine Arbeit einige Siegel für sie aufgebrochen werden. Im Hinblick darauf habe ich – wenn möglich – Übersetzungen zitiert, um einem möglichst großen Personenkreis Zugang zu den Quellen zu eröffnen.

II.
Der grünende Feigenbaum: Markus 13, 28ff.

> *»Vom Feigenbaum aber lernet das Gleichnis:*
> *Wenn sein Zweig zart wird und die Blätter heranwachsen,*
> *merkt man, daß der Sommer nahe ist.*
> *So sollt auch ihr, wenn ihr dies geschehen sieht, merken,*
> *daß er nahe vor der Türe ist.« Mk 13,28f.*

1. Überblick

Beim Sichten der Ausleger zu Markus 13,28ff. fällt auf, daß die Diskussion lite*rarkritischer* Fragen allgemein sehr viel Raum einnimmt. Literarkritik und Textkritik sind Teil der historisch-kritischen Arbeitsmethode und können wichtige Erkenntnisse zum Verständnis des Textes beitragen. Die Literarkritik befasst sich im besonderen mit der Quellenkritik, d. h. sie soll zeigen, wie eine Quelle verarbeitet worden ist, ob es sich um wörtliche Übernahme oder mehr oder weniger große Überarbeitung handelt. Dies läßt dann Rückschlüsse auf die Theologie des betreffenden Schriftstellers zu. Ich problematisiere hier aber diejenige Auslegungs-Gewohnheit, die den literarkritischen Schritt dazu benutzt, festgesetzte Meinungen fortzuschreiben, indem »unpassend« erscheinende Textteile als unecht oder nachträglich eingefügt bezeichnet werden. Bei einigen untersuchten Auslegern stehen zudem die Fragen, ob das Gleichnis vom Feigenbaum hier in die sogenannte Endzeitrede redaktionell eingefügt worden ist und ob es überhaupt apokalyptischer Natur sei, derart im Vordergrund, daß die theologische Frage, was denn das Gleichnis eigentlich aussagen will, kaum mehr bedacht wird. Die Dekomposition von Texten birgt die Gefahr in sich, sich vom Text nicht mehr Fragen stellen zu lassen, besonders wenn die eigenen inhaltlichen Vorgaben (hier bezüglich des Apokalyptikverständnisses) nicht offengelegt werden.

Da aus der literarkritischen Diskussion keine eindeutigen Ergebnisse vorliegen, erscheint es mir notwendig, nach einem anderen, ergiebigeren Zugang zu dieser Textstelle zu suchen. Bei der Sichtung wird weiterhin deutlich, daß das *Apokalyptik*-Bild der Ausleger ein negatives ist. Es werden deshalb Versuche angestellt, das Gleichnis zu retten, indem es entweder unapokalyptisch interpretiert wird oder indem es als vom Redaktor an dieser Stelle eingefügt gilt.

Seltsamerweise bleibt das Apokalyptikverständnis der traditionellen Ausleger innerhalb eines Jahrhunderts und innerhalb großer theologischer Bewegungen fast unverändert: Apokalyptischer Theologie haftet ein Feindbild an, das sie zum »Anderen« und »Fremden« schlechthin macht. Es gilt dabei zu beachten, daß kaum je von »apokalyptischer Theologie« geredet wird, vielmehr überwiegen Bezeichnungen wie apokalyptische »Mentalität«, »Enthusiasmus«, »Panik«. Daher möchte ich im folgenden untersuchen, wie das Apokalyptikverständnis der ausgewählten Ausleger im Einzelnen aussieht. Dabei wird mich immer die Frage begleiten, warum es so aussieht und wie es denn anders aussehen könnte.

Eine Ursache für die Apokalyptik-Ablehnung scheint mir im theologischen *Antijudaismus* der christlichen Ausleger zu liegen. Apokalyptik gilt bei vielen als im Judentum verankerte Mentalität, bestenfalls als judenchristlich und nur aus missionarischen oder apologetischen Gründen christlich rezipiert. Dabei wird das Verhältnis von christlicher und jüdischer Theologie aber nie grundsätzlich thematisiert. Nach einigen Auslegern wurde jüdische Apokalyptik vom *Redaktor* aufgenommen. Warum finden sich aber Wortverbindungen wie »jüdische Prophetie«, »jüdische Psalmen«, »jüdische Patriarchen« etc. kaum in exegetischer christlicher Literatur? – Weil nur die Apokalyptik so suspekt ist, so fremd, daß sie »jüdisch« genannt werden muß, um den Abstand zur echten christlichen Theologie zu betonen?

Aber abgesehen von einigen schon antisemitisch zu nennenden Äußerungen ist mit der Ablehnung jüdisch geprägter Theologie auch das universale Interesse der apokalyptischen Eschatologie relativiert worden. Wenn Eschatologie als innere Haltung eines Christenmenschen interpretiert wird, – z.B. als Geduld, Wachsamkeit, Hoffnung schlechthin – werden die kollektiven Ansprüche jüdischer Apokalyptik auf einen neuen Himmel und eine neue Erde, auf die Inthronisation des Menschensohns, d.h. auf die Machtergreifung Gottes hier auf Erden, vernachlässigt. So bringt theologischer Antijudaismus auch eine Reduzierung christlicher Eschatologie auf bürgerlichen Individualismus mit sich.

2. Literarkritische Diskussion

Das Gleichnis vom Feigenbaum bereitet den Auslegern vor allem insofern große Schwierigkeiten, als es innerhalb der sogenannten Endzeitrede steht. Die inhaltliche Deutung des Gleichnisses wird nicht problematisiert. Vielmehr ist es den Auslegern meist klar, was das *tertium comparationis* sei und was das Gleichnis aussage. Hingegen macht ihnen das Gleichnis hier im apokalyptischen Kontext Mühe: Eigentlich sollte es anderswo stehen – so die einen –, oder es hat eine antiapokalyptische Spitze – so die anderen.

W. Schmithals z.B. bestätigt meine Beobachtung, daß die Ausleger große Schwierigkeiten mit dem Gleichnis haben, wobei ihre Deutung des Gleichnisses aber von diesen Schwierigkeiten nicht berührt wird. Die Aussage des Gleichnisses sei trotz unterschiedlicher Gewichtung einzelner Problemzüge von verschiedenen Auslegern immer wieder bestätigt worden.

»V.28f. bereiten dem redaktionellen Verständnis ebenso wie der traditionsgeschichtlichen Analyse Schwierigkeiten, doch bestätigt sich im Endeffekt die bisherige Auslegung.«[1]

Nach Schmithals ist die Aussage des Gleichnisses folgende: So sicher wie auf die keimenden Blätter bald der Sommer folgt, so sicher ist aus den Vorzeichen des Endes auf das baldige Ende zu schließen. Er ist also mit E. Klostermann bezüglich des *tertium comparationis* einig:

»Das tertium comparationis ist die Sicherheit des Schlusses aus Vorzeichen.«[2]

Allerdings bekommt W. Schmithals mit dem ταῦτα in V.29 Schwierigkeiten. Letztendlich liege es an diesem »dies«, daß das Gleichnis ursprünglich nicht hierher gehört haben kann.[3] Allerdings sei gerade seine »freilich sehr ungeschickte« Plazierung ein deutlicher Hinweis auf den nicht-redaktionellen Ursprung von 28f. Das Gleichnis sei vom Redaktor an das Ende der kleinen Apokalypse gestellt worden, um einen neuen Abschnitt zu beginnen (V.28-37). In diesem Neuansatz wird nach W. Schmithals deutlich, daß es Markus nicht um die Darstellung der Endereignisse gehe, sondern um die Frage nach der Zeit: Niemand aber kenne die Zeit. So bleibt die inhaltliche Aussage des Gleichnisses recht vage und nur auf die Problematik der Zeit bezogen: Das Ende sei nicht berechenbar, aber aus den Vorzeichen sei sicher auf das nahe Ende zu schließen.

Auch ältere Ausleger wie A. Drews haben Mühe mit der Stellung von V.28ff.:

»Das Gleichnis vom Feigenbaum hat keine Rückbeziehung auf das Vorangegangene. Nachdem mit dem Kommen des Menschensohns der Höhepunkt der apokalyptischen Weissagung erreicht ist, wirken die folgenden Verse matt und eindruckslos.«[4]

Nach Ansicht von A. Drews ist das Gleichnis einem anderen Zusammenhang entnommen. Denn es habe »eine ganz andere Auffassung von der Ankunft des Messias zur Voraussetzung, als wie sie in der Apokalypse geschildert« sei. Er geht davon aus, daß dem Evangelisten eine jüdische Apokalypse vorgelegen habe.[5] Anhand dieser komponierte er die endzeitliche Rede. Diese lasse allerdings nach Drews die »schriftstellerische Hilflosigkeit des Evangelisten« sichtbar werden und stelle keine »gute Überlieferung« dar.[6] So können wir also Drews literarkritische Arbeit zusammenfassen: Der ganz und gar »unorganische Einschub« von V.28 stammt aus der Feder des Evangelisten, – der Rest aus einer ihm vorliegenden jüdischen Apokalypse.

Das Ergebnis der literarkritischen Sichtung des Textes lautet bei E. Klostermann sehr ähnlich:

1. W. Schmithals, Markus, Bd. 2, S. 577.
2. E. Klostermann, Markus-Evangelium, S. 137.
3. W. Schmithals, Markus, S. 577-578.
4. A. Drews, Markus-Evangelium, S. 230.
5. Ebd., S. 236.
6. Ebd., S. 240f.

34

»Das ganze Stück V.28-37 erscheint als ein christlicher Nachtrag, gebildet z.T. unter Benutzung von Jesussprüchen.«[7]

Er wägt sorgfältig ab, ob einzelne echte Herrenworte darunter auszumachen seien, ohne schlüssig zu werden. Auch die folgenden V.33-37 hält er vorsichtigerweise für »eine sekundäre Fortbildung echter Gleichnisstoffe«. Inhaltlich kann er sich aber dem Gleichnis kaum nähern, obwohl er das *tertium comparationis* bestimmt:

»28ff. Ein echtes Herrenwort? Das tertium comparationis ist die Sicherheit des Schlusses aus Vorzeichen – man fragt nur, ob der Feigenbaum generisch gemeint sei...«[8]

Gerade Klostermann ist ein Beispiel einer Kommentierung, die sich derart um Literarkritik bemüht, d.h. um eine Argumentation für das Herausschälen echter, bzw. unechter Jesusworte, daß zum besseren Verständnis des vorliegenden Textes kaum etwas beigetragen wird.

Auch W. Grundmann[9] und R. Pesch[10] sind der Ansicht, daß V.28ff. durch redaktionelle Arbeit hier ihren Platz gefunden haben. Dagegen geht G. R. Beasley-Murray davon aus, daß das Gleichnis in seinen jetzigen Kontext gehöre, da es zeige,

»that Jesus anticipated a future consummation preceded by signs which intimate its certain approach.«[11]

Er nennt unser Gleichnis eine »Oster-Parabel«, die gerade aus dem Kontrast zu den vorausgehenden Warnungen lebe und ein »antidote to despair« sei.[12]

Der ebenfalls anglophone Kommentar von C. E. B. Cranfield betont ausdrücklich, daß ein sogenannter »Strukturverlust«, wie er am Ende der Endzeitrede vorliege, nicht auf die Hand des Redaktors schließen lasse.[13]

So scheint mir bei englischsprachigen Kommentaren mehr Offenheit für die apokalyptische Sprache des Evangelisten dazusein als bei den deutschsprachigen Auslegungen. Gerade die älteren Ausleger sehen in dieser Strukturlosigkeit der apokalyptischen Rede nur die unsorgfältige Arbeit des Evangelisten: A. Drews,

---

7. E. Klostermann, Markus-Evangelium, S. 137.
8. Ebd.
9. W. Grundmann, Markus, S. 364. Nach seiner Ansicht ist V. 28 ursprünglich ein Reich-Gottes-Gleichnis gewesen.
10. R. Pesch, Naherwartungen, S. 242/243. Er meint aus ähnlichen Gründen, V. 28f. könnten ursprünglich auf die Nähe Gottes hingewiesen haben.
11. G. R. Beasley-Murray, Mark Thirteen, S. 96.
12. Ebd., S. 94.
13. C. E. B. Cranfield, Saint Mark, S. 408: »It is unnecessary to conclude that vv. 28f. or 24-27 are out of their original context; for such a looseness of structure as is involved ... is natural enough.«

der mit H. J. Holtzmann einig geht, sieht in diesem Schluß der Endzeitrede »eine wirre Sammlung verschiedener Elemente« und weist auf die zeitbedingte »mosaikartige Arbeitsweise« des Markus hin.[14] Auch Holtzmann geht davon aus, daß das Gleichnis Zusammengehöriges trenne.[15] J. Weiss hält V.28f. für eine Einschaltung und begründet dies folgendermaßen:

»Denn es paßt hier recht schlecht.«[16]

Aber auch bei wesentlich jüngeren Auslegern bleibt dieses Ergebnis aus der literarkritischen Analyse bestehen. Auch nach J. Schmid bildet unser Gleichnis »keine geschichtliche Einheit« mit den folgenden Versen.[17] Diese Diskussion um mangelnde Einheitlichkeit bringt auch Widersprüchliches hervor. Einerseits bemängelt H. Ringgren die fehlende Einheitlichkeit in der apokalyptischen Theologie,[18] andererseits aber benutzt W. Grundmann dieselbe fehlende Einheitlichkeit, um zu begründen, daß V.32ff. nicht an diesen Ort ursprünglich gehören, sondern als korrigierende Einschränkung gegenüber der apokalyptischen Theologie zu verstehen seien. Auch hält er den Aufruf zum Wachen (V.33) für einen Fremdkörper in der Apokalyptik.[19] Gerade hier zeigt sich, daß für eine solide literarkritische Diskussion zuerst das Verständnis von Apokalyptik zu klären wäre. Es wäre vielleicht überhaupt erst einmal die Frage zu stellen, inwieweit die literarkritische Methode für den Komplex der apokalyptischen Theologie aufschlußreich sein kann, wenn die Apokalyptik von Zitaten, Bildern und Logien lebt, die sie zu einem Ganzen zusammenbindet.

Nach H. Conzelmann/A. Lindemann ist es Aufgabe der Formgeschichte, die einzelnen Erzählungen, die durch eine Scheidung von »Tradition« und »Redaktion« herausdestilliert werden, zu analysieren und zu interpretieren:

»Die kleinste interpretierbare Einheit gilt deshalb hypothetisch als Ausgangspunkt der Tradition, wobei es zunächst noch offenbleibt, ob diese kleinste Einheit schon in schriftlicher Form oder noch in mündlicher Form überliefert war.«[20]

Inwieweit es aber sinnvoll und erkenntniserweiternd ist, die kleinsten Einheiten apokalyptischer Rede, wie z.B. alttestamentliche Zitate, mythologische Bilder etc. als Ausgangspunkt der Interpretation zu nehmen, um erst danach in die nächstgrößere Einheit (das wäre hier also die sog. endzeitliche Rede) zu gehen, möchte ich erst einmal offen lassen. Denn diese Hermeneutik setzt ein bestimmtes, gerade in apokalyptischer Sprache kaum zutreffendes Textkonzept voraus.

14. A. Drews, Markus, S. 240/241.
15. H. J. Holtzmann, Die Synoptiker, Bd. 1, S. 262.
16. J. Weiss, Das älteste Evangelium, S. 278.
17. J. Schmid, Markus, S. 247.
18. H. Ringgren, Jüdische Apokalyptik, S. 465.
19. W. Grundmann, Markus, S. 366.
20. H. Conzelmann/A. Lindemann, Arbeitsbuch zum NT, S. 69.

Bei unserem Problem von Markus 13,28ff. kommt hinzu, daß es mit den bisher vorliegenden Argumenten nicht genau zu klären ist, ob das Feigenbaum-Gleichnis an die apokalyptische Rede angehängt oder ob es Teil apokalyptischen Denkens innerhalb der Rede ist. Gerade dies ist aber nicht weiter zu klären, ohne in die Auseinandersetzung um das Apokalyptik-Verständnis einzutreten. Zumindest zeigt diese aufgeworfene Problematik, daß ein methodisches Nacheinander – erst die formgeschichtliche Analyse, dann die theologische Interpretation – an unserer Stelle zu keinem befriedigenden Ergebnis führte.

Bevor ich dazu komme, den vorliegenden Text zu bewerten (ich möchte an A. Drews erinnern, der von der »schriftstellerischen Hilflosigkeit« des Markus reden kann), zu verbessern und als nachlässig formuliert zu bezeichnen[21] möchte ich versuchen, einen anderen Zugang zur apokalyptischen Rede zu erschließen.

3. Der redaktions- und sozialgeschichtliche Zugang zur apokalyptischen Rede (J. Ebach)

Die literarkritische Arbeitsweise der Kommentatoren läßt zwar die einzelnen Zitate und kleinsten Einheiten des apokalyptischen Textes gut sichtbar werden. Doch befriedigt eine Interpretation noch keineswegs, wenn der Text in kleinste Einheiten aufgesplittert ist. Deshalb möchte ich hier einen Umgang mit apokalyptischer Rede vorstellen, der m. E. weiterführt.

Anhand einer literarischen Analyse von Apk 21,1ff. zeigt J. Ebach, wie aus zusammengewürfelten Zitaten der hebräischen Bibel und außerkanonischer Literatur ein Ganzes entsteht. Dies Ganze sei keine »Sammlung wirrer Sprüche«[22] und habe nichts mit Epigonentum zu tun, sondern stellt etwas Neues, Eigenständiges dar:

> »Die Vision erweist sich als Collage. Doch ist auch hier das Ganze mehr als die Summe seiner Teile. Der kurze Abschnitt nimmt eine Fülle zentraler Traditionen der hebräischen Bibel auf ... und verbindet sie in neuer Perspektive.«[23]

J. Ebach weist auf, wie die Vision des Apokalyptikers zusammengefügt ist und begnügt sich nicht damit, die Einzelteile der Vision zu benennen. Damit wird aber deutlich, daß die formgebende Intention des Verfassers wesentlich ist. Die schöpferische Arbeit des Apokalyptikers läßt die LeserInnen Bekanntes neu sehen, aber so, daß es in den aktuellen politischen und sozialen Kontext der AdressatInnen paßt:

21. J. Weiss, Evangelium, S. 279; E. Schweizer, Markus, S. 152; W. Schmithals, Markus, S. 578.
22. R. Pesch, Naherwartungen, S. 242/243.
23. J. Ebach, Apokalypse, S. 17.

»Viele ›Gesichte‹ der Apokalyptiker erweisen sich bei näherem Hinsehen als das, was sie in den Büchern der hebräischen Bibel, besonders in den Prophetenbüchern ›gesichtet‹ ha- ben – die ›Visionen‹ sind ›Zitate‹... Abermals geht es nicht um die Konservierung und Archivierung der Zitate, sondern um ihre Konturierung und Aktivierung. Diese Zitate bil- den keinen gelehrten ›Anmerkungsapparat‹, sondern konfigurieren den ›Text‹.«[24]

Auch Ebach arbeitet formgeschichtlich, wo er das Zusammengesetztsein eines apokalyptischen Textes erkennt und benennt. In diesem Zusammengesetztsein kann Ebach aber einen neuen textus sehen, eine Verwobenheit statt nur ein Flick- werk oder nur eine mehr oder weniger geschickte Aneinanderreihung verschie- denster Zitate. Apokalyptiker sind nach Ebach keine phantasierenden Epigonen, sondern verantwortungsbewußte und dennoch kreative Gestalter der prophetischen Tradition.

Den Zugang, den J. Ebach für apokalyptische Texte skizziert hat, möchte ich redaktions- und sozialgeschichtlich nennen. Die Redaktionsgeschichte richtet ih- ren Blick auf den Rahmen, in welchem die Evangelisten das überkommene Text- gut gestellt haben.[25] Wie ordnet der Redaktor sein Material an, was liest er aus, wo nimmt er Veränderungen vor – das sind traditionelle redaktionsgeschichtliche Fragen, die letztlich in die Frage nach der theologischen Interpretation des Ver- fassers münden. Dies betrifft nicht nur die Theologie der Evangelisten, sondern aller neutestamentlichen Autoren, die Traditionsgut in ihre Schriften aufgenom- men haben. Der Redaktionsgeschichte geht es also darum, den Verfasser als Theo- logen zu würdigen. Gleichzeitig wird natürlich das Textganze relativiert, wenn es als Werk *eines* Mannes und nach dessen theologischem Konzept entworfen durch- schaut werden kann. Das Werk wird hier von einem Schriftsteller vermittelt, der »auch nur ein Mensch« war, ein Theologe, der altes Traditionsgut kannte und nach seiner Theologie formte – was unterscheidet denn Matthäus von Augustin, Thomas von Aquin, Martin Luther und Rudolf Bultmann? Als feministische Theo- login kann ich mich von allen diesen Werken männlicher androzentrischer Theo- logen distanzieren und die Frage nach Frauen stellen: gibt es denn Evangelien von Frauen, Apokalypsen von Theologinnen, Briefe von Missionarinnen etc.? Ich kann mich aber nicht distanzieren, wenn das Evangelium Ausdruck einer befrei- enden Praxis ist, wenn unzählige Frauen und Männer an der Überlieferung und Aktualisierung des Textgutes beteiligt waren, wenn der Text Zeugnis einer Ge- meinschaft von Gleichgestellten ist. Die Praxis qualifiziert den Text eindeutig, macht ihn unüberholbar, auch wenn im Text Widersprüche und Konflikte ausge- macht werden können. Die Gemeinschaft von Frauen und Männern versuchte befreiend miteinander zu leben und zu arbeiten, daß es ihr nicht reibungslos ge- lang, ist selbstverständlich. Dieses Konzept läßt mich aber nicht in Distanz ste- hen, sondern bezieht mich da in diese befreiende Praxis mit ein, wo auch ich Teil

24. Ebd., S. 16.
25. H. Zimmermann, Neutestamentliche Methodenlehre, S. 214-230.

einer Befreiungsbewegung bin, wo auch ich mit anderen Menschen zusammen nach der Nähe Gottes suche.

Wenn der Text aber als Ausdruck einer Praxis zu verstehen ist, ist die sozialgeschichtliche Fragestellung unabdingbar. Wer waren die AdressatInnen, wie lebten und arbeiteten sie, wie war ihr Verhältnis zu ihrer Umwelt und zu den sie politisch regierenden Mächten – alle diese Fragen stellt J. Ebach, um den apokalyptischen Text zu verstehen. Er nennt die Texte Zeugnisse der Emigration aus den Zentren der Macht (Henochapokalypse), geschrieben in Verfolgung (Johannesoffenbarung), Widerstandsschriften gegen die extreme Verbindung von Staatsmacht und Tempelhierarchie. Die Marginalität der apokalyptisch geprägten Gemeinden zeigt die Spannung gegenüber dem allumfassenden Herrschaftsanspruch der Machthabenden. Die Gemeinden haben sich auf kleinstes Gebiet zurückgezogen. Dort aber, wo sie leben, wird den Mächten dieser Welt ihre Herrschaft bestritten. Ebach sucht, die Praxis, die die apokalyptischen Texte hervorbrachte, als machtkritische und prophetische auszumachen. Er sieht sie in Kontinuität mit der Prophetie, als Fortsetzung der Prophezeiungen in einer bedrückenden Gegenwart von Menschen, die nach Hoffnungsmöglichkeiten suchen. Der redaktions- und sozialgeschichtliche Blick auf den Text ist da neu wichtig, wo das Zusammengesetztsein apokalyptischer Rede benannt wird, wo aber das Ganze des Textes erhalten bleiben soll. Die theologische Intention eines Werkes muß ja auf eine veränderte Praxis gerichtet sein, wenn nicht, wird sie zur »l' art pour l' art«, ohne Hände und Füße.

4. Bestandsaufnahme: Was verstehen die besprochenen Kommentatoren unter Apokalyptik?

Schon ein erster Blick auf die Auslegungsgeschichte zeigt, daß Apokalyptik häufig mit Spekulationen über metaphysische Ereignisse und mit Berechnungen über die Dauer der Weltzeit bis zum Weltende, sowie der Ausmalung dieses Endes in Verbindung gebracht wird. So erstaunt es nicht, daß viele Ausleger das Gleichnis vom Feigenbaum, das diese Elemente nicht offen erkennen läßt, anti-apokalyptisch interpretieren und in einer anti-apokalyptischen Pointe die theologische Relevanz des Gleichnisses sehen.

So gibt es einige Ausleger, die gerade darin die Bedeutung des Gleichnisses erkennen, daß es sich gegen das apokalyptische Rechnen wende. Nach der Meinung von V. Taylor widerspiegelt das Gleichnis eine andere, der Apokalyptik fremde Haltung gegenüber dem Anbrechen der Endereignisse:

»... if it is read in itself, ... it reflects an attitude alien to apocalyptic speculation, with its emphasis on an orderly succession of events preceding the End.«[26]

26.   V. Taylor, St Mark, S. 523.

Auch E. Schweizer betont, daß V.28ff. nicht apokalyptischer Natur seien, denn hier gehe es eben nicht um »apokalyptische Berechnungen des Zeitpunktes«[27]. Die apokalyptischen Berechnungen streben seiner Meinung nach an, über Gottes Pläne Bescheid wissen zu wollen. Diesem Streben seien die V.28f. aber gerade entgegengesetzt. In eben diesem Sinne ist auch J. Gnilka zu verstehen:

»Die damit gegebene Zurückweisung des Berechnens von Terminen läßt sich zutreffend als antiapokalyptisch bezeichnen.«[28]

Wenn also unser Gleichnis ein anderes Zeitverständnis, respektive ein anderes Umgehen mit der ausstehenden Zeit andeutet, als die besprochenen Ausleger es von apokalyptischen Texten erwarten, dann werden unsere V.28ff. als der Apokalyptik fremd eingestuft, ja sogar als Korrektur gegenüber apokalyptischen Erwartungen. Doch reflektieren die Ausleger ihre eigenen Erwartungen, wie Apokalyptik zu sein habe, nicht.

In der gleichen Weise hebt J. Ernst die antiapokalyptische Pointe des Gleichnisses hervor:

»Der mk.-red. Zusatz soll das irritierte eschatologische Bewußtsein einpendeln und die Umdeutung der Naherwartung vorbereiten. Das Wissen um Tag und Stunde ... wird den nachrechnenden Apokalyptikern abgesprochen.«[29]

In die gleiche Richtung geht auch die Aussage W. Grundmanns, der dem apokalyptischen Berechnen das überraschende Kommen entgegenstellt.

»In der apokalyptischen Theologie entfernt die beobachtende Berechnung das Überraschungsmoment, hier ist mit dem Verzicht auf die Berechnung das wachende Warten auf das überraschende Kommen erforderlich geworden.«[30]

Auch W. Schmithals betont, daß unsere V.28ff. sich gegen das apokalyptische Berechnen stellen:

»Er wollte mit seiner konsequenten Feststellung den Menschen jede Möglichkeit apokalyptischer Berechnung nehmen.«[31]

Die Reihe der Ausleger, die unsere Markus-Stelle als Korrektur zur apokalyptischen Theologie verstehen, ließe sich fast beliebig verlängern. Wenn auch die positiven Aussagen über unser Gleichnis leicht variieren, so bleibt doch seine Abgrenzung zur Apokalyptik ein zentraler Punkt. Damit wurde deutlich, daß Apokalyptik mit Berechnen der Endzeit gleichgesetzt wird und Texte, die nicht

27. E. Schweizer, Markus, S. 154.
28. J. Gnilka, Markus, Bd. 2, S. 209.
29. J. Ernst, Markus, S. 390.
30. W. Grundmann, Markus, S. 366.
31. W. Schmithals, Markus, S. 580.

Berechnungen anstellen wollen, somit als unapokalyptisch angesehen werden. Bei R. Pesch ist es die Naherwartung unserer V.28ff., die eine »unapokalyptische eschatologische Haltung« ausdrücken.[32]

Auch nach F. Rienecker richten sich beide Gleichnisse von V.28ff. gegen das Errechnenwollen des Zeitpunktes und betonen Gottes unausforschlichen Plan.[33] Ebenso widersprechen unsere Verse nach J. Schmid »aller jüdischen Apokalyptik mit ihrem Bemühen, die Stunde des Weltendes zu errechnen«.[34]

Zusammenfassend können wir folgendes sagen: Das Berechnen des Zeitpunktes der Parusie ist den besprochenen Auslegern das Charakteristikum apokalyptischer Theologie. Wenn in einer Texteinheit wie in unserem Gleichnis das rechnerische Moment fehlt, gilt es als unapokalyptisch. Im apokalyptischen Kontext der sogenannten Endzeitrede wird unser Gleichnis vom Feigenbaum nicht nur als unapokalyptisch interpretiert, sondern oftmals für eine Korrektur der Apokalyptik gehalten.

Auffallend ist, daß außer W. Grundmann (s.o.) kein Ausleger von »apokalyptischer Theologie« spricht. Apokalyptik gilt als eine Strömung, eine Mentalität, eine Manier – aber kaum als ›Theologie‹.

Der apokalyptischen Sprache als eigenständiges Phänomen widmet sich keiner der besprochenen Ausleger. Daß der Umgang mit apokalyptischer Sprache aber Mühe bereitet, läßt sich bei J. Weiss wie bei J. Ernst beobachten:

»Wir sind dankbar, daß er (Jesus, L.S.) nicht den Versuch gemacht hat, mit den jüdischen Apokalyptikern in der Ausmalung des Endes zu wetteifern, sondern daß er in dieser Beziehung sich einfach an die Weissagung ... gehalten hat.«[35]

»Der Verfasser hat nach apokalyptischer Manier aus alttestamentlichen Texten ein bizarres Gemälde des bevorstehenden Endes entworfen.«[36]

Aus dieser antiapokalyptischen Interpretation des Gleichnisses schließen auch einige Ausleger auf die Theologie des Redaktors. So hält z.B. R. Pesch die Naherwartung des Evangelisten für »keine schwärmerische, keine apokalyptisch-aufgeregte«[37], da er ja mit der Einfügung dieses Gleichnisses in die sogenannte kleine Apokalypse deutlich andere Akzente gesetzt habe.

W. Schmithals ist überzeugt, daß Markus die Apokalyptik »nicht aus theologischer Notwendigkeit, sondern aus missionarischen Gründen« rezipiert habe:

»Markus muß die mit Hilfe ihrer kleinen Apokalypse erzeugte akute apokalyptische Hochspannung jener Kreise ... brechen«.[38]

---

32. R. Pesch, Naherwartungen. 243.
33. F. Rienecker, Markus, S. 229.
34. J. Schmid, Markus, S. 248.
35. J. Weiss, Das älteste Evangelium, S. 282
36. J. Ernst, Markus, S. 385.
37. R. Pesch, Naherwartungen, S. 199.
38. W. Schmithals, Markus, S. 585.

Obwohl diese Formulierung in meinen Ohren ziemlich gewalttätig klingt, hält sich Schmithals selbst nicht für ablehnend gegenüber apokalyptischer Theologie, da er in ihr durchaus Sinn erkennen kann. Allerdings schränkt er diesen stark ein. Nach seinem Verständnis hat Apokalyptik stets nur »regulierende und korrigierende Bedeutung«, nie könne sie aber »normierende« Bedeutung haben.[39] Somit bestimmt Schmithals das Kerygma ohne apokalyptische Überlieferungen. Denn die Apokalyptik betone das Ausstehen des neuen Äons, währenddessen im Kerygma Jesu Christi das Anbrechen des neuen Äons im alten zentral sei. So bleibt der apokalyptischen Theologie bei Schmithals nur noch die Funktion der Korrektur, der Abgrenzung

- gegen eine enthusiastische Heilssicherheit,
- gegen das Aufrichten einer Gottesherrschaft mit menschlichen Mitteln,
- gegen Fortschrittsoptimismus,
- gegen Absolutsetzung dieses Äons,
- gegen nihilistische Hoffnungslosigkeit und
- gegen utopische Selbstüberhebung.[40]

Dieses Definieren der Apokalyptik als Korrekturtaste der Eschatologie wirft allerdings die Frage auf: Welche christliche Eschatologie bleibt nach der Ausgrenzung all dieser ketzerischen Glaubensrichtungen zurück? Wie sieht denn die nicht-enthusiastische, weder nihilistische noch utopische Eschatologie aus?

5. Die Entmythologisierung der Apokalyptik (R. Bultmann)

R. Bultmann beschreibt die Eschatologie genau als das Negativ der Apokalyptik:

»Die Eschatologie ist die Vorstellung vom Ende der Welt; eine Vorstellung, die als solche kein konkretes Bild vom Endgeschehen zu enthalten braucht, die sogar das Ende nicht als chronologisch fixiertes zu denken braucht. [...] Die Apokalyptik dagegen ist eine bestimmte Konkretisierung der eschatologischen Vorstellung. Sie entwirft Bilder vom Endgeschehen, und sie fixiert das Ende chronologisch.«[41]

Wieder werden wir auf die bereits benannten Mängel der Apokalyptik verwiesen: die konkreten Beschreibungen des Weltendes und die versuchten Chronologien. Dabei fällt uns weiter auf, daß die Definition von Eschatologie rein negativ ist; Bultmann sagt uns nur, was Eschatologie im Gegensatz zur Apokalyptik *nicht* ist. Wir erfahren über Eschatologie hier nur soviel, daß sie mit dem »Ende der Welt«

39. W. Schmithals, Markus, S. 586.
40. Ebd.
41. R. Bultmann, Apokalyptik, S. 64.

zu tun hat, mit dem »Endgeschehen« und dem »Ende«. Apokalyptik ist diesbezüglich auch Eschatologie. Die Unterscheidung Bultmanns geht dahin, daß Apokalyptik eine »bestimmte« eschatologische Vorstellung ist, d. h. sie versuche das Ende rechnerisch zu bestimmen.

Diese Definition von Eschatologie bleibt so vage und unbestimmt, weil Bultmann davon ausgeht, daß das Weltgericht »nicht ein bevorstehendes kosmisches Ereignis« ist, sondern die »Tatsache, daß Jesus in die Welt gekommen ist und zum Glauben gerufen hat«.[42] Wer diesen Ruf zum Glauben hört und annimmt, sei »vom Tod zum Leben hinübergeschritten«.[43] Dies geschehe bei jedem Menschen wieder anders. Eine chronologische Berechnung wird bei diesem individualistischen Eschatologie-Verständnis sinnlos und überflüssig, wenn keine kollektiven Umkehrprozesse im Hoffnungshorizont in Sicht sind.

Das »Endgeschehen« wird von Bultmann entmythologisiert, indem es in der Existenz des einzelnen Menschen angesiedelt wird.

»Die apokalyptische und die gnostische Eschatologie ist insofern entmythologisiert, als die Heilszeit für den Glaubenden schon angebrochen, das Zukunftsleben schon Gegenwart geworden ist.«[44]

So sehen wir, daß für Bultmann nur eine *präsentische* Eschatologie der Entmythologisierung standhalten kann, denn nur sie holt das bevorstehende Zornesgericht aus der mythisch fernen Zukunft in die Existenz des modernen Menschen hinein. Eine apokalyptische Eschatologie kann also schon deshalb vor dem Entmythologisierungsprogramm Bultmanns nicht bestehen, weil sie einen neuen Himmel und eine neue Erde in naher Zukunft erhofft, also das Ausstehende im Erlösungsgeschehen betont. Weil diese Hoffnung aber getrogen habe und die nahe bevorstehende Parusie nicht erfolgt sei, wird diese Eschatologie bei Bultmann diskreditiert.

»Die mythische Eschatologie ist im Grunde durch die einfache Tatsache erledigt, daß Christi Parusie nicht, wie das Neue Testament erwartet, alsbald stattgefunden hat, sondern daß die Weltgeschichte weiterlief und – wie jeder Zurechnungsfähige überzeugt ist – weiterlaufen wird.«[45]

Apokalyptik entspricht dem, was Bultmann »mythische Eschatologie« nennt.[46] Diese sei durch die Tatsache der sog. Parusieverzögerung »erledigt«.

Hier müssen wir allerdings sein Verständnis von Mythos problematisieren, um sein Entmythologisierungsprogramm zu verstehen und auch kritisieren zu kön-

---

42. R. Bultmann, Neues Testament, S. 36.
43. Ebd.
44. Ebd.
45. Ebd., S. 16.
46. Ebd., S. 13.

nen. Das Weltbild des Neuen Testaments ist nach Bultmann ein mythisches. Dazu gehört die Vorstellung der Welt als Erde, Himmel und Unterwelt, die Geister und Dämonen, die in das Tun und Denken der Menschen eingreifen können, wie auch die bösen Mächte Satans und die guten Mächte Gottes. Diese Weltzeit steht unter der Macht Satans, der Sünde und des Todes; ihr Ende wird sich in einer baldigen kosmischen Katastrophe vollziehen. Bultmann will den Mythos anthropologisch auflösen, indem ihn nur das interessiert, was darüber Aufschluß gibt, wie sich der Mensch in seiner Welt versteht.

»Der Mythos redet von der Macht oder von den Mächten, die der Mensch als Grund und Grenze seiner Welt und seines eigenen Handelns und Erleidens zu erfahren meint.«[47]

Bultmann möchte die Mythologie des Neuen Testaments nicht auf »ihren objektivierenden Vorstellungsgehalt« hin befragen, sondern auf das in diesen Vorstellungen sich aussprechende Existenzverständnis hin. Bultmann gehört diesbezüglich ganz sicher das Verdienst, das mythische Weltbild des Neuen Testaments bewußt problematisiert und relativiert zu haben. Damit hat er einen Beitrag zur Verständlichkeit der christlichen Verkündigung in der Gegenwart geleistet.

Zusammen mit E. Bloch[48] möchte ich aber an Bultmann die Frage stellen, ob es nicht auch im Mythischen noch einiges zu differenzieren gäbe. Ist nicht die Vorstellung der Welt in drei Stockwerken (Himmel, Erde, Unterwelt) etwas ganz anderes als die Vorstellung vom Gericht über die Ungerechten? M.E. gilt es zu unterscheiden zwischen einem sog. mythischen Weltbild, das zu einer anderen zeitgeschichtlichen Epoche gehört und das darum modernen Menschen nicht so leicht zugänglich ist, und Mythen, die Hoffnungen und Sehnsüchte transportieren und über das Beschreibende eines Weltbildes weit hinausgehen.

E. Bloch sieht den Mythos noch weiter differenziert je nach seinem Ton, wie er erzählt wird, nach der sozialen Schicht, aus deren Perspektive erzählt wird, und er unterscheidet inhaltlich zwischen dem fatalistisch Verhängten und dem Rebellischen:

»Zum Unterschied etwa von den Heilungen Jesu, gewiß auch von seinem angeblichen Willen, gekreuzigt zu werden: beides, das gegen den Strom Schwimmende und das sich demütig in ein Verordnendes Ergebende, soll nun gleichmäßig mythisch sein ... Da wäre denn wohl in den alten Mären selber zu unterscheiden, genau bei Mythischem genauer hinsehend.«[49]

Bloch gewinnt ein Unterscheidungskriterium, indem er zwischen rein »Privatem« und »Endzeitlich-Kosmischem« differenziert. Gleichzeitig nimmt er die Perspektive wahr, von der her erzählt wird: Er unterscheidet die Interessen der »Herren«

---

47. Ebd., S. 22.
48. E. Bloch, Atheismus, S. 42f.
49. Ebd., S. 43.

von den Hoffnungen der »Sklaven«. Diese Unterscheidung hilft Bloch zu erkennen, daß Bultmann auch Mythen übernimmt und fortschreiben hilft, ohne sie zu entmythologisieren.

So schreibt Bultmann in seinem Verständnis von Sünde den Sündenfall-Mythos fort in einer anderen Begrifflichkeit, die »der moderne Mensch« verstehen kann, die aber aus dem hierarchischen »Oben-Unten«-Denken nicht herausgelöst worden ist:

»Selbstverständnis ohne Gehorsam gegen das Gebot von oben herab bleibt Hoffart, Sünde, Irrtum.«[50]

Mir geht es nicht in erster Linie darum zu zeigen, daß Bultmann nicht alle Mythen entmythologisiert hat. Dieses Programm zu Ende zu führen, ist eine Aufgabe für mehr als nur einen Menschen. Vielmehr ist es mir zusammen mit Bloch wichtig zu unterscheiden zwischen Entmythologisierung eines sogenannt vorwissenschaftlichen, mythischen Weltbildes und der vielleicht vorschnellen Entmythologisierung von Mythen, die tiefgreifende Zusammenhänge und Hoffnungen transportieren, wie z.B. eschatologische Mythen. Um letztere zu verstehen, ist ein Hinweis auf die Parusieverzögerung als Argument für ihr Erledigtsein nicht nur nicht hilfreich, sondern auch ungenügend.[51]

Eschatologische Mythen, wie z.B. die Hoffnung auf einen neuen Himmel und eine neue Erde, das letzte Gericht und die Auferstehung jener, die Unrecht erlitten oder begangen haben, sind in der Sprache Blochs »rebellische« Mythen, die sich mit ungerechten Weltzuständen nicht zufrieden geben, sondern auf Gerechtigkeit hoffen. Für Bultmann sind alle Mythen gleich – alle gilt es zu entmythologisieren, ohne darauf zu achten, ob sie fatalistische Ergebenheit ins Schicksal predigen oder ob sie auf befreiende Verwandlung und Umwandlung des »Schicksals« vertrauen.

»Nun ist es die Aufgabe, auch die dualistische Mythologie des Neuen Testaments existential zu interpretieren.«[52]

Bultmanns existentialer Interpretation eschatologischer Mythen ist das Verdienst zuzusprechen, daß sie das eschatologische Ende und die Hoffnung, die in der Kirche auf die lange Bank geschoben wurden,[53] zurück in die Gegenwart geholt hat. Das Ende ist nicht mehr irgendwann-einmal-nur-nicht-jetzt, sondern:

»In jedem Augenblick schlummert die Möglichkeit, der eschatologische Augenblick zu sein. Du mußt ihn erwecken.«[54]

---

50. Ebd., S. 49.
51. Vgl. L. Schottroff, Apokalyptik, S. 73-95.
52. R. Bultmann, Neues Testament, S. 29.
53. R. Bultmann, Geschichte und Eschatologie, S. 58.
54. Ebd., S. 184.

Indem Bultmann von der präsentischen Eschatologie als »Mutter der christlichen Theologie«[55] spricht, holt er das Ende und die Hoffnung auf das eschatologische Heil in die Existenz hinein, in die konkrete Stunde der Entscheidung.[56] Bultmann sieht das Leben im Glauben, das eschatologische Existieren als Leben in der Distanz zur Welt, als Entweltlichung. Positiv kann er diese Entweltlichung auch als Freiheit von allem Verfügbaren und Sichtbaren beschreiben, als Offenheit für die Zukunft, als Angstfreiheit.[57]

Diese »Offenheit für« und »Freiheit von« hat jedoch etwas Gegenwartflüchtiges, indem sie alle die Gegenwart konstituierenden Umfelder des Individuums nicht analysiert und ausblendet. Alles Leibliche, Soziale, Kosmische und Politische fällt in der existentialen Interpretation der Mythen aus dem Blickfeld heraus. Was bleibt, ist eine große Kontur- und Kontextlosigkeit der eschatologischen Hoffnung. Vergebens sucht man nach einer positiven Füllung oder Beschreibung der eschatologischen Hoffnung bei Bultmann.

»Der Glaubende lebt immer (nur) in der Hoffnung, d.h. nicht auf Grund dessen, was er besitzt, sondern auf Grund dessen, was er erhalten wird, d.h. er lebt aus der Zukunft.«[58]

In seiner Auslegung zu Röm 5 geht es Bultmann vor allem um die Gewißheit der Hoffnung. Die Hoffnung sei wohlbegründet, aber kein Besitz. Sie müsse vielmehr wie der Glaube immer wieder neu gewonnen werden. So leben die Glaubenden jetzt – präsentisch – aus einer Hoffnung, die auf die Zukunft bezogen ist. Das mache die Paradoxie der christlichen Existenz aus. Die Eschatologie charakterisiere damit also eher das zukünftige Moment, der Glaube eher das Präsentische. Offensichtlich aber ist es, daß sich in diesem Eschatologieverständnis ein chronologisches Nacheinander verbirgt:

»Die Gegenwart ist eine Gegenwart der Hoffnung! Es ist die Hoffnung auf das eschatologische Heil der Zukunft, das ja manchmal als doxa bezeichnet wird...«[59]

Bultmann interpretiert ὀργή (Röm 5,9) als das der eschatologischen Vollendung vorausgehende Zornesgericht. Die christliche Hoffnung ist bei Bultmann darauf ausgerichtet, vor diesem Zornesgericht gerettet zu werden. Sie ist möglich, weil die Glaubenden die Liebe Gottes kennen und das »Pfand der Zukunft« schon haben. Die christliche Hoffnung antizipiere die doxa, die Heilsvollendung der Zukunft, die dann die Gegenwart verwandle.

In dieser Begrifflichkeit Bultmanns pendeln wir zwischen Gegenwart und Zukunft hin und her. Doch obwohl Bultmann sich bemüht, in der präsentischen Escha-

55. R. Bultmann, Apokalyptik, S. 64-69.
56. R. Bultmann, Exegetica, S. 426.
57. Ebd.
58. Ebd., S. 427.
59. Ebd., S. 426.

tologie das Nacheinander von »doch schon« und »noch nicht« zusammenzudenken, bleibt er dem chronologischen Zeitdenken verhaftet. Ich vermute, daß diese Engführung auch mit der Kontextlosigkeit (die mit der Vorstellung von Existentialia zusammenhängt) der eschatologischen Hoffnung bei Bultmann zu tun hat. Denn durch das Einbeziehen des sozialen und politischen Kontexts der Hoffenden und Glaubenden kann die eschatologische Hoffnung aus dem rein chronologischen Bemühen herausgelöst werden. Dann sind plötzlich andere Dimensionen eröffnet, in welchen die neutestamentliche Hoffnung auf die Nähe der Parusie nicht mit der Theorie der Parusieverzögerung aufgelöst werden muß, sondern die Frage nach der Macht und der Wirksamkeit Gottes gestellt werden kann.

Die Kontextlosigkeit der Existenz »des Menschen« bei Bultmann gilt es also aufzuarbeiten. Die Existenz »des Menschen« muß in all ihren Verflochtenheiten gesehen werden. Damit muß die zeitlose und unbestimmte Rede von »dem Menschen«, »dem Individuum« als allgemeiner Größe, der Realität weichen: Es gibt nur Menschen verschiedenster Herkunft, unterschiedlicher Hautfarbe, Frauen und Männer, Arme und Reiche, Menschen mit allen Schattierungen von gesund und krank,- die aber alle miteinander in einem Geflecht von Beziehungen leben. »Der Mensch« existiert nicht und hat nie existiert. Die Herauslösung eines imaginären »Menschen« aus seinem Lebenszusammenhang hat zu tun mit der Vernachlässigung der Gegenwart, die bei Bultmann mit dem Begriff »Entweltlichung« gemeint ist: Die Gegenwart als vorläufig zu durchschauen, sei das Existenzverständnis des christlichen Menschen. So ist die Gefahr groß, daß die Gegenwart als solche ihren Eigenwert verliert.

Die Apokalyptik des 1. Jh. n. Chr. nimmt dagegen die Gegenwart der Menschen ernst und wichtig, indem die Bedrohungen und die Verzweiflung der Menschen zur Zeit der Pax Romana deutlich zur Sprache kommen. Sie reduziert die Gegenwart nicht auf den Moment der Entscheidung für oder wider Christus, obwohl diese Entscheidung in der täglichen Bewährung eine große Rolle spielt. Sie will aber die Menschen ermutigen, als ChristInnen und JüdInnen weiterzuleben und nicht ihr Leben in Panik oder Resignation fortzuwerfen. Die Fragen nach dem ersehnten Ende von Gewalt und Unterdrückung werden von ihr als Fragen von verzweifelten Menschen ernstgenommen.[60]

Es ist Anliegen und Aufgabe der Befreiungstheologie, die Verflochtenheit in Strukturen der Sünde und der Entfremdung wahrzunehmen und die Sünde als soziale und politische Ungerechtigkeit anzuklagen. Das Existenzverständnis Bultmanns gerät mit demjenigen der Befreiungstheologie da in Widerspruch, wo Bultmanns Appell an die Entscheidungsfähigkeit des Individuums, der von Unbeeinflußbarkeit, Freiheit und Unabhängigkeit des Individuums ausgeht, mit der Erfahrung unterdrückter Menschen konfrontiert wird.

»Auf dem Spiele steht das Sein des Menschen überhaupt, es geht um die Selbstbestimmung seines eigenen Schicksals. Der Unterdrückte kann sich nicht selbst bestimmen,

60.   Vgl. L. Schottroff, Apokalyptik, S. 76-77.

sondern erleidet seine eigene Geschichte als ein ihm aufgezwungenes fremdes Schicksal. Theologie der Befreiung erkennt in dieser Situation eine ›Situation der Sünde‹: In dieser wird die Fülle der Liebe bedroht und negiert.«[61]

Hier muß allerdings feministische Kritik ansetzen und das Aufdecken von Unterdrückungsstrukturen weiterführen, die auch in der androzentrischen Sprache Castillos zum Zuge kommen. Zu unserer sozialen Geschichte gehört auch, ob wir als Frauen oder als Männer sozialisiert werden, denn dies schafft wiederum geschlechtsspezifische Rollen und Abhängigkeiten.

Auf dem Weg zu einer Befreiungstheologie der »ersten Welt« im »west-deutschen Kontext«, mit der feministischen Patriarchatsanalyse ausgerüstet, zeigt Ch. Schaumberger, wie auf der Basis der Erkenntnis unserer weltweiten Verstrickung in Zusammenhänge von Leiden, Ungerechtigkeit und Unterdrückung ein »Schuldbewußtsein« entstanden ist, das nicht in die Passivität führt, sondern in ein Beharren auf Verantwortung:

»Das Ergebnis von Bewußtwerdung und Betroffenheit ließ sich auf die Formel bringen: ›mitschuldig und mitunterdrückt‹.«[62]

Mit diesem differenzierten Existenzverständnis von »mitschuldig und mitunterdrückt« möchte ich an der Kontext- und Konturlosigkeit der eschatologischen Hoffnung, wie wir sie bei Bultmann gesehen haben, arbeiten. Indem Bultmann die eschatologische Hoffnung entmythologisiert, d.h. existential interpretiert, holt er sie in unsere Existenz herein. Er erschließt uns als verantwortliche Personen, Individuen, und läßt die eben gewonnene Gegenwärtigkeit in »Offenheit« zerrinnen. Diesem Zerrinnen meine ich mit dem Existenzverständnis von »mitschuldig und mitunterdrückt« begegnen zu können.

Wie wir oben gesehen haben, legt die Apokalyptik den Finger auf die Gegenwart. Einerseits weil die Not der angesprochenen Menschen nicht wegdiskutiert werden kann, andererseits weil die apokalyptische Theologie aus der Erwartung lebt, daß das Ende der (Gewalt-)Geschichte nahe ist. Diese Hoffnung auf den Abbruch der ungerechten Herrschaft, die soviel gegenwärtige Not erzeugt, muß nicht in Gegenwartsflucht und -negation abdriften, etwa weil die Zeit dazu gar nicht mehr gegeben scheint, sondern kann im Gegenteil zu Mut und Widerstand führen, das Leben jetzt zu leben und nicht aufzuschieben. Wer heute die großen weltumspannenden Probleme ernst nimmt, kann es sich eigentlich kaum leisten, das, was getan sein sollte, auf eine nahe oder ferne Zukunft zu verschieben. Zu erkennen, daß die Bewährungsprobe des Humanen jetzt stattfindet, heißt eschatologisch leben. Gleichzeitig ist diese Haltung genuin apokalyptisch.

Ich möchte die in der Auseinandersetzung mit Bultmann gewonnenen Ergebnisse zusammenfassen. In den folgenden sechs Punkten muß das Apokalyptik-

61. F. Castillo, Befreiende Praxis, S. 19.
62. Ch. Schaumberger: Subversive Bekehrung, S. 260.

Verständnis und das damit zusammenhängende Verständnis der präsentischen Eschatologie Bultmanns aus der feministisch-befreiungstheologischen Perspektive kritisiert werden:

a) Indem Bultmann die Eschatologie in negativer Absetzung zur Apokalyptik definiert, gerät er bezüglich der eschatologischen Hoffnung in konturlose Offenheit.

b) Bultmann bleibt der Theorie der Parusieverzögerung treu, was auch bedeutet, er bleibt dem chronologischen Zeitdenken in seiner Eschatologievorstellung verhaftet. Dies kommt auch in seinem Verständnis der »paradoxen Existenz« des christlichen Menschen zum Ausdruck. Doch indem er sich das »Doch schon« und »Noch nicht« stets auf einer Zeitlinie vorstellt, kommen andere Dimensionen, wie z.B. die der Macht und Wirksamkeit Gottes, nicht in den Blick.

c) Er hält das technisch-naturwissenschaftliche Fortschrittsdenken für das Denken eines normalen Menschen. Somit hält er das »mythische« Denken für überwunden, wobei er »mythisch« nicht weiter differenziert. Zusammen mit E. Bloch unterscheide ich aber zwischen mythischem Weltbild als vorwissenschaftlicher Weltauffassung und Mythen, die Inhalte wie Hoffnung auf Veränderung oder Gerechtigkeit etc. transportieren. Die Letzteren können dann auch weiter differenziert werden in »rebellisch-eschatologisch« und »feudalistisch«. Dies bedingt allerdings genaues Zuhören auf den Ton, wie Mythen erzählt werden, und Erkennen der Perspektive, d. h. von welchen gesellschaftlichen Schichten aus erzählt wird. So können unterdrückende Mythen entlarvt und befreiende Mythen weitererzählt werden.

d) Der Existenzbegriff Bultmanns läßt alles Leibliche, Soziale, Kosmische und Politische außer Acht. Darauf baut auch das eschatologische Existieren als Entweltlichung auf. In Distanz zur Welt zu leben, birgt aber die Gefahr in sich, unmenschliche Weltzustände in ihrer Vorläufigkeit hinzunehmen.

e) Die Bedeutung der Gegenwart in apokalyptischer Rede darf nicht übersehen werden. Denn erst das Wahrnehmen der leidenden, unerlösten Welt bringt die Rede vom Ausstehenden hervor. Es gibt allzuviele Mißstände auf der Welt, die auch mit einer Einstellung der Distanz oder dem eschatologischen Selbstverständnis des Individuums nicht ertragbarer werden. Im Gegenteil: Der kollektive, endzeitlich-kosmische Anspruch der Apokalyptik auf einen neuen Himmel und eine neue Erde entstammt der engagierten Wahrnehmung des Leidens in der Gegenwart. Deshalb kann apokalyptische Eschatologie nicht auf präsentische Eschatologie hin entmythologisiert werden.

f) Die Eschatologie Bultmanns kann als individualistisch bezeichnet werden. »Der Mensch« steht als Einzelner im Zentrum. Die Verflochtenheit verschiedenster Menschen untereinander, ihre Abhängigkeiten, Unterdrückungsmechanismen und ihre Angewiesenheit aufeinander bleiben dabei unberücksichtigt. Das Existenzverständnis von »mitschuldig und mitunterdrückt« bewahrt diesbezüglich vor Engführungen und schließt auch die Erfahrungen von Frauen mit ein.

6. Antijudaismus in der Auslegungsgeschichte

Bei vielen Auslegern von Markus 13,28ff. können wir die Tendenz beobachten, »Apokalyptik« mit »jüdisch« zu verbinden.[63] Diese manchmal durchaus zutreffende Verbindung birgt aber Gefahren in sich. So kann damit der Komplex der Apokalyptik aus der christlichen Theologie ausgegrenzt oder marginalisiert werden. Dadurch werden aber folgenschwere Weichen gestellt. Kollektive Hoffnungsbilder auf die sich durchsetzende Gerechtigkeit Gottes gehen ebenso verloren, wie die historischen Anfänge der christlichen Theologie verdrängt werden. Über die Problematik in literarkritischer Sicht haben wir unter 2. bereits gesprochen. Hier möchte ich auf die Ausgrenzungstendenz christlicher Theologen hinweisen, die in antijudaistische Äußerungen münden kann.

Eine Ausnahme bildet hier D. Lührmann. Er zeigt auf, daß die Apokalyptik zu gut in der christlichen Überlieferung verankert ist, als daß man sie stets auf jüdischen Ursprung zurückführen müßte.[64]

Im einschlägigen Lexikonartikel bei R. Schütz über altchristliche Apokalyptik wird eine Ausgrenzungs- und Abwertungstendenz sichtbar, die viele Ausleger mit ihm teilen. Schütz distanziert die Predigt Jesu von apokalyptischer Rede:

»Aber Berechnungen über das Eintreten der Endzeit, wie sie in der jüdischen Apokalyptik beliebt waren, lehnte er ab ... In seinen Predigten fehlen auch abstruse apokalyptische Bilder.«[65]

Bei R. Schütz wird der Antijudaismus noch deutlicher, wo er von »dem Partikularismus des jüdischen Volkes« spricht. Damit tritt auch das Paradox auf, daß gerade der jüdischen Apokalyptik mit ihrem Interesse an kosmischer und kollektiver Erlösung partikuläre Interessen nachgesagt werden:

»In den Predigten Johannes des Täufers und Jesu sind, soweit uns erkennbar, die Grundgedanken der jüdischen Apokalyptik als selbstverständlich vorausgesetzt; doch unterscheiden sie sich darin, daß sie über den Partikularismus des jüdischen Volkes hinausgehen.«[66]

Eine andere Variante des theologischen Antijudaismus können wir bei F. Rienekker sehen. Er deutet das Gleichnis vom Feigenbaum, indem er ihn mit »Israel« gleichsetzt:

»Der Feigenbaum ist, wie wir es in Markus 11 schon gesehen haben, ein Abbild des Volkes Israel. Diesen Feigenbaum hatte sich der Vater gepflanzt zum Früchtebringen. Und Israel brachte keine Früchte und hatte darum nichts anderes zu erwarten als das Gericht. Wenn es

---

63. J. Schmid, Markus, S. 248.
64. D. Lührmann, Markus, S. 226.
65. R. Schütz, Altchristliche Apokalyptik, S. 468.
66. Ebd.

aber dann einstmals nach Gottes unausforschlichem Plan wieder Blätter hervortreiben wird, dann wird der Sommer nahe sein, d.h., dann wird die Wiederkehr des erhöhten Herrn und Heilandes in großer Macht und Herrlichkeit sich nähern.«[67]

Israel pauschal für unfruchtbar zu erklären, wie Rienecker es tut, halte ich angesichts der reichen religiösen Traditionen des Judentums, die das Christentum zudem mit dem Judentum teilt, und aus denen auch die neutestamentlichen Schriften schöpfen, für christliche Arroganz. Diese Undifferenziertheit dem Judentum gegenüber bei gleichzeitiger Nichtanerkennung seiner religiösen Eigenständigkeit hat antijudaistische Wurzeln. Die gesellschaftspolitischen Konsequenzen solcher judenfeindlichen Interpretationen haben sich im Laufe der Geschichte verheerend ausgewirkt. Auch bei modernen Auslegern wie W. Schmithals sind solche Pauschalisierungen anzutreffen, wenn er vom »rein jüdischen Charakter« der kleinen Apokalypse des Markus reden kann.[68]

Die Bezeichnung »jüdische Apokalyptik« muß auch darum in die Diskussion um Antijudaismus miteinbezogen werden, weil Apokalyptik ja oft als minderwertige theologische Richtung gilt.

»Sofern die Apokalyptik einer Notzeit entsprach, hatte sie auch einen konkreten Auftrag, später kam sie – gleichsam als Literaturgattung – in Mode und trug dann immer stärker konventionelle Züge. Für das junge Christentum ist die jüdische Apokalyptik von beträchtlicher Bedeutung gewesen.«[69]

Leider unterläßt es H. Ringgren, diese Bedeutung inhaltlich aufzuzeigen. Er bezeichnet Apokalyptik als eine Art »Fortsetzung des Prophetismus«, da sie prophetisches Gut deute, es aber »entstelle«. Auch »vermittle« sie nur geheime Weisheit, während die Propheten »verkünden«. Wenn Apokalyptik als Fortsetzung des Prophetismus beschrieben werden kann, ist eine pauschale Bezeichnung der Apokalyptik als »jüdisch« despektierlich gemeint. Wenn das Gleichnis Markus 13,28ff. aber antiapokalyptisch ausgelegt wird, bei gleichzeitiger Definition von Apokalyptik als »jüdisch«, ist die direkte Folge davon die antijudaistische Auslegung.

Was P. Hoffmann generell über das Verständnis jüdischer Apokalyptik sagt, gilt auch für die besprochenen Kommentatoren:

»Die Beurteilung der Apokalyptik ist durch die Forschungsgeschichte belastet, in der man die ›spätjüdische‹ Apokalyptik vor allem als ›Depravation‹ des alttestamentlichen Prophetismus beurteilte und ihr dann die auf jenen zurückgreifende Verkündigung Jesus gegenüberstellte, als Repristinierung altisraelitischen Erbes in der jüdischen Verfallsgeschichte.«[70]

---

67. F. Rienecker, Markus, S. 229.
68. W. Schmithals, Markus, S. 584.
69. H. Ringgren: Jüdische Apokalyptik, S. 466.
70. P. Hoffmann, Zukunftserwartung, S. 374.

51

Allerdings ist bei den besprochenen Auslegern wenig von der Würdigung jüdischer Glaubensgeschichte spürbar, die nach Hoffmann in der neueren Forschung allmählich eingesetzt hat. Im Gegenteil muß ich konstatieren, daß die Unterscheidung »christliche Eschatologie« und »jüdische Apokalyptik« hier immer noch gültig zu sein scheint. Das Umdenken und Differenzieren bezüglich »frühjüdischer« Apokalyptik mag in der Apokalyptik-Forschung eingesetzt haben. Davon ist aber in den Kommentaren zu Markus 13,28ff. noch wenig spürbar. Vielmehr ist hier P. von der Osten-Sacken zuzustimmen, der lakonisch feststellt:

»Den in den letzten Jahrzehnten in regelmäßigen Abständen unternommenen Versuchen, das Problem des Antijudaismus in der Theologie als fundamentales theologisches Problem bewußt zu machen, ist nur geringer Erfolg beschieden gewesen.«[71]

7. Die Bedeutung der Apokalyptik in den Anfängen christlicher Theologie
– Eine Auseinandersetzung mit E. Käsemann

Ernst Käsemann hat einen großen und wesentlichen Beitrag in der Diskussion um die frühchristliche Apokalyptik geleistet. Ich möchte im Folgenden seiner provozierenden These »Die Apokalyptik ist die Mutter christlicher Theologie« nachgehen, um nachzuzeichnen, wie er die Anfänge christlicher Theologie sieht.[72] Gleichzeitig geht es mir aber auch um eine kritische Würdigung seiner Arbeit, wenn ich von meinem heutigen Standpunkt aus Fragen an sie richte.

7.1 Apokalyptik als Mutter christlicher Theologie

Wer sich mit der Arbeit Käsemanns auseinandersetzen will, sieht sich mit einer schwierigen Aufgabe konfrontiert, nicht nur wegen seiner oft komplexen Gedankengänge, sondern auch wegen des ausladenden Schreibstils. Käsemann kann z.B. einen so zentralen Begriff wie »Enthusiasmus« immer wieder verwenden, ohne genau zu definieren, was er darunter verstanden haben will. Auch bezeichnet er damit völlig divergierende Ansichten, die zwar ein gemeinsamer Nenner verbindet, welcher aber erst nach längerem Suchen einsichtig ist.

Es ist vielleicht hilfreich, wenn ich versuche, die Entwicklung in den Anfängen christlicher Theologie in einem Schema (Tab. 1) darzustellen, so wie sie Käsemann m.E. gesehen hat. Ich möchte seine Definition von urchristlicher Apoka-

---

71. P. von der Osten-Sacken, Besitzverzicht, S. 244.
72. Vgl. E. Käsemann, Anfänge, S.110-132 und ders., Apokalyptik, S.133-159.

lyptik als Naherwartung der Parusie an den Anfang stellen: Urchristliche Apokalyptik sei die erste Phase des nachösterlichen Enthusiasmus, der durch Geisterfahrung ausgelöst und von Pneumatikern lebendig gehalten wurde, theologisch
aus der jüdischen Apokalyptik gespeist und von enthusiastischen Hoffnungen und
Manifestationen begleitet wird.[73]

Nach Käsemann war die Haltung der frühesten Gemeinden die des »nachösterlichen Enthusiasmus«, der sich in der auf Ostern unmittelbar folgenden Judenchristenheit als »Naherwartung der Parusie« äußerte.[74] Die älteste Gemeinde habe
die Auferstehung Jesu apokalyptisch gedeutet:

»Man verbaut sich den Zugang zum ältesten Osterkerygma, wenn man dessen apokalyptischen Zusammenhang nicht beachtet.«[75]

So kann Käsemann die Theologie der frühesten christlichen Gemeinden beschreiben mit »enthusiastisch«, »apokalyptisch« und als bestimmt von »glühender Naherwartung«.

Käsemann erkennt vier Phasen, die ich im einzelnen erläutern möchte. Die Phasen 2-4 sind vom Spannungsfeld Freiheit – Gesetz/Ordnung geprägt. Auf der lin-
ken Seite des Schemas figurieren Vertreter der »Ordnungs«- Linie, rechts ihre
Gegenpole.

a) Die nachösterliche Geisterfahrung bildet die Grundlage der urchristlichen
Theologie. Sie wurde durch die jüdische Apokalyptik geprägt, von ihr erhielt
sie visionäre Kraft und Gestalt. Darum ist für Käsemann die jüdische Apokalyptik auch die »Mutter« der christlichen Theologie, der Nährboden wie die
formgebende Kraft. Von diesem fruchtbaren Boden aus entwickelte sich z.B.
das christliche Geschichtsverständnis. Daß Heilsgeschichte unumkehrbar in
einer Richtung verläuft, daß die endgültige Offenbarung der Gerechtigkeit
Gottes (= apokalyptische Hoffnung) das Ziel des Heilsprozesses ist, war auch
die Voraussetzung dafür, daß die Evangelien entstanden. Diese Literaturgattung entwickelte sich aus der urchristlichen Apokalyptik heraus, die Käsemann gleichsetzt mit den Begriffen »glühende Naherwartung« und »nachösterlicher Enthusiasmus«.

b) In der zweiten Phase der Theologiebildung machen sich schon Spannungen
bemerkbar, die zu zwei grundsätzlich verschiedenen Ausprägungen christlicher Theologie führten. Petrus ist ein gewichtiger Vertreter derjenigen Richtung, die in der Kontinuität der jüdischen Hoffnungen verbleibt. Käsemann
nennt dies die strenge Judenchristenheit. Sie spricht sich gegen Heidenmission
aus, da Gott selbst die Heiden bekehren wird. Diese Vorstellung gehört in eine
apokalyptische Konzeption, die den menschlichen Vorgriff auf das, was Gottes

73. E. Käsemann, Apokalyptik, S.134.
74. Ebd., S. 138.
75. Ebd.

Ostern

urchristliche Apokalyptik
glühende Naherwartung
nachösterlicher Enthusiasmus

Petrus

verbleibt in der Kontinuität
jüdischer Hoffnungen;
Heidenmission ist
allein Sache Gottes

Stephanus

unternimmt Schritte zur
Heidenmissen, somit
nimmt der hellenistische
Einfluß zu

Jakobus

verschärft die Einhaltung
der jüdischen Gesetze
hin zum Nomismus.
Die Judenchristenheit
wird in die Defensive
gedrängt.

Matthäus

ist ein Vertreter des
christlichen Rabbinats,
prägt judaistische
Gemeinderegeln

Paulus

korrigiert nach rechts
uns links, indem er
den eschatologischen
Vorbehalt einführt.
Er argumentiert
anti-enthusiastisch.

christlich, führt später
zum Frühkatholizismus

Korinth

ist geprägt von
hellenistischem
Erlösungsdenken, einer
präsentischen
Eschatologie, die zu
enthusiastischem
Freiheitsstreben führt.

Die Entwicklung der urchristlichen Theologie nach Käsemann

eschatologisches Handeln sein wird, verbietet. Zur anderen Richtung zählt Käsemann den Hellenisten Stephanus. Sie unternimmt Schritte zur Heidenmission. Doch auch sie wird durch apokalyptische Hoffnungen motiviert: seit Ostern sei das Ende der Welt angebrochen, und somit trage die Heidenmission »den Charakter eines eschatologischen Wahrzeichens«.[76] Beide rivalierenden Richtungen legitimieren sich aus ihrer apokalyptischen Konzeption heraus, doch trennt sie eine verschiedenartige Eschatologie. Die Hoffnung auf die messianische Restitution Israels ist nach Käsemann genau so enthusiastisch wie der Entschluß, mit der Mission der Heiden jetzt zu beginnen.[77] Selbstverständlich nimmt der hellenistische Einfluß bei der zweiten Richtung, welche Heidenmission betreibt, stark zu. Sie betont nach Käsemann ihre Freiheit vom Gesetz der Juden.

c) Unter dem Herrenbruder Jakobus wird die Judenchristenheit, die sich zahlenmäßig längst nicht so ausdehnt wie ihre heidenmissionierende Rivalin, in die Defensive gedrängt. Das bewirkt eine Verstärkung der gesetzlichen Linie: Aus dem ursprünglichen Enthusiasmus wird Nomismus, das unbedingte Festhalten an den jüdischen Gesetzen. Käsemann sieht darin das Absinken der judenchristlichen Gemeinden zur Sekte.[78]

d) Der Evangelist Matthäus gehört als Vertreter des christlichen Rabbinats auf die Seite der ordnungsliebenden theologischen Väter. Er hat eine Vorliebe für die sogenannten Gemeinderegeln, in denen sich apokalyptische Grundhaltung mit prophetischem Enthusiasmus verbindet. Da er aber sehr an Fragen der Ordnung interessiert war, verknüpfte er in diesen Aussagen mit Gesetzesstil Evangelium und Gottesgesetz.[79] Während Matthäus ein Vertreter einer Theologia crucis (z.B. Mt 10) ist, meint die korinthische Gemeinde, alle Anfechtungen überwunden zu haben. Dies läßt sie enthusiastisch für Freiheit plädieren. Ihr Enthusiasmus ist inhaltlich aber vom apokalyptischen Enthusiasmus verschieden. Käsemann nennt die Korinther »Illusionisten«, die man säuberlich von apokalyptischen Rigoristen zu trennen habe.[80] Sie sind vom hellenistischen Erlösungsdenken geprägt und verstehen Kirche als Christi Leib. Somit ist die Naherwartung sinnlos geworden, was sich in einer präsentischen Eschatologie und Sakramentalismus äußert. Das Freiheitsstreben der korinthischen Gemeinde läßt sie in scharfen Gegensatz zur ordnungsverbundenen Richtung treten.

Paulus ist nach Käsemann derjenige Theologe, der nach links (Ordnung) und rechts (Freiheit/Unordnung) korrigiert und verbindet. Während die reformatorische Paulusdeutung ihn in der antijudaistischen Auseinanderset-

76. E. Käsemann, Anfänge, S. 115.
77. Ebd., S. 116.
78. Ebd., S. 116-117.
79. Ebd, S. 120.
80. Ebd., S. 131.

zung gezeichnet hat, zeigt ihn Käsemann in antienthusiastischer Argumentation.[81] Im Zeichen der Apokalyptik hat er den eschatologischen Vorbehalt gegenüber der präsentischen Eschatologie der hellenistischen Gemeinde Korinth eingeführt und die Angefochtenheit durch das Leiden in dieser Welt betont. Das apokalyptische Schema der beiden Äone hat er modifiziert, indem er zwischen Kirche als erlöster und Welt als unerlöster Schöpfung differenzierte.[82]

Käsemann geht es beim Aufzeigen der frühesten Entwicklungen christlicher Theologien darum, möglichst differenziert die verschiedenen Einflüsse und die daraus resultierende Auseinandersetzung darzustellen. Er sieht diese verschiedenen Einflüsse in der judenchristlichen Apokalyptik und der heidenchristlichen Modifikation des jüdischen Erbes. Die Apokalyptik hält er darum für die Mutter der christlichen Theologie, weil sogar die hellenistische Ausprägung der Theologie eine Umformung apokalyptischer Vorstellungen sei. Dabei sei allerdings »das Griechentum der Taufpate« gewesen.[83] Dieser Umformung durch das systematische griechische Denken steht Käsemann durchaus kritisch gegenüber. Denn dadurch ging die kollektive jüdische Hoffnung auf eine neue Menschheit und eine neue Schöpfung allmählich verloren, d.h. es bildete sich eine individualistische Anthropologie heraus, die zu einer entpolitisierten Eschatologie führte. Daß Käsemann das hellenistische Erbe der Theologie durch die aus dem Judentum gespeiste Apokalyptik gerade von Paulus korrigiert sieht, setzt ihn in historische Diskontinuität mit der auch in exegetischen Kreisen weitverbreiteten antijudaistischen Abwertung der Apokalyptik.

7.2 Antijudaistische Tendenzen

Obwohl Käsemann grundsätzlich Apokalyptik aus einer unkonventionellen Perspektive – und das heißt: aus nicht antijudaistischer Sicht – angeht, steht er innerhalb einer das Judentum abwertenden christlichen Tradition. Dies wird schon da ersichtlich, wo er Jesus immer wieder aus dem apokalyptischen Wurzelgrund herauszulösen versucht.[84] Nach Käsemann war die apokalyptisch geprägte Predigt Johannes des Täufers nur der Ausgangspunkt von Jesu Botschaft:

»Die Dinge liegen doch wohl so, daß Jesus zwar von der apokalyptisch bestimmten Täuferbotschaft ausging, seine eigene Predigt aber nicht konstitutiv durch die Apokalyptik geprägt war, sondern die Unmittelbarkeit des nahen Gottes verkündigte.«[85]
»Offensichtlich redet Jesus vom Kommen der Basileia in einem anderen Sinn als der Täu-

81. E. Käsemann, Apokalyptik, S. 154f.
82. Ebd., S. 156.
83. Ebd., S. 139.
84. Vgl. dazu auch: Paul Hoffmann, Zukunftserwartung, S. 374.
85. E. Käsemann, Anfänge, S. 127.

fer und das zeitgenössische Judentum, nämlich nicht ausschließlich oder auch nur primär auf ein chronologisch zu datierendes Weltende bezogen.«[86]

Es ist interessant zu sehen, wie Käsemann sich bemüht, die christliche Apokalyptik zu differenzieren, während er die jüdische hier pauschal als auf Chronologie bezogen bezeichnet. Auch scheint es mir beim Überlieferungsstand der Evangelien ungerechtfertigt, die spärlich tradierten Worte Johannes des Täufers als Gut zu bezeichnen, das Apokalyptik kräftig hervortreten läßt, währenddessen Handeln und Reden Jesu von »einem unvergleichlichen Geheimnis« umwoben seien.[87]

Weiter übernimmt Käsemann aus der antijudaistischen Tradition die Rede vom »Spätjudentum«.

»Die Unterschiede zwischen kasuistischem und apodiktischem Recht haben sich offensichtlich schon im Spätjudentum verwischt...«[88]
»In der Aufnahme spätjüdischer Tradition wird also das Alte Testament selber apokalyptisch gedeutet.«[89]

Das Reden von einem »Spätjudentum« geht von der Vorstellung aus, daß sich das Judentum zu Ende neigte, als es vom Christentum abgelöst wurde. Ähnliche Formulierungen kennen wir von den Epochenbezeichnungen der Geistesgeschichte und der Kunst, z. B. Spätgotik, Spätklassik etc. Die Vorstellung von einem zu Ende gehenden Zeitalter, das nach einer Blüte langsam abstirbt und von einer neuen Strömung abgelöst wird, ist aber im Fall einer Religion wie derjenigen des Judentums unzutreffend und verachtend, denn das Judentum ist eine lebendige Religion bis auf den heutigen Tag und von einem Sich-zu-Ende-Neigen kann nicht die Rede sein. Wer es trotzdem tut, verzerrt die Realität zu Ungunsten des Judentums und läßt den falschen Anschein aufkommen, das Christentum habe das Judentum abgelöst oder überholt.

Aber noch andere Formulierungen Käsemanns verraten uns eine antijudaistische Perspektive:

»Das erste Gebot wurde für uns konkretisiert. ›Ich bin der Herr, dein Gott, Du sollst nicht andere Götter neben mir haben.‹ Das ertönt nun nicht mehr wie am Sinai aus den Wolken.«[90]

Hiermit wird implizit gesagt, daß der jüdische Gott unkonkret sei, nur aus den Wolken spreche, während allein Christus uns Menschen vor Aberglauben retten könne. Hier übernimmt Käsemann einen Absolutheitsanspruch der christlichen Tradition, der alle anderen Religionen abwertet. Deutlich wird dieser Anspruch

---

86. E. Käsemann, Apokalyptik, S. 137.
87. Ebd.
88. E. Käsemann, Anfänge, S. 113.
89. Ebd., S. 122.
90. E. Käsemann, Königsherrschaft, S. 217.

in Aussagen, die die Missionstätigkeit der christlichen Gemeinden uneingeschränkt bejahen:

»Christlich ist die Verkündigung, daß der Heiland nicht nur Israels oder einzig seiner Frommen, sondern schlechthin aller Menschen in Jesus Fleisch geworden und in alle Ewigkeit der Mittler und Offenbarer, gleichsam das der Erde und ihren Geschöpfen zugewandte Antlitz Gottes ist.« [91]

Andere als rein theologische Überlegungen kommen bei Käsemann nicht in den Blick, z.B. daß die christliche Missionstätigkeit unendlich viel Zerstörung und Leid für die betroffenen Völker bedeutet hat. Denn Mission ist immer auch eine Machtfrage, wie Käsemann unbewußt andeutet, wenn er beim Reden von der Mission eine sehr militante Sprache benutzt:

»Offensichtlich sind auch Chorazin und Bethsaida ... Ziele frühchristlicher Mission in Galiläa gewesen, die man nicht erobern konnte.«[92]

Hier scheint offensive Mission betrieben worden zu sein – jedenfalls nach Käsemann –, die Ziele anvisierte, eroberte oder eben nicht. Gab es da Missions-Niederlagen, Gewinne, Opfer und Sieger? Es scheint so, denn wie Käsemann deutlich werden läßt, sind die judenchristlichen Gemeinden Opfer, die in die »Defensive« gedrängt werden:

Die Judenchristenheit »wird immer stärker in die Defensive gedrängt, und zwar durch das bloße Faktum des unaufhaltsamen Wachstums der Heidenkirche, bis sie schließlich zur Sektenkirche absinkt.«[93]

Kennt Käsemann sozialgeschichtliches Material, das ihn berechtigterweise von einem Missionskrieg der »Heidenkirche« gegenüber der »Judenchristenheit« reden läßt? Warum redet er von einer Kirche der Heiden (und Heidinnen) und nicht von einer Kirche der Juden (und Jüdinnen)? Ist der Begriff »Kirche der Juden« undenkbar? Wie kommt es, daß allein die Größe einer Gruppe entscheidet, was Kirche und was Sekte ist? Käsemann läßt Machtkonflikte erahnen, ohne sie zu benennen. Es müssen dies Machtkonflikte gewesen sein, die zu Ungunsten der Judenchristenheit geregelt und militant ausgefochten wurden. Weil Käsemann aber keine sozialgeschichtlichen Belege nennt, bleibt es offen, ob solche militanten Machtkämpfe effektiv ausgetragen wurden, oder ob sich diese Kämpfe in der Sprache Käsemanns und nicht in der historischen Realität abspielten. In beiden Fällen bleibt aber die antijudaistische Spitze bestehen, denn: Wo Macht nicht aufgedeckt wird, wird sie fortgeschrieben. In unserem Falle wird also Macht über judenchristliche Gemeinden ausgeübt.

91. Ebd., S. 216.
92. E. Käsemann, Anfänge, S. 216.
93. Ebd., S. 116.

Käsemann nennt die apokalyptische Rede die »Stimme der strengsten Judenchristenheit«[94], die – in die Defensive gedrängt –, sich gegen eine Mission der Heiden wandte und

»das Hinzuströmen der Heiden zur Anbetung auf dem Zion mit dem eschatologischen Triumph Israels als dessen sichtbarstes Kennzeichen verbindet.«[95]

In dieser traditionsreichen Darstellung judenchristlicher Theologie wird den LeserInnen suggeriert, die judenchristlichen Gemeinden seien äußerst rigid, unnachgiebig, hart etc. gewesen. Das ist eindeutig eine negative Zeichnung. Der eschatologische »Triumph« Israels gehört letztlich auch in eine militärische Sprache, wo die mächtigen Sieger über die am Boden liegenden Feinde triumphieren. Wieder liegt hier das Schema Heiden(christen) gegen Juden(christen) dem unausgesprochenen Machtkampf zugrunde.

7.3 Kritische Überlegungen

Obwohl für schematische Darstellungen gewöhnlich der Preis der Vereinfachung zu zahlen ist, scheint mir das gezeigte Schema der Entwicklung der christlichen Anfänge doch in dieser Hinsicht hilfreich, daß wir sehen, wie in den verschiedenen Stadien christlicher Theologiebildung nach Käsemann eine Reihe bedeutender Männer prägenden Einfluß auf die Ausgestaltung der Theologie hatte: Petrus, Jakobus, Matthäus, Stephanus und die Hellenisten, Paulus. Auch wenn er nirgends behauptet, diesen Männern allein sei die christliche Ausgestaltung der Theologie zu verdanken, so wird doch deutlich, daß die theologischen Stadien der Anfänge sich an diesen Männern aufzeigen lassen sollen. Dabei fällt uns ins Auge, daß erstens keine Theologinnen eine ähnlich prägnante Stellung innehaben und zweitens die Theologiebildung an männlichen Einzelkämpfern dargestellt wird. In unserem Schema ist auch ersichtlich, daß »Korinth« aus dieser Reihe herausfällt. »Korinth« ist eine geographische Bezeichnung. Hier fehlt ein repräsentativer Männername. Gleichzeitig fehlt eine positive Beurteilung der korinthischen Gemeinde. Die ChristInnen in Korinth hätten sich an Illusionen geklammert, die sie veranlaßten, an der vorgegebenen (patriarchalen! L. S.) Ordnung zu rütteln. Zudem habe eine Menge Mißstände geherrscht: die Verachtung der Zucht und Sitte, die mangelnde Rücksicht auf den schwächeren Bruder bei der Herrenmahlsfeier und im Alltag, die Auflehnung der ekstatisch begabten Frauen, die Überschätzung der Glossolalie und der sexuellen Askese, die als Manifestationen engelgleichen Seins gehalten wurden.[96] In den emanzipatorischen Ansprüchen der Korintherinnen erkennt Käsemann ordnungsgefährdende Konsequenzen:

---

94. Ebd., S. 115.
95. Ebd.
96. E. Käsemann, Apokalyptik, S. 149.

»So folgt aus dem Exodus vom Judentum konsequent die Emanzipation, die zur Gleichheit drängt und deshalb jede Art von Unterordnung in der Gemeinde zu beseitigen trachtet.«[97]

Dieser Emanzipation stellt er aber Paulus gegenüber, der in der »nova oboedientia« mit allem Nachdruck den leiblichen Gehorsam gefordert habe als christlichen »Gottesdienst im Alltag der Welt«.[98]

So sehr ich Käsemanns These vom Gottesdienst im Alltag der Welt teile und diesen Aspekt der Interpretation des Paulus unterstütze, kritisiere ich das Emanzipationsverständnis, das Käsemann nur negativ, als vorgegebene Ordnungen gefährdend zeichnen kann. Es ist interessant zu sehen, daß er das mit der Emanzipation angestrebte Leben zweimal »engelgleich« und »nicht eine soziale Gleichberechtigung« nennt.[99] Käsemann kritisiert die »Demonstration« christlicher Freiheit als allumfassende Aufgabe, statt »Rücksicht« darauf zu nehmen, daß eine Gemeinschaft aus Starken und Schwachen, Herren und Sklaven, Männern und Frauen bestehe. Dieser Mißstand in Korinth sei aber aus der präsentischen Eschatologie abzuleiten, die die Angefochtenheit des Glaubens nicht mehr sieht und somit zur Hybris wird. Der Hybris begegne Paulus mit apokalyptischer Argumentation, dem eschatologischen Vorbehalt:

Paulus »kann die Aussage nicht teilen, daß der Christ allein noch seine himmlische Freiheit zu demonstrieren habe, weil die Mächte und Gewalten bereits dem Christus unterworfen seien.«[100]

In dieser Hinsicht halte ich die Beurteilung der emanzipatorischen Bewegung der Korintherinnen für unangemessen. Käsemann stellt dem Aushalten in der Angefochtenheit des Glaubens nur die Flucht aus den vorgegebenen Ordnungen in einen »engelgleichen« Zustand, Syneisaktentum etc. gegenüber. Diese bezeichnet er mit Recht als Illusion. Er scheint sich aber ein Verändern von vorgegebenen ungerechten Ordnungen nicht denken zu können, so daß die Möglichkeit, daß die Korintherinnen um herrschaftsfreie und gerechtere Beziehungen untereinander gerungen hätten, nicht in sein Blickfeld geraten kann. Im Gegenteil, Käsemann verbleibt im traditionell vorgegebenen Denkschema der Ketzerpolemik. Die korinthische Frauenbewegung wird als Sich-dem-Alltag-entziehen, als Aussteigen aus dem Gottesdienst im Alltag beurteilt. Dagegen bin ich mit L. Schottroff einig, die gerade Frauenbewegung als Akt des Widerstandes ansieht:

»Frauenbewegung heute bedeutet ja, am konkreten Ort – im Alltag der Welt – gegen die gemeinsame Selbstzerstörung im Sinne Käsemanns zu arbeiten.«[101]

97. Ebd., S. 153.
98. Ebd., S. 157.
99. Ebd., S. 149 und S. 153.
100. Ebd., S. 158.
101. L. Schottroff, Die befreite Eva, S. 62.

Wenn Käsemann also »enthusiastische Gemeindefrömmigkeit«[102] als Gefahr bewertet, die abzuschirmen die großen Theologen unternommen hätten, so wird darin wiederum deutlich, daß Käsemann eine (Frauen-)Basisbewegung nicht positiv beurteilt. Der »enthusiastischen Bewegung« setzt Käsemann große Theologen gegenüber: Matthäus[103], Paulus und Johannes[104]. Die Begriffe: Ordnung, Gemeindeverfassung, Gemeindeordnung, Gesetz stehen bei Käsemann stets auf der Seite der großen Theologen.

So wird eine Konzeption von Gemeinde deutlich, die dem patriarchalen οἶκος mit hierarchischen Strukturen und Rollendifferenzierung entspricht. Wer diese Rollen nicht akzeptiert, wird in einer solchen Argumentation, wie sie von Käsemann betrieben wird, als KetzerIn gestempelt – als KetzerIn gegenüber der patriarchalen Ordnung, die für Käsemann gleichbedeutend mit Christentum ist. In dieser Argumentationsfolge steht Käsemann nicht allein. L. Schottroff kritisiert diese patriarchatsfreundliche Sicht Käsemanns sehr differenziert und wendet sich gegen eine Geschichtsschreibung aus der Perspektive der Herrschenden, die die Geschichte mit »richtig« oder »falsch« zu beurteilen sucht:

»Die historische Frage, was es denn nun mit den Gegnerinnen des Paulus in Korinth auf sich habe, muß also reflektiert unabhängig von diesen Topoi christlicher Ketzerpolemik gestellt werden. Es ist weder überzeugend, die korinthischen Frauen als übermütige Enthusiastinnen unter nichtchristlichem Einfluß zu disqualifizieren, noch dieses Urteil einfach umzukehren ... Vielmehr wird auch der christliche Umgang mit antiken Nachbarreligionen nur dann ansatzweise überzeugend sein, wenn ein Perspektivenwechsel versucht wird und wenn Geschichte nicht mit einem Raster ›richtig‹/›falsch‹ betrachtet wird, sondern in der Komplexität ihrer Prozesse, die die HistorikerInnen nicht unbeteiligt betrachten, sondern als Beteiligte, als selbst in vergleichbare Interessen und Kämpfe verwickelte Frauen und Männer.«[105]

Diese Kritik am patriarchalen Konzept der Geschichtssicht Käsemanns führt uns zu einem weiteren Punkt, den es kritisch zu bedenken gilt: das »zwangsläufige Ende einer Urchristenheit«. Käsemann redet immer wieder vom »Scheitern« der judenchristlichen Gemeinden, von den apokalyptischen Erwartungen, »die sich nicht erfüllt hatten«, so daß der Eindruck entsteht, die patriarchale Institution sei die Retterin und Bewahrerin der frühchristlichen Hoffnungen geworden:

»Die Notwendigkeit der neuen Ordnungen wird aus dem antienthusiastischen Kampf zwingend erwiesen. Nur so haben, historisch gesehen, die christlichen Gemeinden den Ansturm abgeschlagen und als Gemeinden Christi überdauern können.«[106]

---

102. E. Käsemann, Die Anfänge, S. 130.
103. Ebd., S. 112.
104. Ebd., S. 129.
105. L. Schottroff, Die befreite Eva, S. 64.
106. E. Käsemann, Frühkatholizismus, S. 180-194.

Der hier geschilderte Kampf der christlichen Gemeinden gegen anstürmende enthusiastische Horden wird ganz aus der Perspektive der historischen Sieger und in militärischer Begriffssprache geschildert.

Hier scheint sich Käsemann am herrschenden religionssoziologischen Modell für die Rekonstruktion der frühchristlichen Anfänge zu orientieren, das den allmählichen Prozeß kirchlicher Patriarchalisierung als historisch notwendige Entwicklung beschreibt.[107] Somit rechtfertigt er den Patriarchalisierungsprozeß der frühen Kirche nicht nur mit theologischen Gründen, sondern auch mit dem Hinweis auf soziale Faktoren. Käsemann beschreibt das »Absinken zur Sekte« der judenchristlichen Gemeinden »durch das bloße Faktum des unaufhaltsamen Wachstums der Heidenkirche«.[108] Als Organisationsform dieser judenchristlichen Gemeinden kommt seines Erachtens nur das charismatische Amt des Propheten in Betracht. Gleichzeitig stellt er auch fest, daß die »nachösterliche Prophetie ihre gemeindeleitende Funktion einbüßt und die Naherwartung sich zurückbildet«.[109] Er unterläßt es aber, das Verschwinden der Prophetie weiter zu untersuchen. An dieser Stelle müßte die ursprüngliche Führungsrolle der ProphetInnen und ihre Ausschaltung erforscht werden. Die Kritik von E. Schüssler Fiorenza diesen religionssoziologischen Modellen gegenüber teile ich voll und ganz. Daß die Patriarchalisierung der frühchristlichen Bewegung stattfand, ist eine unübersehbare historische Tatsache. Diesen Prozeß aber als notwendig und zwangsläufig zu bezeichnen, heißt, die Abdrängung der Frauen in untergeordnete Funktionen historisch zu legitimieren.[110]

7.4 Zusammenfassung

a) Käsemanns These von der Apokalyptik als Mutter der christlichen Theologie ist unbedingt aufrechtzuhalten. Seinen Aufweis, wie apokalyptisches Denken für christliche Theologie grundlegend war, halte ich für sehr differenziert und weiterführend.

b) Käsemann war bereit, christliche Apokalyptik aus nicht antijudaistischer Perspektive zu diskutieren. Damit stellte er sich in Diskontinuität mit der herrschenden Tradition. Allerdings holte ihn die antijudaistische theologische Tradition in seiner Sprache wie in seiner Einschätzung der jüdischen Apokalyptik wieder ein.

c) Das Aufzeigen der Bedeutung der Apokalyptik in den christlichen Anfängen ist gegen die Individualisierung und Entpolitisierung der Eschatologie gerichtet. Käsemann wendet sich damit auch gegen das systematisch denkende Griechentum, das der christlichen Theologie »Taufpate« gestanden habe.

---

107. Vgl. G. Theißen, Studien zur Soziologie des Urchristentums. – Auf eine weitere Diskussion dieses Problems verzichte ich hier, gehe aber weiter unten darauf ein.
108. E. Käsemann, Die Anfänge, S. 116.
109. Ebd., S. 125.
110. E. Schüssler Fiorenza, Zu ihrem Gedächtnis, S. 123.

d) Käsemanns Sprache ist immer wieder stark militärisch geprägt. Besonders ist diese Prägung spürbar, wenn er antijudaistisch oder antienthusiastisch argumentiert.

e) Den Patriarchalisierungsprozeß der christlichen Gemeinden hält Käsemann für zwangsläufig und notwendig, damit sie im Wandel der Zeiten Bestand haben können. Er stellt »große Theologen« der enthusiastischen Gemeindefrömmigkeit« gegenüber, die die Aufgabe gehabt hätten, vor dem enthusiastischen Einfluß der Basisbewegungen abzuschirmen. In dieser Hinsicht beschreibt Käsemann die Geschichte der christlichen Anfänge aus der Perspektive der historischen Sieger. Dieses patriarchale Geschichtskonzept versperrt den Blick auf das vielfältige und lebendige Wachstum der frühchristlichen Gemeinden, in denen auch um egalitäre, herrschaftsfreie Beziehungen untereinander gerungen wurde.

f) Nach Käsemann korrigiert Paulus dort mit apokalyptischen Argumenten, wo z.B. an vorgegebenen Ordnungen gerüttelt wird. Diese Verbündung von Apokalyptik mit (patriarchaler) Ordnung ist problematisch, da gerade apokalyptisches Denken gegenüber Herrschaft sehr kritisch sein kann, indem es Christus allein als Herrscher der Welt anerkennt.

8. Feministisch-befreiungstheologischer Zugang zu Markus 13,28ff.

8.1 Die Nähe Gottes

Ich möchte hier anhand zweier Arbeiten von L. Schottroff[111] einen anderen Zugang zu Markus 13,28ff. aufzeigen.

L. Schottroff arbeitet konsequent redaktionsgeschichtlich, d.h. es geht ihr nicht darum, vormarkinische Inhalte aus dem vorliegenden Text herauszuschälen, sondern den Textabschnitt in seinem jetzigen literarischen Kontext zu verstehen.

»Einzelaussagen in Markus 13 sollen im Gesamtzusammenhang des Markusevangeliums verstanden werden. Die Frage nach der von Markus benutzten Tradition ist dabei nur von mittelbarer Bedeutung. Selbst ein Satz der Jesustradition, den Markus unverändert übernimmt, gewinnt im Gesamtzusammenhang des Markusevangeliums und seiner historischen Situation einen bestimmten markinischen Sinn.«[112]

Um die historische Situation des Verfassers wie seiner AdressatInnen zu verstehen, fragt Schottroff nach Hinweisen in der Sozialgeschichte. So kommt sie dazu,

---

111. L Schottroff, Apokalyptik, S. 73-95; und dieselbe: Die Nähe Gottes (unveröffentlicht), verteilt am Deutschen Kirchentag 1989.
112. L. Schottroff, Apokalyptik, S. 73.

die apokalyptischen Aussagen in Markus 13 aus der Lebenswirklichkeit der betroffenen Menschen heraus zu begreifen. Es ist z.B. ein großer Unterschied, ob Markus 13 als Drohrede und Gerichtsankündigung oder als Klage gehört wird:

»Aus 13,2 aber auch aus 13,14-20 spricht unmittelbare Betroffenheit über die Zerstörung des Tempels; hier wird nicht gedroht, Gericht angekündigt, sondern ... geklagt. Josephus berichtet im selben Ton von der Schleifung des Tempels und der Stadt (Bell VII,1-4).«[113]

Doch wird in Markus 13 noch ein anderer Grund für das Leiden der ChristInnen angegeben: Schottroff weist mit sozialgeschichtlichen Quellen nach, daß ChristInnen zur damaligen Zeit behördlich angeklagt worden sind. Auch sei die Leidensnachfolge ein zentrales Thema bei Markus, so daß die angesprochene Situation in Markus 13 ernstgenommen werden müsse:

»Gerade die Religionspolitik und Machtpolitik Vespasians bot ausreichend Möglichkeiten, daß auch die Christen in die Mühle der staatlichen Behörden geraten konnten.«[114]

Aus der Optik der Behörden seien die Verhöre von ChristInnen keine ChristInnenverfolgungen gewesen – es könne sogar offenbleiben, ob Christen und Juden in den Augen der Behörden schon unterschieden waren –, für das Erleben der Betroffenen aber war es anders. Dabei seien die ChristInnen nicht als politische oder militärische AufrührerInnen angeklagt worden, sondern wegen ihrer gemeinsamen Lebensführung und ihren gesellschaftskritischen Visionen:

»In den Gemeinden wurde schließlich bewußt versucht, die Machtstrukturen der Gesellschaft aufzuheben (Markus 10,42-45) und das Leben miteinander umfassend neu zu gestalten in der Hoffnung auf den Messias Jesus und die Königsherrschaft Gottes.«[115]

So kommt Schottroff dazu, die apokalyptischen Aussagen aus dem Lebenskontext der angesprochenen Menschen heraus zu deuten als

»eine theologische Auseinandersetzung mit einer als drückend empfundenen Gegenwart.«[116]

Aus diesem Verständnis der Gegenwart heraus seien die apokalyptischen Texte als Hoffnungstexte zu lesen:

»... die Schrecken der Gegenwart und der nahen Zukunft werden als vorübergehende ›Wehen‹ verstanden, an deren Ende die Geburt des neuen Himmels und der neuen Erde steht.«[117]

113. Ebd., S. 74.
114. Ebd., S. 86.
115. Ebd., S. 87.
116. Ebd., S. 87.
117. L. Schottroff, Die Nähe Gottes, S. 5.

Doch die apokalyptische Hoffnungssprache sei auf zweierlei Weisen mißverstanden worden. Erstens gehe es der Apokalyptik nicht um die Beschwörung des Weltuntergangs, sondern um den Anbruch der Gottesherrschaft auf der erneuerten Erde. Zweitens sei die Vorstellung, daß die Naherwartung des Endes ein »Irrtum« gewesen sei, bei den ChristInnen neutestamentlicher Zeit nicht zu finden, sondern nur bei denen, die ihren Glauben verspottet hätten (so z.B. 2Petr 3,4.8.). Die apokalyptischen Bilder wollten die Nähe Gottes ausdrücken. Dabei sei nicht nur an eine zeitliche Nähe zu denken.

»Aber diese chronologische Seite der Naherwartung ist nicht ihr eigentlicher Inhalt, ihr Inhalt ist die Kraft und die Hoffnung, die aus der Gewißheit kommt, daß Gott bei den Menschen sein wird.«[118]

Darum gehe es auch im Gleichnis von Markus 13,28ff. Hier werde die Nähe Gottes prophetisch geweissagt. So beschwöre das Gleichnis die traumwandlerische Gewißheit, mit der die Menschen sich auf die Abläufe der Natur verlassen. Schottroff möchte den Feigenbaum hier als Hoffnungsbild verstehen:

»Zweifellos ist für die Jesustradition die Erwartung des Gottesheiles nicht von der Erwartung des Gottesgerichtes zu trennen, doch hier in Markus 13,28f. – am Ende der apokalyptischen Rede ab Markus 13,5 – steht nicht die Gerichtsankündigung im Vordergrund, sondern die Hoffnung für die Jünger und Jüngerinnen, die in der Angst leben, denn sie werden hier angeredet ...«[119]

Schottroff arbeitet vor allem zwei Punkte heraus, die große Not der Gegenwart und den Feigenbaum als Hoffnungsträger. Gerade weil das Leiden der AdressatInnen so groß ist, ist es m.E. sehr überzeugend, im Feigenbaumgleichnis Hoffnung für die Jünger und Jüngerinnen zu sehen. Doch kann Schottroff mit den beiden angegebenen Bibelstellen (Joel 2,22 und Hld 2,13) den Bezug zu unserem Text und die Begründung einer Deutung als Hoffnungsbild noch nicht genügend aufweisen. Denn in Joel 2,22 wird der volle Fruchtertrag und im Hld 2,13 werden die sich rötenden Feigenfrüchte beschrieben. Hier haben wir aber die zartwerdenden Zweige des Feigenbaums vor uns, die Blätter hervorsprießen lassen.

8.2 Der zartwerdende Feigenbaum

Der Frühlingsbaum von Markus 13,28ff. wird ganz genau beschrieben. Ἀπαλός heißt ›zart, weich, sanft, delikat‹ und wird von Kindern, jungen Tieren, menschlichen Körpern und der Haut ausgesagt.[120] So ist es erstaunlich, daß ἀπαλός hier

---

118. Ebd., S. 7.
119. Ebd., S. 8.
120. Liddell/Scott, A Greek-English Lexicon, S.176.

65

auf Zweige angewendet wird. Ich lerne dadurch jedenfalls, die jungen Triebe im Frühling neu und genau anzusehen: wie die »Haut« eines Ästchens fein und immer feiner wird, durchlässig, beinahe durchsichtig und glatt, bis das neue Blatt hervorsprießen kann. Damit ist deutlich nicht die Rede von den eßbaren Früchten des Baumes, ebensowenig ist die Ernte im Blickfeld. Aber auch die Plötzlichkeit des Grünens scheint mir nicht das Wesentliche des beschriebenen Bildes zu treffen. Vielmehr ist hier der *Umwandlungsprozeß* der rauhen Baumrinde in eine durchlässige, zarte und neue »Haut« beschrieben. Aus dieser neuen Haut kann Grün hervorkommen, neues Leben entstehen.

Die apokalyptische Rede in Markus 13 beginnt mit der Klage über die Zerstörung des Tempels (13,2) und wird vom zartwerdenden Feigenbaum abgerundet. Diesen Bogen zu sehen, finde ich wichtig. Daher gilt es bei jedem Interpretationsversuch, den ganzen Bogen der apokalyptischen Rede nicht aus den Augen zu verlieren.

Einige Aspekte, die in diesem Zusammenhang wichtig sind, möchte ich kurz ansprechen:

Der Tempel und seine Bauten, vielleicht auch die Bauten der Stadt, werden erdbodengleich gemacht werden. Kein Stein wird auf dem anderen bleiben: Eine große Katastrophe wird beschrieben. Doch wenn wir hier genau hinsehen, begegnet uns das Wort καταλύειν, das positiv oder negativ gebraucht werden kann, je nach dem, worauf es sich bezieht. ›Auflösen, vernichten‹ beschreibt wohl eine Katastrophe, wenn es sich auf das Vernichten von Wohngebäuden und Stadtvierteln richtet. Wenn es sich aber auf große Bauten und Tempelgebäude bezieht, werden nicht nur Mauern vernichtet, sondern auch Machtgefüge aufgelöst. Hier wäre es interessant zu fragen, welche Bedeutung dies aus apokalyptischer Perspektive haben könnte. Ich denke dabei z.B. an Jes 24-27, wo das Motiv der Stadt, die zu Steinen, zum Steinhaufen, zur Steinwüste wird, mehrmals vorkommt.

»Denn du hast die Stadt zum Steinhaufen und die feste Burg zu Trümmern gemacht, daß die Päläste der Hochmütigen keine Stadt mehr sind, daß sie nimmermehr aufgebaut werden.« Jes 25,2

Hier können wir die herrschaftskritische Perspektive von Apokalyptik erkennen: Der Zorn richtet sich gegen die Päläste, in denen Unrecht getan wird. Gott wird selber als »fester Fels« bezeichnet. Die hohen Mauern der Mächtigen aber wirft Gott nieder, »stürzt er, stößt er zu Boden in den Staub« (Jes 25,12). Obwohl die ganze Bevölkerung unter der Schleifung einer Stadt zu leiden hatte, da alle Häuser verbrannt und das Leben unmöglich gemacht wurden, wird von Jes der befreiende Aspekt der Auflösung von Herrschaft und Ausbeutung betont:

»Ja, er hat niedergeworfen die Bewohner der Höhe, die ragende Stadt; er stürzt sie zu Boden, stößt sie hin in den Staub, daß der Fuß sie zertrete, die Füße der Elenden, die Tritte der Schwachen.« Jes 26,5-6

Die Zerstörung von mächtigen Bauten, Pälästen, hohen Mauern kann für unterdrückte Menschen eine Hoffnungsvision sein, auch wenn sie schmerzlich ist. Ich schließe hier weiterführende Fragen an, denen hier nicht nachgegangen werden kann. Es könnte untersucht werden, in welchem Maße Jesaja die apokalyptische Rede in Markus 13 bestimmt. Auch ließen sich aus außerbiblischen Quellen Belege finden, die zeigen, inwieweit das Bild der festgefügten Steine und Mauern ein Bild für Macht und Herrschaft ist. Weiter wäre es spannend zu fragen, in welcher Beziehung der Feigenbaum zu diesen Steinmauern und Bauten steht. Denn schon in Markus 11,13+14 und 11,20-25 finden wir eine Erzählung über den Feigenbaum, die die sog. Tempelreinigung Jesu einrahmt. In welcher Beziehung steht der unfruchtbare Feigenbaum zu dem Tempel als »Räuberhöhle«? Und der zartwerdende Feigenbaum zu den aufgelösten Steinmauern?

»Denn du warst eine Zuflucht dem Schwachen, eine Zuflucht dem Armen in seiner Not, ein Obdach vor dem Unwetter, ein Schatten vor der Hitze.« Jes 25,4
»Sie werden zurückkehren und wohnen in meinem Schatten, werden sein wie ein Garten und blühen wie ein Weinstock...« Hos 14,7

Ein Baum bringt Nahrung für die hungrigen PassantInnen, er lädt zum Ausruhen ein und spendet lebenswichtigen Schatten (Dan 4,9). Er schützt die Menschen, die draußen sind auf der Gasse, die LandbewohnerInnen und -arbeiterInnen bei weitem mehr als die dicksten Steinmauern in der Stadt, die nur den Mächtigen Schutz bieten. Während die Tore der Paläste nur zu bestimmten Zeiten aufgehen, nachts sowieso geschlossen bleiben und nur denjenigen Einlaß gewähren, die ihren Herren genehm sind, bieten Bäume ihre Vorzüge allen Menschen gleichermaßen an.

Die Antwort Jesu (Mk 13,2) halte ich nicht für eine Gerichtsankündigung oder ein Drohwort, wie es in der traditionellen Auslegung häufig verstanden wird.[121] Vielmehr spüre ich das Engagement eines Betroffenen heraus, der die Not zu deuten versucht: die aufgelösten Mauern sind schrecklich, aber Neues hat jetzt Raum – das Neue kündet sich im zartwerdenden Feigenbaum ja an. Diese Deutung der Notlage ist apokalyptische Tradition, sie enthält auch Macht- und Herrschaftskritik, will hier aber vor allem Hoffnung für diejenigen wecken, die wie die arme Witwe (Mk 12,42f.) von der Not am meisten getroffen werden. In diesem Sinn ist die apokalyptische Perspektive radikale Perspektive von unten: Die Machts- und Herrschaftskritik ist eng verbunden mit der Hoffnung auf Neues, die

---

121. So auch J. Gnilka, Markus, S. 182. W. Schmithals interpretiert Mk 13,2 antijudaistisch als Gericht über das Judentum, als Ankündigung der »Ablösung des jüdischen durch den christlichen, des heillosen durch den eschatologischen Gottesdienst« (ders., Das Evangelium nach Markus, Kp. 9,2-16, Gütersloh 1979, S. 558). E. Schweizer sieht Mk 13,1 gegen »alle falsche Sicherheit des Menschen, der auf seine großartigen – hier sogar noch frommen – Leistungen baut« gerichtet. (ders., Das Evangelium nach Markus, S. 153). Nach E. Lohmeyer verurteilt Jesus hier »alles Staunen über äußere Macht und Pracht« (ders., Das Evangelium nach Markus, S. 268).

eschatologische Umkehrung eröffnet neuen Handlungsraum gerade denen, die als Unterdrückte keine Möglichkeiten mehr sahen. In diesem Sinne sehe ich in der Antwort Jesu (Mk 13, 2) eine apokalyptische Macht- und Herrschaftskritik und im Bild von den zartwerdenden Zweigen des Feigenbaumes die große Hoffnung auf die Nähe Gottes. Die Zweige des Feigenbaumes bringen ihre kleinen grünen Früchtchen vor den Blättern hervor. Diese wachsen dann langsam mit den Blättern heraus, so daß das schattenspendende Laub und die süßen Früchte im Spätsommer miteinander da sind. Das Durchläßigwerden der Zweige ist mit dem frohen Blühen eines Apfel- oder Kirschbaumes zwar vergleichbar.[122] Aber das Ereignis ist auch wieder ganz anders, da die Früchte schon präsent sind und nur noch reifen und die Blätter allmählich zu den Früchten stoßen.

Wie aus den kahlen Ästen des Feigenbaumes grüne Früchtchen und wenig später kleine Blätter sprossen können, die Zuflucht vor Sommerhitze, Hunger und Gewitter sein werden, so ist mitten in jenen düsteren Tagen die Kraft Gottes zu spüren, die neues Leben hervorsprießen läßt.

Die harte, winterliche Baumrinde wird weich und zart. Wenn diese Umwandlung geschieht, ist Gottes Nähe schon spürbar. Heißt das, wo Bauten und Paläste der Mächtigen die Armen aussperren, wo auf den Schutz von Mauern vertraut wird, ist Gott noch weit?

Das Auflösen von Machtblöcken, so daß kein Stein mehr auf dem anderen gelassen wird und keine Mauern fruchtbares Leben behindern, scheint mir die schmerzhafte Seite der Rede Jesu zu sein. Das Wahrnehmen des zartwerdenden Feigenbaumes, seine Umwandlungskraft, ist hingegen die hoffnungsfrohe Perspektive auf eine andere, neue Erde.

Beide Deutungen der Gegenwart sind aufeinander bezogen. Sie sind da patriarchatskritisch, wo sie den Blick von starren, hierarchischen Abhängigkeiten auf die wohltuende Nähe Gottes lenken, die im Zartwerden der winterlichen Zweige des Feigenbaumes spürbar ist. [123]

122. Das ganze Jahr hindurch trägt der Feigenbaum unreife neben reifen Feigen. Durchschneidet man eine unreife grüne Feige, so sieht man, daß sie nicht eine Frucht, sondern einen Blütenstand bildet, d.h. daß die »Früchte« des Feigenbaumes, die Feigen, gleichzeitig seine Blüten sind, die sich transformiert haben. Vgl. O. Schmeil, Leitfaden der Pflanzenkunde, S. 234.

123. Inwieweit die Rede vom grünenden Feigenbaum beeinflusst ist vom Baum-Göttinnenkult in Israel, muß hier offenbleiben. Als anregenden Gedanken möchte ich hier jedoch auf eine mögliche Verbindung aufmerksam machen: »Bilder und Texte biblischer Zeit ergänzen sich somit zu einer recht deutlichen Gesamtvorstellung vom Baum-Göttinnenkult in Israel. Der Drehpunkt ihrer Verbindung ist dabei die vergleichende Symbolik vom Baum am fruchtbringenden, lebensverheißenden Schoß der Erde und von der Scham der Frau/Göttin als Symbol der Sexualität und damit auch der Weitergabe von Leben. Als Spende von Schatten (vgl. Hos 4,13) und Nahrung sind heilige Bäume zudem natürlich immer als Schutz- und Segensmächte, in denen sich das Wirken einer Göttin offenbaren konnte, erfahren worden.« Aus: Silvia Schroer, Die Zweiggöttin, S. 100.

III.
Sehnsucht und Widerstand: Röm 8,18-25

1. Überblick

Die Mehrzahl der besprochenen Kommentatoren geht davon aus, daß hier das »Seufzen im Leiden« das Thema sei. Paulus beschwöre die christliche Geduld, die genährt werde vom Ausblick auf die Heilsgüter Freiheit, Herrlichkeit, Sohnschaft und Erlösung. Die Freiheit von der Vergänglichkeit, das Sein im Licht und die Teilhabe am Machtglanz Gottes, die Auferstehung und Verwandlung des Leibes – sämtliche genannten Heilsgüter sind metaphysischer Natur, und sie zeichnen den eschatologischen Vorbehalt des »Noch nicht« aus. Diesem Ausstehen gegenüber korrespondiere die geduldige Hoffnung, die im Aushalten des Leidensdruckes und im Festhalten an den verheißenen Heilsgütern und an ihrer Einlösung in der Zukunft besteht.

Aus befreiungstheologischer Perspektive gilt es, dieses Textverständnis kritisch zu überprüfen. Inwiefern bei unterdrückten Menschen Geduld ihrer soziopolitischen Situation gegenüber eine angemessene Haltung ist und inwiefern der Text tatsächlich diese Empfehlung gibt, möchte ich hier zuerst offen lassen. Auf jeden Fall ist bei der Auslegung der besprochenen Kommentatoren keine Akzentuierung einer handlungsbefähigenden Kraft festzustellen. Die apokalyptische Rede des Paulus in Röm 8,18-25 zielt nach der Meinung der Kommentatoren nicht auf eine Motivation der AdressatInnen zur verändernden, widerständigen Arbeit, sondern gleicht einem theoretischen Diskurs über das Leiden und die kommende Erlösung. Diese Interpretation stammt, wie sich zeigen wird, aus einer Fehleinschätzung der Apokalyptik; ferner beruht sie darauf, daß die politischen Hintergründe der AdressatInnen außer acht gelassen werden. Drittens wirkt sich aus, daß συνωδίνειν nur am Rande oder gar nicht in die Interpretation einbezogen wird.

Diesem Textverständnis stelle ich die Ergebnisse der sozialgeschichtlich arbeitenden Exegetin L. Schottroff gegenüber. Ihre Interpretation von Röm 8,18-25 wird wesentlich durch die beiden Fragen bestimmt:
– Welches ist die Bedeutung der eschatologischen Hoffnung für die Gegenwart der Glaubenden?
– Welche Bedeutung hat das Geburtsbild, das mit συστενάζειν und συνωδίνειν gegeben ist, innerhalb der apokalyptischen Rede?
Aus dem Einbezug der politischen Realität des Leidens, aus dem Fragen nach seinen Ursachen, erwächst eine ganz anders geartete Eschatologie. Diese in ihren Grundzügen darzustellen, ist Aufgabe eines abschließenden Schrittes.

2. Die Beziehung zur Apokalyptik

Bei den meisten Kommentatoren fällt im Zusammenhang mit unserer Textstelle das Stichwort »Apokalyptik«. Hier interessiert es mich aber, wie die Beziehung zum Komplex der Apokalyptik gesehen wird. Ich habe eine Anzahl Kommentatoren daraufhin befragt, wie sie von der Stellung unseres Textes zur Apokalyptik reden, ob sie eine positive Beziehung zur Apokalyptik sehen und ob ihre Einschätzung Konsequenzen für die eschatologische Aussage unserer Stelle hat. Die Ausleger sind sich insgesamt darüber einig, daß unser Textabschnitt von der Apokalyptik geprägt ist. Im allgemeinen reden sie von der »jüdischen Apokalyptik«, vom »jüdischen Aussagekomplex«, von »einem vorgegebenen Vorstellungszusammenhang«, der nicht aus urchristlicher Tradition, sondern aus jüdisch apokalyptischer Überlieferung stamme.

Nach R. Pesch führt Paulus das Thema der Hoffnung auf die Herrlichkeit

»im Horizont jüdischer Apokalyptik, die vom Leiden der Gerechten in den Wehen der Endzeit sprach, ... aus.«[1]

Auch nach W. Schmithals übernimmt Paulus »Züge von der apokalyptischen Tradition« und bringt gegenüber einem Heilsenthusiasmus

»im Rückgriff auf die jüdische Apokalyptik das ›noch nicht‹, also den eschatologischen Vorbehalt, zur Geltung...«[2]

U. Wilckens zeigt, daß Paulus mit einem

»ihm vorgegebenen Vorstellungszusammenhang arbeitet, der nicht ... aus urchristlicher Tradition ..., sondern aus jüdisch apokalyptischer Überlieferung stammt.«[3]
»Ein hellenistischer Einschlag dieser früh-jüdisch-urchristlichen Apokalyptik ist unverkennbar,«[4]

bemerkt O. Michel. E. Fuchs zeigt die Parallelität von Judentum und Apokalyptik:

»Das ist eine traditionelle, dem Judentum geläufige, für die Apokalyptik selbstverständliche Betrachtung ...«[5]
»That the passage owes something to the Jewish apocalyptic tradition is not to be denied ...«

sagt C. E. B. Cranfield.[6]

---

1. R. Pesch, Römerbrief, S. 71.
2. W. Schmithals, Römerbrief, S. 285.
3. U. Wilckens, Brief an die Römer, S. 148.
4. O. Michel, Brief an die Römer, S. 265.
5. E. Fuchs, Die Freiheit des Glaubenden, S. 109.
6. C. E. B. Cranfield, The Epistle of the Romans, S. 405.

Wie ich oben (S. 50) schon gezeigt habe, birgt das Reden von einer »jüdischen« Apokalyptik die Gefahr in sich, den Komplex der Apokalyptik aus der christlichen Theologie auszugrenzen und so die historischen Wurzeln der christlichen Eschatologie zu verfälschen. Diese Abgrenzungstendenz begegnet uns auch hier bei unserer Textstelle, indem viele Ausleger deutlich die Differenzen des paulinischen Denkens zur Apokalyptik aufzeigen und es durch christliche Theologumena von der »jüdischen« Apokalyptik absetzen.

Nach W. Schmithals übernimmt Paulus apokalyptische Tradition; er setze sich aber deutlich von ihr ab, wo es ihr um den Untergang des alten Äons gehe. Denn der alte Äon sei zwar in sündigem, verfallenem Zustand, aber inmitten desselben habe sich die Wende mit dem Kommen Christi schon ereignet.[7]

Nach U. Wilckens besteht die Differenz zur Apokalyptik des Paulus darin, daß die »Kinder Gottes« nicht als gesetzestreue Gerechte charakterisiert werden, ihr Ausharren nicht in Torabewahrung besteht und ihre Heilshoffnung sich nicht auf Gesetzeswerke gründet.

»Entsprechend tritt weder in der Erwähnung der Leiden hervor, daß diese von den Ungerechten herrühren, noch ist es die Gewalt der Frevler, von der die Befreiung erhofft und herbeigesehnt wird, sondern vielmehr die ›Sklaverei der Vergänglichkeit‹«.[8]

Nach R. Pesch distanziert sich Paulus von der apokalyptischen Tradition da, wo die Hoffnung in der geschehenen Erlösung gründet und die Freiheit der Kinder Gottes schon erfahrbar geworden ist.[9]

»Anders als in ihr [der jüdischen Apokalyptik, L. S.] wird jedoch nicht ausdrücklich von Teilhabe der Schöpfung am Fall und entsprechend auch nicht direkt von allgemeiner Erlösung gesprochen« [E. Käsemann].[10]

Wenig später grenzt E. Käsemann unsere Stelle auch von apokalyptischer »Ausmalung« ab, die »in der jüdischen Apokalyptik üblich« sei.[11]

E. Fuchs wehrt die apokalyptische Erwartung kosmischer Katastrophen ab:

»Nicht irgendwelche erwartete kosmische Katastrophen sind der eigentliche Gegenstand der Hoffnung, sondern die Situation der Glaubenden ist in Wahrheit dieser Gegenstand. Diese Einsicht hat Paulus vor gewissen urchristlichen Vorstellungen voraus, die sich in den Evangelien als apokalyptische Zusammenhänge erhalten haben.«[12]

Nach H. W. Schmid hat das Bild von den »Geburtswehen« einen festen Ort in der apokalyptischen Tradition.

7. W. Schmithals, Römerbrief, S. 287.
8. U. Wilckens, Brief an die Römer, S. 149.
9. R. Pesch, Römerbrief, S. 71.
10. E. Käsemann, An die Römer, S. 223.
11. Ebd., S. 223.
12. E. Fuchs, Freiheit des Glaubenden, S. 111.

»Es muß aber hier im Sinn von Joh 16,21ff. verstanden werden.«[13]

C. E. B. Cranfield weist auf Abhängigkeiten von der apokalyptischen Tradition hin, gleichzeitig betont er aber, daß damit das »Eigentliche« nicht gesagt sei:

»That the passage owes something to the Jewish apocalyptic is not to be denied... but, when such debts have been fully allowed for, the whole has certainly not been told.«[14]

Wir sehen also bei vielen Auslegern die Tendenz, Röm 8,18-25 mit apokalyptischer Tradition in Zusammenhang zu bringen, gleichzeitig aber eine deutliche Abgrenzung zu vollziehen. Daß dieses Denken Konsequenzen für die Interpretation dieses Abschnittes, sowie für die Eschatologie der Ausleger haben kann, faßt E. Käsemann treffend zusammen. Er sieht Paulus im Kampf gegen »heidenchristlichen Enthusiasmus« – der in Gefahr steht, eine sehr metaphysische, aber realisierte Eschatologie hervorzubringen – auf die »jüdische Apokalyptik« zurückgreifen, die das Ausstehende betont und sich daher gegen eine vorschnell realisierte Eschatologie wendet.

»Paulus konnte das dem Schwärmertum gegenüber nur im Rückgriff auf jüdische Apokalyptik dartun. Die verbreitete Abneigung gegen diese Tradition ist das Haupthindernis für die Interpretation des Textes, wobei man notwendig der Charybdis verfällt, um der Skylla zu entgehen.«[15]

E. Käsemann prophezeit also den Auslegern, in das Heidenchristentum zurückzufallen, wenn sie dem Ungeheuer der »jüdischen Apokalyptik« allzusehr ausweichen wollen.

Außer bei E. Käsemann fehlt bei den besprochenen Kommentatoren dieser positive Bezug auf eine wichtige Funktion der Apokalyptik. Wie wir gesehen haben, behandeln sie den Komplex der Apokalyptik nur insoweit, wie er notwendigerweise erwähnt werden muß, um den Texthintergrund zu verstehen. Die inhaltlichen Aussagen des Paulus werden aber in der Regel aus dem apokalyptischen Gedankengut ausgegrenzt. So bleibt Apokalyptik für die Ausleger eine periphere Erscheinung, die nichts Wesentliches zur Textaussage beiträgt. Damit bleibt aber auch eine Diskussion um Apokalyptik, ihre Sprache und ihre Perspektive, völlig ausgeklammert.

13. H. W. Schmid, Der Brief an die Römer, S. 149.
14. C. E. B. Cranfield, Epistle of the Romans, S. 405.
15. E. Käsemann, An die Römer, S. 221.

3. Das Seufzen im Leiden

Daß das Leiden in unserem Abschnitt eine große Rolle spiele, darin sind sich die meisten Ausleger einig. Sie kommen bezüglich des Leidens zu folgenden Aussagen:
- Das Leiden ist vorläufig, darum nicht schwerwiegend und gering zu achten.
- Das Leiden ist als Strafe Gottes zu verstehen, da es seit dem Sündenfall zur Welt gehört und die Welt ohne Leiden nicht denkbar ist.
- Das Leiden wird im wesentlichen verursacht durch die Vergänglichkeit.

»Daher gehören Leiden und Welt zusammen, wie auch immer und solange auch immer die Welt besteht. Die Annahme des Leidens versetzt den Menschen in jene heilvolle Distanz zu diesem Äon, die ihn hindert, das Vergängliche zum Grund seines Daseins zu machen ... Dem Leiden korrespondieren im neuen Leben nicht primär Aktivität, sondern Geduld und Trost, und wer immer in seinem Mitleiden mit Christus den göttlichen Trost erfährt, kann auch selbst andere trösten.«[16]

Die Leiden, die Paulus meint,

»are characteristic of the period of time which began with the gospel events and will be terminated by the Parousia.«[17]
»But this vanity – this state of frustration and bondage – is only temporary; just as man at present falls short of the glory of God, so creation as a whole cannot attain the full end for which she was brought into being. Like man, creation must be redeemed because, like man, creation has been subject to a fall.«[18]

D. Zeller vertritt die Ansicht, daß die Schöpfung nach jüdischem Denken um des Menschen willen geschaffen sei, aber durch seine Ursünde in Sinnlosigkeit und Vergänglichkeit hineingezogen wurde, weil sie mit dem Todesurteil über den Menschen ihren Bezugspunkt verloren habe,

»denn es ist eine ... Erfahrungstatsache, daß ... die Schöpfung noch bis anhin unisono unter der Wucht des Gerichts seufzt. Das in der Bibel vielseitig verwendete Bild von den Geburtswehen ist dazu parallel und muß an sich nicht schon eine glückliche Lösung mitandeuten.«[19]

Th. Zahn meint, daß Paulus sich mit V.18 über ein Mitleiden mit Christus hinweghebe und »alles Übel und Leid« zusammenfasse,

16.   W. Schmithals, Römerbrief, S. 282.
17.   C. E. B. Cranfield, Epistle of the Romans, S. 409.
18.   F. F. Bruce, The Epistle of Paul to the Romans, S. 169.
19.   D. Zeller, Brief an die Römer, S. 162.

»was der Christ wie der Mensch überhaupt während seines Lebens auf Erden und in seiner noch unerlösten leiblichen Natur zu erfahren bekommt«.[20]

Auch C. H. Dodd ist dieser Ansicht, bezieht aber das Seufzen im Geiste auch mit ein:

»The lot of man here is suffering, and Christians are not exempt from it. Even we ourselves, who have the Spirit as a foretaste of the future, even we sigh to ourselves with a deep sense of dissactisfaction and incompleteness.«[21]

Die Leiden werden von einigen Auslegern als gering bezeichnet. Das kommt daher, daß die Ausleger die Leiden im apokalyptischen Zusammenhang sehen und sie mit dem kommenden Ende vergleichen.

»Vom Ende her betrachtet, sind diese Leiden also etwas Vorübergehendes, Leichtes, gemessen nämlich an der Fülle ewigen, vollkommenen Heils, das auf die Gerechten wartet.«[22]

Diese Einstellung gegenüber dem Leiden zeigt sich auch in der Übersetzung von οὐκ ἄξια mit »nichts wiegend, unerheblich, ein Nichts«.

»... daß die Leiden der gegenwärtigen Zeit nichts bedeuten im Vergleich ...«[23]
»Nicht ins Gewicht fallen die Leiden der gegenwärtigen Zeit ...«[24]
»... daß die Leiden der gegenwärtigen Weltzeit unerheblich sind im Vergleich ...«[25]
»Present suffering, I hold, is a mere nothing compared to the glory ...«[26]
»... daß die Leiden der jetzigen (Welt)Zeit nicht in Betracht kommen vor der ...«[27]
»... daß die Leiden des gegenwärtigen Zeitlaufes nicht zählen gegenüber ...«[28]

Einige Ausleger reden auch vom »Gotteszweck des Leidens« und vom von Gott zugeteilten Leiden, das dann durchaus Segenskraft enthalte.
    Nach H. W. Schmid ist die Absicht des Paulus auch eine

»Rechtfertigung des Leidens, eine Unterweisung zum Verständnis des Leidens als eines Gotteszwecks und eines Gottesweges zur Herrlichkeit ...«[29]

20. Theodor Zahn, Kommentar zum NT, Bd. 6, S. 399.
21. C. H. Dodd, The Epistle of Paul to the Romans, S. 133.
22. U. Wilckens, Brief an die Römer, S. 148.
23. R. Pesch, Römerbrief, S. 71
24. U. Wilckens, Brief an die Römer, S. 146.
25. H. W. Schmid, Brief an die Römer, S. 144.
26. C. H. Dodd, Epistle to the Romans, S. 132.
27. A. Wikenhauser und O. Kuss, Das Neue Testament, Bd. 6, S. 75.
28. W. Schmithals, Römerbrief, S. 283.
29. H. W. Schmid, Brief an die Römer, S. 145.

»Das Maß des Leidens, das Gott zuteilt, und das Maß der verheißenen Herrlichkeit haben ein ganz verschiedenes Gewicht.«[30]

Bei E. Fuchs unterscheidet sich das Leiden der Sünde vom Leiden im Glauben:

»Die παθήματα unterscheiden sich von denen der Sünde (7,5) dadurch, daß sie uns dem vollkommenen Leben entgegenführen, nicht dem Nichts, sondern dem Sein im Licht.«[31]
»All the suffering, all the imperfection, all the unsatisfied aspiration and longing of which the traces are so abundant in external nature as well as in man, do but point forward to a time when the suffering shall cease, the imperfection be removed and the frustrated aspirations at last crowned and satisfied; and this time coincides with the glorious consummation which awaits the Christian«.[32]

Die Ausleger gehen vom mythischen Bild der gefallenen Schöpfung aus, die wegen ihres Falls mit den Menschen mit-leiden muß. συνωδίνειν ist für die Ausleger ein Bild der höchsten Not und das Zeichen, daß die unterworfene Schöpfung mitleidet.

»Die gesamte Schöpfung seufzt unter der Last ihrer Sklaverei in der Vergänglichkeit und liegt in Wehen, die bis jetzt nicht gelöst sind durch die Geburt der neuen Welt.«[33]

Nach O. Michel und O. Kuss seufzt die ganze Schöpfung und liegt bis heute in Wehen:

»συστενάζειν und συνωδίνειν bezeichnen ein die ganze Schöpfung umfassendes Geschehen, eine einstimmige Klage.«[34]
»Der Gläubige... weiß, daß die jetzige Welt ›seufzt‹ und sich in Schmerzen windet; er vermag sich nicht durch eine Formel vom Kampf ums Dasein, vom Lebensstrom, von einem ewigen unpersönlichen Willen oder ähnlich herauszureden und die dem Menschen wesentliche Vollendungshoffnung einfach zu töten.«[35]

W. Schmithals sieht im Geburtsvorgang eher ein Sterben als die Dimension des neuen Lebens:

»Im Stöhnen und Klagen dieses gegenwärtigen Weltlaufs äußern sich dessen Nichtigkeit und sein bevorstehender Untergang, und in Verbindung mit dem Gedanken der ›Wehen‹ ... signalisiert das Seufzen, daß der Untergang des alten Äons bevorsteht und die neue Welt nun geboren wird... Die zu Tode gebrachte ›Welt‹ hat ihr Leben noch nicht ausgehaucht ... Jetzt liegt die Schöpfung in den Wehen. Ihr Seufzen hört man, und zwar seufzt die ganze Schöpfung mitsamt dem schuldigen Menschen.«[36]

30. O. Michel, Brief an die Römer, S. 266.
31. E. Fuchs, Freiheit des Glaubenden, S. 107.
32. W. Sanday and A. C. Headlam, The Epistle of the Romans, S. 206.
33. R. Pesch, Römerbrief, S. 72.
34. O. Michel, Brief an die Römer, S. 268.
35. O. Kuss, Das Neue Testament, S. 76.
36. W. Schmithals, Römerbrief, S. 287f.

Wenn die Zeit des Gerichts naht, wirkt sich sein Kommen in katastrophalen Vorzeichen aus. Nach U. Wilckens können diese Vorzeichen

»als Geburts-›Wehen‹ beschrieben werden, die der Geburt der neuen Heilswelt vorausgehen.«[37]

C. H. Dodd hält das Geburtsbild für eine pessimistische Perspektive:

»The entire creation sighs and throbs with pain. This is, no doubt, a pessimistic mood, but, if it is one-sided, it rests on insight into the facts.«[38]

Einige Ausleger scheinen aber auch die helle Seite des Gebärens zu sehen, indem sie die Wehenschmerzen als Durchgang in eine bessere Welt verstehen. Das Gebären stellen sie sich als Mittel vor, um in die »Heilswelt der Zukunft« zu gelangen. Der Vorgang des Gebärens erscheint als schmerzensreiche, düstere Zeit, die es zu durchleiden gelte. Bei dieser Sicht fällt die actio und somit die aktive Seite des Verbums heraus und zurück bleibt ein passives Erdulden und Geschehenlassen.

Bei E. Fuchs wird zwar ›gebären‹ mit Tod verbunden, erst durch diesen Tod hindurch könne man aber ins Leben kommen:

»die Geburt der Zukunft bedeutet für den Kosmos äonisch betrachtet in der Gegenwart den Tod. Der Tod ist sozusagen auch kosmisch vorverlegt; wir leben im Tode des Todes.«[39]
»Sinnig wählt er [Paulus, L. S.] zur Beschreibung der Schmerzen in der Natur einen Ausdruck, welcher sie mit den Geburtswehen eines Weibes vergleicht. Auf eine Neugeburt der Welt, die Entstehung eines neuen Himmels und einer neuen Erde hofft die Gemeinde, und nicht erst die letzten Erschütterungen der Natur ..., sondern auch alles ihnen irgend Vergleichbare ... soll die Gemeinde als ein auf dieses letzte Ziel weissagendes Vorzeichen ansehen.«[40]
»True it is that there goes up as it were an universal groan, from creation, from ourselves, from the Holy Spirit who sympathizes with us; but this groaning is but the travail-pangs of new birth...«[41]

Nach H. W. Schmid wissen die Christen,

»daß die ganze Menschheit dieses hoffnungsvolle Leid, diesen Geburtsschmerz des Erlösungslebens mit uns, den schon berufenen Kindern Gottes miterlebt: sie leidet mit uns, um mit verherrlicht zu werden.«[42]

37. U. Wilckens, Brief an die Römer, S. 148.
38. C. H. Dodd, Epistle to the Romans, S. 133.
39. E. Fuchs, Freiheit des Glaubenden, S. 109.
40. Th. Zahn, Kommentar zum NT, S. 405/406.
41. W. Sanday and A. C. Headlam, S. 206.
42. H. W. Schmid, Brief an die Römer, S. 148.

Vor allem die modernen Ausleger ordnen das Gebären in die apokalyptische Bildersprache ein. Sie reden von den ›messianischen Wehen‹, welche als Vorzeichen der Ankunft des Messias gelesen und meist als schlimme Drangsale beschrieben werden. Von den ›messianischen Wehen‹ reden O. Michel und E. Käsemann,[43] aber auch die englischen Kommentatoren F. F. Bruce und C. E. B. Cranfield.[44]

Der Ausleger W. Schmithals findet im Stöhnen und Klagen des gegenwärtigen Weltlaufs »in Verbindung mit dem Gedanken der ›Wehen‹« das Seufzen signalisiert,

»daß der Untergang des alten Äons bevorsteht und die neue Welt nun geboren wird«.[45]

Während auch R. Pesch der Ansicht ist, daß hier die »Wehen der Endzeit« gemeint seien, widerspricht D. Zeller vehement, da die Schöpfung von Anbeginn her leidet:

»Das in der Bibel vielseitig verwendete Bild von den Geburtswehen ist dazu parallel und muß an sich nicht schon eine glückliche Lösung mitandeuten. Noch weniger darf man speziell die sich in der Zeit vor dem Kommen des Messias gewaltig steigernden eschatologischen Wehen ...einlesen.«[46]

U. Wilckens beschreibt treffend, was allgemein unter »Wehen« verstanden wird:

»Wenn die Zeit des Gerichts herannaht, wirkt sich seine nahe Wirklichkeit in Vorzeichen katastrophaler Art aus. Diese können als die ›Geburts-Wehen‹ beschrieben werden, die der Geburt der neuen Heilswelt vorausgehen. Während einerseits die Frevler zu Recht von solchem hereinbrechenden Unheil getroffen werden, steigert sich andererseits der Leidensdruck gegen die Gerechten so unerträglich wie nie zuvor, um dann beim Anbruch der Endereignisse selbst für immer aufzuhören«.[47]

H. W. Schmid sagt kurz und prägnant:

»Das Bild von den ›Geburtswehen‹ hat einen festen Ort in der apokalyptischen Tradition.«[48]

Die Untersuchung der Auslegungen bezüglich ihrer Aussagen über das Leiden hat gezeigt, daß sie als Leidensursache vor allem die Vergänglichkeit ansehen, das Leben in der »noch unerlösten leiblichen Natur« auf dieser Erde. »Gebären«

---

43. O. Michel, Brief an die Römer, S. 269 und E. Käsemann, An die Römer, S. 226.
44. F. F. Bruce, Epistle of the Romans, S. 173 und C. E. B. Cranfield, The Romans, S. 416.
45. W. Schmithals, Römerbrief, S. 287/288.
46. R. Pesch, Römerbrief, S. 71 und D. Zeller, Brief an die Römer, S. 162.
47. U. Wilckens, Brief an die Römer, S. 148.
48. H. W. Schmid, Brief an die Römer, S. 148.

wird durchwegs als Ausdruck dieser leidenschaffenden Vergänglichkeit gedeutet, als Höhepunkt der Schmerzen, als Zeichen des Untergangs des alten Äons. Dabei fällt der Blick aber nie auf »gebären« als Aktivität oder (Mit-)Arbeit, sondern das Gebären der Schöpfung wird als »in den Wehen liegen«, »den Geburtsschmerz erleiden« übersetzt. »Gebären« wird häufig auch im Zusammenhang mit dem Gericht über die Menschen und die Schöpfung gesehen und scheint so ganz in der erleidenden, passiven Perspektive der verhängten Strafe aufzugehen.

4. Die kosmische Dimension der Erlösung

Viele Kommentatoren sind der Ansicht, daß »Schöpfung« und »Mensch« unter dem Fluch der Vergänglichkeit stehen. Die Schöpfung nimmt am Schicksal »Adams« teil und leidet unter dem Joch der Unvollkommenheit und Schwachheit. Sie ist aber auch auf die Erlösung hin ausgerichtet und wird befreit, wenn die Kinder Gottes offenbar werden. Die Exegeten stellen die Schöpfung in ein Verhältnis der Abhängigkeit vom »Menschen«.

»Die Schöpfung, so weiß Pls, ist auf die Heilsgemeinde des Messias hin ausgerichtet! Das zeigt sich schon darin, daß sie (nach Gen 3,15f.) von der Vergänglichkeit mitbetroffen ist, welche Adam nicht nur sich als Folge der Sünde zuzog, sondern mit Gottes Fluch auch der Schöpfung einbrachte, in der seither ... der Friede zerbrochen ist.«[49]
»... just as man at present falls short of the glory of God, so creation as a whole cannot attain the full end for which she was brouhgt into being. Like man, creation must be redeemed because, like man, creation has been subject to a fall.«[50]

Auch E. Käsemann weist auf die alttestamentlichen Traditionen hin, die Fall und Erlösung des Menschen in kosmischem Horizont sehen. Mit ihm geht in dieser Hinsicht eine große Zahl Ausleger einig.[51] Alle Ausleger versuchen zu interpretieren, wie κτίσις zu verstehen sei. Ist es die belebte und die unbelebte Natur, die Dämonenwelt, nur die Christenheit oder auch die Nichtchristenheit?

[κτίσις] »has been variously interpreted in the course of the centuries as signifying the whole creation, including mankind both believing and unbelieving and also the angels; all

---

49. R. Pesch, Römerbrief, S. 72.
50. F. F. Bruce, Epistle of the Romans, S. 169.
51. E. Käsemann, An die Römer, S. 222; O. Michel, Brief an die Römer, S. 265; W. Schmithals, Römerbrief, S. 286; C. E. B. Cranfield, Epistle of the Romans, S. 414; U. Wilckens, Brief an die Römer, S. 149; D. Zeller, Brief an die Römer, S. 162; Th. Zahn, Kommentar zum NT, S. 404; W. Sanday and A. C. Headlam, The Epistle of the Romans, S. 204; C. H. Dodd, Epistle of the Romans, S. 134; A. Wikenhauser und O. Kuss, Das Neue Testament, S. 76.

mankind; unbelieving mankind only; believers only; the angels only; sub-human nature together with the angels; sub-human nature together with mankind in general; sub-human nature only«.[52]

Cranfield selbst stimmt der Meinung zu, daß die gesamte unter-menschliche Natur, die belebte und unbelebte, gemeint sei.[53] Auch nach E. Käsemann hat sich die Auslegung auf die Frage konzentriert, was unter κτίσις zu verstehen sei.[54]

Die Ausleger sind dahingehend einig – was auch immer sie unter κτίσις verstehen – daß ihre Erlösung in Abhängigkeit von derjenigen der Christen geschehen werde. Einige gehen sogar davon aus, daß es eine Rangfolge von Erlösung geben werde oder daß die Freiheit der Schöpfung eine andere sein werde als diejenige der Christen.

»Paul's meaning is hardly that the creation will share the same liberty-resulting-from-glory as the children of God will enjoy, but that it will have its own proper liberty as a result of the glorification of the children of God.«[55]

Die Befreiung der Schöpfung wird nach Th. Zahn

»nicht als eine selbständige, nur parallele Entwicklung gedacht, sondern, weil die hier gemeinte κτίσις die Welt des Menschen ist, als eine von der Vollendung der Menschheit abhängige Veränderung.«[56]
»Vielleicht sollte man doch darauf achten, daß ein besonderer Akzent auf dem Begriff Herrlichkeit liegen bleibt. Es gibt also eine Stufenfolge und Stufenordnung im Prozeß der ›Verherrlichung‹: Christus, die Söhne, die Schöpfung.«[57]

Wenn die Erlösung der Schöpfung in Abhängigkeit von der Menschheit oder Christenheit als etwas Besonderes und weniger Herrliches als die Erlösung der Christenheit gedacht wird, müßte aber diskutiert werden, ob und inwieweit überhaupt von kosmischer Erlösung geredet werden kann. Die Rede vom kosmischen Heil begegnet uns darum nur sehr spärlich.[58] Vielmehr liegt der Akzent in der besprochenen Auslegungsliteratur auf Abgrenzung mit dem Begriff κτίσις: Wer und was ist darunter zu verstehen und wer und was ist davon ausgeschlossen? Diese Frage beinhaltet eher partikularistische Interessen im Gegensatz zur Idee vom vollumfänglichen kosmischen Heil. Die kosmische Dimension in der Rede vom neuen Himmel und der neuen Erde wird von einigen Kommentatoren als jüdische Theologie oder alttestamentliche Tradition rezipiert.

52. C. E. B. Cranfield, Epistle of the Romans, S. 411.
53. Ebd.
54. E. Käsemann, An die Römer, S. 222.
55. C. E. B. Cranfield, Epistle of the Romans, S. 416.
56. Th. Zahn, Kommentar zum NT, S. 404.
57. O. Michel, Brief an die Römer, S. 268.
58. E. Käsemann, An die Römer, S. 224 und H. W. Schmid, Brief an die Römer, S. 145.

»Nach jüdischen Schriften wird mit dem Kommen des Messias auch die Erde in ihrer Fruchtbarkeit erneuert, der grausame Existenzkampf unter den Tieren hört auf ...«[59]

W. Sanday und A. C. Headlam sagen, daß jüdischen Schriften gemeinsam sei

»this idea of a renovation of Nature, the creation of new heavens and a new earth ... as part of the Messianic expectation which was fulfilled to unawares to many of those by whom it was entertained.«[60]

»Wichtig ist auch die Tatsache, daß das Judentum schlechthin von der Erneuerung der Schöpfung spricht ...«[61]

»Here again we have an echo of an Old Testament hope – the creation of new heavens and a new earth ...«[62]

W. Schmithals zeigt, daß Paulus in V.19-22 auf ein Motiv zurückgreift, das

»im Judentum der neutestamentlichen Zeit besonders unter apokalyptischen Vorzeichen weit verbreitet war«.

Dieses Motiv ist die Abhängigkeit der Schöpfung von der Erlösung des Menschen:

»Leidet aber die Schöpfung um der Schuld des Menschen willen, so bedeutet auch die Erlösung des Menschen Heil für die Schöpfung; die Erlösten werden auf einer neuen Erde unter einem neuen Himmel wohnen (4Esra 6,66; syrBar 15,7f.; 51; Offb 21,2).«[63]

Indem die Hoffnung auf kosmische Erneuerung als jüdische Tradition rezipiert wird, ohne daß Anstrengungen unternommen werden, diese Hoffnung in die christliche Theologie zu integrieren, bleibt sie peripher und vage. Der Mythos vom Sündenfall, mit Bezugnahme auf Gen 3,15, wird hingegen ohne Hinweise auf jüdische Traditionen in das christliche Naturverständnis aufgenommen. Die meisten Ausleger gehen von der Verfallenheit der Schöpfung aus. Der kosmischen Erneuerung und uneingeschränkten Erlösung der κτίσις aber wird mit skeptischer Differenzierung begegnet.

59. D. Zeller, Brief an die Römer, S. 162.
60. W. Sanday and A. C. Headlam, The Epistle of the Romans, S. 210.
61. O Michel, Brief an die Römer, S. 266.
62. F. F. Bruce, Epistle of the Romans, S. 176.
63. W. Schmithals, Römerbrief, S. 286.

5. Die Heilsgüter: Freiheit, Herrlichkeit, Sohnschaft und Erlösung

Ein großes eschatologisches Thema unseres Abschnittes ist die Verherrlichung der Kinder Gottes. Dies wird mit verschiedenen Ausdrücken beschrieben wie »Freiheit«, »Herrlichkeit«, »Sohnschaft« und »Erlösung«. Ich werde im folgenden darstellen, was die Kommentatoren unter diesen Ausdrücken verstehen und wie sie sich zueinander verhalten.

1. Freiheit: Sie wird vor allem als Freiheit von Vergänglichkeit, von Tod und Verwesung begriffen. So bei E. Fuchs:

»Da es sich um Freiheit vom Tode handelt, ist alles gemeint, was unter dem Tode leidet.«[64]

Bei U. Wilckens wird Befreiung erhofft als

»Befreiung von der ›Sklaverei der Vergänglichkeit‹.«[65]

Bei O. Michel wird deutlich, daß ἐλευθερία hier nicht einen philosophischen Sinn habe, sondern

»zunächst eine Befreiung von der Vergänglichkeit« bedeute...[66]
»Aber nicht nur sie ..., sondern auch die Christen ... seufzen in Erwartung der Sohnschaft ..., der Befreiung von der Vergänglichkeit, der sie gewiß, aber noch nicht teilhaftig sind.«[67]

E. Käsemann redet von der »herrlichen Freiheit«:

»Das variiert zweifellos das Motiv von der künftigen Offenbarung der herrlichen Freiheit und nimmt das andere des Wartens der Schöpfung auf Befreiung von der Vergänglichkeit auf.«[68]

W. Schmithals beschreibt die »herrliche Freiheit« nicht nur negativ als Freiheit von Vergänglichkeit. Auch die Schöpfung wird beim Erlangen der herrlichen Freiheit positiv verändert werden:

»In diesem Akt erhält mit der ›herrlichen Freiheit der Kinder Gottes‹ auch die Schöpfung ihren ursprünglichen Glanz zurück und wird wieder zum paradiesisch wohnlichen Ort (V.21).«[69]

64. E. Fuchs, Freiheit des Glaubenden, S. 108.
65. U. Wilckens, Brief an die Römer, S. 149.
66. O. Michel, Brief an die Römer, S. 268.
67. R. Pesch, Römerbrief, S. 72/73.
68. E. Käsemann, An die Römer, S. 227.
69. W. Schmithals, Römerbrief, S. 286.

Es fällt auf, daß ›Freiheit‹ in mythischen Kategorien (Freiheit von der Vergänglichkeit des Fleisches, Paradiesmythos) gesehen wird. Eine Diskussion um ›Freiheit‹ im gesellschaftlichen Kontext, als rechtlicher Status der/des Freien im Gegensatz zum Status der Sklaverei, findet aber bei keinem der besprochenen Kommentatoren statt, obwohl vom Text her diese Diskussion zumindest möglich erscheint (vgl. Röm 8,21).

2. Herrlichkeit: Sie charakterisiert die Freiheit als »herrliche Freiheit« und einige Ausleger schildern sie als »Atmosphäre Gottes«, als »Sein im Licht« oder als »Substanz reinen Lichtes«:

»... that in the Good Time Coming, the material universe would be transfigured into a substance consisting of pure light or glory, thus returning to its original perfection as created by God.«[70]
»Jene ist die kommende δόξα, das *Sein* im Licht ...«[71]
»›Herrlichkeit‹ ist die unmittelbare ›Atmosphäre‹ Gottes selbst, sozusagen sein eigentliches Wesen, durch dessen Kraft ... und in dessen strahlendem Glanz ... die Wirklichkeit der endzeitlichen Heilswelt besteht.«[72]

U. Wilckens redet von der »licht- und krafterfüllten Wirklichkeit« der Herrlichkeit Gottes.[73] H. W. Schmid bringt Herrlichkeit mit Unverweslichkeit und Kraft in Verbindung:

»Paulus weiß wohl erst in dem mit Christus beginnenden neuen Äon von einer Auferwekkung zur Unverweslichkeit, Herrlichkeit und Kraft, von einem ›geistlichen‹ Leib.«[74]

3. Sohnschaft: Das Wesen der Sohnschaft wird von einigen Auslegern in der Erlösung unseres Leibes, resp. der Verwandlung unseres Leibes gesehen. Andere, vor allem die anglophonen Exegeten, betonen mehr den Aspekt der Adoption und der Auferweckung.

»Sie sehnen sich danach, nicht die Last der Materie abzuwerfen, sondern in ihrer Leiblichkeit durch Verwandlung ... erlöst zu werden...und so erst ins Wesen der Sohnschaft zu gelangen.«[75]

Auch bei H. Lietzmann tritt die volle Sohnschaft erst ein, wenn die »Befreiung von dem Vergänglichen« stattgefunden hat.[76] Nach Th. Zahn seufzen die Christen, erwartend

70. C. H. Dodd, Epistle to the Romans, S. 134.
71. E. Fuchs, Freiheit des Glaubenden, S. 107.
72. U. Wilckens, Brief an die Römer, S. 152.
73. U. Wilckens, Brief an die Römer, S. 155.
74. H. W. Schmid, Brief an die Römer, S. 146.
75. D. Zeller, Brief an die Römer, S. 162/163.
76. H. Lietzmann, An die Römer, S. 85.

»eine Erhebung in den Sohnesstand ..., nämlich die Erlösung unseres Leibes.«[77]

C. E. B. Cranfield redet davon, daß die Sohnschaft noch ausstehe und die völlige Adoption zur Sohnschaft mit der Auferweckung zusammenfalle:

»Believers are already sons of God, but their sonship is veiled and their incognito is impenetrable except to faith.« [Und:] »The full manifestation of our adoption is identical with the final resurrection of our bodies at the Parousia, our complete and final liberation ...«[78]
»But that very foretaste makes us long ... for the final recognition of our Sonship. We desire to see these bodies of ours delivered from the evils that beset them and transfigured into glory.«[79]

Für die »community of the redeemed« ist das Heilsziel

»›the adoption‹ – that is to say, the day when they will be publicly and universally acknowledged as the sons of God; for them, too, it means ›the redemption of the body‹ – the day of resurrection when the present body of humiliation will be transformed into the likeness of Christ's glorified body ...«[80]

4. Erlösung: Die Ausleger interpretieren den Ausdruck »Erlösung unseres Leibes« in metaphysischer Weise als Erlösung der Leiblichkeit, leibliche Auferstehung, Verwandlung des Leibes der Niedrigkeit in einen Leib der Herrlichkeit, Erlösung von unserem Leib und von allem Fleischlichen, dennoch als leibhaftige Erlösung. Der Auferstehungsleib sei von anderer Beschaffenheit als unser irdischer Leib.

Käsemann wehrt sich ausdrücklich gegen die »Erinnerung daran, daß ἀπολύτρωσις konkret Sklavenloskauf meint«. Dagegen ist seine Ansicht, daß Erlösung geschieht,

»wenn der Erdenleib abgestreift wird, umgekehrt jedoch in Verleihung neuer Leiblichkeit.«[81]

Nur wenige Kommentatoren nennen deutlich das Ziel der Erlösung:

»Leidenschaftlich verlangt der Apostel nach der Befreiung der Existenz aus Anfechtung und Vergänglichkeit zugunsten der Daseinsweise in einer allein Gott gehörenden Welt.«[82]

O. Kuss redet von der Erlösung von allem Fleischlichen:

77. Th. Zahn, Kommentar zum NT, S. 409.
78. C. E. B. Cranfield, Epistle of the Romans, S. 412 und S. 419.
79. W. Sanday and A. C. Headlam, The Epistle of the Romans, S. 205
80. F. F. Bruce, Epistle of the Romans, S. 171.
81. E. Käsemann, An die Römer, S. 227.
82. Ebd.

»... wir ersehnen schließlich die Erlösung unseres Leibes von allem Fleischlichen (im Sinne des Apostels).«[83]

Th. Zahn stellt sich als erlöstes Leben der Gemeinde ein Leben »in verklärter leiblicher Natur« vor.[84] W. Schmithals versucht zu präzisieren, was Paulus unter ›Erlösung des Leibes‹ versteht:

»Er meint natürlich nicht die Leiblichkeit als solche, sondern den ›sterblichen Leib‹, den ›Leib der Niedrigkeit‹, den Gott in den ›Leib der Herrlichkeit‹ verwandeln möge ...«[85]

Auch U. Wilckens differenziert zwischen einem hellenistischen und dem paulinischen Denken:

»Doch während für solches hellenistisches Denken das Leiden an der Vergänglichkeit in dem Gefangensein der Seele im Leib seine Ursache hat und überwindbar ist nur durch eine Loslösung vom Leib, ist für Paulus die Freiheit der Kinder Gottes durch leibhaftige Erlösung wirklich (V.23).«[86]

U. Wilckens bezeichnet die Wirkung der »Offenbarung der Kinder Gottes« als »Erlösung unseres Leibes«.[87] O. Michel erkennt auch einen »hellenistischen Einschlag« bei der Erlösungsvorstellung:

»Wichtig ist, daß das eschatologische Heil ganz auf den Menschen, auf den Kosmos, auf die Schöpfung bezogen wird und daß es als ›Erlösung‹ von der Vergänglichkeit beschrieben wird.«[88]

H. W. Schmid hält am »Noch-nicht« fest, indem er zeigt, daß die Erlösung des Leibes noch nicht wirklich geworden ist:

»Die uns Anfechtung bereitende Unvollständigkeit, das notvolle ›Noch-nicht‹ zeigt sich im geistlichen Leben ebenso wie vorher im kreatürlich-natürlichen Leben ... Die Gotteskindschaft ist unser innerlicher, in der Geistgabe verbürgter Besitz geworden, aber sie hat noch nicht die alles fleischlich-vergängliche Wesen überwindende Wirklichkeit göttlicher Doxa gewonnen; sie ist noch nicht ›verleiblicht‹ in die Sichtbarkeit durchgedrungen, noch nicht zur Erlösung des Leibes von φθορά, ἀτιμία und ἀσθένεια ... gekommen.«[89]

Alle besprochenen Heilsgüter werden von den Kommentatoren als völlig ausstehend bezeichnet. Sie gelten als empirisch noch nicht erfahrbar, als unanschaulich.

83. A. Wikenhauer und O. Kuss, Das Neue Testament, S. 76.
84. Th. Zahn, Kommentar zum NT, S. 406
85. W. Schmithals, Römerbrief, S. 290.
86. Ebd.
87. U. Wilckens, Brief an die Römer, S. 157.
88. O. Michel, Brief an die Römer, S. 265.
89. H. W. Schmid, Brief an die Römer, S. 148.

Die Freiheit wird als Freiheit von der Vergänglichkeit und allen mit dem kreatürlichen Sein verbundenen Leiden vorgestellt. Es wird versucht, die Erlösung des Leibes differenziert zu sehen, nicht als plumpe Unsterblichkeit und leiblich-fleischliche Auferstehung in einer anderen Ära; dennoch geht es dabei um eine neuartige, andere Leiblichkeit, die eine »Sohnschaft« (sowohl für Frauen wie für Männer) darstellt, ohne irdische Anfechtungen und Leiden, in einem sogenannten »herrlichen« Leib ohne Vergänglichkeit. Wir können festhalten, daß die hier benannten Heilsgüter alle in einer metaphysischen, jenseitigen Dimension verortet werden. Ich möchte hier die Frage an die Kommentatoren stellen, ob sich Röm 8,18-25 in der Ausmalung metaphysischer Hoffnungsgüter erschöpft oder ob die von Paulus angesprochenen ChristInnen auch konkrete Handlungsmotivation aus diesen Zeilen beziehen konnten.

Wie wird das Kommen der noch ausstehenden Heilsgüter gedacht? Können die ChristInnen etwas tun, bis es soweit ist? – Ein wichtiges Stichwort für christliches Verhalten bis zum Kommen des verheißenen Heils ist Geduld: geduldiges Hoffen, geduldiges Warten, geduldiges Harren. Zu hoffen gilt es für ChristInnen gerade dem Unsichtbaren gegenüber. So endet die Auslegung unseres Abschnittes mit einem eindringlichen Appell, geduldig zu hoffen, gerade weil alle Heilsgüter noch ausstehen.

»Bis dahin freilich bleibt nur das geduldige ... Warten, das nun gerade durch die Unanschaulichkeit des Erhofften motiviert ist.«[90]
»Wenn wir ... ohne sichtbaren Beweis, ja dem Augenschein zum Trotz hoffen, dann warten wir (wirklich) in Geduld ...«[91]
»Die echte christliche Hoffnung ist geduldiges, alles vorläufige Leiden ertragendes Warten ohne zu sehen ...«[92]
»... so ist auch ein geduldiges Warten auf Zukünftiges, noch Unsichtbares, ein wesentlicher Charakterzug des im diesseitigen Leben stehenden Christen.«[93]

Wie wir sehen können, hat das geduldige Warten keinen Handlungsbezug. Vielmehr gleicht es einem standhaften Ertragen, Dulden und Aushalten. Deutlich sagt W. Schmithals jeglicher Aktivität ab:

»Die christliche Einstellung diesem unsichtbaren und unaussprechlichen (V26) Hoffnungsgut gegenüber ist geduldiges Warten (V25). Die Glaubenden haben das Hoffnungsgut nicht zu verantworten oder zu gestalten.«[94]

Er charakterisiert diese Hoffnung als »Hoffnung gegen die Welt«. Standhaftes Warten als christliche Haltung gegenüber den ausstehenden Heilsgütern ist auch

90. D. Zeller, Brief an die Römer, S. 163.
91. H. W. Schmid, Brief an die Römer, S. 149.
92. A. Wikenhauer und O. Kuss, Das Neue Testament, S. 76.
93. Th. Zahn, Kommentar zum NT, S. 410.
94. W. Schmithals, Römerbrief, S. 290.

die Aussage von O. Michel, E. Käsemann, R. Pesch, W. Sanday und A. C. Headlam, C. E. B. Cranfield und C. H. Dodd.[95]

U. Wilckens mißt dem Warten der Christen eine große Aufgabe zu: ihr Warten ist stellvertretend für die Schöpfung und fängt die Ungeduld derselben auf: Christen müssen in Geduld warten wie die Schöpfung,

»jedoch so, daß ihre Geduld, ihr Ausharren, das ungeduldige Harren gleichsam auffängt. Wie Christen in ihrer Hoffnung die Hoffnung der Schöpfung zu Wort bringen, so realisieren sie in ihrer Geduld die Kraft der Hoffnung gegenüber dem Leidensdruck der Vergänglichkeit stellvertretend für die ganze Schöpfung mit ...«[96]

Wir können also festhalten, daß christliche Haltung Geduld auszeichnen soll. Geduld gegen die Welt, Geduld im Gegensatz zur ungeduldigen Schöpfung wird als adäquate Gesinnung gegenüber dem auf der Welt herrschenden Leidensdruck angesehen.

6. Kritischer Vergleich

Im folgenden stelle ich den Zugang der herrschenden Kommentatorenmeinungen zu Röm 8,18-25 einem Beispiel einer feministisch-befreiungstheologischen Auslegung von L. Schottroff gegenüber. Die beiden verschiedenen Zugänge unterscheiden sich wesentlich in den Antworten auf zwei grundlegende Fragen an den Text. Sie prägen das weitere Vorgehen, stellen die Weichen für die ganze Interpretation:
a) Welches ist die Bedeutung der eschatologischen Hoffnung für die Gegenwart der Glaubenden?
b) Wie haben wir συνωδίνειν, gemeinsam gebären, in unserem Text zu verstehen?

Zu a): Indem nach der Bedeutung der eschatologischen Hoffnung für die Gegenwart der Glaubenden gefragt wird, kommt die konkrete Lebenspraxis der ChristInnen zur Sprache. Welchen Bezug zur Gegenwart hat die Eschatologie? Ist sie eine antreibende Kraft, die Veränderung des status quo fordert, da sie das Leiden an ungerechten Verhältnissen und Strukturen sichtbar macht? Oder ist sie eine beruhigende Instanz, die mit der Hoffnung auf ein Jenseits, in dem alles anders sein wird, den alltäglichen Leidensdruck erträglich machen hilft?

---

95. O. Michel, Brief an die Römer, S. 271; E. Käsemann, An die Römer, S. 228; R. Pesch, Römerbrief, S. 73; W. Sanday and A. C. Headlam, Epistle of the Romans, S. 205; C. E. B. Cranfield, Epistle of the Romans, S. 420; C. H. Dodd, Epistle of the Romans, S. 135.
96. U. Wilckens, Brief an die Römer, S. 159.

Die Eschatologie der besprochenen Ausleger möchte bei den AdressatInnen hauptsächlich Geduld bewirken. Allerdings muß sich eine solche Eschatologie daraufhin befragen lassen, welche ethischen und praxisbezogenen Handlungsmotivationen sie darüber hinaus bei den Glaubenden auslösen kann. Das Einüben der christlichen Geduld scheint oberste Norm für die Haltung der Glaubenden zu sein. Welche Handlungen aber aus dieser Haltung erwachsen könnten, wird nicht mitreflektiert. Christliches Hoffen gründet sich auf das Kommen Christi und die in ihm geschehene Erlösung einerseits und auf die ausstehenden Heilsgüter andererseits. Auswirkungen auf das Leben und Handeln der Glaubenden außer dem geduldigen Ertragen des Leidens scheinen aus dieser Erlösung und dieser Hoffnung nicht zu erwachsen. Die christliche Hoffnung ist eine Hoffnung gegen die Welt, nicht für die Welt, eine Absage jeglicher Utopien und Projekte, die für diese Welt Heilsgüter erstreben. Diese Welt muß vergehen, bis die Heilsgüter aus der Metaphysik in die Realität gelangen. Von einer Naherwartung ist bei den Auslegern nichts spürbar. Von einem »bald« ist nirgends die Rede, – eine gewisse Ungeduld, die nach einem raschen Beendigen des Leidens strebt, klingt an bei U. Wilckens, jedoch ist dieses ungeduldige Harren dasjenige der Schöpfung und nicht der Christen, die gerade dagegen ihre langatmige Geduld stellen sollen.

Ganz anders wird die Frage nach der Bedeutung der eschatologischen Hoffnung für die Gegenwart der Glaubenden bei L. Schottroff beantwortet:

»Die Leiden und die Sklaverei der Vergangenheit sind noch präsent, aber die Schöpfung wie die Kinder Gottes schreien unter der Geburt, sie arbeiten an der Befreiung.«[97]

Deshalb ist auch das Ende der Nichtigkeit und der Vergänglichkeit spürbar geworden:

»Die Nichtigkeit und die Sklaverei der Vergänglichkeit (V.20.21.) der Schöpfung wie die Leiden der Glaubenden (V.19) sind an ihr Ende gekommen. Das στενάζειν der Schöpfung (V.21) und der Glaubenden (V.23) beendet das Leiden und ist doch noch nicht Erfüllung der Leiden.«[98]

Gerade das στενάζειν ist für Schottroff nicht Ausdruck des Leidens schlechthin, sondern Ausdruck der Beendigung des Leidens. Diese Deutung gelingt ihr aus einem grundsätzlich anderen Verständnis von Gebären, wie wir unten sehen werden. Die eschatologische Hoffnung scheint bei den oben besprochenen Auslegern nur geduldiges Ertragen für die Gegenwart zu bedeuten. Bei Schottroff wird hingegen deutlich, daß das Seufzen nicht einfach zum Leben auf dieser Welt hinzugehört, daß es nicht ein »Seufzen im Leiden« von ganz allgemeiner, menschlicher Natur ist. Das Stöhnen stammt vielmehr aus dem Ringen um die Befreiung, aus dem Arbeiten am neuen, unverletzten Leben, wie es im Bild vom Gebären

97. L. Schottroff, Die befreite Eva, S. 110.
98. L. Schottroff, ebd., S. 113.

verdeutlicht wird. Die eschatologische Hoffnung bewirkt ein Stöhnen, das aus lebenspendender Arbeit stammt. Sie fragt also genau nach den Ursachen des genannten Stöhnens oder Schreiens. So gehört dieses Stöhnen, das aus der Gebärarbeit stammt, gerade nicht zum Leidensdruck, der durch Gewalt und Unrecht hervorgerufen wird, sondern zu einer zwar schmerzhaften, aber äußerst sinnvollen Befreiungsarbeit. Indem sie nach den genauen Ursachen des Stöhnens und Leidens fragt,[99] vermeidet sie die Entpolitisierung des Leidens.

Die Ausleger reden in mythischer Sprache von den Ursachen des Leidens, der Vergänglichkeit und Nichtigkeit: Im Gericht Gottes nach dem Sündenfall wurde die Schöpfung verflucht, wurden Schmerzen und harte Arbeit über die Menschen verhängt. Durch Adam kam der Tod. Wie wir gesehen haben, greifen viele auf Gen 3,14ff. zurück, ohne zu überprüfen, ob jener Text hier wirklich grundlegend ist. Sie gehen vom Sündenfall des Menschen aus, in den die Schöpfung mit hineingezogen wurde. Jedoch erklären sie dieses mythische Denken nicht. Sie beziehen durchwegs das Seufzen und Leiden auf das gefallene Dasein von Schöpfung und Mensch – je nachdem, ob die Schöpfung die Menschen einschließt oder ob sie gegensätzlich gedacht sind. Sie können vom »Todesseufzen« reden, ohne zu bedenken, ob hier nicht vielmehr vom neuen Leben, das geboren wird, die Rede ist als vom Sterben. O. Michel gelingt es sogar, ›seufzen‹ und ›gebären‹ von einander zu trennen und damit kann er ›seufzen‹ völlig verallgemeinern, ›gebären‹ aber isolieren:

»Es fällt auf, daß συνωδίνειν nicht erläutert oder weitergeführt wird; es muß also eine Ergänzung zu συστενάζειν bilden. Es scheint zunächst so, als weise das »Seufzen« stärker in die hellenistische Erlösungsfrömmigkeit, das Bild der Wehen aber in die apokalyptische Vorstellungswelt.«[100]

Wenn das Seufzen aber zum Dasein in dieser Welt gehört, ohne daß nach den Bedingungen und Ursachen gefragt wird, die zum Seufzen führen können, liegt letztlich ein Desinteresse und damit eine Geringschätzung des Leidens und der Leidenden vor.

L. Schottroff interpretiert die Vorstellung der »gebärenden Schöpfung« als »Grund zur Hoffnung«, weil sie zum Ausdruck bringe, daß die Schöpfung an der Befreiung mitarbeitet:

»Mit V.19 kommt Paulus auf die Schöpfung zu sprechen, weil sie Grund zur Hoffnung ist. Auch sie ist der Gefangenschaft unterworfen worden, der Nichtigkeit und Sklaverei der Vergänglichkeit, aber ihr Leib arbeitet und gebiert neues Leben.«[101]

---

99. Auch D. Sölle läßt sich bei ihrem Nachdenken über Leiden von folgender Frage leiten: Aus welchen Ursachen entsteht Leiden, und wie sind seine Bedingungen aufhebbar? Vgl. dazu: D. Sölle, Leiden, S. 11.
100. O. Michel, Brief an die Römer, S. 269.
101. L. Schottroff, Patriarchatsanalyse, S. 64.

Während die Annahme des Leidens zur politischen Passivität führen kann, befreit die Vorstellung der mitarbeitenden Schöpfung zur ὑπομονή, zur Geduld als Widerstandskraft. So bewirkt die eschatologische Hoffnung auf einen neuen Himmel und eine neue Erde, auf die Verwandlung der ganzen Schöpfung und der gesamten Menschheit, daß die Glaubenden Kraft, Widerstandskraft empfangen. Die Kraft läßt die Glaubenden widerständig leben:

»Die Erwartung Gottes, die eschatologische Hoffnung, versöhnt sich nicht mit der Gewalt der Menschheitsgeschichte, sie gibt den Glaubenden aber die Kraft, sich dieser Gewalt nicht zu beugen. Die Glaubenden erwarten das Reich Gottes, sie erwarten die Auferstehung der Toten und sie empfangen aus dieser Hoffnung Kraft, Widerstandskraft, Auferstehung schon jetzt.«[102]

Aus diesem Einbezug der politischen Realität des Leidens, aus dem Fragen nach seinen Ursachen, erwächst also die Aussicht auf eine ganz anders geartete Eschatologie. In der oben gezeigten Auslegung erscheint das paulinische »Doch schon und noch nicht« völlig auseinandergerissen und auf zwei verschiedene Güter bezogen: das »Doch schon« bezieht sich auf den erlösenden Tod Christi am Kreuz und seine Auferstehung. Auf diese Heilstatsachen gründet sich der christliche Glaube. Das »Noch nicht« bezieht sich auf die metaphysischen, völlig ausstehenden Heilsgüter Freiheit, Herrlichkeit, Sohnschaft und Erlösung. Wir ChristInnen leben also in einem »Dazwischen«, und diese Reihenfolge von geschehener Erlösung und verheißener Erlösung gibt uns Geduld – eine Geduld, die politischer Passivität und Indifferenz gleichkommen kann, da ja nicht nach den Ursachen für die Entstehung von Leidenssituationen gefragt, sondern die Annahme des Leidens empfohlen wird. Bei der Eschatologie, wie sie von L. Schottroff gezeichnet wird, gehören »Doch schon« und »Noch nicht« ganz nahe zusammen, da die eschatologischen Heilsgüter – die Verwandlung von Himmel und Erde und der ganzen Menschheit – in der ὑπομονή bereits spürbar sind:

»Der Zusammenhang mit Gottes Herrlichkeit, d.h. seiner eschatologischen Macht bzw. der Hoffnung auf Gott wird in nahezu allen Wortvorkommen von ὑπομονή deutlich.«[103]

Dabei geht es L. Schottroff nicht um einen primitiven Synergismus, wie er der Befreiungstheologie schnell vorgeworfen wird, sondern sie meint die gegenwärtige Macht der Auferstehung inmitten der Todesstrukturen, in denen die Menschen in Mittäterschaft verstrickt sind. Die Glaubenden strecken sich in Sehnsucht nach vorne und empfangen göttliche Kraft, die ὑπομονή (Röm 8,25). So ist das eschatologische »Doch schon« die Widerstandskraft, die Menschen gegen Todesstrukturen aufstehen läßt. Es ist ihre Energie, widerständig zu sein, nicht nur in zufälligen heroischen Augenblicken, sondern während ihres ganzen Lebens:

---

102. L. Schottroff, Die befreite Eva, S. 108.
103. Ebd., S. 108.

»Gemeint ist ein Alltagswiderstand, ein Leben gegen die Anpassung, das das Ziel der Königsherrschaft Gottes im Alltag gegenwärtig zu halten versucht.«[104]

Das »Noch nicht« ist sowohl Ausgangspunkt als auch Ziel dieser Widerstandskraft: Aus der schmerzlichen Erfahrung der ausstehenden Erlösung der ganzen Menschheit, von Himmel und Erde, aus der Sehnsucht nach der Verwandlung und Befreiung aus Todesstrukturen erwächst die Notwendigkeit zur Widerständigkeit einerseits – andrerseits ist die ὑπομονή ganz auf die Herrlichkeit Gottes, das Kommen seines Reiches und der Aufrichtung seiner Macht gerichtet und lebt auf diese eschatologische Hoffnung hin.

In der herrschenden Auslegung bezieht sich die eschatologische Hoffnung auf das, was sich auf das noch völlig Ausstehende richtet, das in metaphysischen Begriffen und mythischer Sprache geschildert wird und auf dieser Erde noch keinerlei politische, soziale Konsequenzen hat, also noch unwirklich und un-wirksam ist bis in einen späteren, zukünftigen Bereich hinein: Bei der eschatologischen Hoffnung, wie sie L. Schottroff skizziert, erwächst eine aktive, widerständige Lebenshaltung, die, gerade weil sie sich nicht mit Gewaltverhältnissen versöhnen läßt, jetzt schon der dämonischen Macht der Unterdrücker ein Ende setzt und die Macht Gottes dagegenstellt:

»Die Allmächtigen, die Macher der Patriarchate, haben nur soviel Macht, wie die Menschen ihnen geben. Der Auferstehungsglaube der Christen setzt der Allmacht Roms ein Ende, nicht in irgendeinem imaginären Zukunftsraum, sondern jetzt bei mir, bei den Glaubenden.«[105]

Zu b): Ob ›gebären‹ ein apokalyptisches Bild von peripherer Bedeutung bleibt oder ob es als der zentrale Skopos unseres Abschnittes gilt, von dem aus das Thema der Hoffnung entfaltet wird, bestimmt wesentlich die Perspektive der InterpretInnen. Es entscheidet, ob nach der Realität von Frauen gefragt wird, ob ihre Erfahrungen zur Theologie – hier im speziellen Fall: zur Eschatologie – zugelassen und fruchtbar gemacht werden oder ob aus androzentrischer Perspektive geredet und geurteilt wird. Wie bereits erwähnt, ist entscheidend, ob ›stöhnen‹ und ›gebären‹ zusammengesehen werden und ob ›gebären‹ als Bild des Leidens in der Welt oder als Ausdruck der Beendigung des Leidens verstanden wird. Dabei geht es um die politische Dimension von Arbeit an der Befreiung (L. Schottroff) oder um das unhinterfragte Annehmen des Leidens in geduldiger Haltung (in diesem Sinn die metaphysische Interpretation der Kommentare).

Im folgenden möchte ich den Fragen nachgehen, wie Frauenerfahrungen vorkommen und wie mit ihnen umgegangen wird.

U. Wilckens sieht die Wehen als etwas sehr Negatives an:

104. Ebd., S. 106.
105. Ebd., S. 109.

»Die Schöpfung insgesamt stöhnt unter dem Gewicht der in VV20f. beschriebenen Not und liegt in Wehen, d.h. sie befindet sich in einer Situation gesteigerter Erfahrung von Nichtigkeit und Vergänglichkeit, mit der sich der bevorstehende eschatologische Umbruch nach apokalyptischer Vorstellung ankündigt.«[106]

Bei W. Schmithals haben die Wehen in erster Linie mit Tod und Sterben zu tun: Die Gemeinde

»versteht das Todesseufzen der Welt und vernimmt aus ihm das Urteil über die Schöpfung, die begehrt, wie der Schöpfer sein zu wollen, und die darum stirbt.«[107]

O. Michel sieht die Schmerzen der Gebärerin unter dem Aspekt des Strafurteils Gottes von Gen 3,16 als »verderbenden Prozeß«.[108] E. Fuchs bemerkt zu ›gebären‹ lakonisch:

»die Geburt der Zukunft bedeutet für den Kosmos äonisch betrachtet den Tod.«[109]

Die Erfahrungen von Frauen, als Zeitgenossinnen des Paulus oder der Ausleger, werden durchwegs nicht einbezogen. Aber für diese Ausleger ist auch nicht die hinter dem Wort stehende Erfahrung von Wichtigkeit, sondern die damit verbundene Traditionsrichtung: Gebären ist ein Bild, Ausdruck, Vorstellungszusammenhang der jüdischen Apokalyptik. Daher entscheidet sich die Interpretation von συνωδίνειν am Verständnis von Apokalyptik, das die Ausleger mitbringen.

Wie wir oben gesehen haben, haben viele Interpreten Mühe mit der apokalyptischen Theologie. So brauchen sie συνωδίνειν zum Erhärten ihrer Ansicht, daß die Vergänglichkeit und Nichtigkeit zu diesem Leben gehören. Gerade »gebären« sei ein Bild der gesteigerten Nichtigkeit, der größten Not, der Bedrohtheit menschlicher Existenz. Damit werden die Ausleger aber weder der eschatologischen Hoffnung der Apokalyptik noch den konkreten Erfahrungen der Gebärerinnen gerecht.

Nach L. Schottroff ist die negative Deutung des Gebärens der traditionellen Ausleger »geradezu grotesk«.[110] Sie hält daran fest, daß im Geschehen der Wehen und in den Schreien der gebärenden Frauen die Erfahrung der Nähe des neuen Lebens zentral ist. Auch συστενάζειν sieht sie unter diesem Aspekt:

[Stöhnen] »meint die Schreie der Gebärenden, eine Erfahrung der Anstrengung, der Arbeit und des Schmerzes, in dem die Freude schon herausbricht. Paulus spricht von der Geburt der neuen Schöpfung, der gegenwärtigen Situation der Schöpfung und der Glaubenden (vgl. etwa auch Joh. 16,20-22). Er steht damit in der Tradition der Apokalyptik.«[111]

---

106. U. Wilckens, Brief an die Römer, S. 155.
107. W. Schmithals, Römerbrief, S. 289.
108. O. Michel, Brief an die Römer, S. 267.
109. E. Fuchs, Freiheit des Glaubenden, S. 109.
110. L. Schottroff, Patriarchatsanalyse, S. 63.
111. Ebd., S. 64.

L. Schottroff drängt »gebären« nicht an den Rand des Textes, sondern nimmt sich die Mühe, das Geburtsbild auch für V.18 zu durchdenken. Dann kommt sie zum Schluß, daß »an die Zeit der Preßwehen gedacht« ist, die ja eine ganz andere Zeit als die Zeitspanne der Eröffnungswehen oder des Überganges ist. Die Preßwehen beenden eine Geburt, sind eine Zeit der aktiven Beteiligung der Gebärenden, die darum viele Frauen trotz der immensen Schmerzen voller Freude erleben. Die Preßwehen beenden das Leiden und sind nach L. Schottroff mit dem schicksalträchtigen Augenblick, welcher der Offenbarung der Kinder Gottes vorangeht, zu vergleichen.[112] L. Schottroff betont das aktive Moment bei den Preßwehen der Gebärenden, das auch zu ihrer Deutung von ὑπομονή (Widerstandskraft) paßt:

»Die Darstellung der Befreiung aus der Perspektive einer gebärenden Frau verharmlost die Todesnähe und die Bedrohung nicht, aber sie fesselt die Glaubenden auch nicht in Sehnsucht und in Passivität, wie Luthers ›ängstliches Harren der Kreatur‹. Hier wird von einer Erfahrung der Mitarbeit und der Gewißheit der nahen Freude gesprochen.«[113]

Die durchwegs negativen Deutungen von »gebären« in der herrschenden Exegese zeigen, daß Geburten von Männern (und Vätern) gewöhnlich nicht von nah miterlebt werden, gleichzeitig kommt aber darin doch auch eine Verachtung den Frauen gegenüber zu Tage, die ihre Körper, ihre Sexualität, ihre Arbeit eigentlich als fluchbeladen ansieht. Diese Frauenverachtung wird auch an ganz anderen Bemerkungen ersichtlich. So können z.B. alle Ausleger davon reden, daß die Christen auf die Erlösung ihres Leibes warten, d.h. auf das Offenbarwerden ihrer »Sohnschaft«. Die Christen – stets ohne Christinnen genannt – sind die Söhne Gottes; ihnen gegenüber steht die übrige Menschheit und Schöpfung. Kindschaft wird vorbehaltlos als Sohnschaft gedacht, Kinder sind Söhne. Von Töchtern ist nirgends die Rede.

Wenn wir die Erfahrungen des Paulus zu rekonstruieren versuchen und fragen, ob er nur Männer im Auge hatte, wenn er von Christen redete, werden wir eines Besseren belehrt. Das Problem der androzentrischen Sprache des Paulus ist reichlich bearbeitet worden, so daß ich hier auf E. Schüssler Fiorenza verweisen kann.[114] Aber auch L. Schottroff zeigt, daß in den Paulusbriefen deutlich wird,

»daß Frauen 1. Leitungsfunktionen in den Gemeinden hatten, daß 2. ihre Arbeitskraft einen entscheidenden Beitrag für die Ausbreitung des Evangeliums bedeutete, daß 3. Paulus Frauen in dieser Arbeit mit sich selbst als gleichrangig würdigt, daß er 4. auch Unterordnung unter Frauen kennt, daß es 5. für ihn noch keine geschlechtsspezifische Gemeindearbeit gibt und daß 6. Paulus selbst sich gar nicht in der Rolle des wichtigsten Apostels und Missionars sieht.«[115]

112. Ebd., S. 112
113. Ebd., S. 114.
114. E. Schüssler Fiorenza, Zu ihrem Gedächtnis, S. 76f.
115. L. Schottroff, Kritik an Paulus, S. 230f.

Unter Berücksichtigung dieses reichen Materials ist es unhaltbar, die Christen länger nur als »Söhne« zu bezeichnen und Sohnschaft als Erlösungsziel zu postulieren, ohne Kindschaft als Gemeinschaft von Töchtern und Söhnen zu verstehen. Gerade angesichts der Bedeutung, die »gebären« in unserem Abschnitt innehat, erscheint das Reden von Söhnen und Sohnschaft reichlich deplaziert.

Allerdings setzt dieses androzentrische Reden umso mehr Energie frei zu fragen, wie denn die Erlösung für Töchter aussehen könnte, eine Erlösung, die nicht von Ignorierung der weiblichen Erfahrungen, von Körper- und Arbeitsabwertung geprägt ist. Die Androzentrik der Sprache der Exegeten trifft auch das Reden von der Schöpfung. Die κτίσις wird als »Sie« bezeichnet, was besonders in der englischen Sprache aufmerken läßt und die mythische Ebene aufdeckt:

»... so creation as a whole cannot attain the full end for which she was brought into being. Like man, creation must be redeemed because, like man, creation has been subject to a fall.«[116]

Die Geschlechtsmetaphorik wird auch beim »man« durchgezogen: der Mensch scheint der Mann zu sein:

»... that physical part of his [!] being which links him [!] with the material creation.«[117]

Die Abhängigkeit der κτίσις vom männlichen Menschen erscheint in einigen Auslegungen wie die patriarchale Abhängigkeit der (Ehe-)Frau vom (Ehe-) Mann. So z.B. bei O. Michel:

»Die Schuld trifft ganz den Menschen, die Schöpfung dagegen ist ganz an das Schicksal des Menschen gebunden.«[118]

Auch U. Wilckens betont die Abhängigkeit der gesamten Schöpfung von den Menschen mit der Begründung von Gen 3,15f.[119] Eine beiderseitige Abhängigkeit, d.h. eine Gegenseitigkeit zwischen κτίσις und Menschen kommt kaum in den Blick. Die Begründung der Abhängigkeit geschieht meist mit der Tat »Adams«. So greifen die Exegeten trotz Zitierung von Gen 3,15f. nicht auf die Erzählung von Adam und Eva zurück, sondern auf einen anderen Mythos, wo die männliche Tat Adams allein im Blick ist. Sie gehen davon aus, daß »Adam« generisch gebraucht wird und für das gefallene Menschengeschlecht steht. Jedoch ist dann die Verweisung auf Gen 3,15f. fehl am Platz. Die Subsumierung Evas und ihrer Töchter unter die Tat Adams paßt in die Rede und Denkfigur von der weiblichen, abhängigen κτίσις und den Söhnen Gottes, durch die dann letztlich auch die κτίσις verherr-licht werden soll.

116. F. F. Bruce, Epistle of the Romans, S. 169.
117. Ebd.
118. O. Michel, Brief an die Römer, S. 267.
119. U. Wilckens, Brief an die Römer, S. 154/155.

Interessant ist dazu auch E. Käsemanns Ausdruck von den »vergewaltigenden Zwängen«, aus denen die κτίσις befreit werden möchte.[120] Dies bestätigt, daß die κτίσις als Frau gedacht wird. Andrerseits können Zwänge nicht vergewaltigen, nur zwingen, bezwingen, bedrücken etc. Der Ausdruck E. Käsemanns verwischt das tatsächliche Geschehen, daß nämlich das weiße Atompatriarchat der Erde Gewalt antut, so wie unzählige Männer Frauen vergewaltigen.

Zum Abschluß dieser Kritik der androzentrischen Sprache der Ausleger möchte ich noch einen Ausdruck von C. E. B. Cranfield vorlegen. Er redet vom Heiligen Geist als »Er«:

»On this view, πνεῦμα will denote the Holy Spirit Himself, and the thought will be of the Spirit's present work in us as His first-fruits, that is, as the foretaste and pledge, belonging to Him and effected by Him, of the full glory which is still to come.«[121]

Angesichts dieses reichen Vorkommens androzentrischer Sprache verwundert es kaum noch, daß »gebären« exegetisch nicht fruchtbar gemacht werden kann und nur als negative Leidenserfahrung betrachtet wird. Hingegen gelingt es L. Schottroff mit dem Einbezug von Frauenerfahrungen, einen neuen Zugang zum Text zu finden, welcher eschatologische Horizonte eröffnen kann, die der Exklusivität androzentrischer Rede und Vorstellung verschlossen bleiben.

Abschließend gehe ich die vier oben besprochenen Punkte (2. bis 5.) durch, damit ersichtlich wird, wie L. Schottroff aus feministisch-befreiungstheologischer Perspektive zu einer anderen Beschreibung der eschatologischen Hoffnung kommt.

Schottroff bemerkt nüchtern, daß Paulus in der Tradition der Apokalyptik steht.[122] Sie bemüht sich nicht, wie die oben genannten Ausleger, Paulus' Denken von der jüdischen Apokalyptik abzugrenzen, sondern versucht, ihn immer wieder vor seinem politischen Hintergrund zu verstehen.

»Paulus teilt mit der apokalyptischen Tradition und rabbinischen Theologie die Vorstellung, daß durch Adams Fall die Schöpfung in Mitleidenschaft gezogen wurde ... Obwohl Paulus die negative Deutung der Frauen als Geschlechtswesen partiell übernimmt ... , ist er von dieser Vorstellung noch nicht völlig bestimmt. Er steht hier in Röm 8,18ff. noch in der Tradition der Apokalyptik, die ihre Hoffnung mit dem Gebären verbindet und die Geburt gerade nicht negativ denkt. Die hellenistische Leib- und Frauenfeindlichkeit hat bei ihm noch nicht ganz gesiegt.«[123]

Zum politischen Hintergrund des Paulus gehört die Tradition der Leib- und Frauenfeindlichkeit des Patriarchats. Sie steht aber mit der apokalyptischen Tradition in Spannung, wo diese herrschaftskritisch ist und frauenfreundliche Züge zu Tage treten läßt.

120. E. Käsemann, An die Römer, S. 225.
121. C. E. B. Cranfield, Epistle of the Romans, S. 418.
122. L. Schottroff, Patriarchatsanalyse, S. 64.
123. Ebd., S. 64f.

Das »Seufzen im Leiden« ist nicht das Thema von Röm 8,18ff., sondern es geht um die »Hoffnung und ihre Macht in der Gegenwart«.[124] So dient ihr das Schreien der Schöpfung nicht als Beweis ihrer gefallenen und nichtigen Existenz, sondern im Gegenteil, es bietet Anlaß zur Hoffnung, daß das bedrückende Leiden bald ein Ende nehmen wird. Ἀποκαραδοκία (V.19) meine nicht das ängstliche Harren der Kreatur, sondern »die hoffnungsvolle Erwartung des neuen Lebens«.[125] Schottroff bleibt genau an der Ursache für das Seufzen, die ihrer Ansicht nach das Gebären ist, und hebt nicht auf eine abstrakte Ebene ab. So kann sie das befreiende und herrschaftskritische Potential der Apokalyptik nutzbar machen, indem sie συστενάζειν als Ausdruck der Anstrengung bei der Befreiungsarbeit interpretiert.

Wie wir oben gesehen haben, bekunden viele Ausleger Mühe mit der kosmischen Dimension. Einerseits gestehen sie zu, daß die ganze κτίσις in den Fall Adams mit hineingezogen wurde und darum auch mit ihm erlöst werden wird. Andererseits gelingt es ihnen nicht, von einer anthropo- und androzentrischen Erlösungsvorstellung wegzukommen. Sohnschaft ist weder für die κτίσις noch für Frauen ein denkbares Erlösungsziel. Folglich werden die Frauen stillschweigend übergangen und für die Schöpfung wird eine Freiheit zweiter Ordnung, eine rangniedrigere Herrlichkeit, angenommen.

Indem Schottroff durch den Einbezug der Frauenerfahrungen zu einer völlig anderen Interpretation von »gebären« gelangt, kann sie die Parallele vom Gebären der Frauen und dem »geistgewirkten Gebären des neuen Menschen«[126] sehen. So entsprechen sich der Zustand der Schöpfung und derjenige der Glaubenden. Dies verhilft Schottroff zu einer Perspektive, die den anthropozentrischen Blick auf die κτίσις fallen lassen kann. Oder umgekehrt: Das Fallenlassen der anthropo- und androzentrischen Perspektive hilft ihr, das parallele Geschehen des Ringens um das neue Leben zu erkennen.

Beim Untersuchen von Gleichnissen mit Bildern aus der Tier- und Pflanzenwelt (bes. Mk 4,13 par.) kommt sie zum Schluß, daß die Schöpfung nicht nur als Ort der Offenbarung Gottes gedacht ist, sondern daß das Verhältnis Mensch-Schöpfung zugleich geschwisterlich vorgestellt wird.[127] So kann sie begründet bei unserer Röm-Stelle von der »gebärenden Schwester« Schöpfung reden.

Die Heilsgüter »Freiheit, Herrlichkeit, Sohnschaft und Erlösung« treten bei L. Schottroff nicht in das Blickfeld. Ihr klarer Einbezug der kosmischen Dimension verhindert eine Sicht von Erlösung, die individualisiert und parzelliert, wie es bei den besprochenen Auslegern vorkommt, wenn die Erlösung von Christen und κτίσις verschieden gedacht wird und κτίσις als außermenschliche Schöpfung, unchristliche Menschheit und Natur oder als vorchristlich diskutiert wird. L. Schottroff hält an der kosmischen Dimension entschieden fest:

124. Ebd., S. 63.
125. Ebd., S. 64.
126. Ebd., S. 64.
127. Ebd., S. 62.

»»Alles‹ wird neu. Wahres Leben ist das neue Leben der gesamten Schöpfung.«[128]

Ihre sozialgeschichtliche Fragestellung ist auch prägend bei der Frage nach dem Leiden, der Sterblichkeit und Vergänglichkeit. Dabei hält sie weniger die hellenistische Tradition für bestimmend (wie die Ausleger s.o.), sondern das konkrete Leiden und Sterben der MärtyrerInnen der christlichen Gemeinden.[129] Ebenso ist ihre Vorstellung von universaler Heilserwartung sozialgeschichtlich motiviert:

»Die universale Heilserwartung für die ganze Menschheit, alle Völker, ist ein Gegenbild zur Pax Romana bzw. den anderen Großreichen, mit denen Israel in seiner Geschichte Erfahrungen gemacht hat. Es gibt in der neuen Schöpfung keine Herrschaft von Menschen über Menschen mehr, nur noch Gott und die Völker.«[130]

So kann L. Schottroff nicht von Herrlichkeit als Sein im Licht reden, von Freiheit von irdischer, sterblicher Vergänglichkeit, von Teilhabe am Machtglanz Gottes und von Sohnschaft als Erlösungsvorstellung, hingegen kommt Herrschaftsfreiheit und Gleichheit aller Menschen in der hoffnungsvollen Erwartung des Königtums Gottes auf Erden zur Sprache.

Entscheidend ist, daß diese Hoffnung in der Gegenwart der Glaubenden handlungsbefähigende Kraft ist. Die Kraft, die aus der Auferstehung und somit aus der Hoffnung auf Gottes Königtum erwächst, ermächtigt die Glaubenden zum Leben in ὑπομονή, im Alltagswiderstand gegen die Todesstrukturen des Gewaltsystems des römischen Patriarchats. Diese Kraft, erwachsen aus der eschatologischen Hoffnung, ist »doch schon« wirksam in der Praxis der Glaubenden.[131] Mit dieser Praxis beginnt die neue Schöpfung.

7. Sehnsucht und Widerstand
– Eigene exegetische Überlegungen zu Röm 8,18ff.

Im folgenden möchte ich Hinweise geben, wie ein anderes Verständnis von Röm 8,18ff. entstehen könnte – ein Verständnis, das aus der kritischen Auseinandersetzung mit der Auslegungsliteratur und den Ansprüchen feministischer Theologie erwächst und somit ein Schritt auf dem Weg zu einer frauengerechten Eschatologie sein könnte.

Zuerst werde ich einige Schlüsselbegriffe von Röm 8,18ff. in ihrem Kontext in der hebräischen Bibel und dem Neuen Testament skizzieren. So dürfte eine

128. Ebd., S. 65.
129. Ebd., S. 66.
130. Ebd., S. 66.
131. Ebd., S. 67.

Interpretation dieser Begriffe leichter fallen. Untersucht werden zuerst: φθορά und ματαιότης (1 und 2); aus einer sorgfältigen Einbettung in ihren Kontext dürfte weiter auch ein differenzierter Erlösungsbegriff für Röm 8,18ff. gefunden werden (3); ferner interessiert mich die Bedeutung von παθήματα, wie sie Paulus in unserem Text schildert (4). Zum Schluß wird die Frage problematisiert, worum es in unserem Textabschnitt geht: Ist das Thema das Seufzen im Leiden als Beschreibung der *conditio humana* und ihrer Erlösung oder schildert Paulus hier nicht vielmehr seine Arbeit am Reich Gottes, mit all ihren Bedrohungen und der eschatologischen Vision, die seine Arbeit motiviert (5)?

7.1 Was bedeutet φθορά in Röm 8,18ff.?

7.1.1 Meinung der Kommentatoren

Die meisten Auslegungen setzen φθορά mit Vergänglichkeit und allem Übel der Welt gleich. Zwei exemplarische Aussagen: Th. Zahn meint, daß Paulus sich über ein Mitleiden mit Christus hinweghebe und

»alles Übel und Leid« [zusammenfasse,] »was der Christ wie der Mensch überhaupt während seines Lebens auf Erden und in seiner noch unerlösten leiblichen Natur zu erfahren bekommt.«[132]

»Die gesamte Schöpfung seufzt unter der Last ihrer Sklaverei in der Vergänglichkeit und liegt in Wehen ...«[133]

Die παθήματα (V.18) werden laut Ausleger durch die δουλεία τῆς φθορᾶς (V.21) verursacht: Die Schöpfung leidet an ihrer Vergänglichkeit und Vergeblichkeit, sie ist der Vergänglichkeit unterworfen, sie sehnt sich nach der Befreiung von der Knechtschaft des Verderbens, der Erlösung ihres Leidens.

Wie haben wir uns das Leiden an der Vergänglichkeit vorzustellen? Die meisten Aussagen der Ausleger deuten daraufhin, daß das Leiden vor allem im Kontext der Leiblichkeit zu suchen sei. Der unvollkommene Zustand der Natur, in den wir geboren werden, sei Ursache für großes Leiden: Krankheit, Tod, Alter – in einem Wort die Vergänglichkeit. Diese betrifft alles Lebendige, wie auch immer κτίσις (V.19.20) interpretiert wird. Aus dieser leidschaffenden Bedingung der Schöpfung insgesamt sollen die christlichen Verheißungen befreien.

---

132. Th. Zahn, Kommentar zum NT, S. 399.
133. R. Pesch, Römerbrief, S. 71.

7.1.2 Φθορά im Kontext der hebräischen Bibel

Die Septuaginta[134] braucht für vier hebräische Ausdrücke die Übersetzung φθορά:[135]

1. *b q q*   ausplündern, verwüsten (Land); schwinden (Geist).
2. *h b l*   Unfall, Verderben, Unglück; das Verderben bringen (aktiv).
3. *n b l*   Tor, Narr, töricht, schlechter, gottloser Mensch; verwelken, erschöpft sein, hinsinken.
4. *sch ḥ t* verdorben sein, Fallgrube; Grab.

Dazu die Beispiele:

»Du wirst dich selbst und die Leute, die bei dir sind, völlig erschöpfen; denn die Sache ist zu schwer für dich, du kannst sie nicht allein besorgen.«(3) Ex 18,18
»... der dein Leben vom Verderben erlöst, der dich krönt mit Gnade und Barmherzigkeit ...«(4) Ps 103,4
»Ihr werdet vernichtet in unheilbarer Vernichtung ...«(2) Mi 2,10
»Da zogst du mein Leben empor aus der Grube, oh Herr, mein Gott!«(4) Jn 2,7
»Ausgekehrt und entleert wird die Erde, ausgeraubt und ausgeplündert; denn der Herr hat dieses Wort geredet.«(1) Jes 24,3

Sowohl in Mi 2,10 wie Jes 24,3 kommt *h b l* und *b q q* als Gerichtswort an die Reichen und Mächtigen vor. Denen, die »Gewalt üben an dem Mann und seinem Haus« (Mi 2,2), wird *h b l* vom Propheten angedroht. Ebenso wendet sich Jesaja gegen die Mächtigen (Jes 24,2.21), indem er ihnen ankündet, die »Oberfläche der Erde umzukehren« (Jes 24,1). Denjenigen, die Verderben über die kleinen Leute bringen, wird Verderben angesagt, denjenigen, die die Erde mit ihrer Herrschaft verwüsten, wird Verwüstung angesagt. Φθορά ist dieses Verderben und diese Verwüstung. In Jn 2,7 und Ps 103,4 wird der Betende von Gott aus *sch h t* erlöst: *sch h t* ist das Lebenvernichtende schlechthin (die Wogen des Meeres in Jn 2,7). In Ps 103,6 erfahren wir, daß Gott, der aus *sch h t* erlöst, Recht schafft allen Unterdrückten. So könnte die Erlösung aus *sch h t* als Befreiung aus Unterdrückkung interpretiert werden.

In der Septuaginta wird φθορά also im sozialen Kontext verhandelt: Menschen tun einander φθορά an, durch soziale Hierarchien entsteht φθορά, Gott befreit aus φθορά, vergilt den Mächtigen ihr Tun, indem er sie ins Verderben (φθορά) bringt.

---

134. Zu Folgendem vgl.: A Concordance to the Septuagint by E. Hatch + H. A. Redpath.
135. Den Artikel φθείρω (G. Harder, in: ThWNT, Bd. IX, S. 100ff.) halte ich für meine Fragen nicht für hilfreich. Φθορά hat viele Bedeutungsschattierungen im Bereich »Verderben«, hier gehe ich mit dem Artikel einig. Er trägt aber trotz der Fülle der angeführten Textstellen nichts bei zu den Fragen, wer wem Φθορά antun kann und wie Gott sich zur Φθορά stellt, bzw. wie Φθορά in Beziehung zu Gott gesehen wird.

7.1.3 Φθορά im Neuen Testament

»Es wird gesät in Verweslichkeit (φθορά), es wird auferweckt in Unverweslichkeit (ἀφθαρσία)...« 1Kor 15,42

»Dies aber sage ich, Brüder, daß Fleisch und Blut das Reich Gottes nicht ererben kann, auch die Verweslichkeit (φθορά) die Unverweslichkeit (ἀφθαρσία) nicht ererbt.« 1Kor 15,50

»Wenn aber dieses Verwesliche (τὸ φθαρτόν) angezogen hat Unsterblichkeit (ἀφθαρσία), dann wird eintreffen das Wort, das geschrieben steht: ›Der Tod ist verschlungen in Sieg. Tod, wo ist dein Sieg? Tod, wo ist dein Stachel?‹« 1Kor 15,54.55

Wenn Paulus von der himmlischen Existenz als Sein im Glauben, vom Sein als neuer Adam (15,45) spricht, dann kommt φθορά auf die Seite vor dem Glauben, auf die Seite der Existenz im natürlichen Leib mit all seinen Verstrickungen in eine unerlöste Welt. Als Gegenbegriff von φθορά wählte Paulus ἀφθαρσία, die Integrität, die sich nicht in den Schmutz, d.h. in all die verderbenbringenden Beziehungen von Unehre, Schwachheit, Ungerechtigkeit, Lästerungen etc. bringen läßt (15,42-45).

Die φθορά kann das Reich Gottes nicht ererben. Die ἀφθαρσία, die Integrität, kommt aus dem Glauben, aus der neuen Existenz (15,50). Die im Glauben Lebenden werden als dem Tod der Sünde gegenüber immun beschrieben (15,54). Ihre Integrität (ἀφθαρσία) bleibt bewahrt, solange sie im Glauben stehen.

Paulus macht diese Ausführungen über φθορά und ἀφθαρσία im Rahmen seiner Arbeitsbeschreibung: 15,10.11 betont er die große Beschwerlichkeit seiner missionarischen Tätigkeit. 15,12-57 schildert er missionarische Diskussionen, die in 15,58 wieder durch eine Bemerkung über die schwere Arbeit abgerundet werden. So gehört also der Kampf mit der φθορά und das Ringen um die ἀφθαρσία in das Arbeitsfeld des Paulus. In 15,12-57 geht es im Wesentlichen um die Frage der Auferstehung. Φθορά gehört dabei deutlich auf die Seite der AuferstehungszweiflerInnen. Auferstehung findet dort statt, wo keine φθορά ist. Denn der φθορά fehlt die eschatologische Perspektive. Wo φθορά ist, ist kein Raum für die Hoffnung auf einen neuen Himmel und eine neue Erde.

»Denn wer auf sein Fleisch sät, wird vom Fleisch Verderben (φθορά) ernten; wer aber auf den Geist sät, wird vom Geist ewiges Leben ernten.« Gal 6,8

Paulus vergleicht die missionarische Arbeit hier mit der Arbeit des Landarbeiters, mit Säen und Ernten. Er spricht zu MitarbeiterInnen, die unter Spannungen in der Gemeinde leiden (Gal 5,15). Er macht sie aufmerksam auf die φθορά, die sie ernten, wenn sie auf das Fleisch vertrauen. Sie ist ein Zustand, der aus dem Vertrauen auf das eigene Fleisch resultiert. Er entspricht aber nicht mehr der Arbeit im Glauben. Denn wer glaubt, erntet nicht φθορά, sondern »ewiges Leben«. Deshalb sollen sie die Frucht ihrer Arbeit (ἔργον) prüfen, um zu erkennen, ob sie auf Fleisch oder auf Geist gesät haben. Die ἔργα des Fleisches werden in Gal 5,19.20.21 geschildert: Unzucht, Unkeuschheit, Ausschweifung,

Götzendienst, Zauberei, Feindschaften, Streit, Eifersucht, Zornesausbrüche, Ränke, Zwietrachten, Parteiungen, Neid, Völlerei, Schwelgerei. Diese Aufzählung dürfte die Spannungen unter den GemeindemitarbeiterInnen betreffen. Sie zeigt aber auch einen Ausschnitt aus der φθορά, aus dem Verderben, das aus schlechter Arbeit folgt.

»Du sollst nicht anfassen noch kosten, noch berühren – was doch alles durch den Verzehr ins Verderben (φθορά) führt – nach den Geboten und Lehren der Menschen ...« Kol 2,21.22

Der Verfasser distanziert sich von den Speisegeboten, die von Menschen geschaffen sind (Kol 2,16). Die φθορά kommt viel mehr von sozialen Verstrikkungen (Kol 3,5), die das Zornesgericht Gottes bewirken. Auch warnt er die GemeindemitarbeiterInnen davor, Unterschiede unter den Glaubenden zu machen (Kol 3,9-11).

Hier sehen wir deutlich, daß φθορά nicht durch Leibfeindlichkeit, Askese (Kol 2,23) vermieden werden kann, sondern durch das »Anziehen der Liebe« (Kol 3,14), das wohltuende Verbindungen (an Stelle von Unterschieden und Streitigkeiten) unter den Menschen schafft.

»... damit ihr durch diese [Verheißungen] göttlicher Natur teilhaftig würdet, nachdem ihr den in der Welt durch die Begierde herrschenden Verderben (φθορά) entflohen seid.« 2Petr 1,4
»Diese aber, gleich unvernünftigen Tieren, die als Naturwesen zum Gefangenwerden und Umkommen geboren sind, lästern, was sie nicht kennen, und werden durch ihre Verderbtheit (φθορά) auch zugrunde gehen.« 2Petr 2,12
» [sie verlocken], indem sie ihnen Freiheit verheißen, während sie selbst Sklaven des Verderbens (φθορά) sind...« 2Petr 2,19

Der Verfasser, der sich Petrus nennt, beschreibt, was den zum christlichen Glauben Bekehrten gegeben wurde, nachdem diese »den in der Welt durch die Begierde herrschenden Verderben entflohen« sind (2Petr 1,4). In der Welt (κόσμος) herrschen φθοραί, die durch die Begierde hervorgerufen werden. Von diesen φθοραί gilt es sich zu distanzieren, ihnen zu entfliehen. Die Distanz, Flucht, muß aber immer wieder bewährt und gefestigt werden (2Petr 1,10), um nicht zu straucheln, d.h.

»blind, kurzsichtig, uneingedenk der Reinigung von seinen früheren Sünden« [zu werden] (2Petr 1,9).

Die falschen Propheten (2Petr 2,1), die von φθοραί beherrscht werden (2Petr 2,19), verlocken Neu-Bekehrte dazu, wieder in die Verstrickungen der Welt zurückzufallen (2Petr 2,20). Diejenigen, die wieder zurückfallen, nennt Petrus

»Hunde, die zu dem umkehren, was sie ausgespuckt haben« [und] »Schweine, die nachdem sie gebadet haben, wieder in den Mistpfuhl gehen« (2Petr 2,22).

So erfahren wir, daß die φθοραί die Verstrickungen der Welt sind, von denen sich ChristInnen lösen sollten. Petrus wählt starke Bilder für sie: Auswurf, Mistpfuhl. Die falschen Propheten nennt er

»Quellen ohne Wasser und vom Sturmwind getriebene Nebelwolken« (2Petr 2,17).

Sie geben sich als Quellen und (Regen)Wolken aus, wobei es ihnen aber an lebenförderndem Wasser fehlt. Sie werden am Tage des Gerichtes bestraft werden (2Petr 2,10). Die ChristInnen erwarten diesen Gerichtstag und beschleunigen seine Ankunft (2Petr 3,12), weil er nach der Verheißung einen

»neuen Himmel und eine neue Erde, in denen Gerechtigkeit wohnt«,

bringen wird (2Petr 3,13). So wird das Gericht Gottes den κόσμος von den ihn beherrschenden φθοραί reinigen (mit Feuer, 2Petr 3,10), so daß ein neuer Himmel und eine neue Erde mit Gerechtigkeit entstehen werden.

7.1.4 Belege von φθορά im Zusammenhang von antiker Gynäkologie

Da in unserem Zusammenhang die Rede von συνωδίνειν und συστενάζειν (gebären und stöhnen) ist, ist es interessant, φθορά auch auf diese Bedeutungsfelder hin zu befragen. Die κτίσις stöhnt und gebiert, um aus der δουλεία τῆς φθορᾶς befreit zu werden (Röm 8,21.22). Hat hier φθορά einen Bezug zum Gebären und Stöhnen?

Wir können in Aussagen der Ärzte Soran und Galen, sowie in zwei Inschriften φθορά in der Bedeutung von Fehlgeburt, Abort finden. Währenddem Soran von abtreibenden Pflanzen und Giften redet,[136] beschreibt Galen Fehlgeburten, die durch Gebärmuttergeschwüre ausgelöst werden und die nicht Tötung (ἀποφθορά), sondern φθορά genannt werden sollten.[137] Auch in zwei griechischen Inschriften finden wir φθορά in der Bedeutung von »Fehlgeburt«.[138] Beide Inschriften beschreiben, wer im Tempelbezirk opfern gehen darf. Dabei begegnet uns beidemale der Ausdruck

»eine (Frau), die vor vierzig Tagen eine Fehlgeburt (φθορά) hatte«.

Wenn wir von der Grundbedeutung von φθορά als »Zerstörung, Vernichtung«[139] ausgehen, verstehen wir den Zusammenhang mit Abort ohne weiteres: Es bedeutet die Zerstörung des Embryos, die Zunichtemachung der Leibesfrucht. Durch

---

136. Soranus, ed. V. Rose, 1.56.
137. Galenus, ed. J, Marquardt, 17 (1). 800.
138. Inscriptiones Graecae, ed. J. Kirchner, 1916, fasc. ii., IG 1365, 20-24, und Ebd., IG 1366, 7-9.
139. »destruction, ruin«, in: H. G. Liddell/R. Scott, 1968, »Φθορά«.

eine φθορά wird die glückliche Geburt eines neuen Menschenkindes verhindert, so wie die Gebärarbeit der Frau nicht mit Erfolg gekrönt wird, sondern vorzeitig und mit einer lebensunfähigen Mißgeburt endet.[140]

7.1.5 Zusammenfassung

Die Übersetzung von φθορά mit Vergänglichkeit, sowie deren Interpretation als zu überwindende conditio humana hat sich im Kontext der hebräischen Bibel wie im Neuen Testament nicht bestätigen lassen. Φθορά gehört ganz wesentlich in den sozialen Kontext des zwischenmenschlichen Geschehens. Wie Gott aus der φθορά befreit, wird in der hebräischen Bibel wie im Neuen Testament im apokalyptischen Gerichtszusammenhang beschrieben.

Paulus verwendet den Begriff in der gleichen Weise wie die hebräische Bibel: die sozialen Verstrickungen, die die φθορά mit sich bringt, werden klar ersichtlich (Gal 5,19-21; Kol 3,5). Ebenso wird deutlich, daß, wo φθορά herrscht, kein Raum für die eschatologische Hoffnung ist. Daß »Gott werde alles in allem« (1 Kor 15,28) und »Christus werde alles in allem« (Kol 3,11) ist die Hoffnung derjenigen Menschen, die die φθορά hinter sich gelassen haben, die zu neuen Menschen geboren worden sind. Auch im 2 Petr können wir erkennen, daß Menschen einander φθορά antun. Dies zeigt auch der Streit mit den »falschen Propheten«, denen die Hoffnung auf eine eschatologische Erneuerung abgeht (2 Petr 3,4). Gott wird aber von der φθορά befreien am Tage des Gerichts (2 Petr 3,10), auf daß ein neuer Himmel und eine neue Erde entstehe, auf der Gerechtigkeit wohnen wird (2 Petr 3,13).

Der außerbiblische Befund weist uns mit φθορά in den Kontext der Fehlgeburt, der Verhinderung des neuen Lebens. Wir werden auch diese Bedeutung für unsere Stelle im Auge behalten müssen, da Paulus auch an anderen Orten vom »Gebären« und von »Fehlgeburt« redet. So treffen wir z.B. in 1 Kor 15,8 auf den Ausdruck ἔκτρωμα, womit Paulus sich selbst als eine Fehlgeburt bezeichnet. Im Kontext von 1 Kor 15, 8.9. wird deutlich, warum sich Paulus so nennt: Er hatte die Gemeinde Gottes verfolgt, womit er das neue Leben verhinderte, zerstörte; er selber hatte das Evangelium nicht angenommen, womit er seine Geburt zum neuen Menschen verhinderte. So hatte er die eschatologische Hoffnung auf Neu-Geburt zu vereiteln versucht, der Entstehung eines neuen Himmels und einer neuen Erde zuwidergehandelt. Wir bleiben sowohl mit ἔκτρωμα wie auch mit φθορά in Beziehung mit συστενάζειν und συνωδίνειν im eschatologischen Horizont der missionarischen Arbeit des Paulus (oder des Petrus und anderer MitarbeiterInnen), ja der Arbeit Gottes, je nachdem das Gelingen oder das Vereiteln des Arbeitszieles im Zentrum steht.

---

140. Zu »Mißgeburt« vgl. weiter unten, Kap. 5, Anm. 95.

7.2. Was bedeutet ματαιότης im Zusammenhang von Röm 8,18ff.?

7.2.1. Meinung der Kommentatoren

Die meisten Ausleger unterscheiden zwischen ματαιότης und φθορά nicht wesentlich: Sie nennen die beiden Bedeutungen in einem Atemzug als »Nichtigkeit und Vergänglichkeit«.

»Gott hat sie [die Schöpfung, L. S.] ohne ihr eigenes Zutun zugleich mit dem Menschen der Nichtigkeit unterworfen (zumeist). Die Knechtschaft unter der Vergänglichkeit, also der Todesherrschaft, ist nicht bloß ihre Folge ..., sondern ihre Wirklichkeit.«[141]
»Die Schöpfung insgesamt stöhnt unter dem Gewicht der in VV 20f. beschriebenen Not und liegt in den Wehen, d.h. befindet sich in einer Situation gesteigerter Erfahrung von Nichtigkeit und Vergänglichkeit, mit der sich der bevorstehende eschatologische Umbruch nach apokalyptischer Vorstellung ankündigt.«[142]

Diese beiden Beispiele können die Stimmung zeigen, die in den Kommentaren vorherrscht: Die Schöpfung müht sich irgendwie ab, doch ohne wirklichen Erfolg. Sie ist im

»state of frustration and bondage«[143] [und seufzt] »with a deep sense of dissatisfaction and incompleteness.«[144]

O. Michel übersetzt ματαιότης mit »Leerlauf« und fährt fort:

»Der Begriff bezeichnet die Vergeblichkeit, die Inhaltsleere, und die Nichtigkeit, vielleicht auch die Verkehrtheit und die Unordnung der Welt.«[145]

In einer Fußnote geht er auf die Übersetzungsgeschichte kurz ein:

»Die altkirchliche Exegese hat ματαιότης oft im Sinn von φθορά verstanden, wie die Catene lehrt. O.Bauernfeind sagt treffend: Röm 8,20 ist gültiger Kommentar zum Prediger Salomonis« ...Thomas v.Aquin dachte im philosophischen Sinn an mutabilis (stete Veränderlichkeit), während andere Ausleger ματαιότης im Sinn von φθορά aufrecht erhalten ...«[146]

Da, wie wir oben gesehen haben, die meisten der Ausleger φθορά mit Vergänglichkeit übersetzen, wird also auch ματαιότης in diesem Sinne interpretiert.

141. E. Käsemann, An die Römer, S. 225.
142. U. Wilckens, Brief an die Römer, S. 155.
143. F. F. Bruce, Epistle of the Romans, S. 169.
144. Ch. Dodd, The Romans, S. 133.
145. O. Michel, Brief an die Römer, S. 267.
146. Ebd.

7.2.2 Ματαιότης in der hebräischen Bibel

In der Septuaginta finden wir die vier folgenden hebräischen Ausdrücke mit ματαιότης übersetzt:

1. *h b l*   Windhauch, Nichts, Täuschung; nichtig, eitel
2. *h w h*   Unfall, Verderben, Unglück; aktiv: was Verderben bringt
3. *r j q*   Leeres, Eitles
4. *s c h w'*   das Gehaltlose, Eitle, ein Nichts, Enttäuschung, Verderben; Lüge,
   Falschheit

Sehr häufig kommt ματαιότης (h b l)im Prediger vor (z.B. Ec 2,11; 4,4). Der
Prediger beschreibt unermüdlich das vielfältige menschliche Abmühen, Streben
und Tun, das aber »nichtig« ist. Die Frage, was »nichtig« eigentlich bedeutet, ist
sehr schwierig zu beantworten. Ich sehe in den Versen über das Gericht Gottes
einen Zusammenhang, der vielleicht weiterhilft:

»Gott wird den Gerechten und den Frevler richten. Denn jedes Ding hat seine Zeit.« Ec 3,17
»Doch wisse, daß um alle diese Dinge Gott dich vor Gericht ziehen wird!« Ec 11,9
»Denn Gott wird jegliches Tun vor sein Gericht bringen, das über alles Verborgene geht, es
sei gut oder böse.« Ec 12,14

Alles menschliche Tun wird letztlich vor Gottes Gericht gestellt werden. Erst dann
entscheidet sich, was Bestand hat oder nicht. Wir Menschen können nicht erkennen, worin Sinn liegt, was Sinnvolles ist. Alles menschliche Tun hat keinen Bestand, nur was Gott tut, gilt ewig (Ec 3,14). »Bestand haben« kann wohl als Gegenbegriff zu »nichtig« angesehen werden. Unter den Menschen hat nichts Bestand,
weil die Menschen schnell vergessen (Ec 1,11;9,16). Darum bleibt aber den Menschen verborgen, ob ihr Tun sinnvoll ist oder nicht. Weisheit und Erkenntnis ist
deshalb letztlich auch »nichtig«. Nur Gottesfurcht und das Halten seiner Gebote
(Ec 12,13) ist des Menschen Sache – was bedeutet, daß erst der eschatologische
Horizont die ethische Frage überhaupt eröffnen kann. Weisheit bleibt Theorie, die
umgestoßen oder vergessen oder verändert werden kann. Allein die Perspektive auf
das Richten Gottes gibt dem menschlichen Tun Richtung und Grenze.

Ματαιότης finden wir in der Septuaginta auch häufig in den Psalmen. Hier
wird neben der oben genannten Bedeutung (Ps 30,6; 39,5; 62,10; 78,33; 144,4),
ebenso oft ματαιότης in der Bedeutung von »das Gehaltlose, Eitle, Nichtige;
Enttäuschung, Verderben, Lüge, Falschheit« (sch w ') genannt.

»Nein, keiner, der auf dich harrt, wird zuschanden; zuschanden werden die schnöden Ver-
räter.« (*r j q*) Ps 25,3
»Wende meine Augen ab, daß sie nicht schauen nach Falschheit.« (*s c h w '*) Ps 119,37
»Ach, Gott, wolltest du den Frevler doch töten! Daß doch die Blutmenschen von mir
wichen, die freventlich dir widerstreben und deinen Namen mißbrauchen!« (*s c h w'*)
Ps 139,19.20

In diesen drei Psalmen geht es um den »geraden Weg« (Ps 139, 24), den der Betende erkennen und gehen möchte. Die ματαιότης ist auf der Seite derjenigen, die Gott nicht suchen. Wer aber Gott fürchtet, kommt nicht zuschanden (Ps 25,3; 119,6). Ihnen erfüllen sich die Verheißungen (Ps 119,38). So ist ματαιότης hier all das, was vom »geraden Weg« abhält, die Falschheit gegenüber der wahren Gottesfurcht, die Ferne von Gottes Gesetzen. Die übliche Übersetzung von ματαιότης mit »Vergänglichkeit« ist unzutreffend, weil der ethisch-eschatologische Horizont ausgeblendet wird. Das unmoralische gottesferne Handeln wird vor Gericht nicht bestehen und »vergänglich« sein, nicht aber die menschliche Natur an sich oder der Leib – sie werden gar nicht zum Gegenstand des göttlichen Gerichtes.

Wir können die in der Septuaginta vorkommenden Bedeutungen von ματαιότης dahingehend zusammenfassen, daß ματαιότης stets in eschatologischer und ethischer, nie aber in metaphysischer Perspektive zu verstehen ist. Die »Nichtigkeit« und »Falschheit«, die ματαιότης umfaßt, ist bezüglich der wahren Gottesfurcht zu sehen, deren Gegenteil sie darstellt. Was vor Gott aber Bestand hat, läßt sich laut Prediger letztlich nicht entscheiden: Erst Gottes Richten wird es zu Tage bringen.[147] In den Psalmen ist das Vertrauen auf die Gesetze Gottes ungebrochener: Bestand hat das Festhalten an den Geboten, das Gehen des »geraden Weges«. Dies ist nur im ethischen Horizont zu verstehen. Ματαιότης ist unmoralisches Handeln, Handeln, das gegen die Gebote Gottes verstößt und sein Gerichtshandeln außer Acht läßt.

7.2.3 Ματαιότης im Neuen Testament

»Dies nun sage und bezeuge ich im Herrn, daß ihr nicht mehr wandeln sollt, wie die Heiden wandeln in der Nichtigkeit (ματαιότης) ihres Sinnes ...« Eph 4,17
»Denn damit, daß sie hochtönende, nichtige (ματαιότης) Worte reden, verlocken sie, fleischlichen Lüsten ergeben, durch Ausschweifungen die, welche den im Irrtum Wandelnden kaum erst entflohen waren ...« 2Petr 2,18

Der Verfasser des Epheserbriefes möchte, daß die Gemeindemitglieder nicht wie die Heiden denken und leben. Die Heiden verharren seiner Ansicht nach in der »Nichtigkeit« ihres Sinnes. Diese Nichtigkeit drückt sich darin aus, daß

»sie alles Schamgefühl verloren haben und sich der Ausschweifung ergeben zur Verübung jeglicher Unkeuschheit«.

Auch im weiteren Verlauf des Briefes (Eph 4,25-32) wird ersichtlich, daß ματαιότης im Kontext des sozialen Handelns zu verstehen ist. Es geht darum, als

---

147. Im μάταιος-Artikel des ThWBNT, Bd. IV, S. 525f. (O. Bauernfeind) fehlt m. E. der Bezug zum Gerichtshandeln Gottes. Erst dieses erlaubt ja eine Scheidung in »Bestand haben vor Gott« und »keinen Bestand vor Gott haben« (μάταιος). Ebenso in EWNT, Bd. II, Spalte 975ff., (H. Balz).

ChristInnen nicht weiter zu lügen, zu stehlen, zu zürnen, nicht destruktiv zu kritisieren, und gipfelt in der Aussage:

»Und betrübet nicht den heiligen Geist Gottes, durch den ihr das Siegel empfangen habt auf den Tag der Erlösung hin!« Eph 4,30

So wird auch hier der ethische Horizont durch die eschatologische Perspektive eröffnet. Das rechte Handeln der ChristInnen gründet sich auf die Gabe des heiligen Geistes, der wiederum auf die Erlösung hin gegeben wurde. Dies unterscheidet christliches Handeln vom Leben in »Nichtigkeit« der Heiden.

»Petrus« braucht ματαιότης, um die Botschaft der »falschen Propheten« zu beschreiben (2Petr 2,18). Sie sind nicht richtige Propheten, weil sie sich von den φθοραί nicht abgrenzen, sondern »Sklaven des Verderbens«. Während die Heiden in die φθοραί der Welt verstrickt bleiben, können und sollen ChristInnen von diesen Verstrickungen befreit leben. Ματαιότης wird im Eph wie im 2Petr als Abgrenzungsbegriff verwendet. Als solcher bezeichnet er all das, was nach Ansicht der beiden Autoren nicht zur christlichen Lebensführung gehören sollte.

7.3 Zum Erlösungsbegriff

Aus dem Eröffnen des Kontextes von φθορά und ματαιότης erwächst ein anderer Erlösungsbegriff, als er uns in den Kommentaren begegnet.

»... auf die Hoffnung hin, daß auch das Geschaffene selbst befreit werden wird von der Sklaverei des Verderbens.« Röm 8,21

Die Erlösung/Befreiung der Schöpfung aus der Sklaverei der φθορά kann nach oben gemachten Beobachtungen nicht mehr die Erlösung von der Vergänglichkeit schlechthin bedeuten. Φθορά verweist uns in den zwischenmenschlichen und eschatologischen Bereich. Gott wird die φθορά am Tage des Gerichtes von den Menschen wegnehmen, so daß sie friedlich miteinander leben können. Dies wird im 2Petr 3,13 mit der apokalyptischen Hoffnung auf einen neuen Himmel und eine neue Erde, auf der Gerechtigkeit wohnen wird, ausgedrückt. Die Geburt dieser friedlichen Koexistenz von Menschen, dieser neuen Erde, gelingt erst, wenn dank Gottes Hilfe keine φθοραί, keine vorzeitigen Geburten, die nicht lebensfähig sind, mehr vorkommen. Oder anders ausgedrückt: solange Gott nicht alles in allem ist, wird es zwischen den Menschen immer wieder φθορά geben. Die Geburt der neuen Erde voller Gerechtigkeit kann so aber nicht vonstatten gehen. Auch der Kontext von ματαιότης verwies uns in den zwischenmenschlichen und moralischen Bereich. Ματαιότης ist das, was im Leben jüdischer und christlicher Menschen nicht Raum haben sollte. Wenn uns also in Röm 8,21 die Schöpfung als von ματαιότης beherrscht beschrieben wird und eine Befreiung von der Sklaverei der φθορά in Aussicht gestellt wird, befinden wir uns in der jüdischen und jüdisch-christlichen Tradition, die wir Apokalyptik nennen: Groß ist die Hoffnung auf die Nähe, Einwohnung

Gottes, auf das Kommen seiner Herrschaft, die der bestialischen Herrschaft der Mächtigen über die Ohnmächtigen ein Ende setzen wird, die das Böse von der Erde vertilgen und das Antlitz der Erde erneuern wird. Es ist also äußerst hilfreich, unseren Text nicht nur als von der Apokalyptik geprägt, sondern im wahren Sinn als apokalyptischen Text zu verstehen. Die apokalyptische Tradition hilft uns, φθορά einzuordnen in den Prozeß der Erneuerung der Erde und ihrer Menschen.

Zusammenfassend können wir über den hier von Paulus angesprochenen Befreiungsbegriff folgendes aussagen:

a) Freiheit von φθορά und ματαιότης meint Freisein von Verstrickungen sozialer Art, die immer gleichzeitig auch Gottesferne bedeuten, und impliziert ein friedvolles Zusammenleben von Menschen. Somit wird die soziale Dimension von Befreiung angesprochen.

b) Die jüdische und jüdisch-christliche Auferstehungs- und Erlösungshoffnung bewegt sich immer in *kosmischen* Dimensionen. Auferstehung geschieht in eine veränderte, erneuerte Welt hinein.[148] Apokalyptische Erneuerungshoffnung spricht das Neuwerden der Erde und der daraufflebenden (oder darauf auferstandenen) Menschen zusammen an.

c) Wer unter Erlösung die Befreiung von allem Irdischen, dem der Materie anhaftenden Vergänglichen versteht, und somit Erlösung in eine jenseitige Welt projizieren muß, wird in Schwierigeiten kommen, wenn von kosmischer Erlösung die Rede ist. Denn mit Kosmos ist eben gerade alles angesprochen, was zum Sichtbaren und Fühlbaren und somit zum Materiellen gehört. Die ἀπολύτρωσις τοῦ σώματος (Röm 8,23) meint nicht die Befreiung unseres Leibes von der Vergänglichkeit der Materie, sondern die Umwandlung von uns Menschen in freie, aufrechte und somit glückliche Kreaturen. In diesem Sinn ist hier von einer diesseitigen Erlösung die Rede.[149]

7.4 Die Leiden dieser Zeit (Röm 8,18)

7.4.1 Meinung der Kommentatoren

Wie ich oben (S. 74) dargelegt habe, ist nach Ansicht vieler Ausleger das Leiden, von dem Paulus spricht, gering zu achten, weil es vorläufig ist. Sie interpretieren es als Strafe Gottes, da es seit dem Sündenfall nicht mehr von der Welt wegzu-

---

148. Vgl. dazu: G. Stemberger, Der Leib der Auferstehung, S. 115.
149. Die theologische Botschaft der »Macht in Beziehung« wird in diesem Horizont sehr einleuchtend: Im zwischenmenschlichen Bereich vollzieht sich der Beginn des neuen Himmels und der neuen Erde: »Es geht nicht darum, was sein sollte. Es ist eine Macht, die uns auf die Gerechtigkeit zutreibt und sie herstellt. Diese Macht läßt die Sonne glühen, die Flüsse tosen und die Feuer wüten. Und die Revolution wird von neuem gewonnen. Und du und ich werden von einer Macht getrieben, die uns gleichzeitig erschreckt und tröstet.« aus: C. Heyward, Und sie rührte sein Kleid an, S. 184.

denken ist. Die Hauptursache für das Leiden ist die φθορά, die mit Vergänglichkeit gleichgesetzt wird. Zum Leben in der »noch unerlösten leiblichen Natur« gehört für sie auch das Gebären, das Ausdruck dieser leidensbringenden Vergänglichkeit ist. Den Zusammenhang mit der Apokalyptik sehen sie vor allem in der Terminologie: »Gebären«, »messianische Wehen«, »Wehen der Endzeit« – dadurch werde der Untergang des alten Äons beschrieben.

7.4.2 »Leiden« im neutestamentlichen Kontext

Im folgenden möchte ich kurz zeigen, wie πάθημα im Neuen Testament verwendet wurde. Aber auch außerkanonische Bezüge können helfen, die hier angesprochenen πάθημα zu verstehen. In einem dritten Schritt werde ich die gewonnenen Ergebnisse mit unserer Stelle Röm 8,18ff. vergleichen.

7.4.2.1 Πάθημα im Neuen Testament

Der Ausdruck πάθημα findet sich nur in den Briefen. Paulus spricht von Verfolgungsleiden, die über ihn und die angesprochene Gemeinde gekommen sind (2Kor 1,5.6.7.). Er kann auch die Leiden Jesu, die er durch seinen Tod erlitten hatte, mit seinen Leiden vergleichen, indem er von »Gleichgestaltung« redet (Phil 3,10). So setzt er die Schmerzen und Entbehrungen, die er durch Gefangennahme und behördliche Verfolgung gegen sich erleidet, in eine Relation zu den Leiden Jesu.

Denselben Bezug finden wir beim Autor des Kolosserbriefes, wo dieser von seiner Gefangenschaft berichtet und über seine Leiden aussagt:

»Jetzt freue ich mich in den Leiden für euch und fülle an seiner Statt an meinem Fleische aus, was den Trübsalen Christi noch fehlte, zugunsten seines Leibes ...« Kol 1,24

Auch Timotheus redet von Leiden als Verfolgungsleiden, wenn er die »Leiden, wie sie mir in Antiochien... widerfahren sind« erwähnt (2Tim 3,11). Er kann auch von einer Nachfolge in der Lehre und den Leiden reden.

Im Hebräerbrief begegnen wir πάθημα zweimal. Einmal sind es die Todesleiden Jesu (Heb 2,9-10), das andere Mal die Leiden, die die AdressatInnen erduldet hatten: Schmähungen, Trübsale, Zur-Schau-gestellt-Werden, Gefangenschaft, Güterenteignung. So werden also auch hier die Verfolgungsleiden der ChristInnen mit den Leiden Jesu in Bezug gesetzt.

Ebenso braucht der Verfasser der Petrusbriefe παθήματα für die Leiden Jesu (1Petr 1,11; 5,1), wie für die Leiden, die die AdressatInnen »um des Namens Christi willen« erleiden (1Petr. 4,13). Er ruft die Gemeinde auf, zu widerstehen im Bewußtsein, daß »die gleichen Leiden eure Geschwister (ἀδελφότητι) in der ganzen Welt treffen« (1Petr 5,9).

Nur zweimal begegnen wir einem anderen Gebrauch von πάθημα: In Röm 7,5 redet Paulus von den Leiden der Sünde, die durch das Gesetz erregt wurden. In

Gal 5,24 beschreibt Paulus die Menschen, die »ihr Fleisch samt seinen παθήματα und Lüsten gekreuzigt« haben.

Zusammenfassend: Meistens begegnet uns die Rede von πάθήματα im Zusammenhang mit Verfolgungsleiden, die die Gemeinde oder der Verfasser des Briefes zu erleiden haben. Diese Verfolgungsleiden werden dabei in Bezug zu den Todesleiden Jesu gestellt. Dies macht deutlich, daß das Reden vom Leiden in einem gesellschaftlich-politischen Kontext geschieht, der den konkreten Lebensalltag der AdressatInnen berücksichtigt. Dabei können wir eine theologisch bedeutsame Rede erkennen: Auch die Leiden Jesu werden im gesellschaftlich-politischen Kontext gesehen und als Bezugspunkt der Leiden der Gemeindeglieder verstanden. So wie Jesus für sein Engagement verfolgt wurde, werden auch wir (Autor, Gemeindeglieder, Geschwister in der ganzen Welt) für dasselbe Engagement mit denselben Leiden kämpfen müssen.

Die beiden Ausnahmen (Röm 7,5; Gal 5,24) zeigen, daß πάθημα auch in einem anderen Argumentationszusammenhang gebraucht werden kann. Wir werden im folgenden herausfinden müssen, in welchem Kontext in Röm 8,18ff. von Leiden die Rede ist.

7.4.2.2 Verfolgungsleiden in der Apostelgeschichte

Schon ein kurzer Blick in die Apostelgeschichte zeigt, daß die missionarische Arbeit immer wieder in verschiedenster Art geahndet wurde. Sowohl Paulus wie auch andere Persönlichkeiten gerieten in Situationen, wo sie von aufgebrachten Menschen(-mengen) bedroht und angezeigt und von den Behörden aufgegriffen wurden.

Einige Beispiele:

12,3	Gefangenschaft des Petrus
12,1-3	Tötung des Jakobus
13,50	Verfolgung gegen Paulus und Barnabas
14,5-6	Paulus und Barnabas werden mißhandelt, gesteinigt
14,19	Steinigung des Paulus
16,19-24	Paulus und Silas werden gefangen, geschlagen, in den Block gesteckt (mit den Füßen)
17,6-9	Jason wird verhört
18,17	Sosthenes wird geschlagen
21,30ff.	Pogromstimmung, Tötungsversuch und Gefangennahme des Paulus
23,12ff.	Verschwörung gegen Paulus (Tötungsabsichten)

Bereits diese kurze Auswahl zeigt, wie oft die Arbeit der Missionare auf Ablehnung und größten Widerstand stieß. Die Apg benutzt zwar das Wort πάθημα nicht, gibt aber breites Anschauungsmaterial für das, was in den Briefen mit πάθημα angedeutet wird. Ohne hier näher auf die Gründe der Verfolgung einzugehen, können wir die oben geschilderten Verwendungen von πάθημα in den Briefen der Missionare als übereinstimmend mit dem Befund der Apostelgeschichte erklären. Unzählige Leiden wurden durch Verfolgungen hervorgerufen. Wir können sogar sagen: Verfolgungsleiden gehörten zum Alltag der missionarischen Arbeit, die uns die Apostelgeschichte schildert.

7.4.2.3 Leiden im 4. Makkabäerbuch

Ich möchte im Folgenden untersuchen, wie Leiden als Verfolgungsleiden in der jüdischen Tradition rezipiert wurde. Vielleicht können wir so erkennen, wie Paulus diese Tradition zur Deutung seiner Leiden und der Leiden der frühchristlichen Gemeinden verwendet. Exemplarisch habe ich dafür das 4. Makkabäerbuch[150] gewählt. Sein Autor lebte als hellenistischer Jude in der Diaspora, etwa in derselben Zeit[151] und religiösen und politischen Atmosphäre wie Paulus. Das 4. Makkabäerbuch übte großen Einfluß auf die christliche Martyrologie aus. Zudem wurden seine Märtyrer-Heiligen zum Modell und zur Inspirationsquelle für viele, die unter Verfolgung und Unrecht litten.

Im 4Makk werden die Martyrien des alten Eleasar, der sieben Brüder und ihrer alten Mutter geschildert. Dabei geht es um den Erweis, daß die fromme Vernunft die Affekte beherrschen kann (4Makk 1,7).

Daß dem so ist, wird durch die MärtyrerInnen bewiesen: Sie hatten vielfältige Gelegenheit, den Leiden durch das Abschwören ihres jüdischen Glaubens auszuweichen. Aus ihrer Überzeugung heraus haben sie dies aber nicht getan. Auf die Angebote des Königs einzugehen (5,6; 8,2; 12,5), war für sie keine Möglichkeit. Bei diesen Versuchen, die Jüdinnen und Juden vom Martyrium abzubringen, wurde ihnen nicht nur die Freundschaft des Königs, sondern auch politische Macht versprochen (4Makk 8,7). Die Leiden Eleasars und der Brüder werden ausführlich geschildert. Wir begegnen dabei ausgeklügelten und grausamsten Werkzeugen der Folterung: Räder, Gliedverrenker, Marterzeug, Schleifhaken, Schwingen, Kessel, Pfannen, Fingerschrauben, eiserne Hände, Keile, Feuerblasebälge (8,13). Im Verlauf der Folterungen werden noch zusätzliche schmerzhafte und demütigende Handlungen beschrieben, wie z.B. das Ausziehen der Kleider (6,2; 9,11), geißeln (6,3), Brühe in die Nase leeren (6,25), Kopfhaut abreißen (9,28), Zunge ausschneiden (10,17) und andere mehr. Die Qualen

---

150. Zitiert nach A. Rahlfs, Septuaginta, Bd. I, S. 1157-1184. E. Kautzsch, Die Apokryphen und Pseudepigraphen des Alten Testaments, Bd. 2, S. 149-177.
151. Über die Abfassungszeit herrscht keine einhellige Meinung: A. Dupont-Sommer datiert es auf die Zeit um 117 n. Chr. (in: Ders., Le quatrième Livre des Maccabées), während C. L. W. Grimm die Zeit zwischen dem 1. Jahrhundert vor Chr. und 40 nach Chr. bezeichnet (in: Kurzgefasstes exegetisches Handbuch zu den Apokryphen des Alten Testaments). U. Luck hingegen meint, es sei nicht vor der Mitte des 1. Jahrhunderts entstanden (in: RGG, Bd. 4, S. 623). H. Anderson datiert es ins 1. Jh. Dazu weitere Diskussion, siehe: J. H. Charlesworth (Hg.), The Old Testament Pseudepigrapha, vol. 2, S. 531-534.

der Mutter bestehen darin, daß sie bei der Folterung ihrer Söhne zusehen und mitleiden muß (15,15ff.). Als sie nach dem Tod des siebten Sohnes auch von den Speerträgern ergriffen wird, stürzt sie sich selbst in den Scheiterhaufen, »damit niemand ihren Leib berühre« (17,1).

Der Autor des 4Makk verfaßt für diese MärtyrerInnen eine Grabinschrift zu ihrem Gedächtnis (17,9-10). Darin macht er uns deutlich, was die LeserInnen dieses Buches sich merken müssen:

- MärtyrerInnen kamen gewaltsam ums Leben.
- Die Gewalt wurde durch die herrschende politische Macht verübt.
- Die herrschende Macht unterdrückte das jüdische Volk.
- Die Unterdrückung erfolgte in der Absicht, die Verfassung (πολιτεία) der HebräerInnen aufzulösen.
- Die MärtyrerInnen haben ihr Volk gerettet.
- Diese Rettung bestand darin, zu »Gott aufzublicken« und den Leiden zu widerstehen (ὑπομεινάντες).

Ὑπομένω heißt in diesem Kontext ein Doppeltes: Einerseits der Vehemenz der Leiden nicht nachzugeben und der eigenen Überzeugung treu zu bleiben, andrerseits der Gewalt der herrschenden Macht entgegenzutreten. Widerstehen bedeutet also hier, die eigenen Affekte durch die »fromme Vernunft« in Kontrolle zu haben, sowie dem Herrscher und seinem Befehl nicht Folge zu leisten.

Einige Beispiele dazu aus dem 4Makk:
- Ὑπομονή besiegt die herrschende Macht (1,11). Die jüdische Überzeugung hilft, jedem Schmerz freiwillig zu ὑπομονείν (5,23).
- Eleasar widerstand (ὑπομονείν) den Mißhandlungen (6,9).
- Er leistete dank seiner Vernunft Widerstand (ἀνθέστη) um des Gesetzes willen bis zu den Todesmartern (6,30).
- Es ist Glückseligkeit, um der Tugend willen allem Schweren zu ὑπομονείν (7,22)
- Die ὑπομονή der Mutter machte sie zur »Mutter des Volkes, Rächerin des Gesetzes, Beschirmerin der Frömmigkeit, zur Siegerin des Kampfes« (15,30).
- Frömmigkeit und ἀνθίστασθαι den Leiden gegenüber gehören zusammen (16,23).

Dieses Motiv des Widerstehens kann anhand der Wörter ὑπομονείν und ἀνθίστασθαι durch das ganze 4Makk immer wieder angetroffen werden. Begründet wird dieser Widerstand mit dem Glauben an Gott, mit der jüdischen Philosophie, der frommen Vernunft. Notwendig aber wird dieser Widerstand durch die herrscherliche Willkür. Hier im 4Makk wird deutlich, daß der König Antiochos Epiphanes feste Hellenisierungsabsichten mit Jerusalem hatte (4,20). Doch auch durch Erlasse kann er viele Juden und Jüdinnen nicht von ihrem Glauben abbringen (4,25). Die MärtyrerInnen zeigen, wie groß die ὑπομονή im jüdischen Volk war. Aber nicht nur mit Widerstehen sind die MärtyrerInnen der herrscherlichen Willkür begegnet, sondern auch mit der Androhung eines Gottesgerichts:

»Denn ich, ich fühle durch die die Tugend begleitenden Freuden meinen Schmerz gemildert. Du aber, du wirst mitten in deinen gottlosen Drohungen gefoltert und wirst, du schmutzigster der Tyrannen, den Strafen des göttlichen Zornes nicht entrinnen!« 4Makk 9,31-32

So ruft das Leiden der MärtyrerInnen Gottes Zorn auf den Plan.[152] Gottes Zorn wird die Frevler und Gottlosen treffen, die Unrecht und Gewalt verüben. Wer gerecht ist, wird bei Gott leben. Die Gottlosen meinen nur, sie könnten töten. Jedoch ist es allein Gott, der Leben gibt und Leben nehmen kann.

Dieser Vorstellung begegnen wir mehrere Male:

»Von ganzem Herzen wollen wir uns dem Gott weihen, der die Seelen gab ... Wir wollen uns vor dem nicht fürchten, der da meint, er könne töten.« 4Makk 13,13-14
»... zumal sie auch außerdem wußten, daß sie, wenn sie um Gottes willen stürben, Gott leben würden, wie Abraham, Jsaak und Jakob und alle Erzväter.« 4Makk 16,25

Zusammenfassend können wir feststellen, daß mit ὑπομονείν und ἀνθίστασθαι die grundlegende Haltung der MärtyrerInnen des 4Makk ausgedrückt wird: das Widerstehen. Daß dies auch eine Grundhaltung größerer Bevölkerungsteile und nicht nur einzelner HeroInnen sein kann, ersehen wir aus 4,25, wo sich zahlreiche Frauen mitsamt ihren beschnittenen Säuglingen in die Tiefe stürzen. Als massiv unterdrückte Menschen hatten sie nur die Wahl zwischen Leiden, das ihnen die herrschende Macht auferlegt, und Leiden, das sie aus eigener Überzeugung auf sich nehmen. Diese zweite Art des Leidens ist das Widerstehen, das als weniger schwerwiegend erachtet wird, weil es aus Überzeugung ertragen wird und weil die eschatologische Hoffnung auf eine neue Erde es motiviert. Hier stimmt mein Befund mit demjenigen von L. Schottroff überein, die ὑπομονή als »die Haltung der Märtyrer und Märtyrerinnen in der jüdischen und dann christlichen Tradition«[153] dem Leiden gegenüber bezeichnet. MärtyrerInnen nehmen Leiden wie Verfolgungsleiden, Konflikte mit der Gesellschaft und den Behörden, die bis zu Pogromen und Hinrichtungen führen können, auf sich, »weil sie Gottes Reich auf dieser Erde erwarten und aus dieser Hoffnung Konsequenzen für ihr ganzes Leben ziehen«.

7.4.2.4 Vergleich mit Röm 8,18ff.

a) Die Behauptung des Paulus, daß die Leiden dieser Zeit nicht gleichschwer wiegen wie die kommende Herrlichkeit, die durch ihn und andere ChristInnen aufgedeckt werden wird (Röm 8,18), widerspricht in nichts der Haltung der jüdischen MärtyrerInnen z.B. des 4 Makk.

---

152. Auf diese Verbindung von Leiden der MärtyrerInnen und eschatologischer Hoffnung weisen auch E. Lohmeyer, Die Idee des Martyriums im Judentum und Urchristentum, S. 241; ferner E. Stauffer, Das theologische Weltbild der Apokalypse, S. 212; ferner H. W. Surkau, Martyrien in jüdischer und frühchristlicher Zeit, S. 41 und S. 58.
153. L. Schottroff, Die befreite Eva, S. 105.

So hält ein Märtyrer in 4Makk 9,1-9 dem Tyrannen vor Augen, daß das falsche Mitleid des Königs ihn härter treffe als der Tod, wohingegen er durch das Ertragen des Leidens (ὑπομονή) Siegespreise der Tugend erhalten und bei Gott sein werde. Sein Bruder ruft sogar nach dem Erleiden einer grauenhaften Marter aus:

»Wie süß ist doch, in jeder Form, der um der Frömmigkeit unserer Väter willen erlittene Tod!« 4Makk 9,29

Ein anderer Bruder spricht für alle seine Gefährten, wenn er ruft:

»Gern lassen wir uns für Gott die Glieder des Leibes verstümmeln.« 4Makk 10,20

Ein anderer widersteht der Folter mit folgendem Ausruf:

»Herrlich sind, Tyrann, wider deinen Willen die Gnaden, mit denen du uns begnadest; herrlich, weil du es uns vergönnst, durch die edelsten Leiden die Stärke unserer Gesetzestreue zu zeigen!« 4Makk 11,12

Daß diese Interpretation der παθήματα von Röm 8,18 als Verfolgungsleiden in der frühen christlichen Kirche durchaus bekannt war, zeigt uns Eusebius in der Schilderung des Martyriums der Blandina und ihrer männlichen Gefährten, wo er wörtlich Röm 8,18 aufnimmt und in den Zusammenhang der behördlichen Prozesse gegen ChristInnen stellt.[154]

b) Als zweite Frucht unserer Untersuchung des 4Makk können wir eine andere Übersetzung von ὑπομονή in Röm 8,25 vorschlagen.[155] Hier scheint mir nicht das passive Dulden, Gedulden im Vordergrund zu stehen, sondern viel mehr das »Widerstehen« als Kämpfen mit den Affekten der Schmerzen und als Wahrung der eigenen Überzeugung gegenüber der herrschenden Macht, die diese Überzeu-

---

154. »Die Größe der hiesigen Drangsale, den furchtbaren Haß der Heiden gegen die Heiligen und alle Leiden der seligen Märtyrer genau zu beschreiben, ist uns nicht möglich und vermag auch kein Schriftsteller. Mit aller Gewalt stürmte der Widersacher auf uns ein und bereitete uns bereits auf sein späteres, furchtbares Erscheinen vor. Kein Mittel ließ er unversucht; er übte die Seinen ein und schulte sie im Kampf gegen die Diener Gottes. Man versperrte uns nicht nur die Wohnungen, die Bäder und den Markt; ja, es durfte sich überhaupt keiner mehr von uns vor ihnen irgendwo erblicken lassen. Doch die Gnade Gottes kämpfte für uns, rettete die Schwachen und errichtete gegen den Widersacher starke Säulen, welche die Ausdauer und die Kraft hatten, jeden Sturm des Bösen auf sich abzulenken. Sie nahmen es mit ihm auf und ertrugen jede Art von Schimpf und Strafe. Die vielen Leiden gering achtend, eilten sie zu Christus. Durch die Tat bewiesen sie es, daß *die Leiden der Jetztzeit nicht zu vergleichen sind mit der Herrlichkeit, die an uns offenbar werden wird.«* (Hervorhebung durch L. S.) Eusebius Pamphilius, Kirchengeschichte V 1, S. 207-208.
155. L. Schottroff, Die befreite Eva, S. 108.

gung brechen oder mindestens unterdrücken möchte. Dieses »Widerstehen« wurde wesentlich durch die Hoffnung auf Gottes Gericht und seine neue Welt motiviert.

L. Schottroff, die einen Zusammenhang mit Gottes eschatologischer Macht in nahezu allen Wortvorkommen von ὑπομονή im Neuen Testament sieht, betont:

»... daß die eschatologische Hoffnung das Leben der Hoffenden zu einem Leben in Widerstand gegen die Praxis und Ziele der Gesellschaft macht.«[156]

Es ist wichtig, Röm 8,18ff. unter diesem Aspekt des Widerstehens, das durch die eschatologische Hoffnung motiviert ist, zu lesen. Die Macht der eschatologischen Hoffnung wird in Röm 8,24-25 deutlich, wo Paulus auf das Neue hinweist, das jetzt nicht sichtbar ist: Was wir sehen können, gibt keinen Anlaß zur Hoffnung. Die Mißstände in unserer Welt lassen dem Neuen noch keinen Raum. Er hofft aber auf das, was jetzt noch unsichtbar ist, auf das Hereinbrechen der neuen Welt, auf der Gerechtigkeit wohnen wird.

c) Dem leiblichen Tod um der eigenen Überzeugung willen, der durch Gewalt von Menschen erlitten wird, entspricht das Lebendigsein bei Gott, resp. die unzerstörbare Liebe Gottes. Im 4Makk begegnet uns diese Vorstellung mehrere Male (7,19; 13,14; 16,25). Ähnliche Aussagen finden wir auch in unserer Röm- Stelle:

»Ist Gott für uns, wer mag wider uns sein?« Röm 8,31
»Denn ich bin dessen gewiß, daß weder Tod noch Leben, weder Engel noch Gewalten, weder Gegenwärtiges noch Zukünftiges, noch Kräfte ... uns zu scheiden vermag von der Liebe Gottes, die in Christus Jesus ist, unserem Herrn.« Röm 8,38-39

d) Unser Insistieren auf einer Interpretation von πάθημα als Verfolgungsleiden um Gottes willen wird auch vom inhaltlichen Erzählduktus von Röm 8,26ff. legitimiert:
– Der Geist Gottes kommt unserer Schwachheit zur Hilfe. Wir wissen nicht, was wir beten sollen, wie es sich geziemt (Röm 8,26). Hier klingt dieselbe Leidenssituation an, die uns Mk 13,11 schildert. Der Geist Gottes hilft in gerichtlich-behördlicher Verfolgung (Lk 21,15; Joh 15,26).
– Es gibt Menschen, die Gott auserwählt hat, seinem Sohn gleichgestaltet zu sein. Diese sind gerechtgesprochen (Röm 8,28-30). Dies könnte der jüdischen Märtyrer-Tradition entsprechen, die in den um Gottes willen Leidenden »Knechte Gottes« sieht, durch die Versöhnung erreicht wird.[157]
– Niemand kann diesen Auserwählten Gottes wirkliches Leiden zufügen. Denn die Auserwählten sind bei Gott (8,31-39). Auch hier finden wir Paulus in der jüdischen Tradition wieder, die wir oben anhand der Analyse des 4Makk auf-

156. Ebd., S. 105.
157. Vgl. dazu: H. W. Surkau, Martyrien, S. 41 und 59.

gezeigt haben. Leiden um Gottes willen im Sinne von Widerstehen trennt nicht von Gottes Liebe, im Gegenteil: diesen Leidenden gelten die Verheißungen des unmittelbaren Lebens bei Gott. Wir können auch einige behördliche Konflikte erkennen, die dieses Leiden als Widerstehen hervorgerufen haben. Es ist die Rede von Gegnerschaft (8,33), Anklage (8,31), Urteil (8,34), Anwaltschaft (8,34), Leiden (8,35), Überwinden (8,37) und Tod (8,38).

In Röm 7,5 und Gal 5,24, kommt πάθημα zwar vor, aber nicht als Verfolgungsleiden. Nachdem wir ein anderes Verständnis von Leiden dank der Untersuchung jüdischer Leidenstradition gewonnen haben, können wir auch diese Stellen besser verstehen. Es ist die Rede von überwundenem Leiden: ChristInnen werden von ihren Leidensaffekten nicht mehr beherrscht, sondern leben in der eschatologischen Hoffnung der christlichen Verheißungen. Sie können nicht mehr vom »Leiden« zur Aufgabe ihrer Haltung veranlaßt werden.

7.5 Das Seufzen im Leiden – oder: Die Arbeit des Paulus an der neuen Welt Gottes

Wie wir gesehen haben, rief die Arbeit an der »neuen Welt« bei der römisch-heidnischen Bevölkerung, aber auch immer wieder innerhalb der jüdisch-christlichen Gemeinden Ablehnung und Angst hervor. Wenn Erlösung in ethischer, horizontaler Dimension als Befreiung von den Mißständen unter den Menschen verstanden werden kann, dann beinhaltet sie auch eine Umgestaltung der menschlichen Beziehungen und Gesellschaftsstrukturen: Die neue ἐκκλησία als Ausgangspunkt der neuen Welt Gottes lebt von geschwisterlichen Beziehungen der Gleichgestellten statt von patriarchalen Hierarchien.[158] Dieser Einsatz für die Vision einer neuen Welt war Teil der missionarischen Arbeit, der Leiden hervorrief bei denen, die diese Vision zu realisieren versuchten.[159] Es bestimmt den Alltag des Paulus (u.a.), welcher geprägt ist durch Verfolgungsleiden. Diesem begegnet Paulus mit ὑπομονή: Widerstehen, trotzdem und erst recht an der Vision weiterarbeiten. Die diesem »Widerstehen« zugrunde liegenden Vorstellungen haben wir in der jüdischen Leidenstradition gefunden. Leiden als Widerstehen, als Widerstandsarbeit bringt Gottes Lohn und wird letztlich von Erfolg gekrönt. Dieses Ernstnehmen von Leiden entspricht apokalyptischer Theologie. Das Aushalten der Gottesferne in Unterdrückungs- und Leidenssituationen hat Sinn: Es ist ein Beitrag zur Geburt der neuen Welt.

Gebären (συνωδίνειν) muß hier in diesem Zusammenhang diskutiert werden. Gebären umfaßt die Spannweite von »Arbeit – Widerstehen – Leiden« und der »gewissen Erwartung – Hoffnung auf neues Leben«. Beide Aspekte, die der Wi-

---

158. Vgl. dazu: E. Schüssler Fiorenza, Zu ihrem Gedächtnis, S. 255ff.
159. Wie διακονεῖν mit Verfolgungsleiden verknüpft ist, zeigt L. Schottroff, DienerInnen der Heiligen, S. 222-242.

derstandsarbeit und die der großen Hoffnung, gehören zusammen, wenn »Gebären« in apokalyptischem Kontext erscheint.

Gebären ist Frauenarbeit. Wenn Paulus seine Schilderung von Widerstandsarbeit mit der Vorstellung der mitgebärenden κτίσις verstärkt und motiviert, bezieht er lebenswichtige Frauenarbeit in die christlich-missionarische aufbauende Arbeit als grundlegend mit ein. Wir werden diesen Aspekt des Gebärens als Frauenarbeit im zweiten Teil dieser Arbeit im Zusammenhang des sozialgeschichtlichen Kontextes und anhand anderer apokalyptischer Textstellen diskutieren. Die zentrale Bedeutung, die συνωδίνειν hier einnimmt, zeigt uns die Dringlichkeit des Einbezugs feministisch-theologischer Fragestellungen, um zu frauengerechten eschatologischen Horizonten aufbrechen zu können.

Nun möchte ich die Elemente zusammenstellen, die für eine frauengerechte Interpretation von Röm 8,18ff. wichtig sind:

– Paulus beschreibt sein Verfolgungsleiden (und dasjenige der Gemeinden) als Widerstehen im Dienst der Arbeit am Reiche Gottes. – Sein Widerstehen wird eschatologisch und kosmisch motiviert: Es hat Sinn, weil dadurch die Geburt der neuen Welt vorangetrieben wird. Und: Die Arbeit des Paulus ist kein vereinzelter verzweifelter Akt, sondern gehört in einen großen Zusammenhang, der mit der Vorstellung der mitgebärenden κτίσις umschrieben wird. (Vgl. auch 1Petr 5,9)

– Diese Erkenntnisse werden ermöglicht durch den Einbezug der jüdischen Leidenstradition, des sozialen und kosmischen Kontextes von Erlösung und des Arbeits- und Leidensalltages der frühchristlichen MissionarInnen.

– Paulus setzt hier die lebenswichtige Gebärarbeit der Frauen als selbstverständlich und grundlegend für die missionarische Widerstandsarbeit voraus. Dies entspricht der geschwisterlichen Zusammenarbeit von Frauen und Männern in der ἐκκλησία Gottes, die auch an anderen Orten belegt ist.

Aus diesen exegetischen Vorarbeiten erfolgt ein Versuch,[160] den Text neu zu übersetzen. Bevor ich aber dazu komme, muß ich ἀποκαραδοκία in V.19 erklären. Wir finden dasselbe Wort in Ps 39,8 und Pr 10,28 der Septuaginta. Paulus verwendet es ein zweites Mal in Phil 1,20 zusammen mit ἐλπίς. Wir können ἀποκαραδοκία also als Wort der innigsten Hoffnung verstehen. Der poetische Ausdruck für Kopf (κεφαλή) ist im Wort enthalten (κάρα). Ich würde dies gern zum Ausdruck bringen, halte es aber für schwierig.

»Denn das spähende Haupt der Schöpfung ersehnt das Sichtbarwerden der Kinder Gottes.«

---

160. Griechische Textgrundlage der Übersetzung ist die Ausgabe E. Nestle und K. Aland, Novum Testamentum Graece, Stuttgart 1979 (26. Aufl.). Da ich hier nur Hinweise zu einer weiterführenden frauengerechten exegetischen Arbeit machen möchte, verzichte ich hier auf Textkritik wie auf eine detaillierte Kommentierung des deutschen Wortlautes.

Aber wir können uns heute ein »Haupt der Schöpfung« nicht vorstellen. Daher wäre wohl der Verzicht auf »Haupt« vorzuziehen, wobei seine Bedeutung als höchster Punkt, Extremität, beizubehalten wäre:

»Denn die höchste Hoffnung der Schöpfung ...«

Das dreifache ἀπο- ist im Deutschen nicht widerzugeben. Es betont das entschlossene »weg«: weg mit dem Schleier, es sollen endlich die Kinder Gottes enthüllt werden (ἀποκάλυψις).

»Denn die höchste Hoffnung/die tiefste Sehnsucht der Schöpfung erhofft/ersehnt das Sichtbarwerden der Kinder Gottes.« V.19.

So schlage ich nun folgende Übersetzung der V.18-25 vor:

»18. Ich halte nämlich dafür, daß die Leiden der jetzigen Zeit nicht gleich schwer wiegen wie die kommende Pracht, die an uns enthüllt werden wird. 19 Denn die tiefste Sehnsucht der Schöpfung ersehnt das Sichtbarwerden der Kinder Gottes. 20 Denn die Schöpfung ist der Gottesferne (ματαιότης) unterworfen gegen ihren Willen, aber durch den des Unterwerfers, 21 in der Hoffnung, daß auch die Schöpfung befreit werde von der Sklaverei der Lebensverhinderung (φδορά) zur Freiheit des Glanzes der Kinder Gottes. 22 Wir wissen nämlich, daß die gesamte Schöpfung zusammen schreit und mitgebiert bis jetzt. 23 Aber nicht nur das, sondern auch diejenigen, die das Beste des Geistes haben, wir schreien in uns, indem wir die Kindschaft ersehnen, die Befreiung unseres Leibes. 24 Denn auf Hoffnung hin sind wir gerettet. Aber Hoffnung, die sichtbar ist, ist nicht Hoffnung. Denn was man sieht, erhofft man das noch? 25 Wenn wir aber das erhoffen, was wir nicht sehen, ersehnen wir mit Widerstandskraft. Röm 8, 18-25

Dieser Text ist keine Abhandlung über das Leiden des Menschen im Allgemeinen. Paulus redet vom Leiden, das seinen spezifischen Alltag bestimmt. Wie sieht dieses Leiden aus? Welche Ursachen hat es? Es wird konkretisiert als Gebärarbeit: Schreien und am neuen Leben Arbeiten erfordert alle Kräfte und ist eine sehr große Anstrengung. Gebären darf nicht als leidvoller Zustand verstanden werden, sondern ist eine Arbeit, die getan sein muß am Ende der Schwangerschaft. Es gibt kein Zurück mehr. Keine Frau kann es sich während ihrer Wehen noch einmal überlegen, ob sie ein (weiteres) Kind will – das Kind selbst drängt ans Licht, es will von ihr geboren werden. Paulus vergleicht sich und seine Aufgabe als Verkündiger des Evangeliums mit einer Frau, die die Aufgabe hat, jetzt neues Leben in die Welt zu setzen. Sein Schreien ist geistgewirkt, gilt dem neuen Leben und ist unwillkürlich – er muß das Evangelium verkünden und leben, an seiner Umsetzung arbeiten, er hat nicht mehr die Wahl (V. 23).

Mit dieser Gebärarbeit setzt er sich in Dissonanz zu seiner Umwelt, was Konflikte hervorruft, an denen Paulus zu leiden hat (8,26ff.). Doch all dieses Leiden, das er als Verkünder des Evangeliums erträgt, versteht er in Relation zum Reiche Gottes (V. 18). Damit steht er in der jüdischen Märtyrertradition. Wenn die Schöpfung der Gottesferne unterworfen ist, kommt das Reich Gottes nicht ohne Anstrengung und Leiden. Mit Gottesferne meine ich ματαιότης (V. 20), eine Lebensführung, die gegen die Gebote Gottes verstößt und sein Gerichtshandeln außer Acht läßt (s.o. 7.2.3.). Paulus versteht sich aber nicht als Einzelkämpfer. Er weiß die ganze Schöpfung auf seiner Seite: Auch sie streckt sich mit sehnsüchtig suchendem Haupt nach der Erlösung. Auch sie brennt vor Ungeduld nach dem neuen Leben. Die Hoffnung auf das neue Leben kommt in zwei sprachlichen Bildern zum Ausdruck: Einmal ist es das spähende Haupt der Schöpfung, das die Enthüllung der Kinder Gottes ersehnt (V.19) und einmal ist die Rede von der mitseufzenden und mitgebärenden Schöpfung (vgl. dazu Abb. 1). Mithoffen und mitarbeiten ist trefflich im Bild der mitgebärenden Schöpfung zusammengeformt (V.22). Paulus erkennt an vielen Zeichen, daß die gesamte Schöpfung mit ihm zusammen arbeitet. Die Gottesferne wird diesem Druck weichen müssen. Im Moment beherrscht sie zwar noch die Menschen, und wer nur dies weiß, hat keinen Grund zur Hoffnung (V. 24). Aus dem Wissen um die Sklaverei, die die lebensverhindernden Mächte ausüben, erwächst keine Lebensperspektive.[161] Aber wer sich in der Arbeit am neuen Leben von der gesamten Schöpfung getragen weiß, wer an der Ungeduld der Ohnmächtigen die Nähe Gottes erkennt, der oder dem eröffnen sich Hoffnungshorizonte. Diejenigen, die miteinander am neuen Leben arbeiten, teilen miteinander das Beste des Geistes (V. 23): Sie erleben die Nähe Gottes in der ἐκκλησία der Armen. Sie können es jetzt schon genießen, in die finstre Gegenwart einen schmalen Streifen Zukunft vorzuschieben (V. 25).

---

161. »... das in unserer Welt angehäufte ökonomische und ökologische Wissen riecht nach Tod. Der Glaube an ein Leben vor dem Tod versandet in Sehnsucht. Der Zwiespalt ist nicht auflösbar, Todeswissen und Lebenshoffnung verkrallen sich in mir.« Dorothee Sölle, Gott im Müll, S. 163.

Abb. 1:
᾿Αποκαραδοκία: Altmexikanische Göttin. Darstellung einer Geburt im Hocken. –
Aus: Liselotte Kuntner, Die Gebärhaltung der Frau, München 1994⁴, Abb. 41.

IV.
Das Ende jeglicher Herrschaft: 1Kor 15,19-28

»Haben wir in diesem Leben auf Christus nur gehofft,
so sind wir bemitleidenswerter als alle Menschen.
Nun aber ist Christus von den Toten auferweckt worden als Erstling der Ent-
schlafenen.
Denn da der Tod durch einen Menschen gekommen ist,
kommt auch die Auferstehung der Toten durch einen Menschen.
Denn wie in Adam alle sterben,
so werden in Christus auch alle lebendig gemacht werden.
Jeder aber in der ihm bestimmten Ordnung: als Anführer Christus,
hernach die, welche zu Christus gehören bei seiner Wiederkunft,
dann das Ende, wenn er das Reich Gott, dem Vater, übergeben wird,
wenn er jede Gewalt und jede Macht und Kraft vernichtet haben wird,
denn er muß herrschen, bis er alle Feinde unter seine Füße gelegt hat.
Als letzter Feind wir der Tod zunichte gemacht.
Denn ›alles hat er seinen Füßen unterworfen!‹
Wenn er aber sagt, daß alles unterworfen sei,
so ist offenbar: mit Ausnahme dessen, der ihm alles unterworfen hat.
Wenn ihm aber alles unterworfen sein wird,
dann wird auch der Sohn selbst sich dem unterwerfen,
der ihm alles unterworfen hat,
damit Gott alles in allem sei.«
1Kor 15,19-28

1. Einleitung

Auf der Suche nach einer frauengerechten Eschatologie werde ich als dritten Text
1Kor 15,19-28 behandeln. Diese Verse sind reich an apokalyptischen Bildern, so
daß wir wiederum das Verhältnis der Kommentatoren zur Apokalyptik beleuchten können. Dies möchte ich auf zwei Weisen präzisieren: Erstens werde ich fragen, worauf nach Ansicht der Kommentatoren die ChristInnen hoffen sollen, wie
dieser Hoffnungsinhalt konkret aussehen mag. Dies ist dann auch die Frage nach
dem eigentlichen Thema unseres Abschnittes. Als zweites möchte ich aus der
Frage nach dem τάγμα Klarheit über das Verhältnis der Kommentatoren zur Apokalyptik gewinnen. Τάγμα ist ein vielfältiger Begriff, der nicht einfach zu interpretieren ist. Je nachdem, wie er in das Textganze eingeordnet wird, prägt er unser Verständnis vom Text. Wenn viele Kommentatoren mit der Übersetzung von

τάγμα als »Ordnung«, »Abteilung« im Bild von Ordnung bleiben, ist es eine wichtige Frage zu klären, wie sie sich diese Ordnung in der sozialen Wirklichkeit vorzustellen versuchen. Spiegelt diese apokalyptische Ordnung die soziale Gesellschaftsordnung der antiken Standesgesellschaft wider oder unterscheidet sich die soziale »Ordnung« der korinthischen Christus-Gemeinde wesentlich von der Umgebung? So werde ich also im Weiteren das Bild der Kommentatoren von der Stadt Korinth, resp. der christlichen Gemeinde untersuchen müssen, um ihren Begriff von Ordnung besser verstehen zu können.

Hier möchte ich das Problem aufgreifen, das uns durch den *christlichen Patriarchalismus* (E. Troeltsch) als Organisationsmodell der frühchristlichen Gemeinden aufgegeben wurde: G. Theißens These, daß sich diese Struktur in den paulinischen Gemeinden besser bewähren mußte als der »Wanderradikalismus« der Jesusbewegung, ist in der neutestamentlichen Wissenschaft breit akzeptiert. Ich möchte hier diskutieren, ausgehend von unserem Text und den Kommentatoren, wie diese These aufgenommen wird, wie sie die Interpretation beeinflußt, und ihr eine andere These von der frühchristlichen Gemeinde als Kirche der Armen, als Frauenkirche, gegenüberstellen.

Als letzten Schritt in diesem Kapitel möchte ich eigene exegetische Schritte zu einem frauengerechten Verständnis dieses Textes unternehmen und darstellen.

2. Wie sehen die Kommentatoren das Verhältnis unseres Textes zur Apokalyptik?

Wir können im wesentlichen dieselben Aussagen zur Apokalyptik feststellen, die wir oben an anderen Orten schon gesehen haben. Das Verhältnis der Kommentatoren zur apokalyptischen Tradition ist geprägt von antijudaistischen Vorurteilen. Dies können wir daran ersehen, wie Kommentatoren das Wort »jüdisch« verwenden. Es taucht immer dann gehäuft auf, wenn es um Apokalyptik geht.

A. Strobel spricht von »jüdischer Enderwartung« als Thema unseres Abschnittes.[1] Er bezeichnet Paulus als »jüdischen Menschen« und »geschulten Pharisäer«, der »innerhalb dieses großen jüdischen Stroms der Apokalyptik« stehe.[2] Er bezeichnet es als Aufgabe des Paulus, die »Christuswahrheit« in dieses Endzeitschema, das »das Judentum überlieferte«, einzubauen: Paulus

»war somit letztlich gezwungen, das überkommene Bild des Endablaufs christologisch, d.i. im Sinne der neuen Christuserkenntnis, zu interpretieren und zu konkretisieren«.[3]

---

1. A. Strobel, Brief an die Korinther, S. 250.
2. Ebd.
3. Ebd.

Nach A. Strobel arbeitet Paulus also mit der apokalyptischen Tradition, um sein theologisches Anliegen zeitgemäß ausdrücken zu können. Dabei betont Strobel aber, daß die apokalyptische Tradition jüdisch sei und somit nur umgebaut gebraucht werden kann, wenn mit ihr christliches Gut überliefert werden soll. Auch nach H. J. Klauck »verarbeitet Paulus apokalyptisches Material«.[4] Dabei entdeckt er Widersprüche, die von den unterschiedlichen Entwürfen der »jüdischen Apokalyptik« stammen (Auferstehung als Privileg der Gerechten stehe unausgeglichen neben einer Auferstehung aller Menschen zum Gericht). H. J. Klauck stellt die Vielfalt apokalyptischer Traditionen als Widersprüche innerhalb der jüdischen Apokalyptik dar, womit er eine folgenschwere und unzutreffende Voraussetzung macht: Er sieht das Judentum nicht als eine reiche Religion an, die während Jahrhunderten von heterogenen Gruppen genährt, entwickelt und transportiert wurde (wie es auch im Christentum geschehen ist), sondern redet von der jüdischen Apokalyptik, die voller Widersprüche sein soll. W. de Boor vermeidet den Terminus Apokalyptik gänzlich. Er zieht es vor, Paulus einen »Chiliasten« zu nennen[5] der allerdings den Zeitraum von 1000 Jahren nie erwähne. Dennoch braucht W. de Boor selbst Ausdrücke aus der Apokalyptik, wenn er davon spricht, daß »die Heiligen die Welt richten« und »das Zornesgericht von furchtbarem Ernst« sein werde.[6]

F. Lang hält die Frage nach der von Paulus hier verwendeten Tradition für noch offen. Interessanterweise kann er von einer Verbindung der »jüdisch-apokalyptischen Zweiäonenlehre« und der »christlich-apokalyptischen Tradition« reden.[7]

»Der Abschnitt zeigt, daß Paulus die jüdische Enderwartung in schöpferischer Umgestaltung seiner christologisch verankerten Eschatologie dienstbar gemacht hat.«[8]

Auf diese Weise beraubt er das Judentum seiner apokalyptischen Traditionen, wenn er ihm nur noch eine Zweiäonenlehre zugesteht, hingegen von einer »christlich apokalyptischen Tradition« redet, und hält das apokalyptische Material nur für brauchbar, wenn es dienstbar[9] wird (wie A. Strobel). Zudem wird hier etwas von der Dichotomie Apokalyptik-Eschatologie sichtbar: die Eschatologie des Paulus scheint das Ergebnis dieser verbesserten jüdischen Apokalyptik zu sein.

4. H. J. Klauck, 1. Korintherbrief, S. 114.
5. W. de Boor, Brief des Paulus an die Korinther, S. 269.
6. Ebd., S. 272.
7. F. Lang, Briefe an die Korinther, S. 225.
8. Ebd., S. 228.
9. Das Wort »dienstbar« ist feministisch interessant. Ist das Judentum eine Frau, die Paulus sich dienstbar macht? Ich sehe in dieser Formulierung eine androzentrische Perspektive ähnlich derjenigen: der Mensch macht sich die Erde untertan. Der Handelnde ist der Mann, das Behandelte ist das Weibliche, das erst wild, unzugänglich, fremd war, durch die gestalterische männliche Kraft aber zivilisiert wurde, d. h. erobert, kolonialisiert, einverleibt, den männlichen Bedürfnissen zu Diensten gemacht.

Ähnlich ist auch das Umgehen mit Apokalyptik bei Ch. Wolff zu beurteilen. Er verwendet »apokalyptisch« beim Beschreiben der vorliegenden Traditionen nicht, obwohl es das Ziel unseres Abschnittes sei,

»die *eschatologische* Heilsbedeutung ... der Auferweckung Jesu zu klären...«.[10]

Ch. Wolff argumentiert, daß es hier nicht um Apokalyptik gehe (allerdings ohne den Begriff zu erwähnen). Dies begründet er zusammen mit G. Barth damit, daß Paulus kein Gerichtsgemälde bringe und keine Schilderung des Ablaufs des Enddramas gebe.[11] Er verweist im weiteren Zusammenhang zwar auf andere Apokalypsen, die den Tod wie Paulus auch personifiziert verstehen, ohne Paulus aber in die Tradition der Apokalyptik einzuordnen. Eine Anlehnung an Apokalyptik lehnt auch G. D. Fee deutlich ab:

»Some have seen this as slightly discursive from the argument in the interest of spelling out a Jewish (now Christian) apocalyptic scheme about the end times; but in fact it is both relevant and crucial to the argument, and has little to do with apocalypticism«.[12]

Bei G. D. Fee sehen wir wieder die deutliche Distanzierung vom »jüdischen Erbe« und die Unterscheidung zwischen Eschatologie und Apokalyptik miteinander verwoben:

»This is Pauline eschatology, undoubtedly influenced by his Jewish heritage, but it lacks the essential ›stuff‹ of apocalyptic«.[13]

3. Haben wir auf Christus nur gehofft …

Im folgenden untersuche ich die Ausleger daraufhin, welche Aussagen sie zu der im Text beschriebenen Hoffnung machen, resp. wie die ausgedrückte Hoffnung aussehen könnte. Dies ist die Frage nach dem eschatologischen Horizont der Kommentatoren. A. Strobel drückt die eschatologische Hoffnung folgendermaßen aus:

»Die Menschen sind der Todeswirklichkeit ausnahmslos unterworfen. Alle werden aber auch in Christus lebendig gemacht werden.«[14]

10. Ch. Wolff, Brief des Paulus an die Korinther, S. 173.
11. Ebd., S 177.
12. G. D. Fee, The First Epistle to the Corinthians, S. 752.
13. Ebd.

Er zeichnet die Welt dermaßen negativ, daß er die Auferstehung als Befreiung vom »Gesetz des Todes«[15] dagegen abheben kann. Nach ihm hält Paulus Christus der Gemeinde vor als »Garanten des Lebens in einer Welt der Gräber und der Trauer«.[16] Strobel bezeichnet die Welt pauschal als »Welt der Gräber« und die Menschen als »blutbefleckte Übeltäter« und »verlorene Mörder«.[17] Die Hoffnung des Paulus gehe daraufhin, daß sich »jetzt schon die Zukunft Gottes« verwirkliche.[18] Eine allgemeine Totenauferstehung setze Paulus voraus: Die Christusgläubigen lebten vor Gott, die Nichtgläubigen lebten als Strafe am Ort des Gerichts.[19] Freilich drücke Paulus dies Letztere nicht explizit aus, denn das »Ziel aller Dinge ist ein Leben der Anbetung vor Gott«.[20] In der eschatologischen Hoffnung, die uns A. Strobel beschreibt, können wir eine Liebe zum Jenseits ausmachen, die als Kehrseite eine gewisse Welt- und Lebensflüchtigkeit beinhaltet. Wenn die Welt als vom Gesetz des Todes beherrscht verstanden werden kann, gibt es sinnvollerweise auch nichts anderes als eine Flucht aus dieser tödlichen Welt, eine Befreiung vom Tod, was als letzte Hoffnung gelten kann. Jedoch unterläßt es A. Strobel, »Tod« differenzierter zu verstehen: Was gehört genau zum »Gesetz des Todes«? Gibt es Unterschiede zwischen gewaltsamem und natürlichem Tod? Indem er von den Menschen als Mörder und Übeltäter spricht, deutet er an, daß er von dem Tod spricht, den Menschen einander antun. Er unterläßt es aber, diesen Gedanken auszuführen, und bleibt im Metaphysischen.

Während A. Strobel die eschatologische Hoffnung vor allem als Überwindung der Todeswirklichkeit und somit als Befreiung vom Gesetz des Todes sieht, skizziert uns F. Lang eine Hoffnung auf vollendete Gottesherrschaft, in welcher

»der Zwiespalt zwischen Kirche und Welt, Immanenz und Transzendenz, Zeit und Ewigkeit aufgehoben« [sein soll].[21]

In ihr beginnt die »Zeit Gottes«, die nicht mehr mit irdischen Zeitmaßstäben gemessen werden kann.[22]

»Die Sendung Christi und die Bestimmung des Menschen finden in der Gottesherrschaft ihre letzte Erfüllung.«[23]

So schildert uns F. Lang die letzte christliche Hoffnung als »Vollendungshoffnung«, als Hoffnung auf das mit der Parusie beginnende Vollendungsgeschehen.

14. A. Strobel, Brief an die Korinther, S. 247.
15. Ebd., S. 249.
16. Ebd., S. 246.
17. Ebd., S. 248.
18. Ebd.
19. Ebd., S. 252.
20. Ebd., S. 253.
21. F. Lang, Briefe an die Korinther, S. 227.
22. Ebd., S. 226.

Jetzt habe der Tod noch seine Macht über die Menschen. Aber seine Macht sei begrenzt:

»Über den auferweckten Christus hat der Tod keine Macht mehr ... der Tod hat auch seinen Rechtsanspruch auf die in Christus Gerechtfertigten verloren ... aber er übt trotz der Versöhnungstat Gottes am Kreuz Christi seine Macht über die Menschen noch bis zum Weltende aus.«[24]

Bis zum Weltende müßten alle gottfeindlichen Mächte niedergeworfen werden.[25] Zu diesen Mächten gehöre auch der Tod. Erst mit der Besiegung des Todes beginne die Gottesherrschaft. In ihr hätten die Christen »volle Gemeinschaft mit Christus«.[26] Aus dieser Hoffnung schöpften die Christen Kraft für die Gegenwart:

»Die Vollendungshoffnung ist keine Vertröstung auf die Zukunft; sie erweist sich vielmehr bereits in diesem Leben als motivierende und tragende Kraft (Röm 5,1-5)«.[27]

Ch. Wolff betont die Polemik des Paulus gegen einen stark individualistisch orientierten Enthusiasmus der Korinther:

»Es geht um Gottes Gottsein, durch das der Mensch seine Vollendung erfährt«.[28]

Die Totenauferstehung sei für Paulus eschatologisches Geschehen und könne als solches nicht auf ein Individuum beschränkt bleiben.[29] So gebe es einen unzerreißbaren Zusammenhang zwischen der Auferweckung Jesu und der Auferweckung der Toten. Daß Christus »Erstling« sei, bedeute, daß seine Auferstehung die Glaubenden mitbetreffe, d.h. Anbruch der eschatologischen Totenauferstehung sei.[30] Paulus wende sich zudem gegen die spiritualisierende Auferstehungsvorstellung der Korinther.

»Alle Jenseitserwartung, die nicht von der leiblichen Auferstehung Jesu bestimmt ist, ist für Paulus keine wirkliche Hoffnung«.[31]

Damit wird zweierlei deutlich: Auferstehungshoffnung sei für Paulus Jenseitshoffnung und sie sei nur dann echte Heilshoffnung, wenn neues Leben in Leiblichkeit erhofft wird. In der gegenwärtigen Welt sei Gott noch nicht alles in allem.

23. Ebd., S. 227.
24. Ebd., S. 226.
25. Ebd., S. 224.
26. Ebd., S. 225.
27. Ebd., S. 221.
28. Ch. Wolff, 1. Korinther, S. 185.
29. Ebd., S. 173.
30. Ebd. S. 176.
31. Ebd., S. 175.

Gott werde erst alles in allem sein, wenn es »Tod und Vergänglichkeit« nicht mehr geben werde.

»Auferstehung als Auferstehung von den Toten ist also Inhalt christlicher Hoffnung«.[32]

W. de Boor sieht in unserem Abschnitt Röm 8,21 aufgenommen:

»Es geht vielmehr um die Offenbarung des großen Planes Gottes bis zum letzten, das All umspannenden Ziel. Es geht um ein ›Lebendigmachen‹ großen Ausmaßes, das die Schöpfung selbst von den Todesmächten befreit und zu der herrlichen Freiheit der Söhne Gottes bringt (Röm 8,21)«.[33]

Die Welt sei nicht mehr die ursprüngliche Schöpfung und unmittelbare Königsherrschaft Gottes, sie trage Todescharakter.[34]

»Wer unter diesem Weltlauf leidet und die ganze Flut tausendfacher Angst, Not und Qual sieht, die das Leben ungezählter Menschen belastet und zerstört ...«[35]

Die Besiegung des Todes öffne den Raum für »eine neue Welt, eine Welt ohne Satan und Sünde und darum auch ohne Tod und Leid ...«.[36] Wenn Gott alles in allem sein werde, werde die Schöpfung in reiner Klarheit die Herrlichkeit Gottes widerspiegeln.[37] Nun sei Jesus der »Erstling« der Toten, der auferweckt worden sei. Dem Erstling würde mit Notwendigkeit Weiteres folgen:

»So ist der ›Erstling‹ etwa die erste Garbe des großen Erntefeldes, die den Beginn der Ernte selbst anzeigt und darum die Fülle der weiteren Garben zur Folge haben muß«.[38]

Alle diejenigen, die »zum Glauben an Christus kamen«, würden notwendigerweise lebendig gemacht werden.

»In dem Wort ›lebendig gemacht werden‹ ist jener Ausdruck für ›Leben‹ (zoé) enthalten, der im NT auch ohne ein zugefügtes ›ewig‹ in sich selbst schon das eigentliche, echte, dem Tode nicht verfallende Leben bezeichnen kann«.[39]

Erst wenn alle gottfeindlichen Mächte beseitigt worden seien, werde sich die neue Lebensfülle der Schöpfung realisieren. Bis dahin aber regiere »ein ganz anderer«

32. Ebd., S. 177.
33. W. de Boor, Brief des Paulus an die Korinther, S. 267.
34. Ebd., S. 269.
35. Ebd., S. 268.
36. Ebd., S. 270.
37. Ebd., S. 271.
38. Ebd., S. 265.
39. Ebd., S. 267.

als Gott diese Welt, »der Fürst dieser Welt«.[40] Nach H. J. Klauck ist die Auferstehung »echte Todesüberwindung«.[41] Alle Menschen würden sterben, aber nur die Christen hätten das Privileg der Auferstehung:

> »... während die futurische Aussage ›alle werden lebendig gemacht werden‹ wohl nur für ›die in Christus Entschlafenen‹ gilt, d.h. ein besonderes Privileg der Christen darstellt. Die anderen bleiben dem ewigen Vergessen anheimgegeben«.[42]

An der Totenauferstehung hänge auch das christliche Gottesbild, denn die »Christen glauben an den Gott, ›der die Toten lebendig macht‹ (Röm 4,17)«.[43] Wer an die Totenauferstehung rühre, gefährde »den universalen göttlichen Heilsplan und die Durchsetzung seines Reiches«.[44]

Die Untersuchung der Kommentare hinsichtlich ihrer eschatologischen Aussagen hat gezeigt, daß die Exegeten bezüglich der Auferstehung der Toten gemeinsame Prämissen teilen. Sie betonen jeweils unterschiedliche Aspekte, setzen andere Schwerpunkte. Aber für alle besprochenen Kommentatoren ist der Mythos von der gefallenen Schöpfung grundlegend. Ohne diesen Mythos ließe sich nicht verstehen, warum die Erde und ihre Lebewesen als Gräberwelt und blutbefleckte Übeltäter bezeichnet werden können, ohne an die Schönheit des organischen Lebens, ohne an die Zärtlichkeit und die Liebe unter den Menschen zu denken, welche doch auch für Christen erfahrbare Realitäten sind. Zu diesem Mythos der gefallenen Schöpfung scheint auch zu gehören, daß nie genau präzisiert werden muß, was Sünde und Tod ist. So wie die Sünde per definitionem schlecht ist und überwunden werden muß, so ist es auch mit dem Tod: Die Kommentatoren sind sich einig, daß der Tod eine gottfeindliche Macht sei, die beseitigt werden müsse, damit das Reich Gottes beginnen könne. Tod und Vergänglichkeit gehören zur gefallenen Schöpfung. Im Reich Gottes ist die Herrlichkeit der Schöpfung wieder hergestellt, ist die Schöpfung vollendet, befreit vom Tod, dem Leid, der Sünde, der Vergänglichkeit. Dieser Mythos beinhaltet einen zweiten: Die Menschen sind durchwegs Sünder. Denn Todeswirklichkeit und Sünde gehören zusammen, folglich seien die Menschen der gefallenen Schöpfung Tod und Sünde unterworfen. Aus diesem Glauben resultiert eine Diesseitsflüchtigkeit: Nach dem Tode beginnt das eigentliche, echte, von Sünde ungetrübte Leben. Als eine eschatologische Vision, wie denn dieses echte Leben aussehen könnte, welche Werte dem echten Leben zugeschrieben werden müßten, erfahren wir: leibliche Auferstehung.

F. Lang nennt »volle Gemeinschaft mit Christus«[45] als eschatologisches Ziel. Natürlich können wir keine Aussagen über jenseitige Dinge machen und wissen

---

40. Ebd., S. 268/9.
41. H. J. Klauck, Brief an die Korinther, S. 114.
42. Ebd., S. 114.
43. Ebd., S. 113.
44. Ebd., S. 115.
45. F. Lang, Briefe an die Korinther, S. 221.

über die leibliche Auferstehung nichts zu sagen. Aber, weshalb soll die Vorstellung einer leiblichen Auferstehung befreiend, stärkend, gut sein? Hier bleiben alle Kommentatoren dunkel und schweigsam.

Bei einigen tritt das Problem »Kirche und Welt«, resp. »Christen und Nichtchristen« in das Blickfeld. Auferstehung als Privileg der Christen, ewiges Vergessen für die Nichtchristen, Beseitigung des Zwiespaltes Kirche und Welt - dies erscheinen mir Inhalte zu sein, die sich an unserem Text nur schwer festmachen lassen.

Die apokalyptische Hoffnung auf ein Gericht Gottes spielt bei den Kommentatoren nur insofern eine Rolle, als die Auferstehung von den Toten an ein Gericht gebunden erscheint. Einen positiven Wert nimmt die Gerichtsvorstellung an sich bei ihnen nicht ein. Ebenso steht es mit der apokalyptischen Hoffnung auf ein Weltende: Das Ende der Geschichte ist an sich kein Thema in der Eschatologie der Kommentatoren. Es ist nur implizit in der Hoffnung auf Vollendung enthalten. So bleibt die Eschatologie der Kommentatoren von wichtigen apokalyptischen Traditionen unbeeinflußt.

4. Ein jeder in seinem τάγμα

Die Übersetzung des Wortes τάγμα beeinflußt die weitere Textinterpretation stark. Hier entscheidet es sich, wie Paulus argumentiert. Die meisten der besprochenen Ausleger betonen den zeitlichen Ablauf des apokalyptischen Endschemas. Dabei fügt sich eine Interpretation von τάγμα als »Ordnung, Reihenfolge« nahtlos ein. Τάγμα bezeichnet dann die verschiedenen Gruppen, Abteilungen, Ordnungen, die dem Stufenplan des Erlösungsschemas zugeordnet werden.

A. Strobel hat aus dem 4Esra und dem syrBar ein Endzeitschema erschlossen, das Paulus übernommen habe:

»Dieses Schema ... ist von Paulus im Prinzip übernommen und christologisch neu gefüllt worden. Es kam dabei zu einer vertieften Interpretation, was zu würdigen ist«.[46]

Der Begriff »Ordnung« (τάγμα) ziele dabei auf qualitativ verschiedene Gruppen: Als Erstling Christus, dann diejenigen, die Christus angehören bei seiner Parusie. Mit τέλος werde dann der apokalyptische Schlußakt mit der Totenauferstehung gemeint.[47] Bei der allgemeinen Totenauferstehung werde auch die letzte Gruppe, nämlich derjenigen, die Christus nicht angehören, lebendig gemacht. A. Strobel legt viel Gewicht darauf, Ordnung im Sinn von zeitlichen Abfolgen und Gliederungen in das eschatologische Geschehen zu bringen. Das Ringen Christi um

46. A. Strobel, Brief an die Korinther, S. 251.
47. Ebd., S. 251.

Unterwerfung sei im Gange, der Sieg aber noch nicht definitiv. Dies ist die christologische Umdeutung des »Endablaufes« nach A. Strobel. Auch W. de Boor übersetzt τάγμα mit »Abteilung«. Aber er schränkt ein, daß das Bild der »Abteilung« nicht so streng gemeint sein kann, »sondern nur die stufenweise Durchführung des Heilsplanes« kennzeichnen soll.[48] Zu τάγμα vermerkt er zusätzlich:

»Die Gewalt und Planmäßigkeit im Vollzug der eschatologischen Ereignisse kann Paulus hier wie auch 1 Th 4,16f. in militärischen Bildern am besten zum Ausdruck bringen«.[49]

F. Bruce übersetzt tagma mit »Ordnung, Reihenfolge«:

»But each in his own order«.[50]

Konsequent fordert er, daß »τέλος should be taken in the sense ›the rest (of the dead)‹, who would thus constitute the third τάγμα (›rank‹) ...«.[51] So zieht die Übersetzung von τάγμα als Reihenfolge im temporalen Sinn die Übersetzung von τέλος als »Rest« nach sich. Diese ist aber im Profangriechisch der damaligen Zeit nicht belegt. Auch inhaltlich macht diese Interpretation Mühe, denn Paulus verbindet zwar mit der Parusie die Vernichtung des Todes, nicht aber eine allgemeine Auferstehung. Auch Ch. Wolff tendiert zu einer temporalen Übersetzung von τάγμα. Allerdings begründet er sie mit den gehäuften temporalen Aussagen »Erster«, »bei seiner Ankunft«, »Ende«, »letzter«. Daran sei ersichtlich, daß Paulus an einer zeitlichen Einordnung der Totenauferstehung gelegen sei.[52]

   Sowohl nach H.J.Klauck[53] wie auch nach F. Lang wird das Endgeschehen in drei Etappen zerlegt. F. Lang übersetzt τάγμα mit »Ordnung«:

»Jeder wird auferstehen in der für ihn geltenden Ordnung. Die Korinther beachten die ihnen geltende Ordnung (nämlich erst bei der Parusie Christi) nicht«.[54]

G. D. Fee ergänzt »Ordnung« mit »Endereignisse«:

»Paul sets out to explain ›but each (event) in his (its) own order«.[55]

Obwohl die Interpretationen der Ausleger von τάγμα verschieden ausfallen, gehen doch alle von der temporalen Bedeutung von τάγμα aus. Das führt dazu, daß für sie die Hauptaussage des apokalyptischen Etappenschemas die Zerlegung der

---

48. W. de Boor, Brief des Paulus an die Korinther, S. 268.
49. Ebd., S. 267.
50. F. Bruce, 1 and 2 Corinthians, S. 146.
51. Ebd.
52. Ch. Wolff, 1. Korinther, S. 177.
53. H. J. Klauck, Korintherbrief, S. 115.
54. F. Lang, Briefe an die Korinther, S. 224.
55. G. D. Fee, Corinthians, S. 752.

Endereignisse in einander folgende Abschnitte ist. Die Übersetzung von τάγμα mit »Ordnung, Reihenfolge« bringt aber Schwierigkeiten sowohl für τέλος, das dann mit »Rest« übersetzt werden müsste, wie auch für eine »Abteilung, Gruppe« Christus, der ja als Einzelner nicht mit einem Gruppenbegriff bezeichnet werden kann. Auch ist die inhaltliche Aussage problematisch: Wenn Christus die erste Abteilung sein soll, die Christen die zweite, wer ist dann die dritte? Die Heiden? Ist das alles, was die Christen ihnen voraus haben, daß sie ein paar Minuten eher auferstehen? Implizit bahnt sich mit dieser zeitlichen Gliederung die These der Parusieverzögerung an.

»Zwischen der Auferweckung Jesu und der Auferstehung der Toten liegt eine längere Zeitstrecke ... Die Lebendigmachung geschieht in einer zeitlichen Abfolge und Ordnung«.[56]

So erscheint uns die Eschatologie des Paulus, wie sie uns von einigen Auslegern präsentiert wird, eine chronologische Korrektur an den enthusiastischen Vorstellungen der Korinther zu sein. F. Lang nennt die Adressaten »Pneumatiker«, die ihren eigenen Tod verdrängten:

»Weil sich die korinthischen Pneumatiker jetzt schon für vollendet halten, obwohl sie den leiblichen Tod noch vor sich haben ...«.[57]

Paulus betone deshalb die Zukünftigkeit ihrer Auferstehung. In der gleichen Weise argumentiert Ch. Wolff. Mit der futurischen Formulierung korrigiere Paulus erneut den korinthischen Enthusiasmus:

»Die Differenz zwischen Paulus und den Korinthern liegt im Zeitverständnis«.[58]

So bewegt sich die theologische Korrektur also auf der chronologischen Zeitachse (vgl. oben zu Mk 13,28ff.), was durch die Zergliederung des Endgeschehens in einen »Endablauf«, in ein »Etappenschema«, in drei »Phasen« etc. deutlich wird. Die Korinther halten sich für Menschen der letzten Phase, was aber falsch sei. Diese »präsentische Eschatologie« wird von den Kommentatoren pneumatisch, enthusiastisch oder wie bei A. Strobel »schwärmerisch« genannt:

»Indem er in futurischer Rede bekundet, daß ›in Christus‹ alle lebendig gemacht werden ..., weist er die schwärmerische Möglichkeit der Spekulation und Mystik radikal von sich«.[59]

H. J. Klauck nennt die Korinther »Auferstehungsleugner«[60] die den göttlichen Heilsplan gefährden würden. Darum sei die Theologie des Paulus ein »Schlag gegen die präsentische Eschatologie der Korinther«.[61]

56. F. Lang, Briefe an die Korinther, S. 224.
57. Ebd.
58. Ch. Wolff, 1. Korinther, S. 178.
59. A. Strobel, Brief an die Korinther, S. 248.
60. H. J. Klauck, Korintherbrief, S. 113.
61. Ebd., S. 115.

Wie wir gesehen haben, wird versucht, durch den Begriff τάγμα Ordnung im Sinn einer zeitlichen Gliederung in die eschatologischen Ereignisse zu bringen. Dabei ist es von Bedeutung, daß die Adressaten in Korinth gerade als »unordentliche« gezeichnet werden: Sie seien Schwärmer, Enthusiasten, pneumatisch und spekulativ. Mit dem Begriff des τάγμα werden also Schwärmer, die ihren eigenen Tod verdrängen und sich bereits als mit Christus Herrschende verstehen, zur Ordnung gerufen.

5. Korinth im Spiegel der Kommentatoren

W. de Boor schrieb uns eine ausführliche Einleitung zu seinem Korinther-Kommentar. Er hält es auch für hilfreich, wenn »der Leser« (!) von »vornherein eine gewisse Vorstellung von den Briefempfängern und ihrer äußeren und inneren Lage hat«.[62] Er schildert viele Einzelheiten über die Historie Korinths, wobei folgendes auffällt: Er betont mit Nachdruck den wirren, desolaten Zustand, der in der Stadt geherrscht haben soll. Als erstes nennt er den lockeren Lebenswandel, das »Korinthisieren«, das »zügellose Genußleben« Korinths. Diese Aussage bringt er mit den großen sozialen Unterschieden der Stadt in Zusammenhang.[63] Weiter zeichnet er ein zerrüttetes geschlechtliches Leben aus androzentrischer Perspektive. Die Männer bedienten sich der Frauen, wie es ihnen gefiel. In Korinth habe es zudem tausend Priesterinnen der Gottheit gegeben, die sich kultischer Prostitution hingaben:

»In Korinth stand der große Tempel der ›Liebesgöttin‹ Aphrodite; in kleinen, mit Rosen geschmückten Häusern wohnten um ihn her tausend Priesterinnen der Gottheit, die sich in deren Dienst jedem Besucher hingaben. Der Gang zu ihnen hatte für das Gefühl jener Zeit nichts Anstössiges«.[64]

Auch in religiöser Hinsicht zeigt uns W. de Boor »das gleiche wirre Bild«.[65] In Mysterienreligionen und philosophischen Lehren versuchten die Menschen »Befriedigung« zu finden. Nicht zuletzt gehört zu diesem düsteren Bild »eine Judenschaft«, von der »Einflüsse in die Umwelt« ausgingen.

Nach den Schilderungen W. de Boors verstehen wir jetzt schon die in der korinthischen Gemeinde auftauchenden Schwierigkeiten aus einer negativen Perspektive. Die Anweisungen des Paulus über Ehe und Ehescheidung (1Kor 7) sind demnach an Menschen einer Stadt gerichtet, wo sich Männer der Frauen bedient

62. W. de Boor, S. 11.
63. Ebd., S. 12.
64. Ebd.
65. Ebd.

haben sollen, wie es ihnen gefiel, und wo tausend Hierodulen wohnten. Die sozialen Gegensätze, die de Boor beschwört, riefen natürlich Spannungen hervor, wie sie z.B. in 1Kor 11,21 geschildert werden.

In seiner Darstellung der sozialen Schichtung Korinths folgt er G. Theißen implizit, wenn er 1Kor 1,26 relativiert:

»... man darf sich kein einseitiges Bild machen«.[66]

Nach W. de Boor habe es viele Freie in der Gemeinde gegeben. Zudem seien große Abschnitte des Briefes an die Oberschicht gerichtet. Die sozialen Gegensätze hätten aber nicht nur Spannungen, sondern Unordnung und Zügellosigkeit bewirkt.

Auch A. Strobel betont die »komplexe gemeindliche Schichtung von Armen und Reichen, niederen und höheren Gesellschaftsklassen, Gebildeten und Ungebildeten«.[67] Seine Charakteristik von Korinth klingt sehr ähnlich wie diejenige de Boors, da er im Weiteren auch eine »genußfrohe Bevölkerung« und das Heiligtum der Aphrodite mit »mehr als 1000 Tempelsklaven und Dirnen« erwähnt.[68] Des weiteren schildert Strobel uns »Zusammenstöße mit den Juden«:

»Die Synagogengemeinde versuchte damals, sich des lästigen Konkurrenten (Paulus, LS) zu entledigen ...«[69]

Er nennt die Juden-ChristInnen eine »judenschristliche Schar der Leute mit dem engen Gewissen«.[70] So prägt auch diese Darstellung bereits ein Vorverständnis antijudaistischer Natur, das uns bei der Lektüre des 1Kor beeinflussen kann.

H. J. Klauck ist sich des schlechten Rufes von Korinth bewußt:

»Der Neid mißgünstiger Nachbarstädte hat beigetragen zu dem schlechten Ruf Korinths, der aber nicht ohne Anhalt in der Lebenswirklichkeit der vielbesuchten Hafenstadt war«.[71]

Er nennt Korinth ein »Zentrum des Dirnenwesens« und redet auch von der Tempelprostitution im Heiligtum der Aphrodite.[72] Klauck schildert Korinth zudem als aufsässig, wenn er betont, daß Korinth als letztes Zentrum des griechischen Widerstandes gegen Rom gefallen sei.[73] Er spricht von einem bunten Bevölkerungs-

---

66. Ebd., S. 13.
67. A. Strobel, Brief an die Korinther, S. 12.
68. Ebd., S. 14.
69. Ebd., S. 16.
70. Ebd., S. 13.
71. H. J. Klauck, Korintherbrief, S. 5.
72. Hier ist die Bemerkung E. Faschers interessant, Tempelprostitution sei eine Sache des griechischen Korinths gewesen und nicht des wiederaufgebauten römischen. (E. Fascher, Der erste Brief des Paulus an die Korinther, S. 38.)
73. H. J. Klauck, Korintherbrief, S. 5.

gemisch, dem ein vielfältiges religiöses Leben entsprochen habe. So erwähnt er neben den zahlreichen Tempelbauten auch Diogenes von Sinope, der sich als kynischer Wanderprediger in Korinth aufgehalten habe.[74] Trotz Anfangserfolgen bei den Juden, hätten eindeutig die Heidenchristen dominiert.[75]

Die soziale Schichtung habe dem Querschnitt der antiken Stadtgesellschaft entsprochen: einige Vertreter der begüterten Oberschicht, einige Handwerker, ein großes Kontingent von abhängigen Lohnarbeitern und Sklaven.[76] Hier verweist Klauck explizit auf G. Theißen. Klauck schätzt die Anzahl Sklaven auf ein Drittel der Gesamtbevölkerung und betont auch die große Zahl jüdischer Menschen:

»Einheimische Griechen waren sicher darunter, aber auch Zuwanderer aus der östlichen Reichshälfte und nicht zuletzt ein starkes jüdisches Kontingent«.[77]

Man beachte die parallele Konstruktion: ein großes Kontingent von abhängigen Lohnarbeitern und Sklaven – ein starkes jüdisches Kontingent. Auch hier muß ich wiederum auf die Gefahr von antijudaistischen Konnotationen aufmerksam machen. Denn die Rede von einem starken jüdischen Kontingent – ebenso wie von einem großen Kontingent der ärmeren Bevölkerung – bedeutet eine Versachlichung von Menschen, da der Ausdruck »Kontingent« in die Sprache der Wirtschaftszusammenhänge gehört. Der Begriff macht aus den Menschen Menschenmaterial.[78]

Den Schlußabschnitt von Klaucks einleitenden Worten zur »Korinthischen Gemeinde« bildet eine Sammlung sämtlicher Ketzerhüte, die den religionsgeschichtlichen Horizont der Gemeinde präzisieren sollen: Gnosis, Libertinismus, Askese, ein ungezügeltes Freiheitsstreben, ekstatisch-enthusiastische Phänomene, Abwertung des Leiblichen, Apokalyptik und Weisheitsspekulation. Klauck endet mit den Worten:

»Die enthusiastische, von überschwenglichen Geisterfahrungen bewegte Frömmigkeit resultiert nicht zuletzt aus einer Übersteigerung und Verzerrung der paulinischen Freiheitspredigt. Man spricht in diesem Zusammenhang gelegentlich von einer ›Über-Konversion‹, die in Gefahr läuft, des Guten zuviel zu tun«.[79]

Die genannten Kommentatoren schildern uns ein zerrüttetes Korinth, eine Stadt mit schlechtem Ruf. Die große Hafenstadt scheint an ihren sozialen Gegensätzen

74. Ebd., S. 6.
75. Ebd., S. 7.
76. Ebd., S. 7f.
77. Ebd., S. 6.
78. Kontingent, Beitrag, Anteil, z.B. als festgesetzte Warenmenge oder der Betrag, der ausgegeben werden darf. Militärisch bezeichnet K. »Beitrag an Truppen«. Sowohl im wirtschaftlichen wie im militärischen Gebrauch geht es um Material, nicht um einzelne Menschen oder Menschengruppen. Vgl. dtv-Lexikon, Bd. 10, S. 252.
79. Ebd., S. 9.

gelitten zu haben. Dies wird dann auch als ein bedeutendes Problem für die christliche Gemeinde erkannt. Dazu zählen die Ausleger das Spannungspotential mit der jüdischen Gemeinde, die einen großen Einfluß gehabt und sich in einem Konkurrenzverhältnis befunden habe. Die Darstellung der jüdischen Gemeinde ist generell tendenziös und antijudaistisch. Religionsgeschichtlich herrschten »wirre Zustände«. Wenn wir diese Charakterisierung in groben Zügen auf uns wirken lassen, erscheint uns die korinthische christliche Gemeinde von Unordnung, ja Chaos bedroht. Diese Stimmung, die uns in den Einleitungen verschiedener Ausleger begegnet, bildet den Hintergrund, auf dem die im 1 Kor genannten Problembereiche entfaltet werden.

Ist dieses Bild des römischen Korinth historisch zutreffend? Die meisten Kommentatoren arbeiten so, daß sie in ihren Einleitungen zum 1 Kor nicht ersichtlich machen, woher sie sich informieren. Zwar erscheint meist eine Literaturliste am Schluß des Kommentars. Jedoch fehlen im Einleitungstext die Verweise, die deutlich machen würden, woher diese oder jene Information/Behauptung stammt. Somit ist die Quellenüberprüfung nicht mehr eindeutig möglich.

J. Murphy-O'Connors Sammlung von Textzeugen[80] über die Stadt Korinth läßt nicht nur ein lebendigeres Bild erstehen, sondern relativiert zusammen mit W. Elligers »Paulus in Griechenland«[81] auch einige von vielen Kommentatoren wiederholte Aussagen. So fällt z.B. auf, daß die Tempelprostitution von der Quellenlage her in Korinth umstritten ist. Hierodulie war in Griechenland im Gegensatz zum Orient nicht Brauch und ist auch nirgends belegt. Murphy-O'Connor betont, daß Strabo (Geographie, 8.6.20c) vom griechischen Korinth redet, wenn er die tausend Hierodulen beschwört, und nicht vom römischen Korinth, das Paulus besuchte. Im römischen Korinth konnte Strabo nämlich nur einen kleinen Aphrodite-Tempel sehen. Auch haben archäologische Ausgrabungen bis jetzt keinen Aphrodite-Tempel zutage gefördert, der tausend Hierodulen hätte aufnehmen können.[82] Ein Epigramm, das Plutarch (De Herodoti Malignitate, 39. 871A-C) zitiert, gibt Aufschluß darüber, daß im Tempel der Aphrodite Statuen von betenden Frauen standen und nicht »der Göttin geweihte Frauen« (dies scheint ein unkorrektes Zitat von Athenaeus zu sein, Deipnosophistae 13.573c-574c).[83] Der anrüchige Ausdruck κορινθιάζεσθαι stammt laut J. Murphy-O'Connor von Aristophanes und meint »practice fornication«. W. Elliger übersetzt ihn mit »kuppeln und dergleichen«.[84] Murphy-O'Connor betont aber, daß kein Anlaß besteht, in Korinth diesbezüglich schlimmere Zustände anzunehmen als in anderen Hafenstädten:

---

80.   J. Murphy-O'Connor, St. Paul's Corinth.
81.   W.Elliger, Paulus in Griechenland.
82.   J. Murphy-O'Connor, St. Paul's Corinth, S.55.
83.   Ebd., S.125-128.
84.   W. Elliger, Paulus in Griechenland, S.239.

»It is doubtful that the situation at Corinth was any worse than in other port-cities of the eastern Mediterranean. It seems likely that its reputation was the result of assiduous Athenian propaganda.«[85]

Wir werden hier auf einen wichtigen Faktor in der Beurteilung der Quellen aufmerksam gemacht: Korinths ausgesprochen schlechter Ruf kann als Resultat von neidischer und ehrgeiziger Propaganda angesehen werden.[86]

So muß bezüglich der »verdorbenen Zustände« in Korinth äußerste Vorsicht geübt werden. Die freigebige Tempelprostitution im Falle Korinths scheint mir zudem männlichem Wunschdenken in gefährlicher Weise entgegen zu kommen. Die von den Kommentatoren viel beschworenen sozialen Gegensätze scheinen aufgrund der Quellenlage nicht größer als in anderen zeitgenössischen Hafenstädten gewesen zu sein. Allerdings weist uns ein Brief Alciphrons daraufhin, daß trotz des Reichtums Korinths und des großen Arbeitseifers der Stadt auch Arbeitslosigkeit an der Tagesordnung war, was Hunger und Elend für die Betroffenen bedeutete.[87] Auffallend wenig hören wir von den Kommentatoren von der großen Bedeutung der Handelsmacht Korinths. Nach der Zerstörung blühte der Handel im wiederaufgebauten Korinth dank der hervorragenden geographischen Lage wie auch der handwerklichen Traditionen schnell wieder auf. Elliger erwähnt als Exportgüter: Vasen, Ziegel, Steinschneider- und Bronzekunst, wollene Teppiche, Holzbretter. Daneben war die Stadt ein bedeutender Umschlagplatz für Waren aus West und Ost.[88]

Bezüglich der historischen Beurteilung des Stadtbildes, das uns einige Kommentatoren geben, läßt sich folgendes sagen:

a) Korinth hat keinen einwandfreien Ruf. Doch ist es wahrscheinlich, daß auch die Rivalität anderer Städte (z.B. Athens) für diesen schlechten Ruf sorgte.

b) Korinth war wie manche andere Hafenstadt durch den regen Durchgangsverkehr, der reisende Männer mit sich bringt, ein Ort, wo es Freier und Prostituierte gab. Doch scheinen in Korinth nicht schlimmere Zustände als anderswo geherrscht zu haben.

c) Die Tempelprostitution in Korinth ist eine These auf textlich schwachen Beinen. Sie muß mindestens als umstritten diskutiert und nicht als gegeben dargestellt werden.

d) Daß in Korinth religionsgeschichtlich »wirre Zustände« geherrscht hätten, läßt sich von den mir bekannten Quellen nicht erweisen. Es bleibt ein Mangel im Konzept der Kommentare, daß nicht einsichtiger gezeigt wird, wie die Kommentatoren sich historisch informiert haben. Das Konzept der Kommentare scheint mir zu sehr von vorgefaßten Meinungen über die Stadt auszugehen, so daß die Stadt nach dem 1 Kor *stilisiert* wird.

85. J. Murphy-O'Connor, St. Paul's Corinth, S.56.
86. Vgl. dazu auch Plutarch, Moralia 601C, und Dio Chrysostomos, Discourses, 37.8 und 36. Vgl. auch: W. Elliger, Paulus in Griechenland, S.204.
87. The letters of Alciphron, Älian und Philostratus, S.209f.
88. W. Elliger, Paulus in Griechenland, S. 206.

Von der historischen Quellenlage her ist es nicht zu verstehen, warum in der christlichen Gemeinde Korinths so ›unordentliche‹ Zustände geherrscht haben sollen, daß die Exegeten die korinthischen ChristInnen mit dem Begriff τάγμα zur Ordnung und Einordnung in die eschatologischen Ereignisse aufrufen wollen: Den sozialen Spannungen wird Ordnung entgegengehalten, ›jeder in seinem τάγμα‹ scheint dem die Gemeinde bedrohenden Chaos Einhalt zu gebieten. Vielmehr gälte es hier aber nach theologischen Gründen zu fragen, die solche Aufregungen erst ermöglicht oder hervorgebracht haben, und zeitgenössische Quellentexte zur Beurteilung der Gesamtsituation in Korinth heranzuziehen.[89]

6. Liebespatriarchalismus als Organisationsmodell der frühchristlichen Gemeinden

Im folgenden geht es mir darum, den Hintergrund der Aussagen der Kommentatoren über die korinthische Gemeinde auszuleuchten. Die historischen Details aus der Archäologie Korinths, aus der Sozialgeschichte der Stadt, wurden ja in bestimmter Weise zusammengestellt, eingeordnet in ein Denkmodell, welches das Raster für die frühchristliche Gemeinde Korinths abgab. Das Bild, das ForscherInnen von einer antiken Stadt gewinnen können, wird immer fragmentarisch und mosaikartig bleiben. Um so wichtiger ist es, den Rahmen offen darzulegen, in welchen die einzelnen Mosaiksteinchen gefügt werden, damit es als ganzes erkennbar werde.

Da die These G. Theißens vom Liebespatriarchalismus als Organisationsmodell der paulinischen Gemeinden in der neutestamentlichen Forschung auf breite Anerkennung stößt und auch in den von mir untersuchten Kommentaren zu erkennen ist, werde ich diese These darstellen. Sie gründet sich letztlich auf die religionssoziologischen Darlegungen E. Troeltschs. Da E. Troeltsch theologiegeschichtlich bedeutsam ist, werde ich als erstes seine Sicht des Verhältnisses der christlichen Idee zur Welt skizzieren. Dabei wird ersichtlich werden, wie stark sich Theißen auf die Arbeiten Troeltschs stützt.

6.1 Der christliche Patriarchalismus

E. Troeltsch versuchte das Verhältnis von christlicher Idee und der sichtbaren Welt, letztlich zwischen Idealismus und Materialismus, zu bestimmen. Dabei ist seiner Ansicht nach die Erkenntnis entscheidend, daß

---

89. Vgl. dazu L. Schottroff, Nicht viele Mächtige, S. 247-256. Sie bezieht neben zeitgenössischen Quellen auch biblische Traditionen in ihre Überlegungen mit ein.

»die Predigt Jesu und die Bildung der neuen Religionsgemeinde keine Schöpfung einer sozialen Bewegung ist, d.h. nicht aus irgend einem Klassenkampf hervorgegangen oder auf ihn zugeschnitten ist und überhaupt nirgends direkt an die sozialen Umwälzungen der antiken Gesellschaft anknüpft«.[90]

Zwar sei es eine Tatsache, daß Jesus wesentlich an die »Gedrückten und Kleinen« gelangt sei, aber im Mittelpunkt des Evangeliums stünden Fragen

»des Seelenheils, des Monotheismus, des Lebens nach dem Tod, des reinen Kultus, der richtigen Gemeindeorganisation, der praktischen Bewährung, der strengen Heiligkeitsgrundsätze ...«(16).

Das Gottesreich werde nirgends als »vollendeter Sozialzustand« ersehnt, sondern vielmehr als »ethischer und religiöser Idealzustand«(16). Die Güter der Erlösung erschienen als rein innerliche, ethische und geistige,

»für welche eine leidlose Seligkeit nur die selbstverständliche Vollendung«(17)

sei. Die kommende Erlösung trete zwar allmählich in den Hintergrund und seit dem 2. Jh. richte sich der Sinn auf das Transzendente, womit der Drang zur organisatorischen Weltverbesserung ermüde. Da die christlichen Gemeinden der Kaiserzeit vor allem Stadtgemeinden gewesen seien, hätten sie mit der sozialgeschichtlich wichtigsten Umwälzung, dem Schwinden des Bauernstandes, sehr wenig zu tun (22).

»So ist das Aufkommen des Christentums nicht aus der Sozialgeschichte, wohl aber aus der Religionsgeschichte des Altertums zu verstehen«(25).

Die soziologische Struktur der christlichen Idee nennt er einen unbegrenzten und unbedingten Individualismus, der in der Gotteskindschaft begründet liege.

»Wie der absolute Individualismus aus der religiösen Idee der herzensreinen Selbsthingabe an den die Seelen suchenden und zur Kindschaft berufenden Vaterwillen ausgeht, so wird aus der gleichen Grundidee heraus der absolute Individualismus zu einer ebenso absoluten Liebesgemeinschaft der in Gott Verbundenen ...«(41)

Das soziologische Gefüge sei eine völlig freie Gemeinschaft des Gedankens und der Erkenntnis gewesen. Jesus habe keine Gemeinde organisiert (44).

»Daß Gott durch Arbeit jeden seinen Unterhalt finden lasse und daß im Falle der Not überall die Liebe helfen könne, das ist zusammen mit der Scheu vor dem seelengefährlichen Reichtum die einzige ökonomische Lehre des Evangeliums«(46).

90. E. Troeltsch, Die Soziallehren der christlichen Kirchen und Gruppen, S. 15. Die folgenden Seitenzahlen im Text beziehen sich hierauf.

So sei die Liebe der Einzelnen stets die entscheidende lindernde Kraft und von einem »Kampf gegen die Bedrücker« sei nichts zu spüren (47). Die neue Ordnung, die durch das Gottesreich gebracht werde, habe aber mit dem Staat, der Gesellschaft und der Familie nichts zu tun (48). Die Familie liege sehr im Interesse des Evangeliums. Dies sei daraus ersichtlich, daß sie die Bilder abgebe für Bezeichnungen Gottes, »den Namen für das letzte religiöse Ziel« (48). Sie sei eine der Grundvoraussetzungen des Evangeliums. Im Himmelreich freilich würden die Menschen geschlechtslos sein und das Seelenheil könne im Notfall auch die Opferung des Familienlebens fordern. Die Familie werde christianisiert dadurch, daß die Unlösbarkeit der Ehe und die geschlechtliche Selbstbeschränkung auch des Mannes gefordert würden. Diese »Predigt«, wenn sie sich an eine dauernde Gemeinschaft richte, forderte auch eine soziale Ordnung und eine Umsetzung in eine Organisationsform. In der Urgemeinde, wo lange die Anzahl der Christen klein gewesen sei, sei diese Organisationsform diejenige des Liebeskommunismus gewesen (49). Allerdings sei dieser nicht von Dauer gewesen. Sobald die christlichen Gemeinden größer und vor allem heterogener wurden, verschwand er sofort. Als soziale Organisationsform habe er auch nicht zur christlichen Grundidee gehört, sondern sei nur eine Folgeerscheinung gewesen.

Die christliche Gleichheitsidee zeige sich nicht an einem gleichen Anspruch, sondern in einer Gleichheit des Abstandes und Gegensatzes zur unendlichen Heiligkeit Gottes (61). Sie teile sich jedem unmittelbar mit in der Feier des Kultes, an der alle gleichermaßen teilnehmen dürfen. Auch ein Sklave könne Kultusvorsteher sein. Eine andere, äußere Sicherstellung der Gleichheit bedürfe diese Idee der unendlichen Liebe Gottes nicht (62).

»Es wird aber auch verständlich, daß das Christentum bei aller radikalen Gleichmachung der Menschen vor Gott ... doch weiterhin auch sehr zurückhaltend ist gegen jede Hineintragung dieser Gleichheit in die weltlichen Beziehungen und Ordnungen, die mit dem religiösen Grunde dieser Gleichheit nichts zu tun haben« (65).

In diesem Sinne ähnele das Christentum dem Quietismus, da nirgends von Verbesserung der Lebensbedingungen, sondern nur von ihrem Ertragen und Fruchtbarmachen für inneren Gewinn die Rede sei (67). Im frühen Christentum sei der Enthusiasmus noch groß genug gewesen, um an dieser inneren Gleichheit sich genügen zu lassen.

Diese christlichen Grundgedanken führten zur Bildung eines wichtigen soziologischen Typus, des christlichen Patriarchalismus:

»Es ist der auf religiöse Anerkennung und religiöse Überwindung der irdischen Ungleichheit zugleich begründete Typus des christlichen *Patriarchalismus*, der seine Vorbereitung im spätjüdischen gehabt hat, aber durch die Wärme der christlichen Liebesidee, durch den Zusammenschluß aller in dem Leibe Christi, seine besondere Färbung erhält« (67).

Im Laufe der Zeit, indem sich die Gemeinden einen eigenen »Kult- und Lebenskreis« geschaffen hatten, habe sich der soziologische Gedanke wandeln müssen:

Der »hohe Radikalismus weicht schon jetzt den Kompromissen mit einer von der Welt geforderten Verständigkeit« (69).

So sei die »Beiseitesetzung« des Staates, wie sie die Apokalypse kenne, einer Anerkennung aller staatlichen Ordnung gewichen. Damit werde aber auch die gesellschaftliche Verteilung von Besitz, die Standesgesellschaft mit ihren Hierarchien anerkannt. Die Anpassung an städtische Verhältnisse ließe die radikale Art der Bergpredigt zurücktreten. Selbstverständlich sei nun das konservative Verhältnis zur Familie.

> »Der vorgefundene Patriarchalismus mit der Vorherrschaft des Mannes wird als Naturordnung hingenommen und die Unterordnung unter sie ethisch gefordert ...« (71)

Es sei eine merkwürdige Erscheinung, daß das revolutionäre Prinzip des unbedingten Individualismus und Universalismus eine doch so sozial-konservative Haltung eingenommen habe (72). Diese sozial-konservative Wendung des Gedankens, die bei Paulus zu finden sei, habe eine Ethik hervorgebracht, die rein auf innere Erneuerung, die religiöse Persönlichkeit und die Gemeinschaft der Persönlichkeiten untereinander und damit auf ein jenseitiges Ziel der ethisch-religiösen Vollendung gerichtet sei (74). Dadurch seien die innerweltlichen Lebensorganisationen zu »benützbaren Stützpunkten« geworden, zu geduldeten, aber innerlich fremden »Provisorien«. Troeltsch faßt die Bedeutung des Christentums für das soziale Leben zu Paulus Zeiten im frühen Christentum folgendermaßen zusammen:

> »Alle Reform und alle Heilung der Verhältnisse geht daher auf in Liebestätigkeit, die den Personen hilft und die Zustände bestehen läßt und daher nur in kleinen übersichtlichen Kreisen und bei relativ erträglichen allgemeinen wirtschaftlichen Zuständen zu ihrem Ziel gelangen kann« (81).

Der Ansatz E. Troeltschs beruht auf einer strikten Trennung von Religion und Welt, innen und außen. So hält er das Christentum nicht für die Schöpfung einer sozialen Bewegung und betont, es sei ganz auf innerliche Fragen wie persönliches Seelenheil, kultische Regelungen etc. ausgerichtet. Die christliche Gleichheit ist nach Troeltsch dann auch nur im Kultus sichtbar. Dabei läßt er es völlig unbedacht, ob Frauen wie Männer seiner Ansicht nach den Kultus geleitet haben. Seine explizite Formulierung: »Auch Sklaven können Kultusvorsteher sein« läßt das Geschlechterverhältnis außer Acht. Später zeigt sich allerdings, daß er die Vorherrschaft des Mannes über die Frau als christlichen Patriarchalismus darstellen kann, insofern dieser durch die Liebesidee gemildert werde. Wo das Christentum also »äußerlich« werden muß, um zu überleben, wie in Fragen der Gemeindeorganisation, der Stellung zu Familie, zur ständischen Gesellschaft und zum Staat, paßt es sich laut Troeltsch problemlos an die vorgegebenen patriarchalen Strukturen an: Die »weltlichen« Ordnungen werden anerkannt. Zwar würden sie nur »geduldet« und »benutzt« und so ihrem eigentlichen Sinn entfremdet, de facto blieb aber alles doch im patriarchalen gesellschaftlichen Rahmen, was an der Stellung des Mannes in der familialen Struktur gut erkennbar ist. Auch der sog. Liebeskommunismus ist keine echte Alternative zur bestehenden Gesellschaft, da die Besitzverhältnisse unangetastet blieben und nur ein Schenken auf freiwilliger Basis die Unterschiede milderte. Zudem hält Troeltsch diese Lebensform nicht für genuin christlich, sondern nur für eine Folgeerscheinung. Genuin christlich ist nach Troeltsch allein die persönliche Liebe, die die Not überall lindern könne. Im Übrigen sei ja jeder in der Lage, seinen Unterhalt zu verdienen. So fallen ausbeuterische Verhältnisse bei Troeltsch als Tatsache des patriarchalen Gesellschaftssystems nicht in den Blick und müssen demzufolge auch nicht verändert werden. Der christliche Patriarchalismus, wie er bei Paulus schon gelebt worden sei, stellt nur eine kleine Veränderung zum heidnischen oder »spätjüdischen« Patriarchalismus dar. Dennoch führe er laut Troeltsch zur Aushöhlung der weltlichen Ordnungen in Provisorien, deren eigentliche Legitimation fehle. Doch diese Spezifizierung in eigentlich und uneigentlich läßt politische wie soziale Machtverhältnisse intakt: In Christo sind eigentlich Männer wie Frauen, Arme wie Reiche gleich – de facto aber wird das Emanzipationsstreben von Frauen, SklavInnen und anderen unterdrückten Gruppen verunglimpft und zur Bedrohung für den heidnischen Staat wie für die christliche Gemeinde.

6.2 Vom Wanderradikalismus zum Liebespatriarchat

G. Theißen[91] fragt mit seinen soziologischen Studien zum Urchristentum nach den Zusammenhängen zwischen biblischen Texten und außerbiblischen Erscheinungen. Dabei versteht er die soziologische Forschung zum Neuen Testament als Erneuerung und Fortführung des formgeschichtlichen Programms (11). Im Speziellen beschäftigt ihn die Frage, warum in der Briefliteratur des Neuen Testaments nur sehr wenige Worte Jesu überliefert worden sind.

»Worte Jesu begegnen nur selten in der urchristlichen Briefliteratur. Dies wird auch einen soziologischen Grund haben« (102).

Nach seiner Ansicht zeigen die Jesusüberlieferungen Züge,

»die ein geregeltes Familienleben, eine anerkannte Hierarchie, ein gefestigtes Gemeindeleben eher erschweren. Sie weisen auf Trägergruppen, die sich den üblichen sozialen Bindungen entzogen haben ...«(14).

So würden die Worte Jesu ein Ethos der Heimatlosigkeit vertreten, denn der Ruf in die Nachfolge habe »Aufgabe der stabilitas loci« (83) bedeutet. Ferner würden

---

91. Die folgende Analyse stützt sich auf die dritte erweiterte Auflage seiner »Studien zur Soziologie des Urchristentums«, Tübingen 1989. Die Seitenzahlen im Text beziehen sich hierauf.

die Logien »ein afamiliales Ethos« vertreten, denn die Aufgabe der Seßhaftigkeit schließe den Abbruch familiärer Beziehungen mit ein. Als drittes Charakteristikum der Wortüberlieferung nennt Theißen die »Kritik an Reichtum und Besitz« (85). Dieses soziologische Spezifikum der Jesusüberlieferung faßt er in der These zusammen:

»Der ethische Radikalismus der Wortüberlieferung ist Wanderradikalismus. Er läßt sich nur unter extremen Lebensbedingungen praktizieren und tradieren«.(86)

Dieses radikale Ethos habe nur am Rande der Gesellschaft eine Chance, gelebt zu werden von »Charismatikern der Heimatlosigkeit«. Dabei verweist Theißen auf die »Vielzahl kynischer Wanderphilosophen«, die es neben den christlichen Wandercharismatikern im 1./2. Jh. gegeben habe (89). Kynische Philosophie sei im Ethos der Heimat-, Familien- und Besitzlosigkeit durchaus der christlichen Wortüberlieferung vergleichbar (90). Kynische Wanderphilosophen und urchristliche Wanderprediger stellten sich beide außerhalb des normalen Lebens.

Die »Radikalität der Jesusüberlieferung« ließ sich aber bei praktischen Gemeindeproblemen nicht gebrauchen (19). Die soziologischen Bedingungen einer am Ort ansässigen, in dem sozialen Gefüge einer Stadt lebenden Gemeinde erforderten schon früh die Ausbildung von Organisationsformen und Ämtern (99). So standen das radikale Ethos des Anfangs und die Alltagsprobleme einer städtischen Gemeinde in gewisser Spannung zueinander. Wanderradikalismus gehöre denn auch in »ländliches Milieu«, wohingegen das antike Christentum weitgehend ein städtisches Phänomen gewesen sei (100). Durch den Übergang des Christentums von der ländlich strukturierten Welt Palästinas in die Städte Griechenlands drangen auch höhere Schichten in die Gemeinden.

»Die Geschichte des Urchristentums war also schon in der ersten Generation durch einen tiefgreifenden sozialen Wandel bestimmt, in dem sich wichtige soziokulturelle, sozioökologische und sozioökonomische Faktoren veränderten, nämlich durch einen Prozeß der Hellenisierung, Urbanisierung und einen Aufstieg auch in höhere Schichten«.(268)

In diesen städtischen Gemeinden sei ein von der synoptischen Tradition deutlich unterschiedenes Ethos entstanden: das des urchristlichen Liebespatriarchalismus. Dies erkläre, warum Paulus so wenig Herrenworte gekannt hätte.

»Und selbst wenn er (Paulus, L. S.) mehr gekannt hätte – der ethische Radikalismus der Jesusüberlieferung, ihr Ethos der Familien-, Besitz- und Heimatlosigkeit, hätte in den von ihm gegründeten Gemeinden keinen Lebensraum gehabt«.(268)

In der Definition des Liebespatriarchalismus stützt sich Theißen auf E. Troeltsch. Kennzeichen des Liebespatriarchalismus sei, daß er die sozialen Unterschiede als gegeben hinnehme, sie aber durch Rücksicht und Liebe zu mildern suche. Dies sei eine Verpflichtung, die dem sozial Stärkeren gegenüber gemacht werde, während von sozial Schwächeren Unterordnung, Treue und Achtung verlangt werde

(269). Das Christentum sei von diesem Ethos sehr geprägt worden. Der Liebespatriarchalismus habe die grundlegenden Normen der Kirche geschaffen, überdauernde Institutionen gebildet, Organisationsprobleme gelöst und das Christentum für die Aufnahme großer Massen vorbereitet. Auch habe er verschiedene Schichten integriert.

»Christliche Brüderlichkeit hätte sich in sozial homogenen Gruppen wahrscheinlich radikaler durchführen lassen. Aber das ist auch viel leichter, als etwas Brüderlichkeit in sozial stark geschichteten Gemeinschaften zu realisieren. Hier bot der urchristliche Liebespatriarchalismus eine realistische Lösung«.(269)

Als in der spätantiken Gesellschaft zunehmends um Gleichberechtigung gestritten worden sei, habe dieser Liebespatriarchalismus ein neues Muster zur Bewältigung und Gestaltung sozialer Beziehungen geboten. In ihm sei die Gleichberechtigung grundsätzlich auf alle ausgedehnt gewesen, aber zugleich verinnerlicht worden: Sie gelte »in Christus«.

»Im politisch-sozialen Bereich werden schichtbedingte Unterschiede grundsätzlich hingenommen, bejaht, ja sogar religiös legitimiert«.(271)

So geht Theißen davon aus, daß die Schichtung in den paulinischen Gemeinden an sich unangetastet geblieben, jedoch durch das christliche Liebesgebot gemildert worden sei. Dennoch seien viele innere Probleme der Ortsgemeinde teilweise schichtbedingt gewesen und hätten einer Lösung im urchristlichen Liebespatriarchalismus zugestrebt, »d.h. einem Ausgleich zwischen den Schichten« (18). Dies ist denn auch die Arbeitshypothese Theißens bei der Erforschung der sozialen Verhältnisse der paulinischen Gemeinden.

Theißen vertritt die Ansicht, daß die korinthische Gemeinde aus tonangebenden Gliedern der Oberschicht und einer großen Zahl Menschen aus unteren Schichten bestanden habe (231). So wertet er die Aussagen von 1Kor 1,26 in dem Sinne aus, daß es zwar nicht viele, aber dennoch einige Weise, Mächtige, Hochgeborene im sozialen Sinne in der Gemeinde gegeben haben müsse.

»Mag nun ihr zahlenmäßiger Anteil gering gewesen sein, ihr sachliches Gewicht muß um so größer eingeschätzt werden« (234).

Dafür sprechen seiner Meinung nach das Auftreten so bedeutender Persönlichkeiten wie Krispus, der Synagogenvorsteher, oder Erastus, der vielleicht ein Ädil gewesen sei. Auch die Erwähnung von »Häusern« sei zwar kein sicheres, aber ein wahrscheinliches Zeichen von Reichtum. So spreche 1Kor 11,22 die Spaltung von Habenden und Nicht-Habenden an. Auch schwinge in οἰκίας ἔχειν der Gedanke des Hausbesitzes mit (257). Paulus, der selber aus einer gehobenen Schicht stamme, habe selbst Christen aus höheren Schichten getauft, die für die paulinische Mission besonders wichtig gewesen sein müßten (263). Den Konflikt der Starken und Schwachen in Korinth bezüglich des Genusses von Götzenopferfleisch deutet Theißen folgendermaßen: die Starken kamen infolge ihrer Beziehungen wie ihres Reichtums oft in Fleischgenuß. Die Schwachen aßen aber nur selten Fleisch. Für alle bestand das Problem des Fleischgenusses nur im kultischen Rahmen. Da die Starken aber Fleischgenuß erfahrungsgemäß ohne Schaden überstanden, verloren sie die Ängste vor dämonischen Infektionen im Gegensatz zu den unteren Schichten, die nur sehr selten in Fleischgenuß kamen (279). Die nun von Paulus geforderte »Rücksichtnahme auf das fremde Gewissen, auch wenn es ›schwach‹ ist und überholten Normen folgt«, sei zweifellos einer der sympathischsten Züge des Liebespatriarchalismus (288). So habe die vorurteilslosere Haltung der Starken primär ihren sozialen Ort in den höheren Schichten gehabt. Trotz des Einflusses, den diese ausgeübt hätten, hätten sie nicht alle für ihre Haltung gewinnen können.

»Es gab die Schwachen, bei denen heidnische wie jüdische Traditionen nachwirken mochten« (287).

Obwohl diese Haltung der Starken die aufgeklärtere sei, habe Paulus sie nicht konsequent gefordert. Die aus Liebe gebotene Anpassung der Gewohnheiten höherer Schichten an die der unteren lasse diese verschiedenen Statusprivilegien bestehen, mildere nur ihren Gegensatz. Die Lösung des Paulus sei ein Kompromiß, der realistisch und praktikabel gewesen sei. Solche Lösungen seien für den Liebespatriarchalismus der paulinischen Briefe charakteristisch gewesen (288).

7. Kritik und Alternativen

Wie wir oben gezeigt haben, beruht G. Theißens soziologisches Modell auf den Grundannahmen von E. Troeltschs christlichem Patriarchalismus: Das radikale Ethos der Jesusbewegung habe in den hellenistischen Städten nicht übernommen werden können, d.h. der sogenannte »Wanderradikalismus« sei für Ortsgemeinden, die in geordneten Verhältnissen lebten, unpraktikabel geworden. So sei denn vor allem von Paulus der Typus des »Liebespatriarchalismus« als sozial lebbares Ethos geschaffen worden, das sich mit »Erfolg und nicht ohne Weisheit« im Laufe der Geschichte durchgesetzt habe.

Dieses Modell Theißens, das in der neutestamentlichen Forschung auf breite Anerkennung stößt, möchte ich hier aus feministischer und befreiungstheologischer Sicht kritisieren. Indem ich die Schwachstellen des Theißenschen Modell aufzeige, möchte ich deutlich machen, daß es ein ganz anderes Modell der frühen christlichen Bewegung gibt, das einige Relevanz beanspruchen kann, da es mit dem biblischen Text nicht in Widerspruch gerät: die Kirche der Armen, pointierter: die Frauenkirche.

Als ersten Ansatzpunkt zur Hinterfragung von Theißens These möchte ich die Kritik W. Stegemanns aufnehmen, der nach der Textbasis von Theißens Arbeitshypothese fragt. Wie kommt Theißen zu seinem Bild des Wanderradikalismus? Vor allem Lukas prägt das Verständnis von Jüngern, die auf ihren Wohlstand verzichtet haben, um Jesus nachzufolgen. Doch

»so wenig die Evangelien nach Maßstäben einer kritischen Historie eine authentische Jesusdarstellung bieten können und wollen, so wenig ist auch das, was sie von Jesu ersten Anhängern ... erzählen, ein historisch- getreuer Bericht.«[92]

So läßt Theißen die Ergebnisse redaktionsgeschichtlicher Forschung außer Acht und stützt sich auf Quellen, ohne deren theologische Interessen zu berücksichtigen. Nach kritischer Quellensichtung kommt Stegemann zum Schluß, daß es keinen ethisch-rigorosen Wanderradikalismus vor der Logienquelle gegeben habe. Alle von Theißen herangezogenen Texte kämen aus quellenkritischen Gründen nicht in Betracht oder sie müßten anders interpretiert werden. Wenn man die Texte der Logienquelle im Zusammenhang der gesellschaftlichen Lage, d.h. in der Situation von Armut und Hunger im syrisch-palästinensischen Raum um die Mitte des 1. Jh. sieht, so erscheint die Armut der JesusjüngerInnen nicht als Folge eines ethisch motivierten »Besitzverzichts«, sondern als Realität der kleinen Leute Palästinas, als bittere Notlage. Stegemann warnt davor, ein Ethos des Besitzverzichtes, des Familien- und Wohnsitzverzichtes zu konstruieren. Die Texte der Logienquelle

»reflektieren kein asketisches Ethos, sondern die Radikalität einer durch Armut, Hunger und Gewalt bestimmten Lebenslage.«[93]

Zusammen mit Stegemann ist auch zu hinterfragen, ob die bestimmenden Persönlichkeiten im frühen Christentum die wandernden Apostel und die Oberschichtsangehörigen gewesen seien. Theißen geht davon aus, daß die Oberschicht die tonangebenden Christen gewesen seien, das große Mehr aber aus Leuten der Mittelschicht bestanden habe. Warum bemüht sich Theißen derart, die von ihm gezeichnete Jesusbewegung von einer »Kleine-Leute Idyllik« abzugrenzen?[94] Ist es denn Kleine-Leute-Idyllik, wenn wir uns die Jesusbewegung aus Hungerleidern und kriminell Geächteten vorzustellen suchen? Ist es nicht viel mehr Idyllik, wenn die bittere Armut der Menschen Palästinas als rigoroser Besitzverzicht aus ethischen Gründen interpretiert wird? Und zwar Idyllik aus der Sicht der reichen Christen. So wäre es nach Stegemann durchaus möglich, daß die Kritik der Jesusbewegung an den Reichen darauf aus war, im Reiche Gottes die gegenwärtigen

---

92. W. Stegemann, Wanderradikalismus im Urchristentum, S. 100.
93. Ebd., S. 115.
94. Vgl. dazu seine Replik auf die Kritik Stegemanns in: Studien zur Soziologie des Urchristentums, S. 28/29.

Verhältnisse umgekehrt zu wissen... So weist uns Stegemanns Kritik an Theißens These des Wanderradikalismus in Richtung der Kirche der Armen. Diese Linie zieht L. Schottroff weiter, wenn sie das biblische Prinzip eschatologischer Umkehrung der Verhältnisse konkret für die Gemeinde in Korinth anwendet.

>Mit ihrer Berufung (κλῆσις), mit Gottes Erwählungshandeln an den Sklaven und Arbeitern in Korinth, hat die eschatologische Umkehrung von oben und unten begonnen.«[95]

Auch sie hält die Frage, welche Rolle die Oberschichtsmitglieder in den Gemeinden hatten, für entscheidend. Sie geht aber von der Parteinahme Gottes für die Kleinen, Unterdrückten und Ohnmächtigen aus. Das Eingreifen dieses Gottes, von dem das Hannalied (1Sam 2,1-10), das Magnificat (Lk 1,46-55), die Seligpreisungen (Mt 5,3-12par.), viele Gleichnisse der Jesustradition, das Buch Judit und jüdisch-apokalyptische Bücher sprechen, bewirkt Umkehrung von oben und unten. So kann aus dieser (eschatologischen) Umkehrung, die Gottes Handeln bewirkt, gefolgert werden, daß die Oberschichtsmitglieder in der Gemeinde Macht, Wohlstand und Ansehen aufgegeben haben. Schottroff nennt diese Umkehrung >das Strukturprinzip der vita christiana« in den Gemeinden:

>Wenn also Oberschichtsangehörige in den Gemeinden lebten, dann aber gerade nicht als solche, die Unterordnung verlangen und in den Gemeinden nur eine sanfte Wiederholung der gesellschaftlichen Ungerechtigkeit verwirklichen. Eine patriarchale Organisation der Gemeinden im Sinne von Troeltsch und Theißen wäre im übrigen genau die Organisation gewesen, die nach Meinung der Herren in Rom die ideale Gesellschaft ausmacht.«[96]

Die Konflikte zwischen christlichen Gemeinden und den römischen Behörden zeigen aber, daß eine Dissonanz im Leben der christlichen Gemeinden und ihrer Umgebung spürbar gewesen sein mußte. Erst später setzte sich aufgrund dieser Dissonanz-Konflikte der Patriarchalismus mehr und mehr durch. Schottroff nennt ihn aber »unvereinbar mit dem Gott Israels und Jesu, der die Mächtigen entthront, worauf Paulus klar besteht (1Kor 1,26-31)«.[97] Hiermit zeichnet sie ein Bild der Kirche der Armen im Sinne der Befreiungstheologie. Dieser Kirche gehören Reiche nur insofern zu, als sie sich mit den Armen solidarisieren,

>wobei diese Solidarität nicht zu verwechseln ist mit finanzieller Unterstützung im Sinne von Almosen, die weder an der Situation der Armen noch an der der Reichen etwas ändern.«[98]

E. Schüssler Fiorenzas Kritik setzt bei Theißens Behauptung einer historischen Notwendigkeit des Patriarchalismus ein. Sie wendet sich gegen eine Geschichts-

95. L. Schottroff, Nicht viele Mächtige, S. 251.
96. Ebd., S. 252.
97. Ebd., S. 253.
98. Ebd., S. 255.

schreibung aus der Perspektive der Sieger, die übersieht, daß eine patriarchale Kirche auf dem Rücken von freigeborenen Frauen, SklavInnen und unteren Schichten erbaut worden ist.[99] Sie arbeitet aus den paulinischen Briefen und der Apostelgeschichte heraus, daß Frauen zu den angesehensten MissionarInnen und LeiterInnen der frühchristlichen Bewegung gehört haben. So ließen denn diese Quellen trotz androzentrischer Perspektive erkennen, daß diese Bewegung nicht wie der griechisch-römische Haushalt patriarchal strukturiert war. Erst später paßte sich die Kirche der Struktur der Gesellschaft an.[100] Sie nennt daher die Jesusbewegung und die paulinischen Gemeinden »Frauenkirche«, da die Rolle der Frauen in der Nachfolgegemeinschaft der Gleichgestellten zentral und daher von höchster Bedeutung für die Praxis der Solidarität von unten gewesen sei.[101] Für die Organisation der Ortskirche sei nicht die patriarchale Familie mit ihren Rollendifferenzierungen und hierarchischen Strukturen, sondern die Analogie einer religiösen Kultgruppe oder einer privaten Vereinigung heranzuziehen. Diese haben ihren Mitgliedern gleichen Anteil am Leben der Gemeinschaft geboten.[102] Dagegen hält es Schüssler Fiorenza für bedeutend, daß der öffentliche Bereich im frühen Christentum das (private) Haus gewesen sei, da traditionell das Haus als Bereich der Frauen angesehen wurde und Frauen von der Leitung des Hauses nicht ausgeschlossen worden seien.[103] Erst die Verfasser der nachpaulinischen Literatur hätten mit Hilfe der Haustafeln für die Übernahme der griechisch-römischen patriarchalen Ordnung des Großhaushaltes plädiert. Diese Ordnung beruht aber auf der Unterordnung und Unterwerfung der sozial Schwächeren, um die politischen Spannungen und Dissonanzen zwischen den christlichen Gruppen und ihrer Umgebung zu reduzieren.[104]

99. E. Schüssler Fiorenza, Zu ihrem Gedächtnis , S. 119.

100. Ebd., S. 136.

101. Ebd., S. 203. »Frauenkirche« gwinnt heute sowohl als hermeneutisches Modell zur Rekonstruktion der christlichen Frauengeschichte, wie auch als Ort des gemeinsamen Lebens für Frauen zunehmend an Bedeutung. Vgl. dazu den Artikel »Kirche« von Hedwig Meyer-Wilmes, in: Wörterbuch der Feministischen Theologie, 213-215; R. R. Ruether: Unsere Wunden heilen / unsere Befreiung feiern. Rituale in der Frauenkirche. Stuttgart 1988. Weitere Bibliographie in: Schlangenbrut Nr. 32, 1991, 5-20.

102. Ebd., S. 231.

103. Ebd., S. 225.

104. Vgl. dazu auch A. C. Wire, The Corinthian Women Prophets. Sie zeigt die große Bedeutung der korinthischen Frauen in der christlichen Gemeinde auf. Teils anhand von Einzelbeispielen (Priscilla, Chloe, Phoebe, S. 50), teils anhand einer Analyse von den Argumenten, die Paulus gegen den Anspruch der Frauen auf Autonomie und Freiheit einwendet, zeigt sie auf, daß »the women's status has risen across many factors while Paul's has fallen ...«(S. 188). Diese Spannungen zwischen Paulus und den AufsteigerInnen in der Gemeinde weisen nicht auf ein Liebespatriarchat als Organisationsmodell hin, das den Frauen und sozial Schwachen kaum Aufstiegsmöglichkeiten bieten würde.

Wir können Theißens These vom praktikablen Liebespatriarchalismus im Gegensatz zum rigorosen Wanderradikalen-Ethos also sowohl aus textbezogenen Gründen, als auch aus sozialgeschichtlichen und nicht zuletzt aus theologischen und feministischen Gründen hinterfragen. Auch wenn sich seine These letztlich als unhaltbar erweist, so bleibt neben seinen interessanten Einzelanalysen zu soziologischen Fragestellungen ihr Wert darin erhalten, daß sie die meist undiskutierten Grundannahmen vieler Exegeten verdeutlicht und zur Sprache bringt.

8. Eigene exegetische Schritte

8.1 Die Endschlacht – Ein apokalyptisches Bild

Im folgenden werde ich davon ausgehen, daß unser Text 1Kor 15,19ff. nicht nur am Rande mit der Apokalyptik zu tun hat, sondern voll und ganz in dieser Tradition steht. Dabei nehme ich den Text literarisch ernst: Paulus beschreibt uns eine Situation des Kampfes um gut und böse, sowie eine Vision des Friedens, die erkämpft werden muß.

Ich möchte im Vergleich mit anderen apokalyptischen Texten zeigen, worin die Ähnlichkeit zur Endschlacht-Darstellung in der Apokalyptik besteht. Gleichzeitig können wir auch auf die Vielfalt der Variationen aufmerksam werden, zu denen die paulinische Version eine weitere darstellt. Es wäre verfehlt, eine Grunddarstellung von »Harmagedon« zu suchen, z.B. Apk 16,16, die alle anderen Schilderungen beeinflußt, resp. geprägt haben soll.[105] Aber wir können nach ähnlichen Motiven suchen, die wir in unserem Text erkennen können. Als solche wähle ich:

1. Durch die ἀνάστασις νεκρῶν = die Auferstehung der Toten wird alles eingeleitet.
2. Die Andeutung eines Kampfes durch Worte wie καταργείν = vernichten, ὑποτάσσειν = unterwerfen, βασιλεύειν = herrschen, εχθρός = Feind, ἐχθροὺς ὑπὸ τοὺς πόδας τιθέναι = die Feinde unter die Füße legen. Wobei es auch die Häufung zu beachten gilt: vernichten (2x), unterwerfen (6x), Feind(e) (2x).
3. Das militärische Bild eines »Heeres« wird durch den Begriff τάγμα assoziiert (zur Übersetzung von τάγμα s. weiter unten). Zum Heer gehört ein Heerfüh-

---

105. Hier gilt dasselbe, was L. Schottroff und E. Schüssler Fiorenza von mythischen Varianten sagen: Es geht nicht darum, einen hinter dem vorliegenden Text verborgenen Mythos zu konstruieren, von dem alle anderen Variationen abhängig sind, sondern die mythischen Elemente zu erkennen, die in verwandten Mythen gemeinsam vorkommen. Erst dann können auch die Unterschiede unter den verschiedenen Varianten gesucht und erkannt werden. So lassen sich Botschaft und Absicht des Autors des vorliegenden Textes erkennen. Vgl. L. Schottroff, Der Glaubende und die feindliche Welt, S. 2; E. Schüssler Fiorenza, Wisdom Mythology.

rer: ἀπαρχή = der Erste (hier könnten wir im militärischen Bild bleiben, statt in das Bild der Ernte unmotiviert hinüberzuwechseln).

4. Die Schilderung und Benennung der Feinde Gottes: ἀρχή, δύναμις, ἐξουσία, θάνατος.

5. Die Benennung der FreundInnen Gottes: οἱ τοῦ Χριστοῦ = die zu Christus gehören.

6. Die Andeutung eines Gerichts: τέλος ist schwierig zu übersetzen, kann aber als Gerichtswort interpretiert werden (Entscheidung, Ende, Ziel), s. weiter unten.

7. Die Schilderung einer Vision: Der Sieg der gottfreundlichen Macht, Gott wird alles in allem sein: keine Herrschaft mehr, keine Sieger und Verlierer mehr; Gott kann auf der Erde und in ihren Lebewesen Wohnung nehmen.

Im 4Esra[106] lassen sich die Motive 2-7 beeinander finden:

2.	Kampf:	Danach sah ich, und siehe, alle, die sich gegen ihn versammelt hatten, um ihn zu bekämpfen, gerieten sehr in Furcht, wagten aber doch den Kampf .(13,8)
3.	Heer:	Danach sah ich, und siehe, eine Menschenmenge, die man nicht zählen konnte, versammelte sich von den vier Winden des Himmels, um den Menschen zu bekämpfen, der vom Meer aufgestiegen war. (13,5)
4.	Feinde Gottes:	(Das Feuer) fiel auf die anstürmende Menge, die zum Kampf bereit war, und setzte alle in Brand, so daß plötzlich von der unzählbaren Menge nichts mehr zu sehen war außer Aschenstaub und Rauchqualm. (13,11)
5.	FreundInnen Gottes:	Da näherten sich ihm Gestalten vieler Menschen, manche freudig, manche traurig, einige gefesselt, einige diejenigen heranbringend, die dargebracht werden (sollten). (13,13)
6. u. 7.	Gericht und Vision:	Mein übriggebliebenes Volk aber, diejenigen, die in meinem Land gerettet wurden, wird er gnädiglich befreien. Er wird ihnen Freude bereiten, bis das Ende, der Tag des Gerichtes kommt, über den ich am Anfang mit dir gesprochen habe. (12,34)

Zahlreich sind die Wiederholungen dieser Motive. Die hier aufgelisteten Verse sind eine mögliche Auswahl von vielen. So werden z.B. in der Adler-Vision die Feinde Gottes durch ihre Sünden noch genauer beschrieben (11,42) oder in 12,32f. tritt eine Gerichtsszene deutlich hervor.

In der äthiopischen Henoch-Apokalypse (äth Hen)[107] lassen sich alle Motive von 1-7 finden. Auch sie kommen in unermüdlichen, variantenreichen Wiederholungen vor. Ich wähle hier lediglich ein paar eindrucksvolle Verse aus:

106. J. Schreiner, Das 4. Buch Esra.
107. S. Uhlig, Das äthiopische Henochbuch.

1.	Auferstehung:	Und in jenen Tagen wird die Erde zurückgeben, was ihr anvertraut ist, und die Unterwelt wird das zurückgeben, was sie empfangen hat, und die Hölle (oder: Vernichtung) wird zurückgeben, wozu sie verpflichtet ist.(51,1)
2.	Kampf:	Und sie werden heraufziehen und das Land seiner Auserwählten niedertreten, und das Land seiner Auserwählten wird vor ihnen zur Dreschtenne und zum (Trampel)Pfad. Aber die Stadt meiner Gerechten wird ein Hindernis für ihre Rosse sein, sie werden das Morden (oder: den Kampf) untereinander beginnen ... (56,6-7)
3.	Heer:	Und siehe, er kommt mit Myriaden von Heiligen ...(1,9)
4.	Feinde Gottes:	... für die Könige und Mächtige dieser Erde, daß sie damit vertilgt werden ... (53,5)
5.	FreundInnen Gottes:	Und danach geschah es: Ich sah ein anderes Heer von Wagen, und auf ihnen fuhren Menschen, und sie kamen mit den Winden vom Osten und vom Westen bis zum Süden... (Heimkehr aus der Diaspora, 57,1)
6.	Gericht:	Und er ist gerecht in seinem Gericht, und Herrlichkeit (ist) vor ihm, und Ungerechtigkeit besteht nicht in seinem Gericht.(50,4)
7.	Vision:	Und danach wird der Gerechte und Erwählte das Haus seiner Gemeindeversammlung erscheinen lassen – von nun an wird sie nicht mehr gehindert werden ... Und diese Berge werden nicht bestehen vor seiner Gerechtigkeit wie die Erde; und die Hügel werden wie eine Wasserquelle sein, und die Gerechten werden vor der Bedrückung der Sünder Ruhe haben.(53,6-7)

Auch in kleineren Apokalypsen können wir die Motive von 1-7 finden. Sie sind aber weniger breit und ausführlich geschildert. So zum Beispiel im 6Esra[108]

2.	Kampf:	Siehe, ich rufe zusammen, spricht der Herr, alle Könige der Erde, aufzustören die, welche von Norden und von Süden, von Osten und von Westen kommen, daß sie sich gegeneinander kehren und (vergeltend) zurückgeben, was sie jenen gegeben haben. Nicht wird meine Rechte die Sünder schonen, noch wird mein Schwert ablassen von denen, die unschuldiges Blut auf der Erde vergießen.(20 + 22)
3.	Heer:	Und ausziehen werden die Völkerschaften des Drachen der Araber in vielen Wagen, und ihr Zischen wird am Tage ihres Auszuges über die Erde hin tönen ...(29)
4.	Feinde Gottes:	Weh denen, die sündigen und meine Gebote nicht halten ...(24)
5.	FreundInnen Gottes:	Hört, meine Auserwählten, spricht der Herr! Siehe, die Tage der Drangsal sind da, und ich werde euch aus ihnen befreien!(75)
6.	Gericht:	Nicht mehr will ich zu ihren Gottlosigkeiten schweigen, die sie frevelnd begehen, noch will ich ertragen, was sie Unrech-

108. Aus: W. Schneemelcher, Neutestamentliche Apokryphen, Bd. 2, S.586-590.

tes üben. Siehe, unschuldiges und gerechtes Blut schreit zu mir empor, und die Seelen der Gerechten schreien beständig. Schreckliche Rache will ich an ihnen nehmen, und alles unschuldige Blut will ich an ihnen heimsuchen. (8+9)

7. Vision: Denn, sieh, noch einen Augenblick, und die Ungerechtigkeit wird von der Erde vertilgt werden, und die Gerechtigkeit wird unter uns herrschen. (53)

Oder in der Apokalypse des Elia[109]

1. Auferstehung: Und sie werden auferstehen und einen Ort der Ruhe finden ... (37,3+4)
2. Kampf: Die Engel werden (es) hören und herabkommen und kämpfen mit ihm einen Kampf vieler Schwerter. (40,15-18)
3. Heer: ... und er wird senden seine Engel vom Himmel, sechs Myriaden und vier Tausend... (38, 16-18)
4. u. 5. Feinde und FreundInnen Gottes: Die zu den Gerechten zählen sind dagegen ... Dann werden die Sünder ... den Ort der Gerechten sehen ... (41,10+14+15)
6. Gericht: Es wird ein gerechtes Gericht stattfinden an jenem Tage. (40,29-41,1)
7. Vision: Er wird einen neuen Himmel schaffen und eine neue Erde, und kein Teufel ... ist unter ihnen. Er wird König sein mit den Heiligen und dabei hinaufsteigen und hinabsteigen, während sie allezeit mit den Engeln sind und mit dem Messias tausend Jahre. (43,13-44,2)

Oder in der Johannes-Apokalypse[110]

1. Auferstehung: Und ich sah die Toten ... vor dem Throne stehen. (20,12)
2. Kampf: Und sie zogen herauf auf die breite Fläche der Erde und umringten das Heerlager der Heiligen und die geliebte Stadt. (20,9)
3. Heer: ... und ihre Zahl ist wie Sand am Meer. (20,8)
4. Feinde: ... wird der Satan aus seinem Gefängnis losgelassen werden, und er wird ausgehen, um die Völker zu verführen, die an den vier Ecken der Erde sind, den Gog und den Magog, um sie zum Krieg zu versammeln. (20,7+8)
5. Freunde u. Freundinnen: das Heerlager der Heiligen und die geliebte Stadt (20,9)
6. Gericht: Und die Toten wurden gerichtet auf Grund dessen, was in den Büchern geschrieben war ... (20,12)

109. W. Schrage, Die Elia-Apokalypse. Zur neueren Diskussion über die Komposition der Elia-Apokalypse s. W. Schneemelcher, S.625/6; M.E. Stone (ed.), Jewish Writings of the Second Temple Period, S.395, Anm. 58; S.Wintermute, in: J.H.Charlesworth, 1983, S.721f.; W.Schrage, a.a.O., S.195-201.
110. Aus: Die heilige Schrift des alten und des neuen Testaments, Verlag der Zürcher Bibel, Zürich 1973.

7. Vision:	Und ich sah einen neuen Himmel und eine neue Erde; denn der erste Himmel und die erste Erde sind verschwunden, und das Meer ist nicht mehr. (21,1ff.)

8.2 Die Vision muß erkämpft werden

In verschiedenen Apokalypsen haben wir dieselben Motive vom Endkampf gefunden, die Paulus uns im 1Kor 15,19ff. schildert. Dabei gilt es auch den Unterschied zu den vielen, farbigen Versionen nicht aus den Augen zu verlieren: Mit dem 1Kor haben wir es mit einem Brief und nicht mit einem Buch zu tun. Das erklärt, warum wir den Endkampf nur in wenigen Versen beschrieben finden ohne unermüdliche Variationen der Motive.

Im folgenden möchte ich die Schilderung des Paulus genau beleuchten, um zu erkennen, *wie* er uns die Endschlacht-Motive berichtet. In V.23 begegnet uns mit τάγμα ein Wort aus dem militärischen Bereich. Unerwartet stehen wir vor ihm: »Jeder in seinem τάγμα«. Ein Heer wird assoziiert, plötzlich tauchen unzählige Gestalten, geordnet (τάσσειν), nach Aufgaben und Funktionen aufgereiht vor uns auf.

Diese Art, ein »Heer« anzudeuten, teilt Paulus auch mit anderen Autoren von apokalyptischen Texten, vgl. dazu ApkEl 38,15, 6Esra 29, äthHen 1,9.

Im selben Vers wird uns dieses Heer, dieser geordnete Haufen, näher bestimmt: ἀπαρχή ist Christus. Damit wird auf V.20 rückbezogen, wo es hieß: ἀπαρχή der Entschlafenen ist Christus. Nun, in V.23, erfahren wir, daß das Heer der Entschlafenen und inzwischen Auferweckten das Heer Christi ist. Er ist der Erste dieses Heeres, d.h. der Anführer, der Feldherr.[111] Sein τάγμα ist es, auf vorderster Linie zu kämpfen. Hinter ihm streiten die, die zu ihm, zu seinem Heer, gehören. Das Heer der Lebendiggewordenen steht hinter ihm, sie sind seine Gefolgsleute.

In V.24 erfahren wir, worum es bei diesem Kampf geht: τὸ τέλος. Es geht um das Letzte, Äußerste, das Ende. Somit ist der Welt, der Menschengeschichte, das Ende angesagt. In apokalyptischer Sprache bedeutet das Ende den Abbruch jeglicher menschengemachter Herrschaft. Es bedeutet: Gott wird die Herrschaft antreten. Dies ist auch gleichbedeutend mit »richten, Gericht ausüben«. So beginnt also das Gericht Gottes in V.24.

Das Gericht wird allen Mächten angesagt: ἀρχή, ἐξουσία, δύναμις. Ob hier Engelmächte oder politische Mächte gemeint sind, brauchen wir im Moment nicht zu entscheiden.[112] Die politische Deutung hat jedenfalls ihre Berechtigung, da wir sie auch in anderen Apokalypsen festmachen können.

---

111. Ich halte die Interpretation von ἀπαρχή als »Erstfrucht« an dieser Stelle für unergiebig, weil sie einen Bildbruch bedeuten würde.

112. Daß es sich um Engelmächte handelt, ist z.B. die Meinung von Otto Everling, Die paulinische Angeologie und Dämonologie, S. 44.

»Das ist die Bestimmung und das vor dem Herrn der Geister festgesetzte Gericht über die Mächtigen, die Könige, die Hohen und die, die das Festland besitzen.« äth Hen 63,12

Auch im 6Esra sind die politischen Verhältnisse gemeint, wenn es heißt:

»Siehe, unschuldiges und gerechtes Blut schreit zu mir empor, und die Seelen der Gerechten schreien beständig.« 6Esra 8

In der Elias-Apokalypse wird der Antichrist bekämpft (s. Kp. 38 und 40), der die Menschen bedrückte. Im 4Esra in der Adler-Vision heißt es, daß der Adler-König Menschen quälte mit ungerechter Herrschaft:

»... du hast so lange Zeit auf dem Erdkreis
mit Hinterlist gewohnt und nicht mit Wahrheit
die Erde gerichtet; du hast die Sanften gequält,
die Ruhigen verletzt, die Wahrhaftigen gehaßt,
die Lügner geliebt;
Du hast die Häuser der Fruchtbringenden zerstört und
die Mauern derer, die dir nichts Böses taten, eingerissen.«
4Esra 11,40-42

In der Apk ist der Kampf gegen das Böse als Macht überhaupt gerichtet: gegen den Satan (20,7-10). Doch nicht nur er, auch die von ihm zum Bösen getriebenen Menschen werden gerichtet. In 1Kor 15,24 erfahren wir nur, daß ἀρχή, ἐξουσία, δύναμις das Ende angesagt wird. Ihre Macht wird begrenzt durch die Macht Christi. Die Mächte müssen ihren Herrschaftsbereich abtreten, sie werden damit entleert, aufgelöst, vernichtet.

Dies wird im nächsten Vers bekräftigt. Es muß (δεῖ) geschehen, wie geschrieben steht. Die jüdische, wie auch die christliche Glaubenstradition beinhaltet dieses Festhalten an der Gerechtigkeit Gottes, die sich eines Tages durchsetzen wird. Wenn dies nicht geschehen würde, wäre die Praxis und die Vision der ChristInnen nur eine Täuschung (vgl. V.19).

Als letzte Macht wird der Tod unterworfen (V.26). Eine ähnliche Formulierung finden wir in der Apk:

»Siehe da, die Hütte Gottes bei den Menschen;
und er wird bei ihnen wohnen,
und sie werden sein Volk sein
und Gott selbst wird bei ihnen sein.
Und er wird abwischen alle Tränen von ihren Augen,
und der Tod wird nicht mehr sein,
und kein Leid noch Geschrei noch Schmerz wird mehr sein,
denn das Erste ist vergangen.« Apk 21,3

Nun nähert sich das Endkampf-Drama der Entscheidung und somit seinem Ende: Alles ist Christus unterworfen, unter seine Füße gebracht. Der Tod ist die letzte

Macht, die ihren Herrschaftsbereich aufgeben muß, nachdem alle anderen Mächte bereits aufgelöst worden sind.

Jetzt hören wir das erlösende Wort: Christus spricht (V.27), er kündet das Ende des Kampfes an. Alles ist getan, ist ihm unterworfen. Somit ist seine Aufgabe als ἀπαρχή, als Richter und Feldherr erfüllt.

Durch das erlösende Wort Christi ist das Bild des Endkampfes abgerundet. In V.28 schildert Paulus auf spannende Weise die Vision, die mit diesem Kampf erkämpft wurde: »unterwerfen« (ὑποτάσσειν) begegnet uns kurz hintereinander fünfmal. Das Unterwerfen überschlägt sich, wie gewaltige Wogen übereinanderstürzen und sich selber brechen, so ebbt das Herrschen, das Vernichten, Richten und Unterwerfen hier aus. Christus gibt sein τάγμα ab. Er gibt seine Unterwerfungsmacht ab, damit allein Gott alles in allem sein kann. Denn wenn es nichts mehr zu unterwerfen gibt, so wird auch diese Unterwerfungsmacht hinfällig, auflösbar. Christus gibt das Unterwerfen[113] auf – Gott braucht es nicht mehr, denn die Welt ist gerichtet und geläutert.

8.3 Mühe mit der militärischen Sprache

Wie wir oben (8.1.) festgehalten haben, schildert Paulus seine Hoffnung auf eschatologische Aufhebung der Gewaltverhältnisse mit dem Sprachbild der Endschlacht des Heeres Christi gegen seine Feinde. Obwohl von Paulus nur angedeutet, erscheint die Idee eines Heeres in Schlachtreihen vor dem inneren Auge, das mit Gewalt, mit Töten und Verletzen bereit ist, seinen Sieg zu erfechten. Wie kann ich als Theologin mit feministischer und pazifistischer Kritik am Weitertradieren militaristischer Werte und Vorstellungen mit dieser Tradition umgehen?

Ich möchte zuerst einige Kritikpunkte sammeln, bevor ich dazu theologisch Stellung nehme.

Als Beispiel, wie Feminismus und Pazifismus zusammengehen, möchte ich hier Petra K. Kelly zitieren:

»Meiner Meinung nach sind aktive Gewaltfreiheit und Pazifismus im radikalen Sinne nicht getrennt vom Feminismus zu verstehen. Feminismus und Pazifismus müssen beide aktiver gewaltfreier Kampf gegen die Kriegsmaschinerie, gegen die ›Produktion‹ von Helden, gegen Unterdrückung und Gewalt und Vergewaltigung sein.«[114]

---

113. Vgl. dazu Else Kähler, Die Frau in den paulinischen Briefen, S.196. Im Gegensatz zu ihr plädiere ich hier für die Übersetzung von ὑποτάσσειν mit »unterwerfen« (statt »unterordnen«), weil damit die Dynamik des Endkampfes besser zum Ausdruck gebracht werden kann.

114. Petra K. Kelly, Frauen-Friedenspolitik angesichts der drohenden Weltvernichtung, S. 514.

Kelly lehnt eine Gleichberechtigung um jeden Preis ab. Sie wendet sich vehement gegen einen Einbezug der Frauen in die Armee, weil von Armeen unendlich viel Gewalt und Leid ausging und -geht. Zudem hätten Armeen immer patriarchale Strukturen gefestigt.

»In einer Armee neben einem Mann zu stehen, hat nichts mit Gleichberechtigung und Emanzipation zu tun. Aber es hat für viele mit dem Töten und mit dem Sterben zu tun, es hat auch sehr viel mit Unterwerfen und Anpassung und Leistung zu tun und mit Disziplin, Gehorsam und Ordnung. Dies alles sind Qualitäten, die wir nicht verinnerlichen wollen.«[115]

Neben diesen militaristischen (Un-)Tugenden, die Kelly ablehnt, weigert sie sich auch, militärische Konfliktlösungen als Lösungen zu akzeptieren. Gewaltanwendungen bringen nie Frieden, nur neue Probleme.

»Bereit zum Frieden ist die, die gelernt hat, sich in einer Konfliktsituation in andere Menschen hineinzuversetzen, sie akzeptiert, die Hintergründe erfragt und versteht.«[116]

Statt gehorsames Sich-Einreihen hinter welches Banner auch immer, plädiert Kelly für zivilen Ungehorsam. Frieden schaffen heißt für sie, das Wechselspiel von Gewalt und Gegengewalt durchbrechen. Sie fordert widerständige Kreativität und Phantasie, ganz und gar nicht militärische Werte.

Das Militär ist Produkt eines Männertums, das sich in Abgrenzung zum zivilen Bereich – von Frauen und Kindern – definiert. Ein weiterer Kritikpunkt aus feministischer Sicht ist deshalb das Fehlen von Frauenerfahrungen in einer von militärischen Begriffen durchsetzten Sprache.

Bei einer Analyse der philosophischen Sprache Ernst Blochs fällt es Ch. Thürmer-Rohr auf, wie sehr sie von militärischen Metaphern durchsetzt ist. Zudem kritisiert sie ein Hoffen, das allzusehr vom »Vorwärtsstürmen« und Habenwollen gezeichnet ist und fragt nach Hoffnungsbildern, die aus den Alltagserfahrungen der Frauen stammen.

»Was sind die alltäglichen Hoffnungsbilder von Frauen, die das Nicht-auf-der-Stelle-Treten, das Vorwärtsgreifen der Träume bekunden?«[117]

Diese Frage ist für meine Suche nach einer frauengerechten Eschatologie fundamental. Kann mit einem Endkampf-Bild militärischer Art eine für Frauen gültige eschatologische Vision transportiert werden?

J. Ebach kennt pazifistische Kritik an apokalyptischer Sprache. Die apokalyptische Erwartung zeichne das Festhalten an der Vision von Gerechtigkeit aus. Doch hätten apokalyptische Vorstellungen auch Anteil an der Gewaltgeschichte, die sie überwinden möchte.

115. Ebd., S. 515.
116. Ebd., S. 519.
117. Christina Thürmer-Rohr, Vagabundinnen, S. 26.

»Soll man den Realismus bewundern, mit dem jene Texte erkennen lassen, daß es Gerechtigkeit nicht ohne die tatsächliche Entmachtung der Gewalthaber geben kann? (Und welcher Machthaber hat je seine Macht ohne Zwang preisgegeben?) Oder soll man mit Trauer wahrnehmen, daß noch die Hoffnung auf die menschliche Welt, auf den wirklichen Frieden vom Zwang zur Gewalt durchzogen bleibt?«[118]

Der apokalyptischen Sprechweise des Paulus an unserer Textstelle ist zugute zu halten, daß es um Aufhebung jeglicher Herrschaft und Gewalt geht. Am Ende gibt Christus sogar das Unterwerfen auf, damit Gott alles in allem sei und nicht, damit er über alle herrsche. So ist ja die Absicht des Paulus ganz klar eine herrschaftskritische. Und der Weg, diese Absicht umzusetzen, verlangt von denjenigen, die ihn gehen, den Einsatz ihrer ganzen Person. So weit verstehe ich die Wahl der Bildersprache des Paulus sehr gut.

Doch die hierarchischen Abhängigkeiten, die mit einem Heer assoziiert werden müssen, widersprechen meiner Vision von Gerechtigkeit als Gegenseitigkeit, Nähe und Freundschaft. Die Nachfolgebewegung der Gleichgestellten darf m.E. nicht in einem so hierarchischen System, wie es eine Armee nun einmal ist, abgebildet werden. Auch werden in dieser sprachlichen Abbildung in erster Linie nur Männer und ihre Erfahrungen von Kampf angesprochen. Heroismus, Herrschaft und Kontrolle sind Farbtöne, die mit dem Bild der militärischen Schlacht heraufbeschworen werden, die mit dem, was Frauen unter »Kampf« verstehen, so gar nichts zu tun haben. Beverly W. Harrison redet vom Kämpfen als »der Arbeit der Liebe«, der »Arbeit der menschlichen Kommunikation, des Sorgens und Behütens«, von der »Arbeit, die personellen Bindungen der Gemeinschaft zu pflegen«.
[119] Daß diese Arbeit nicht eine liebliche, friedliche ist, sondern auch Zorn und Kraft, Ausdauer, Energie und Geschick verlangt, versteht sich. Ich meine, daß die Rede vom »Gebären« z. B. eher dieser aufbauenden Arbeit der Liebe entspricht, ohne das Ringen zwischen Leben und Tod zu verdrängen, aber in Richtung auf das Leben, Behüten und Sorgen zeigt.

In diesem Sinn mache ich bei der militärischen apokalyptischen Sprache, die auch Paulus hier übernimmt, einen feministischen Vorbehalt.

8.4 Zusammenfassende Deutung des apokalyptischen Bildes

Wir haben nun gesehen, welch großen Raum das Gericht (V.24-26) einnimmt. Die Auferstehung der Entschlafenen muß letztlich auch in diesem gerichtlichen Horizont gesehen werden und stellt keinen Selbstzweck dar. Sie ist die Voraussetzung für das Gericht. Zudem drückt sie die Hoffnung auf die Gerechtigkeit Gottes aus. Das Gericht bedeutet aber nicht – wie wir heute vielleicht verbildet meinen – eine trockene Gerichtsverhandlung in einem Gerichtssaal, sondern ist hier

---

118. J. Ebach, Apokalypse, S. 44.
119. Beverly W. Harrison, Die neue Ethik der Frauen, S. 15.

als Kampf des Heeres Christi gegen alle gottfeindlichen Mächte gedacht. Das Gericht wird den Welt-Mächten angesagt. Sind diese nun dämonische Mächte einer Zwischensphäre oder gehören sie in die politisch-reale zwischenmenschliche Welt? So wie Paulus diese Frage an unserer Textstelle in der Schwebe läßt, möchte ich versuchen, sie ein Stück weit offen zu lassen. Denn es gibt durchaus Grauzonen, Schnittpunkte, zwischen Dämonenwelt und politischer Realität: Wichtig ist mir, hier festzuhalten, daß Paulus den Kampf nicht bestimmten Menschen (z.B. Königen) ansagt. Vielmehr hat er die dahinterliegenden Mächte und Ursachen im Blick. Wo wir heute strukturelle Gewalt erkennen, sah der apokalyptische Blick dämonische Mächte, Zwänge, die Ungerechtigkeit und Unglück bewirken. Daß diese Zusammenhänge des Bösen dämonischer Natur sind und dennoch real in unsere durch politische Tatsachen bestimmte Welt hineinspielen, ist vielleicht eher ein Sprachproblem als ein undenkbares Ding: Heute reden wir von Analysen statt von Gesichten, von struktureller Gewalt statt von dämonischen Kräften, von Sachzwängen statt von der »Natur« der Dinge ...

Ein wichtiges Wort in der Beschreibung des Endkampfes stellt τάγμα dar.

ἕκαστος δὲ ἐν τῷ ἰδίῳ τάγματι. Ἀπαρχὴ Χριστός ... (1Kor 15,23)

Ich schlage vor, um diesen Vers besser zu verstehen, einen Blick auf 1Kor 7,20 zu werfen.

ἕκαστος ἐν τῇ κλήσει ᾗ ἐκλήθη, ἐν ταύτῃ μενέτω. (1Kor 7,20)

Auch hier ist es umstritten, worin jeder bleiben soll: Ordnung, Stand, Beruf, Berufung ...? S. Scott Bartchy hat in seiner sozialgeschichtlichen Dissertation[120] herausgearbeitet, wie es um die SklavInnen und die Sklaverei zu Paulus' Zeiten stand. Der Vers 20 ist nach Bartchy nicht verfaßt worden, um unruhige SklavInnen an ihrem Platz zu halten (131), wie viele moderne Ausleger meinen. Κλῆσις beziehe sich vielmehr auf Gottes Ruf und nicht auf den sozialen Status als SklavIn (137). So übersetzt Bartchy 1Kor 7,20 frei:

»Let each one continue in that calling with which he was called.« (139)

Was wirklich zählt, ist nicht der religiöse oder soziale Status, sondern »keeping the commands of God« (130). Die oberste Aufgabe eines korinthischen Christen sei es, zu leben »according to the fact that God had called them«. Diese Berufungs-Theologie, die Bartchy uns aufgrund sozialgeschichtlicher und exegetischer Studien an dieser Stelle 1Kor 7,15-20 einleuchtend aufzeigt, weist uns erneut auf das hermeneutische Problem hin, das wir oben schon diskutiert haben: Wie müssen wir uns die korinthische Gemeinde vorstellen? Mit der traditionsreichen Deutung: »Ein jeder bleibe in seinem Stand« wird Paulus ein Appell für die Aufrecht-

120. S. Scott Bartchy, ΜΑΛΛΟΝ ΧΡΗΣΑΙ.

156

erhaltung der gesellschaftlichen Ordnung unterschoben.[121] Dieser Appell wäre dann ganz im Sinn des christlichen Liebespatriarchalismus zu deuten: Die gesellschaftlichen Hierarchien, Rollendifferenzierungen und Statusunterschiede des Patriarchats müssen (auch von SklavInnen) akzeptiert werden. Die Interpretation Bartchys weist uns aber in eine ganz andere Richtung: Der religiöse oder soziale Status zählt vor Gott nicht. Wichtig ist nur, ob der/die ChristIn in Gottes Ruf bleibt. Der religiöse oder soziale Status kann also verändert werden (willentlich oder unwillentlich), die Berufung Gottes gilt es aber weiter zu leben.

Wie ich oben gezeigt habe, verstehen die meisten Kommentatoren τάγμα zeitlich als »Ordnung, Reihenfolge«. So deuten sie 1Kor 15,23 als Appell zur Geduld und Einordnung in das Endgeschehen: »Jeder in seiner ihm bestimmten (Rang-)Ordnung«. Zuerst ist Christus auferstanden, dann werden die, die zu ihm gehören, auferstehen.

Ich hingegen halte es für wichtig, im Bild des Endkampfes zu bleiben und nach einer Übersetzung von τάγμα zu suchen, die nicht einen Bildbruch darstellt. Darum schlage ich vor, im lokalen Sinn zu übersetzen: »Jeder dort, wo er hingestellt wurde«. Dies weckt sogleich die Frage: von wem hingestellt?

Diese können wir aber beantworten, wenn τάγμα in V.23 gleich von ἀπαρχὴ Χριστός gefolgt wird. Ein jeder hat seinen Platz, seine Aufgabe und Funktion im Heer, die ihm sein »Anführer« bestimmt.

Jeder Ort entspricht einer militärischen Funktion.[122] So können wir also sinngemäß übersetzen:

»Jeder kämpft an dem Ort, an den er von Christus, dem Anführer, beordert ist.«

Dies soll für ChristInnen gelten, die als Lebendiggewordene für ihre Vision von der Gerechtigkeit Gottes zusammen mit Christus streiten.

Die Berufungstheologie, wie sie uns Bartchy gezeichnet hat, finden wir hier in militärischer Bildsprache ausgedrückt. Statt des Verbes »rufen« liegt hier »ordnen, hinstellen« vor, statt »in der Berufung bleiben« könnten wir »an dem militärischen Ort innerhalb des Heeres streiten« lesen, statt »berufen von Gott« haben wir hier »hingestellt vom Anführer Christus«.

---

121. Z. B.: »Er erwartet, daß sich der Christ in der bestehenden Ordnung bewährt und sie gerade als solcher bestimmt.« (A. Strobel, Brief an die Korinther, S.125); »Paulus hat am Ende geahnt, daß die neue ›Religion‹ Anlaß zu sozialen Veränderungen bieten könnte. Es klingt wie eine abschließende ernste Weisung, wenn er verlangt, jeder soll in dem ›Stand‹ bleiben, den er innehatte, als ihn Gottes Ruf traf.« (E. Fascher, Der erste Brief des Paulus an die Korinther, S.194). Ebenso ist W. de Boor zu verstehen (Der erste Brief des Paulus an die Korinther, S.131), wenn er sich besonders gegen weibliche Selbstverwirklichung wendet.
122. Der Mannschaftsstand des römischen Heeres war sehr differenziert und bestand aus vielen τάγματα. Siehe dazu: J. Bleicken, Verfassungs- und Sozialgeschichte des Römischen Kaiserreiches.

Wie sieht ein Heer aus, das Christus anführt? Ist es nach denselben hierarchischen Prinzipien aufgeteilt wie z.B. das Heer des Imperator Romanorum? Wie sehen die Aufgaben aus, die Christus seinen Gefolgsleuten zuweist?

Diese Fragen werfen Licht auf die korinthische Gemeinde. Christus bestimmt die Rangfolgen, ordnet sein Heer nach seinen Prinzipien. Daß diese nicht mit denjenigen des Patriarchats identisch sind, liegt auf der Hand. So bestimmt letztlich das Christusbild, wie wir uns sein Heer, das Zusammenleben und -streiten seiner Gefolgsleute vorstellen. Christus hat als endzeitliche Gestalt die eschatologische Umkehrung eingeleitet. Diese ist, wie wir in den untersuchten apokalyptischen Texten gesehen haben, durchaus politisch und für diese Erde gemeint. Es geht um das Auflösen jeglicher Herrschaft, Gewalt und Machtausübung. Dem herrschenden heidnisch-römischen Patriarchat mit seinen Ausbeutungsverhältnissen gegenüber Frauen, SklavInnen, besiegten Völkern u.a.m. ist der Kampf angesagt. Aber nicht ein Kampf, der neue SiegerInnen und VerliererInnen bringen wird. Die Klassen der SiegerInnen, der HerrscherInnen wie der Unterworfenen wird es nicht mehr geben.

Die Vision des Paulus entwirft einen herrschaftsfreien Raum, in dem Gott sich ganz entfalten kann. Christus besiegt alle Mächte und zwingt sie unter seine Füße. Somit ist er letztlich der Sieger, der Oberste. Aber auch dies »oben« und »unten« wird umgekehrt, indem sich der Oberste unterwirft: Es soll kein »Oben« mehr geben. Interessant ist, daß auch von Gott keine Herrschaftsaussagen gemacht werden. Gott herrscht am Ende nicht, sondern er *ist* alles in allem. Eine radikalere eschatologische Umkehrung kann nicht gedacht werden.

Mit dieser radikalen Vision, die nicht einmal Gott als Herrschenden sieht, läßt sich kein Liebespatriarchalismus vereinen. Herrschaft von Menschen über Menschen – und sei es milde und gutgemeinte – hat in dieser Vision keinen Raum. In der neuen Welt Gottes wohnt Gerechtigkeit, so daß sogar Gott sein Herrscheramt ablegen und mit den Menschen lachen und weinen kann.

Unsere Analyse der Endschlacht-Vision läßt sich folgendermaßen zusammenfassen:

a) In unserem Text 1Kor 15,19-28 geht es um die Hoffnung auf die Gerechtigkeit Gottes.

b) Diese Hoffnung ist durch das apokalyptische Bild der Endschlacht ausgedrückt.

c) Auferstehung zum gerechten Gericht Gottes ist Inhalt dieser Hoffnung.

d) Das Gericht vernichtet alle gottfeindlichen Mächte.

e) Die Vision muß erkämpft werden in einem großen Ringen, das von Christus und von seinen Gefolgsleuten vollzogen wird.

f) Die Endvision beinhaltet keine Herrschaft mehr. Jegliche Herrschaft wird aufgelöst.

g) Die radikale Schilderung der Aufhebung jeglicher Herrschaft läßt einem (Liebes-)Patriarchat keinen Raum.

h) So scheint das Modell der Frauenkirche für die korinthische Gemeinde weiterführender zu sein. Mit »Frauenkirche« ist eine Gemeinschaft gemeint, die die Vision vom herrschaftsfreien Raum, wo Gott sich entfalten kann, so ernst

nimmt, daß sie keine ungerechten Beziehungen unter ihren Gliedern beför-
dert. Es ist durchaus eine »Kirche der Armen« im Sinne der Befreiungstheologie. Um aber deutlich zu machen, daß die Frauen die Unterklasse innerhalb
jeder historischen Gruppe sind und auch die Beziehung zwischen Frauen und
Männern gerecht gemacht werden müssen, gebrauche ich hier den Begriff
»Frauenkirche«. Denn eine völlig herrschaftsfreie Gemeinschaft ist eine Gemeinschaft der Gleichgestellten in jeder Beziehung (s. o. Fußnote 101).

V.
Die gebärende Erde: 4Esra

1. Einleitung: Nach Hoffnung Ausschau halten

4Esra ist ein jüdisches Buch. Das bedeutet für uns, daß wir als christliche Theolog-Innen uns ihm mit gebührendem Respekt nähern müssen. Die Diskussion um ein Verständnis der apokalyptischen Theologie des 4Esra wird in Auseinanderset-zung mit dem Buch als einem Stück jüdischer Tradition geschehen. Vereinnah-mungen durch christliche ExegetInnen sollten vermieden werden.[1] Wenn wir von vornherein annehmen, daß der Verfasser ein minderwertiger Theologe gewesen sei, weil er kein Christ war, werden wir von der Lektüre des Buches nichts lernen können.

Dieselbe hermeneutische Offenheit gilt es bezüglich der Tatsache zu bewah-ren, daß 4Esra zur apokalyptischen Tradition gehört. Der Apokalyptik werden nach wie vor viele Vorurteile entgegengebracht, was ihre Theologie wie ihren Bilderreichtum betrifft. Wir wollen hier versuchen, anhand einiger Textstellen des 4Esra Verständnis und Einsicht zu gewinnen für die theologische Absicht des Verfassers. Ich möchte das Buch innerhalb des Widerstandsstromes verstehen, der es hervorgebracht hat. Der Widerstand galt der Unterdrückung, die die Juden und Jüdinnen von den Römern als Kolonialherren erfuhren. 4Esra wird richtig in den 90er Jahren des ersten Jahrhunderts zu datieren sein, ca. 30 Jahre nach der Zerstörung Jerusalems durch die römische Imperialmacht.[2] Diese militärische Niederlage bedeutete das Ende des Tempels in Jerusalem, die Verwüstung des Heiligtums. Unzählige Menschen verloren ihre Heimat durch die Besetzung und das Verbot der Sieger, sich in der Ruinenstadt aufzuhalten. So war die Katastro-phe in politischer, religiöser und menschlicher Dimension von größter Tragweite für das jüdische Volk.

Der Verfasser von 4Esra stellt sich diesen Problemen. Er nimmt vor allem das Leiden der Menschen seiner Gegenwart auf und läßt seine Theologie dadurch bewegen. Der Dialog zwischen Esra/Salathiel und dem göttlichen Interpres kann manches Mal mit den Anfragen Hiobs verglichen werden: Warum bleiben die Gottlosen leben? Der Frevler und der Fromme sterben beide, beide deckt der

---

1. So z.B. »Es sind dies Stimmungen, wie sie Paulus vor seiner Bekehrung durchkostet haben muß; er hat aus solcher qualvollen Heilsunsicherheit den Ausweg gefunden ... Der Verfasser des IV Esra ist von diesem Ausweg weit entfernt; er ist für einen sol-chen prinzipiellen Bruch nicht groß genug ...« H. Gunkel, Das vierte Buch Esra, S. 339.
2. So auch L. Rost, Alttestamentliche Apokryphen und Pseudepigraphen, S. 93.

Staub zu (Hi 21,7-34). Währenddem fragt Esra: Handeln denn die Einwohner Babels besser? Oder welche Nation erfüllt deine Vorschriften (4Esra 3,28ff.)? Dabei vertritt Esra die Seite der gläubigen Tradition des Judentums, die Hilfe sucht im Zwiegespräch mit Gott. Die Stellung des göttlichen Interpres ist hingegen schillernd, denn durch seine Antworten wird Esra auf Unerwartetes hingewiesen (z.B. »geh hin und frage die Schwangere...« 4,40). Durch ihn wird auch das Gottesbild geprägt. Teils bleibt Gott hinter dem Engel verborgen, teils wird er mit ihm identisch. Esra erkennt ihn auch als innere Stimme (5,15). Immer wieder weist der Interpres die hilfesuchende Erwartung Esras von sich, indem er Esra durch Bilder und Gleichnisse zum Denken und Analysieren anregt und auf sich selbst verweist (6,10). Esra findet keinen allmächtigen Gott, der alles weiß und Rezepte verteilt, die als Dogmen zu glauben wären. Aber die lange und hartnäckige Auseinandersetzung bringt Esra dennoch die Kraft, 94 Bücher zu schreiben (14,44). Womit füllt er diese Bücher, da die Antworten des Interpres doch recht dürftig ausfallen? Wir finden statt konkreter Antworten des Interpres seine unermüdliche Geduld, seine Bereitschaft, sich mit dem fragenden Menschen auseinanderzusetzen. So zahlt sich das Ringen Esras mit seiner Verzweiflung und seinem Gott, mit seiner Glaubenstradition, dennoch aus.

Wer die unermüdlichen Fragen Esras nach der Zukunft, dem Ende des Leidens und die geduldigen Antworten des Interpres genau liest, kann feststellen, daß die »Berechnungen« bezüglich des Endes, die die Apokalyptik laut vieler Kommentatoren anstelle, hier nicht zu finden sind. Der Interpres geht auf die »wie lange noch«- Fragen Esras nicht ein. Im Gegenteil – seine Antworten verweisen Esra immer wieder auf sich selber: Er selbst muß erkennen, wie es mit der Welt steht, ihm müssen die Augen aufgehen. Dieser schmerzhafte Erkenntnisprozeß kann ihm nicht abgenommen werden.

Die Geduld des Interpres und die Ungeduld Esras, die ihn zu immer neuen Frage-Attacken treibt, werden schließlich belohnt. Esra wendet sich seinem Volk zu, das auf ihn angewiesen ist. Das Ringen mit Gott führt Esra letztlich dazu, was Phaltiel, der Fürst des Volkes, schon lange von ihm wünschte: Esra soll sein Volk ob all seinem Fasten und Beten nicht vergessen (5,16-18). Die Ermahnung Gottes, Esra soll sein Haus bestellen, die Armen trösten, das Volk ermahnen, die Weisen lehren (14,3), findet Gehör, als Esra zu schreiben beginnt. Er hat sich vom kritischen Frager zum schöpferischen Theologen verändern lassen; aus dem einsamen Faster wurde ein Hirte für sein Volk.

Daher halte ich die Beziehungstheologie des Buches für einen wichtigen Verstehensfaktor. Die Auseinandersetzung Esras mit dem Interpres, sein unaufhörliches Nachhaken, so wie das geduldige Rede- und Antwortstehen des Interpres zeigen, wie fest die Beziehung zwischen Menschen und Gott auch in schwierigen Zeiten sein kann. Esra läßt nicht nach – der Interpres weist ihn nicht ab. In der verzweifelten politischen Situation des jüdischen Volkes kann es nur diese Art von Beziehung zu Gott geben: rechten – streiten – ringen um Gerechtigkeit, Anerkennung des Leidens, ringen um Trost, um Visionen, um neue Lebensmöglichkeiten. Gott fallen lassen, hieße den Unterdrückern Recht geben und käme daher politischer Anpassung gleich. Gott loben, kommt in dieser Situation nicht in Frage, wo so viel Leid zu ertragen ist. Es wäre ein Leugnen der Realität. Also bleibt nur: Ringen mit Gott, mit den Glaubenstraditionen, mit der eigenen Verzweiflung, um zu neuer Kraft und Hoffnung zu gelangen.

Das Ringen, das Esra in seiner intensiven Gottesbeziehung aushält, wird letztlich Gegenstand der eschatologischen Aussagen des Buches. Der Interpres verweist Esra mehrmals auf die Gebärenden: Sie soll Esra befragen, um mehr über die eschatologischen Ereignisse zu erfahren (4,40-42; 5,46-49; 5,50-53). Das Ringen um Hoffnung und neues Leben ist auch das Ringen der Gebärerinnen mit den Wehen, mit ihrem Kind, mit ihren Kräften.

So halte ich diesen Aspekt der apokalyptischen Eschatologie für sehr bedeutend: Um die Vision des neuen Lebens, der Gerechtigkeit muß gekämpft werden. Dieses Kämpfen kann auch im militärischen Schlachtenbild als Kämpfen mit den bösen Mächten ausgedrückt werden (vgl. 1Kor 15,19-28). Es ist aber zentral in der Gebärarbeit der Frauen verkörpert, wie wir weiter unten in dem sozialgeschichtlichen Teil sehen werden.

Eine weitere eschatologische Hauptaussage des 4Esra ist: Das Ringen wird Verwandlung bringen. Diese Verwandlung betrifft sowohl Esra selbst, wie auch die Erde. Esras Veränderung können wir am Ende des Buches wahrnehmen – diejenige der Erde bleibt aber noch aus und somit Gegenstand der eschatologischen Hoffnung. So glaube ich, eine Widerstands-Eschatologie erkennen zu können, die ihre Kraft aus dem Ringen um neue Lebensmöglichkeiten und um Gerechtigkeit und somit aus der ungebrochenen Beziehung zu Gott als dem Gerechten bezieht.

2. Textbeispiele

Im Folgenden werde ich die Textstellen des 4Esra zeigen, in denen »gebären« eine wichtige Rolle spielt. Allerdings werde ich hier nur das Gebären von Frauen betrachten und nicht die Vorstellung von der gebärenden Erde behandeln (s.u.).

Ich zitiere die Texte in deutscher Übersetzung von P.Rießler.[3] Seine gewundenen Formulierungen und der Versuch, eine Art Versmaß zu finden, sind zwar durch neuere Übersetzungen[4] überholt. Doch mir gefallen die altertümlichen Wendungen, die dem Text sein Geheimnis belassen und eine Art apokalyptische Poesie ahnen lassen. Auf die lateinische Fassung werde ich bei der exegetischen Arbeit zurückgreifen.

3. Paul Rießler, Altjüdisches Schrifttum, S. 256-309.
4. G. Volkmar, Das vierte Buch Esra; J. Schreiner, Das 4. Buch Esra.

Die Zeichen aber sind:
Es kommen Tage, da packt die Erdbewohner ein gewaltiger Schrecken.
Verborgen ist der Wahrheit Weg,
und leer von Glauben wird das Land.
Mehr Ungerechtigkeit wird's geben, als du selber siehst,
und wie du sie von früher hörtest.
Das Land, das du jetzt herrschen siehst,
wird unbegangene Wüste werden;
man wird es ganz verlassen sehn.
Wenn aber dich der Höchste es erleben läßt,
dann schaust du es zum dritten ganz verwirrt.
Da scheint die Sonne plötzlich in der Nacht,
der Mond am Tag.
Von Bäumen träufelt Blut;
es schreien Steine; in Aufruhr kommen Völker und Sterne in Verwirrung.
Zur Herrschaft kommt,
auf den die Erdbewohner nimmer hoffen;
die Vögel wandern aus.
Und Fische wirft das (Sodoms) Meer heraus
und brüllt des Nachts mit einer Stimme,
die viele nicht verstehen,
doch alle hören.
Es tut der Abgrund sich an vielen Orten auf
und häufig bricht ein Feuer aus;
die wilden Tiere lassen ihr Revier
und Weiber bringen samt den Regeln
gar Mißgeburten auf die Welt.
Es findet sich im süßen Wasser salziges
und Freunde kämpfen plötzlich miteinander.
Es birgt sich die Vernunft;
in ihre Kammer flieht die Einsicht.
Von vielen wird sie aufgesucht,
doch nicht gefunden.
Der Ungerechtigkeit, des Mutwillens wird viel auf Erden sein.
Dann fragt ein Land das andere und spricht:
Kam etwa die Gerechtigkeit, die Rechtes tut, durch dich?
Und diese gibt zur Antwort: Nein!
In jenen Zeiten wird es sein:
Die Menschen hoffen; doch sie erlangen nichts;
sie mühen sich ab
und kommen nicht ans Ziel. (5,1-12)

Es kommen Tage,
dann komme ich, die Erdbewohner heimzusuchen.
Dann suche ich der schlimmen Frevler Missetat,
ist Sions Ohnmacht voll geworden.
Und ist die Welt versiegelt,
die zu vergehen beginnt,

dann wirk ich diese Zeichen:
Es werden Bücher vor dem Angesicht der Feste aufgetan
und alle schauen sie auf einmal.
Und jährige Kinder sprechen
und Schwangere haben Frühgeburten
im dritten und im vierten Mond
und solche bleiben lebend und beweglich.
Und plötzlich stehen angesäte Felder ohne Frucht,
und volle Scheunen werden plötzlich leer erfunden.
Und laut schallt die Trompete;
bei ihrem Klang wird alles plötzlich zittern und erbeben.
In jener Zeit bekämpfen Freunde sich als Feinde,
daß sich die Erde selbst mit ihren Einwohnern entsetzt.
Und Wasserquellen stehen still
und laufen nicht drei Stunden lang.
Wer aber übrig bleibt aus all dem, was ich dir vorausgesagt,
der wird gerettet werden
und wird mein Heil erblicken
sowie das Ende meiner Welt.
Dann schaut man jene Männer,
die einst hinweggenommen wurden und
die den Tod seit der Geburt nicht kosteten.
Dann wird der Erdbewohner Herz verändert,
zu neuem Geiste umgewandelt.
Dann wird das Böse ausgetilgt,
der Trug vernichtet.
Der Glaube aber blüht;
besiegt wird das Verderbnis;
kund wird die Wahrheit,
die allsolange ohne Frucht geblieben. (6,18-28)

Er sprach zu mir:
Geh hin und frag die Schwangere,
ob nach neun Monden noch ihr Schoß
das Kind bei sich behalten kann?
Ich sprach:
Gewiß nicht, Herr!
Er sprach zu mir:
Dem Mutterschoße gleich sind in der Unterwelt die Wohnungen der Seelen.
Denn, gleich wie ein gebärend Weib
sich von Geburtsnöten recht bald befreien will,
so eilen jene auch, zurückzugeben,
was ihnen ward von Anfang anvertraut. (4,40-42)

Er sprach zu mir:
Frag nur den Mutterschoß
und sprich zu ihm:
Gebärest du zehn Kinder,
warum doch jedes nur zu seiner Zeit?

Ersuche ihn,
auf einmal zehn zur Welt zu bringen!
Ich sprach:
Unmöglich kann er dies,
vielmehr ein jedes nur zu seiner Zeit.
Er sprach zu mir:
So hab auch ich die Erde selbst zu einem Mutterschoß gemacht
für alle, die zu ihrer Zeit in sie gesäet sind.
Denn, wie die Greisin nicht gebiert
und nicht das Kind,
so hab ich auch für die von mir geschaffene Welt
die Ordnung festgelegt. (5,46-49)

Ich fragte:
Du hast mir schon den Weg gewiesen;
jetzt möcht ich weiter vor dir sprechen:
Ist unsre Mutter, die du nanntest, jung;
ist sie dem Alter nah?
Er sprach zu mir:
Frag die Gebärerin!
Sie kann's dir sagen.
Sprich so zu ihr:
Weshalb sind deine jüngsten Kinder
den älteren nicht gleichgestaltet, sondern minderkräftig?
Dann wird sie selber dir erwidern:
Die in der Blüte Kraft erzeugt,
sind anders als des Alters Kinder;
da hat der Schoß die Kraft verloren.
Ermiß nun selber,
daß ihr doch weniger kräftig seid als eure Ahnen!
Desgleichen eure Nachkommen noch weniger, als ihr;
die Schöpfung ist schon alt
und über ihre Jugendkraft hinaus. (5,50-55)

Sagst du mir aber:
»Mein Jammer gleicht nicht dem der Erde;
ich habe meines Leibes Frucht verloren,
die ich in Mühen kreißte,
mit Schmerz gebar.
Der Erde geht es aber nur natürlich.
Die Menge, die drauf lebte,
ging hin so, wie sie kam.«
»Ich sage dir:
Wie du mit Schmerz gebarest,
so brachte auch die Erde ihre Frucht,
den Menschen ihrem Schöpfer
sogleich zu Anbeginn hervor.« (10,12-14)

3. Sozialgeschichtliches Material zum Komplex des Gebärens

Im folgenden geht es mir darum, aus antiken Quellen Material zusammenzutragen, das zum großen Komplex des Gebärens gehört. Diese Informationen können uns helfen, einen Eindruck zu bekommen, was über die Gebärarbeit gedacht wurde. Einzelne Fakten können wir direkt zur Interpretation unserer Gebär-Textstellen heranziehen. Aber auch wo dies nicht der Fall ist, wird durch das Beleuchten des Hintergrundes ein anderes Licht auf die Textstellen fallen. Ich werde die Informationen nach verschiedenen Aspekten ordnen, die rund ums Gebären wichtig sind und uns eine Stimmung vermitteln über eine Frauenarbeit, die meist im toten Winkel für Kommentatoren liegt.

3.1 Gebärmutter

Der Arzt Soranus von Ephesus (anfangs 2. Jh.) ist eine Hauptquelle für unsere Fragen. Über die Aufgaben der Gebärmutter sagt er:

»Zu manchen Zeiten öffnet sich der Mund, so bei der Aufregung des Coitus, um den Samen aufzunehmen, bei der monatlichen Reinigung, um Blut auszuscheiden, endlich in der Schwangerschaft, im Verhältnis zum Wachstum des Embryos. Bei der Geburt öffnet es sich am weitesten ...«[5]

So gehören zu den Funktionen der Gebärmutter: die monatliche Reinigung, Empfängnis, Schwangerschaft und Geburt.

Interessant ist die Bennenung der Gebärmutter bei Soran. Er nennt sie μήτρα, ὑστέρα oder δελφύς. Μήτρα heiße sie, weil sie die Mutter aller erzeugter Früchte sei; weil sie zur Mutter mache; weil sie das Zeitmaß (μέτρον) für Reinigung und Geburt gebe. Ὑστέρα werde sie genannt, weil sie erst spät in Funktion trete; weil sie (annähernd) den Schluß der Eingeweide bilde. Δελφύς heiße sie, weil sie zum Gebären von Geschwistern bestimmt sei.[6] Den pathologischen Vorfall der Gebärmutter erklärt Soran damit, daß sie »wie andere Teile Reizbarkeit hat und deswegen durch Kälte sich zusammenzieht und unter ausdehnenden Einflüssen wieder erschlafft«.[7] Interessanterweise ist er nicht wie andere der Ansicht, daß die Gebärmutter ein Tier sei.[8] Er vergleicht den Uterus mit einem Schröpfkopf (Abb. 2) und gibt die Vorstellung von der Ähnlichkeit des Organes mit dem Tragsack

---

5. Soranus von Ephesus, Περὶ γυναικεὶων, 1. Buch, III 10 (Im folgenden abgekürzt mit »Soranus«).
6. Soranus, 1. Buch, III, 6.
7. Soranus, 1. Buch, III, 8.
8. Soranus, 1. Buch, III, 9.

eines Tieres auf.[9] Zwischen Uterus, Magen und Gehirn bestehe ein Konsens, wie auch zwischen Uterus und Brüsten.[10]

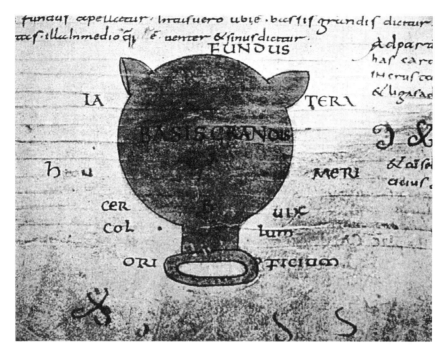

Abb. 2:
Älteste Abbildung der Gebärmutter in der Sorantradition aus dem 9. Jh. – Aus: P. Diepgen, Die Frauenheilkunde der Alten Welt (= Handbuch der Gynäkologie, Hg. W. Stoeckel, Bd. 12/1), München 1937, Abb. 40.

Die Pluralbezeichnung hat Soranus aufgegeben. Aber bei Hippokrates (um 460-377) können wir sie noch finden: Er nennt den Uterus αἱ μῆτραι und αἱ ὑστέραι. Der Plural entspricht der Vorstellung vom Uterus als mehrfache Höhlen.[11] Bei Claudius Galenus (129-199) finden sich wieder Pluralbezeichnungen, was darauf zurückzuführen ist, daß der Uterus als bisinuatus vorgestellt wird. Der Uterus habe wie der Magen die Kraft, den Inhalt zurückzubehalten oder auszustoßen. Deshalb redet Galen von der vis retentrix (δύναμις καθεκτική) und der vis expultrix et propultrix (δύναμις ἀποκριτική). Die facultas expultrix beginnt zu wirken, wenn die Säfte im Uterus es veranlassen. Galenus hat diesbezüglich eine

<hr>

9. Soranus, 1. Buch, III, 8-9.
10. Soranus, 1. Buch, III, 15.
11. H. Fasbender, Geschichte der Geburtshilfe, S. 10.

Theorie, sowohl was den Uterus wie auch was den Magen betrifft. Ist etwas im Uterus nicht in Ordnung (z.B. Krankheit des Kindes), betrifft das in erster Linie die Uterusflüssigkeit. Hat es aber zu viel davon oder zu wenig, oder tropft sie heraus oder stimmt ihre Qualität nicht mehr, dann beginnt sich der Uterus von der Frucht zu trennen. Dann kommt es entweder zur Fehlgeburt oder, im richtigen Zeitpunkt der Schwangerschaft, zur Geburt. Aber auch die Kindsbewegungen können den Zeitpunkt der Geburt bestimmen.[12] Galenus ist der erste Arzt, der auf die Muskulatur des Uterus hinweist. Die einzelnen Schichten der Muskulatur ziehen sich während der Wehen zusammen. Dennoch ist das Herauspressen des Kindes eine Aufgabe der Gebärenden, nicht eine Fähigkeit oder Tätigkeit des Uterus.[13] Im Papyrus Ebers (16. Jh. v.Chr.) werden die Vulva, Schamlippen, Scheide und Gebärmutter erwähnt. Letztere heißt: Mutter der Menschen.[14] Platon (427-347) nennt die Gebärmutter »Ζῷον ἐπιθυμητικὸν ἔνον τῆς παιδοποιίας« (ein Lebewesen, das begierig darauf ist, Kinder zu schaffen), das, wenn nicht befriedigt oder im Alter, im Körper herumwandere und eine Reihe von Belästigungen hervorrufe.[15] Diese Vorstellung teilten auch die Ägypter: Der Uterus sei ein animalisches Wesen, ähnlich einer Kröte, das sich selbständig im Leib hin- und herbewegen, besonders aber auf- und niedersteigen könne.[16] Die Bewegungen des Uterus beschäftigten auch Aretaios (um 200 v.Chr.): Der Uterus reagiere bezüglich Geschmack wie ein Tier. Er folge den duftenden Dingen wie aus Vergnügen und fliehe vor unangenehmen Sachen wie aus Abscheu.[17] Hippokrates bemerkt zu dem Zusammenhang Krankheit – Uterus lakonisch:

»Die Gebärmutter ist an allen Krankheiten schuld.«[18]

Celsus (um 25 v.Chr.- 65 n.Chr.) nennt eine ganz üble Krankheit:

»From the womb of a woman, also, there arises a violent malady; and next to the stomach this organ is affected the most by the body, and has the most influence upon it. At times it makes women so insensible that it prostrates her as if by epilepsy ...«[19]

Bevor ich mich dieser Krankheit genauer zuwende, möchte ich hier noch auf interessante klangverwandte Wörter hinweisen, die ganz andere Assoziationen zum »Gebären« auslösen, als wir im Deutschen gewohnt sind:

12. Galen, Natural Faculties, lib. III 183-184.
13. Galen, Natural Faculties, lib. III 152.
14. H. Fasbender, Geschichte der Geburtshilfe, S. 4.
15. Platon, Timaios 91c.
16. F. Reinhard, Gynäkologie und Geburtshilfe, S. 315-344.
17. Aretaeus, On the Causes and Symptoms, S. 225.
18. Die Werke des Hippokrates, XXIV, S. 12.
19. Cornelius Celsus, On Medecine 6,27, S. 230.

δέλφαξ:	Schwein, Ferkel
Δελφίνιος:	Beiname des Apoll
δελφίς:	Delphin
δελφύς:	Seetier, das lebendige Junge gebiert und säugt
Δελφοί:	ursprünglich Pytho, Mittelpunkt der Erde
δελφύς:	Gebärmutter, Mutterschoß, Leibesfrucht[20]

Auch bei ὑστέρα als Bezeichnung für uterus gibt es bemerkenswerte Zusammenhänge sprachlicher Assoziationen.

ὑστάτη:	letzter Tag, letzter Termin
ὕστατος:	letzter, äußerster, spätester
ὑστεραῖος:	folgender, am folgenden Tag
ὑστεραῖα:	der folgende Tag
ὑστερέω:	später sein, verfehlen, versäumen, Mangel haben, schwächer sein, mangeln, fehlen, zurückgeblieben sein
ὑστέρημα:	das Entbehren, die Armut[21]

In der griechischen Sprache klingen mit der Wurzel δελφ-Bezüge zum Göttlichen (Apollon, Pytho), zum Wunderbaren, daß ein Seetier lebendige Junge gebiert (im Gegensatz zu den Fischen), zur großen Fruchtbarkeit des Schweines, die im Bild der Ferkelmutter zur Verehrung kommt, an. Ganz andere Assoziationen schwingen bei ὑστέρα mit: die zeitliche Dimension wird mit »später sein« angesprochen, aber auch der äußerste Punkt der Zeitlinie, das Äußerste, Letzte, das noch denkbar erscheint. Dies Letzte hat mit dem Ende zu tun, mit der Grenze der Zeit. So läßt uns ὑστέρα ähnlich wie μήτρα in den Bereich des Zeitmaßes vorstoßen, das die Vollendung der Schwangerschaft, die Reifung der Frucht mitmeint.

3.2 Hysteria – Eine Krankheit

Die Hysterie hat ihre Bezeichnung zu gleicher Zeit von dem leidenden Körperteil und von einem Symptom, nämlich dem Stickkrampf.[22]

Den Leiden, die diese Krankheit hervorrufe, gingen nach Soran häufiger Abort, Frühgeburten, lange Witwenschaft, Zurückhalten der Menstruation, eingeschränkte Konzeption, Windsucht der Gebärmutter voraus. Ihre Symptome sind zahlreich: Verlust der Stimme, Schweratmigkeit, Starrsucht, Zähneknirschen, Kieferklemme, krampfhaftes Zusammenziehen der Extremitäten, Gasauftreibung der Hypochondrien, Aufsteigen der Gebärmutter, Anschwellung der Brust und

---

20. Vgl. Menge-Güthling, Enzyklopädisches Wörterbuch der griechischen und deutschen Sprache; H. Frisk, Griechisches etymologisches Wörterbuch, S. 362-363.
21. Ebd.
22. Soranus, lib. 2, IV, 26.

des Gesichts, Frieren und Schwitzen, schwacher oder kein Puls, Kopfschmerzen und Halsschmerzen. Bei der Hysterie sei stets der Uterus entzündet und nach oben gestiegen.[23] Soran zählt auf, daß die meisten alten Ärzte zur Behandlung stinkende Riechmittel, wie verbrannte Haare, gebrauchten. Er selbst lehnt dies ab, da der Uterus nicht wie ein Tier aus seiner Höhle krieche, ergötzt von Wohlgerüchen oder vor Gestank fliehend ...[24] Hippokrates nennt die Hysterie die »heilige Krankheit« und er gibt den Jungfrauen den Rat, wenn sie an derartigen Zuständen leiden, sobald als möglich mit Männern eheliche Verbindungen einzugehen, denn wenn sie schwanger werden, würden sie gesund werden.[25] Die Vorstellung vom wandernden Uterus fand nicht nur ein offenes Ohr bei manchen Ärzten[26] sondern auch ein narratives Echo in den gnostischen kosmogonischen Mythen.

»The cosmogonic hystera-Sophia myth, in other words, can be appreciated in terms of this elaborate, highly condensed gynecological pun. The pun was lost in the translation of the Gnostic texts from Greek to Coptic; but as I hope I have shown, it can be reconstructed from the Greek loan words in the Coptic Gnostic documents and from the heresiologist's reports.«[27]

3.3 Konzeption

Sie ist nach Soranus eine Funktion der Gebärmutter. Eine Bedingung zur Konzeption ist die Menstruation. Denn ohne sie gibt es keine Empfängnis.[28] Eine wichtige Frage war, wann eine Frau empfangen kann. Sie muß nach Soranus ruhigen Gemütes und immer heiter sein, denn Trauer und Leidenschaft stoßen durch die Störung der Respiration das Produkt der Empfängnis wieder aus. Für den besten Zeitpunkt zur Konzeption hielt er die Zeit der abnehmenden und aufhörenden Menstruation, wo Verlangen nach einem Coitus vorhanden sei[29]. Die wahrscheinliche Fruchtbarkeit setze im Alter von 15 Jahren ein und höre nach dem vierzigsten Lebensjahr auf. Die Frauen dürften nicht viragines (Mannweiber) sein, dick oder derbknochig, aber auch nicht schlaff und lymphatisch. Denn der Uterus stehe mit dem ganzen Leib in Sympathie und könnte bei zu großer Härte leicht die Aufnahme des Samens verhindern oder bei zu großer Erschlaffung und Schwäche ihn wieder ausfließen lassen. Der Uterus müsse dazu weder zu feucht noch zu trocken sein, weder zu weit noch zu eng; das monatliche Blut darf weder in zu großen noch in zu kleinen Mengen fließen. Der Muttermund muß weit vorne und

23. Soranus, lib. 2, IV, 27.
24. Soranus, lib. 2, IV, 29.
25. Die Werke des Hippokrates, XXIII, S. 138.
26. Vgl. dazu Ilzah Veith, Hysteria – the History of a Disease.
27. Paula Fredriksen, Hysteria and the gnostic mythos of creation, S. 287-90.
28. Soranus, lib. 1, VIII, 33.
29. Soranus, lib. 1, X, 36.

in gerader Richtung liegen, denn wenn er schief und zu nahe am Schoße liege, sei er weniger zum Ansaugen und zur Annahme des Samens befähigt.[30] Für sehr wichtig hält Soran die Tatsache, ob die Frau am ganzen Körper und an der Gebärmutter gesund ist.

»Denn wie der dürftige Boden die Saat nicht reifen und Früchte nicht hervorzubringen vermag, sondern vermöge seiner schlechten Qualität die guten Eigenschaften der Pflanze und des Samens verdirbt, so vermögen auch beim Weibe abnorme Organe den in sie gedrungenen Samen nicht zu behalten, sondern ihre eigene Krankheit zieht auch die Frucht mit in Krankheit und Verderben.«[31]

Der Zustand der Seele der Frau habe auch Einfluß auf die Gestaltung des Empfangenen.[32] Der aufgeklärte Soranus wehrt sich aber gegen alte Meinungen: Die irdischen Dinge stünden im Connex mit den kosmischen, die Zeit des Vollmondes sei für die Konzeption besonders günstig und von den Jahreszeiten sei der Frühling die beste Zeit, denn ebenso erginge es der Saat in der Erde, die ebenfalls im Winter nicht hervorschießen könne. Diese irrige Meinung werde durch die Tatsachen selbst widerlegt. Am besten gelinge es, wenn sich der Körper weder zu voll noch zu leer, sondern in jeder Beziehung wohl fühle.[33]

Soranus erklärt auch die wörtliche Bedeutung von σύλληψις (conception): sie bedeutet das Festhalten des Samens. Der Name »Schwangerschaft« (κύησις) heiße das Verborgensein (κεύθησις) desselben. Denn »bergen« (κεύθειν) sei soviel wie »verhüllen, verstecken« (κρύπτειν). Die Konzeption sei ein Festhalten (κατοχή).[34]

3.4 Schwangerschaft

Soran hielt es für ein untrügliches Zeichen des Schwangerseins, wenn das Ausbleiben der Menstruation erfolgte. Weitere Zeichen seien ein Gefühl von Schwere im Becken, das unmerkliche Zunehmen der Brüste unter einem Gefühl gelinden Schmerzes, auftretende Brechneigung. Auch scheinen die Venen der Brust gefüllt und bläulich, und gelbe Ränder zeigen sich um die Augen. Bisweilen treten auch schwarze Flecken auf der Haut des Gesichtes auf.[35] Soran lehnt die Meinungen ab, daß eine Frau, die mit einem weiblichen Foetus schwanger ist, einen schlechten Teint habe:

---

30. Soranus, lib. 1, IX, 34.
31. Soranus, lib. 1, IX, 35.
32. Soranus, lib. 1, X, 39.
33. Soranus, lib. 1, X, 41.
34. Soranus, lib. 1, XII, 43.
35. Soranus, lib. 1, XII, 44.

»Alles dies ist recht schön erdacht, aber nicht wahr, denn in Wirklichkeit sehen wir bald dies, bald das eintreten.«[36]

Über die Dauer einer Schwangerschaft herrschte weitgehend Uneinigkeit. Soran hält eine Geburt im 9. oder 10. Monat für normal, weiß aber auch von Kindern, die im 7. Monat lebensfähig zur Welt gebracht wurden.[37] Ein Gericht entschied aufgrund der Annahme, es gebe scheinbar keine bestimmte Zeit der Schwangerschaft, daß das nach 13 Monaten nach einer Scheidung geborene Kind dennoch das Kind des geschiedenen Mannes sei.[38] Auch Plinius (23 – 79) ist unsicher bezüglich einer genau bestimmbaren Schwangerschaftsperiode, da in manchen Fällen es über zehn Monate dauert, in anderen nur sieben. Jedoch ist ein Kind, das vor dem siebten Monat zur Welt kommt, totgeboren.[39] Auch Hippokrates hören wir ähnliches sagen:

»Die Frauen, die ein Urteil darüber haben und die zwingende Beweise ... bringen, werden immer sagen und behaupten, daß sie Siebenmonatskinder, Achtmonatskinder, Neunmonatskinder, Zehnmonatskinder gebären, und daß unter diesen die Achtmonatigen nicht am Leben bleiben«.[40]

In den Wunderheilungen von Epidaurus können wir lesen, daß von mehrjährigen Schwangerschaften die Rede ist. So gebiert z.B. Isthmonike nach drei Jahren ein Mädchen, wobei die Menstruation zwei Jahre lang ausgeblieben ist.[41] Kleo nennt sich schon fünf Jahre lang schwanger, geht ins Heiligtum und gebiert danach einen Knaben, der umhergehen kann.[42]

Römische Frauen sollen, sobald sie sich schwanger wußten, ihren Gürtel im Tempel der Diana oder Juno Solvizona niedergelegt haben. Es handelte sich dabei um den Gürtel, der zona, cingulum oder cinctus genannt wurde und in der Taille gebunden war.[43]

3.5 Geburt

Anhand von Epigrammen, die von Wöchnerinnen oder ihnen nahestehenden Personen den Geburtsgöttinnen geweiht wurden, wird ersichtlich, wie sehr eine Geburt das menschlich Machbare übersteigt und in die göttlichen Hände gelegt werden muß. Epigramme, die vor einer bevorstehenden Geburt verfaßt worden sind,

36. Soranus, lib. 1, XIII, 45.
37. J. Lachs, Die Gynäkologie des Soranus von Ephesus.
38. M. R. Lefkowitz and M. B. Fant, Women's life, S. 217/218.
39. Pliny the Elder, Natural History 7, S. 217/218.
40. Die Werke des Hippokrates, XXV, S. 82.
41. R. Herzog, Die Wunderheilungen von Epidaurus, S. 73.
42. Ebd., S. 71.
43. G. Emilio Curatulo, Die Kunst der Juno Lucina, S. 63.

zeigen den besorgten Wunsch für das Wohl der werdenden Mutter und ihres Kindleins. Die Epigramme wurden zwischen dem 3. und 1. Jh. v. Chr. abgefaßt.[44]

Angerufen wird Artemis als Geburtshelferin. Wir können in der Gestalt dieser Göttin den Doppelaspekt der Geburt erkennen: Sie wird als gütige Helferin angerufen – gleichzeitig kennt man sie als Jägerin mit todbringenden Pfeilen. Diese Pfeile soll sie im folgenden Epigramm nicht zur werdenden Mutter mitbringen. Es ist ersichtlich, daß mit diesen Pfeilen der gefährliche Aspekt der Wehen gemeint ist (vgl. Homer, s. u. S. 175).

»Du, die Ortygias Auen und Delos zum Heime erkoren,
leg einer Grazie den Pfeil, Artemis, nun in den Schoß.
Bade den Leib im Inopos und eile nach unserem Hause,
daß du von schmerzenden Wehen Alketis gütig erlöst.«[45]

Im folgenden Epigramm, das Eheleute zum Dank für die Geburt eines Sohnes weihten, begegnen wir wieder den Waffen der Artemis, allerdings in der positiven Wendung der Waffenlosigkeit:

»Artemis, diese Sandalen entbot dir Kichesias' Sprößling,
und Themistodike dies kurze, doch doppelte Kleid.
Gütig und waffenlos kamst du zu ihr ans Kindbett,
und beide Hände, erhabene Frau, hieltest du über sie hin.
Artemis, winke Erfüllung, daß Leon sehe, es wachse sein
noch stammelnder Sohn kraftvollen Leibes heran.«[46]

Wir können hier neben der Waffenlosigkeit der Artemis auch das Ausstrecken beider Hände als Schutz- und Hilfegeste sehen. Die ausgestreckte Hand vermittelt die helfende Kraft der Göttin. Dies ist auch in anderen Darstellungen von Heilungsszenen zu sehen. Mit der Gebärszene verhält es sich aber so, daß das Lösen von Bändern und Binden, das Offenhalten der Hände und der Haare speziell von Bedeutung ist:

»Ausgebreitet, offen sind die Finger, weil dann die Geburt leicht von statten geht, wie andererseits eingeschlagene oder verschränkte Finger hindernd wirken – ein weitverbreiteter Analogiezauber des Bindens und Lösens, der sich bekanntlich auch auf das Lösen der Kleider, Haare, Binden, Knoten usw. erstreckt.«[47]

In Attika wurde das Haus bei der glücklichen Geburt einer Tochter mit Wollbändern, eines Sohnes mit Olivenzweigen geschmückt. Der Vater mußte das von der Hebamme auf den Boden gelegte Kind als rechtmäßiges Kind seiner Gattin auf-

44. Sigmar W. Wittke, Wöchnerinnen in griechischen Weihepigrammen.
45. Beckby, H. (ed.).: Anthologia Graeca, VI 273 .
46. Ebd., VI, 271.
47. O. Weinreich, Antike Heilungswunder, S. 9/10.

nehmen. Falls er es nicht aufnahm, bedeutete dies, daß er es nicht als sein Kind akzeptierte. Am 8./9. Tag fand die Namensgebung statt.[48]

Nach einer glücklichen Geburt wurden der helfenden Gottheit Kleider aus der Zeit der Schwangerschaft geweiht (Gürtel, Bänder).

»Tochter der Leto, dies Kleid, bestickt mit Blumen,
den Gürtel und die Binde, mit der straff sie den
Busen umschnürt, bracht Timaessa dir dar, nachdem
sie im zehnten der Monde, sich von der drückenden
Last schmerzender Kindschaft befreit.«[49]
»Da sich Ambrosia nun der Niederkunft bitterer Wehen
glücklich entwunden, so legt, Eileithyia, sie dir ihre
Binden vom Haar und das Kleid, Gepriesene, zu
Füßen, drin sie im zehnten Mond Zwillinge brachte zum Licht.«[50]

In beiden Epigrammen sind die weihenden Mütter auch dankbar dafür, daß die Geburt im zehnten Mondmonat stattfand. Dies entspricht auch nach heutigen Kenntnissen dem Zeitpunkt einer vollendeten Schwangerschaft.

In einzelnen Epigrammen können wir auch von einer schmerzlosen Entbindung lesen, was der göttlichen Geburtshelferin gedankt wird.

»Dieses Untergewand sowie einen Gürtel mit Fransen
hat am jungfräulichen Tor Atthis dir nach der Geburt,
Tochter der Leto, geweiht; denn du hast ihr die Bürde
genommen, und ohne Schmerzen ein Kind lebend
vom Schoß ihr gelöst.«[51]

Die Tochter der Leto ist Artemis. Sie ist neben Eileithyia die berühmteste Geburtsgöttin der GriechInnen. Ihr römisches Pendant heißt Juno Lucina, die Bona Dea Lucifera. Auch Diana Lucifera wurde angerufen, eine andere Form für Diana, Hekate und Mater matuta, die Göttin des Lichts und somit des entstehenden Menschen.[52] Bei Juvenal (um 58 – 140) können wir lesen, daß nach einer Geburt Kränze an der Tür der Wöchnerin angebracht wurden, durch die das Ereignis bekannt gegeben wurde:

»Floribus suspende coronas, iam pater es!«[53]
»Hänge Kränze voller Blumen auf, schon bist du Vater!«

Daß es für Frauen eine gefährliche und schmerzhafte Sache war, Kinder zu gebären, wird von vielen verschiedenen Quellen bezeugt. Homer (8. Jh. v.Chr.) zeigt uns die harte und auch willkürliche Seite der wehenbringenden Göttin. Er ver-

48. Plutarch's Moralia.
49. Anthologia Graeca, VI, 272.
50. Ebd., VI, 200.
51. Ebd., VI, 202.
52. G. Emilio Curatulo, Die Kunst der Juno, S. 46.
53. Juvenalis, IX. Satire, v. 85.

gleicht hier die Kampfeswunde des Kriegers mit dem Wehenschmerz der Gebärenden:

»Wie der stechende Pfeil der Geburt ein kreißendes Weib quält,
Welchen die qualenbringenden Eileithynien senden,
Heres waltende Töchter, die Göttinnen schneidender Wehen:
So durchdrang der stechende Schmerz die Kraft des Artriden.«[54]

Die Wehen gelten nicht nur als überwältigend scharf, ihr Eintritt ist unberechenbar und liegt nicht in der Macht des Menschen. Deshalb wurde der Geburtsgöttin Artemis nachgesagt, sie lasse die Wehen willkürlich einsetzen oder verhindere sie.

»Diese trug einen Sohn, doch erst im siebenten Monat.
Unreif zog sie hervor ihn zum Licht; Alkmenen indessen
Hielt sie zurück die Geburt und verscheuchte die Eileithynien.«[55]

Von dieser lebensbedrohenden Seite des Gebärens können wir viel in griechischen Grabgedichten lesen[56] (s. Abb. 3).

Der Tod auf dem Geburtsbett wird als »schlimmer Tod«, »bitteres Leid«, »trauriges Geschick« bezeichnet. Die eindringliche Schilderung der »kreißenden Wehen«, der »Wehennot«, der »stöhnenden Wehen«, die die Mutter »bezwingen«, machen das Ringen der Gebärenden deutlich: Es war ein Kampf um Leben und Tod.

»In stöhnenden Wehen setzte
das Schicksal ihrem Leben ein
Ende, mutterlos ließ sie
zu Hause das Kind dem Gatten zurück.« (Nr. 83, 4.Jh.v.Chr.)
»Du bist nun durch einen schrecklichen Tod
umgekommen und hast deine Eltern
allein gelassen, Potala,
in kreissenden Wehen deines Leibes.« (Nr. 190, 3.Jh.v.Chr.)
»Das war die letzte Wehennot,
Hedyle, die du durchzumachen hattest,
damals, als du nur deines Kindes
bitteren Tod gebarst.« (Nr. 194, 3.Jh.v.Chr.)
»Wehen haben des Polykrates Tochter
Agathokleia
in den Hades gebracht;
denn nicht leicht kamen sie
über mich, als das Kind
sich den Weg zum Licht suchte.« (Nr. 180, 3.Jh.v.Chr.)
»bezwungen im letzten Kindbett
von unzeitigen Wehen.« (Nr. 437, 2.Jh.v.Chr.)

54. Homer, Ilias, 11. Gesang, v. 269-272, S. 205.
55. Homer, Ilias, 19. Gesang, v. 117-119.
56. W. Peek, Griechische Grabgedichte.

Abb. 3:
Darstellung einer unglücklichen Geburt. Die Gebärende stirbt während der We-
hen. Die nichtaufgelösten Haare der Gebärenden und das Haarraufen des Ehe-
mannes zeigen die Not an. Vgl. S. 172. (Archäologisches Nationalmuseum Athen,
Katalog »Antike Skulpturen«, Nr. 1055). – Aus: Sigmar Wolf Wittke, Wöchnerin-
nen in griechischen Weihepigrammen, Diss. Erlangen-Nürnberg 1973, S. 82.»

Interessant ist dieses Grabgedicht, das betont, daß die Verstorbene *nicht* durch Wehen zu Tode kam:

»Nicht eine schlimme Geburt tötete mich,
sondern die Moiren traten
mir entgegen und warfen mich
in jähem Fall in Krankheit,
Schmerzen und Tod.« (Nr. 431, 1.Jh.v.Chr.)

Wenn betont werden kann, daß eine Frau nicht durch Gebärarbeit verstarb, so muß der Tod während der Geburt so häufig gewesen sein, daß ein anderer Tod erklärungsbedürftig wird. Viele Frauen verstarben nach der Geburt, im Kindsbett:

»Die zweimal gebar
und nur einmal Mutter wurde,
die göttergleiche Plauta,
der Krankheit und Kindbett
den Tod gebracht haben,
birgt dieses Grab.« (Nr. 132, 2./1.Jh.v.Chr.)

»... doch als sie das dritte Kind,
ein Mädchen, gesehen, nahm sie
am elften Tage Abschied
vom Leben...« (Nr. 392, 2./3.Jh.n.Chr.)

»Schweren Leibes setzte sie
in Wehen ihre Bürde nieder.
Mutter war sie nur eine kurze
Weile, auch das Kleine starb
sogleich.« (Nr. 426, 1./2.Jh.n.Chr.)

In einem anderen Gedicht erfahren wir, daß krankhafter Blutfluß Mutter und Kind den Tod brachte.

»Zu meinem bitteren Leid
zerstörte die Erinys,
unbekümmert um mein
zartes Kindchen, durch
krankhaften Blutfluß
mein süßes Leben, und
nicht brachte ich in meinen
Wehen das Kleine ans Licht,
sondern in der Tiefe meines Schoßes
ist es bei den Toten geborgen.
... bin ich selbst
bei der Geburt des dritten
an diesen Ort gekommen.« (Nr. 432, 2.Jh.n.Chr.)

Wehen und Kindbett brachten vielen Frauen den Tod. Die Grabgedichte erzählen von der Dramatik dieses Todes: vom Kampf mit den Wehen oder der großen Tragik, wenn eine Mutter ihr Neugeborenes zurücklassen muß, oder der Vater ohne Frau und Kind übrigbleibt. Nirgends lesen wir von einer Beschönigung dieses Todes, eine gesellschaftliche Vereinnahmung (wie z.B. »sie starb in treuer Pflichterfüllung als Gattin...«) findet nicht statt. Im Gegenteil: daß Gebären ein Kampf um Leben und Tod ist, wird in diesen Gedichten gesellschaftlich erinnert. Es bleibt ein Anstoß, der nicht integriert werden kann.

Die Wehen erscheinen aber noch bei einer ganz anderen Gruppe von Grabgedichten.

»Schmerzen hinterließ er
dem Vater, noch viel mehr
der Mutter, die nun ihrer
Wehen dritte Frucht nicht
mehr besitzt.« (Nr. 270, 1.Jh.n.Chr.)

»Dich allein hatten schmerzliche
Wehen deinen Eltern zum Kinde
gegeben ...« (Nr.332, 1.Jh.n.Chr.)

»Die Mutter aber, die dir
einst in Wehen das süße Licht
gegeben, sie begräbt nun die Tochter,
die in Wehen zu Tode kam.« (Nr. 205,2./1.Jh.v.Chr.)

»... überströmenden Jammers
Weh der Mutter: ihres Kreißens
Schmerzensfrucht, hat sie den
Sohn nur für den Hades geboren.« (Nr. 166, 2.Jh.v.Chr.)

»... und die, welche mich gebar,
tauschte nur Trauer ein gegen
Wehen ...« (Nr. 416, 1./2.Jh.v.Chr.)

Der Verlust eines Kindes wird von den Eltern bitter beweint, sei es eine erwachsene Tochter (Nr.205) oder ein kleines Kind (Nr.416), die dem Hades gegeben werden müssen. In der Klage finden wir die Geburtswehen wieder, die die Mutter um ihr Kind ertragen hatte. Damit beklagen die Eltern die Vergeblichkeit ihrer Pflege, Arbeit und Liebe, mit der sie ihr Kind umsorgt hatten. Ihr ganzes emotionelles und arbeitsmäßiges Engagement war vergebens, denn ihr Wunsch, von Kindern überlebt zu werden, konnte nicht erfüllt werden.

Aus dem Einblick in das dramatische Geschehen rund um das Gebären verstehen wir, wenn Soranus die Gesundheit der Jungfrauschaft hervorhebt:

»Denn die Conceptionen und Geburten nehmen den Körper der Weiber arg mit und lassen ihn schnell hinwelken, daher muß man mit Recht den Zustand der Jungfrauschaft, der das weibliche Geschlecht vor jenen Schädlichkeiten bewahrt, als gesund bezeichnen.«[57]

Zur Erleichterung der Gebärarbeit nennt Soranus folgende Mittel: Öl, warmes Wasser, warme Umschläge, weiche Schwämme, Wolle, Binden, Kopfkissen, Riechmittel, Geburtsstuhl, zwei Betten, ein geeignetes Zimmer.[58] Bei einer Schwergeburt empfiehlt er, das Kind nur bei liegender Stellung herauszuziehen.[59] Drei Frauen sollen der Gebärenden dabei zur Seite stehen.[60]

Auch von Hippokrates erfahren wir etwas über die Lage der Gebärenden: wenn die Embryonalhülle nicht leicht »herausfällt«, soll man die Gebärende auf einen Stuhl setzen. Dieser Stuhl soll beschaffen sein wie ein Nachtstuhl, mit durchstoßenem Steiß. Notfalls geht auch ein Bett, das abschüssig ist.[61]

Nach der vollständigen Erweiterung des Muttermundes wird die Gebärende auch bei Galenus auf einen Stuhl (δίφρος) gebracht.[62] Da Galen von Ausräucherung der Geschlechtsteile redet, ist dieser Stuhl sehr wahrscheinlich so etwas wie ein Gebärstuhl. Das Mitpressen der Gebärenden wird als sehr wichtig erachtet.

Nach der Entbindung kümmert sich die Hebamme allein um die Wöchnerin, so daß der Arzt keine Gelegenheit hatte, ein normal verlaufendes Wochenbett zu beobachten. Auch wurden Ärzte nur zu schweren Geburten hinzugezogen. Deshalb kannten sie normale Geburten nicht oder kaum.[63]

In der Komödie »Truculentus« gibt uns Plautus (um 250-184) interessante Informationen zum Gebären: Pronesia begibt sich vor der Entbindung geschmückt zu Bett, verlangt Myrrhen und läßt das Feuer zu Ehren der Lucina entzünden.

»sumque ornata ita aegra videar quasi puerperio cubem. date mi huc stactam atque ignem in aram, ut venerem Lucinam meam.«[64]
»So geschmückt, sehe ich krank aus wie im Kindsbett. Gebt mir Myrrhe und Feuer auf den Altar, so daß ich meine Lucina verehren kann.«

In der Komödie »Andria« von Terentius Afri (2. Jh.) können wir eine normale Geburt ohne Komplikationen miterleben.[65] Im 1. Akt muß Mysis, die Dienerin, eine Hebamme holen. Sie holt Lesbia, die »kluge Frau«. In der 5. Szene sagt Mysis, wie es um die Gebärende steht: »In der bösen Stunde erleidet sie Schmerzen.« Im 2. Akt, Szene 3, kommt der Vater des Kindes zu Wort: »Von dem Kind,

57. Soranus, lib. 1, VII, 30.
58. Soranus, lib. 1, XXI, 67.
59. Soranus, lib. 1, XXI, 68.
60. Soranus, lib. 1, XXI, 69.
61. Die Werke des Hippokrates, XXV, S. 100.
62. Galen, Natural Faculties, lib. III, 151-152.
63. Johannes Lachs, Gynäkologie, S. 704.
64. Plautus, Truculentus, v. 475-478.
65. P. Terentius, Andria.

das mir heut wird beschert, denn ich habs ihr versprochen, es bleibt am Leben.« Wir können in dieser Äußerung wieder die Macht des pater familias erkennen, der das Recht hatte, das Neugeborene abzulehnen und somit zu töten. Ebenso in der folgenden: »Ich habe mein Wort gegeben, sie bat und ich gab ihr darauf die Hand, zu behüten unserer Liebe Pfand.« Im 2. Akt, Szene 7, ruft die gebärende Glycerium aus: »Hilf, Juno Lucina, rette mich!« Nach der Geburt gibt die Hebamme der Dienerin Anweisungen, bevor sie geht: »Getan ist, was man immer tut. Jetzt Argilis, mach ihr Wasser bereit, gib ihr das Tränkchen zur rechten Zeit. So, denke ich, wird alles glimpflich gehen, und nächstens lass' ich mich wieder sehn.« Wir sehen hier also, daß kein Arzt herbeigerufen wurde, da die Geburt keine medizinischen Probleme brachte. Die Hebamme verabreichte der Wöchnerin auch Medikamente. Im 4. Akt, Szene 4, erfahren wir durch die Dienerin Mysis etwas über das Zeugenamt der beistehenden Geburtshelferinnen: »Gottseidank, daß Zeugen vorhanden sind. Ehrbare Frauen zwei oder drei wohnten der Entbindung bei« (s. Abb. 4 u. 5).

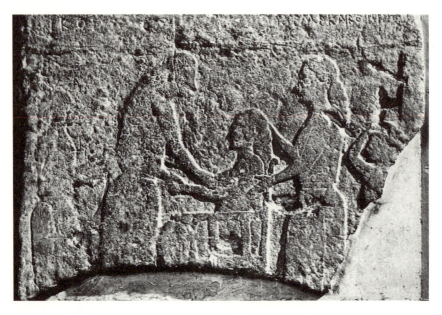

Abb. 4:
Relief aus Kalchedon. Um 550 v. Chr. Istanbul, Archäologisches Museum. –
Wahrscheinlich Grabrelief für eine Frau, die im Wochenbett gestorben ist: Die
Verstorbene sitzt auf einem Stuhl mit Seiten- und Rückenlehne, umgeben von
zwei Geburtshelferinnen, links eine kleine gebildete Dienerin, rechts ein Kind im
Klagegeschrei. – Aus: Ernst Berger, Das Basler Arztrelief, Basel 1970, Abb. 124,
S. 103.

Abb. 5:
Die Gebärende wird von einer Frau gestützt. Sie sitzt auf einem Gebärstuhl. Grab-
mal einer römischen Hebamme, das sie bei ihrer Arbeit zeigt. – Aus: H. Buess,
»Hierophilos und die Geburtshilfe in alexandrinischer Zeit«, Gynäkologische
Rundschau 5, 1968, Abb. 47, S. 238.

Viele Fragen bezüglich des Gebärens bleiben dennoch offen. Waren Mehrlings-
geburten überlebensfähig (Abb. 6)? Aulus Gellius (2.Jh.) erzählt von zwei Fünf-
lingsgeburten. Die eine sei von Aristoteles überliefert, der auch hinzufüge, daß er
noch nie von noch größerem Kindersegen auf einmal gehört habe. Die andere
Fünflingsgeburt betreffe eine Magd unter Caesar Augustus. Doch die Mutter wie
auch alle Kinder starben im Wochenbett. Caesar Augustus errichtete ein Monu-
ment auf der via Laurentia, wo die Zahl der Kinder eingeschrieben wurde.[66] Große Unklarheit herrscht auch darüber, ob es den Kaiserschnitt als geburtshilfliches
Mittel gegeben hatte. Plinius erzählt uns zwar von einer Kaiserschnittentbindung,
durch die Scipio Africanus zur Welt gekommen sein soll.[67] Zwar sei die Mutter
bei dieser Geburt gestorben – ein Kaiserschnitt mit überlebender Mutter wäre
noch unwahrscheinlicher – dennoch ist es nicht eindeutig zu entscheiden, ob diese chirurgischen Geburtsmethoden wunderbare Wahrheit sind oder ins Reich der
Sage und des Wunschdenkens gehören.

66. Gellius, Die Attischen Nächte X2, S. 73.
67. Plinius, Hist. nat. VII, Kp. IX, 47.

181

Abb. 6:
Mutter mit Fünflingen. Grabstein. – Aus: P. Diepgen, 1937, Abb. 49.

3.6 Abort – Abtreibung, Fehlgeburt, Mißgeburt

Soran empfiehlt, Abortiva immer zu geben, wenn es um die Gesundheit der Frau geht. Wo aber Ehebruch oder Besorgnis um die Blüte der Jugend Anlaß zur Tötung der Frucht sind, lehnt er Abortiva ab.[68] Damit der Samen sich löse, soll man

»sich stark bewegen, ... sich durchschütteln lassen, kräftig springen und übermäßig schwere Lasten heben, harntreibende Dekokte genießen und das Monatliche in Fluß bringen, scharfe Klistiere geben ...«[69]

Neben Bädern und Salbungen kennt Soranus auch abortive Eingriffe mit Instrumenten:

»Doch muß man stets sich vor solchen hüten, die stark wirken; ebenso ist die Loslösung des Embryo mit einem spitzigen Instrument zu verwerfen, weil die Gefahr, daß die umliegenden Geschlechtsteile verletzt werden, doch groß ist.«[70]

Hippokrates weiß, daß Fehlgeburten auch ohne äußere Einwirkungen wie Gewalt oder eine bestimmte Speise eintreten können.[71] Er zählt Gefahren auf, die Aborte bewirken können: Krankheit oder Schwäche, einen Stoß bekommen, springen, Lasten heben, zu viel oder zu wenig essen, Ohnmacht, Angstzustände, Schrekken, Schreie. Frauen brauchten sich nicht zu wundern, wenn Embryonen ohne ihren Willen zugrunde gingen. Denn:

»Es braucht nämlich viel Vorsicht und vielen Verständnisses, um das Kindchen in der Gebärmutter auszutragen, es wohl zu ernähren und bei der Geburt von ihm loszukommen.«[72]

Nach Galen gibt es drei verschiedene Wurzeln für eine Fehlgeburt: Zum einen kann sie durch die Mutter ausgelöst werden (Krankheit, Unvorsicht). Aber auch bei Krankheit oder Tod des Fötus kommt es zur Fehlgeburt. Als dritte Wurzel nennt Galen künstliche Eingriffe.[73]

Die Geburt mißgestalteter Kinder wird bei vor-hippokratischen Autoren oft als Vorzeichen schlimmer Ereignisse gesehen, vor allem wenn eine der königlichen Frauen eine Mißgeburt hat.[74]

»Wenn eine Frau ein Kind gebiert, dem das rechte Ohr fehlt, so wird der König lange leben. Wenn eine Frau ein Kind gebiert, dem beide Ohren fehlen, so kommt Trauer über das Land, das auch verkleinert wird.«

68. Soranus, lib. 1, XIX, 60.
69. Soranus, lib. 1, XIX, 64.
70. Soranus, lib. 1, XIX, 65.
71. Die Werke des Hippokrates, XXIII, S. 50.
72. Ebd., S. 54.
73. J. Lachs, Gynäkologie, S. 43.
74. G. Zervos, Beitrag zur vor-hippokratischen Geburts-Gynäkologie, S. 401-416.

»Bekommt eine Frau ein Kind, dem der Mund fehlt, so wird die Mutter sterben. Wenn eine Frau ein Kind gebiert, dem die Finger der rechten Hand fehlen, so wird der König von seinen Feinden gefangen genommen werden.«[75]

Lucanus (39-65) berichtet, wie ein Seher um der bösen Geister willen die Beseitigung aller Mißgeburten anordnete, die die Natur im Schoße einer zur Unfruchtbarkeit verdammten Frau erzeugt hatte:

»Zuerst ordnete er die Beseitigung aller Mißgeburten an, die die Natur, im Widerspruch mit sich selbst, ohne Samen hervorgebracht hatte, und befahl die Schreckgeburten unfruchtbarer Leiber in Feuer vom verfluchten Holz zu verbrennen.«[76]

Auch Seneca (~4 v.Chr.- 65 n.Chr.) berichtet, daß kranke oder mißgestaltete Kinder getötet wurden:

»Tollwütige Hunde schlagen wir nieder, einen widerspenstigen und unbezähmbaren Stier töten wir, und krankes Vieh, daß es nicht die Herde anstecke, schlachten wir; Mißgeburten löschen wir aus, Kinder auch, wenn sie schwächlich und mißgestaltet geboren worden sind, ertränken wir; und nicht Zorn, sondern Vernunft ist es, vom Gesunden Untaugliches zu sondern.«[77]

Die künstliche Abortio wurde von der griechischen Philosophie befürwortet. So läßt uns Platon wissen, daß es Hebammen erlaubt war, eine Frühgeburt einzuleiten, wenn keine normale Geburt möglich war.[78] Platon und Aristoteles befürworten eine künstliche Unterbrechung der Schwangerschaft aus nationalökonomischen Gründen. Wobei aber Aristoteles einschränkt, daß man die Frucht abtreiben müsse, bevor sie Leben und Empfindung habe.[79] Platon fordert den Abort bei allen Frauen, die nach ihrem vierzigsten Lebensjahr schwanger werden.[80] Auch empfiehlt er, möglichst alle Mittel anzuwenden, um das Gleichgewicht zwischen Geburten und Todesfällen zu halten.[81] Sueton (1./2. Jh.) berichtet, daß Domitian seine Nichte Julia gezwungen habe, sein Kind abzutreiben, wodurch sie ihr Leben verloren habe.[82] Ovid (43 v.Chr.-18 n.Chr.) erzählt in den Fasten von den matres Ausoniae, die sich verbunden hatten und beschlossen, zu abortieren, weil sie zum Fest der Carmenta zu Fuß gehen sollten, während sie früher im Wagen fahren durften.[83]

75. Ebd., zitiert werden zwei Kodices aus der Bibliothek Ninives.
76. Lukan, Der Bürgerkrieg, 1. Buch, v. 589-591.
77. Seneca, An Lucilius, S. 74.
78. Platon, Theaetet 149 D.
79. Aristoteles, Politik, S. 277.
80. Platon, Politeia V, 461 C.
81. Platon, Nomoi V, 740 C.
82. Suetonis Tranquillus, G.: Domitian, cap XXII, in: Leben der Caesaren.
83. P. Ovidius Naso, Die Fasten, I 619-628.

In der frühkirchlichen Literatur hingegen finden wir eine heftige Ablehnung der Schwangerschaftsunterbrechung.[84]

3.7 Gesetzliches

Die römische Ehe war vom Ideal geleitet, Kinder zu zeugen.[85] Aber seit dem 2. Jh. v.Chr. litt Rom an einer sinkenden Geburtenziffer. So wurden nach und nach Gesetze erlassen, die die Fruchtbarkeit erhöhen sollten.[86] Dabei verfuhr der Staat mit Belohnungen und Strafen. Aulus Gellius (2. Jh.) erzählt, daß ein Mann, wenn er Vater von mehreren Kindern war, Privilegien erhielt, die es ihm ermöglichten, seine Ämterlaufbahn schneller zu durchlaufen. In der Beamtenhierarchie wurde nicht mehr der Ältere höher gesetzt, sondern derjenige, der mehr Kinder hatte und verheiratet war.[87] Das führte nach Tacitus (um 55-120) zu Mißständen folgender Art: Wenn Wahlen nahten, kam es zu Scheinadoptionen. Hatten sie aber das Gewünschte erreicht, entließen sie die Adoptierten wieder.[88] Hingegen wurden Junggesellen, Jungfern und kinderlose Frauen durch die Lex Julia et Papia bestraft, indem sie von der Erbschaft ausgeschlossen wurden.[89] Erst Constantin (288-337) schaffte die Busse für zölibatär lebende Menschen wieder ab.

»Diejenigen, welche nach altem Rechte für Ehestandslose gehalten wurden, sollen von den drohenden Strafen der Gesetze befreit werden, und so leben, als wenn sie eine eheliche Verbindung der Zahl der Verheirateten zuzählte, und Alle in ganz gleicher Lage rücksichtlich der Fähigkeit, das zu erwerben, befinden, was Jedem gebührt. Ebensowenig soll Einer für kinderlos gehalten werden, und die an diesen Begriff geknüpften Nachtheile sollen ihm nicht schaden. Solches ist Unsere Meinung auch in Ansehung der Weiber, und lösen Wir den Ihnen, einem Joche gleich, auferlegten rechtlichen Zwang, ohne Unterschiede allen.«[90]

Abschließende Bemerkungen: Das Material zum Problemkreis »Gebären« ist unendlich viel reicher, als daß ich es hier umfassend darstellen könnte. Aber auch wenn das zusammengetragene Material nur Stückwerk darstellt, eröffnet es den Horizont, worin wir uns einfinden können. Wir haben wichtige Informationen von Ärzten erhalten. Gerade hier ist jedoch ein großer Vorbehalt angebracht, ha-

---

84. Lactantius, F.: De opificio dei, liber, cap. 17. – Tertullian, Apologeticum 8,8 (S. 89/90).
85. Die Formel »liberorum procreandorum causa« wird auf dem Ehevertrag bezeugt. Siehe dazu: P. E. Corbett, The Roman Law of Marriage; und: Henry Sanders, A Latin Marriage Contract, S. 104-116.
86. Keith Hopkins, Contraception in the Roman Empire, S. 124-151.
87. Aulus Gellius, lib. II, XV v. 4.
88. P. Cornelius Tacitus, Annales XV, 19.
89. Dacre Balsdon, Die Frau in der römischen Antike, S. 83.
90. Corpus Juris civilis, Codex L VIII, Tit. 58, 1, (Bd. 6, S. 320).

ben doch die Ärzte nur in Ausnahmefällen an Geburten teilgenommen. Das Geburtenwesen, die Betreuung der Schwangeren wie der Wöchnerin, lag ganz in den Händen der Hebammen. Dies zeigt die Grenzen der vorliegenden Untersuchung an, denn keine Information stammt von einer Frau. Die Gebärerinnen selbst kommen nicht zu Wort. Wir haben keinen Bericht einer Geburt aus dem Munde einer Frau. Noch am ehesten spüren wir die emotionelle Betroffenheit aus den Weihepigrammen in der Anthologia Palatina, die dankbare Wöchnerinnen oder Schwangere vor der Niederkunft zu Wort kommen lassen. Doch auch diese stammen aus Männerhand. Ihre Dichter sind Nikias (um 275 v.Chr.), ein Arzt und ein Freund des Dogmatikers Erasistratos, Kallimachos von Kyrene (305-240), ein Bibliothekar in Alexandria, dem Mittelpunkt der hellenistischen Medizin, wo die ersten Sektionen an Menschen vorgenommen wurden, und Leonidas von Tarent (310-240), ein fahrender Poet.[91]

4. Die gebärende Erde als eschatologische Vorstellung

4.1 Beispiele aus dem 4Esra

Wie ich oben (2.) gezeigt habe, besteht ein deutlicher Bezug im 4Esra zu Schwangerschaft, Gebären und Muttersein.

Hier interessiere ich mich besonders für die Vorstellung der gebärenden Erde. Sie wird im 4Esra auf zweifache Weise deutlich. Einerseits als Rückblick auf die Schöpfung: In 10,14 und 6,53-54 gebiert die Erde die Menschen und die gesamte Kreatur. Andererseits – und dies ist im eschatologischen Zusammenhang wichtig – hat das Gebären der Erde mit dem Ende der Welt, ihrem Untergang, als Umwandlung und zweite Schöpfung zu tun. So wird der Seher Esra bei seiner Frage, ob die Ernte der Gerechten der Sünder willen aufgeschoben wird (4,38), auf die Schwangere verwiesen: »Geh hin und frag die Schwangere, ob nach neun Monaten ihr Schoß (matrix) das Kind behalten kann?«. Dann erfolgt der deutliche Vergleich mit der Erde: »Gewiß, dem Mutterschosse (matrix) gleich sind in der Unterwelt die Wohnungen (promptuaria) der Seele« (4,41). Die Toten sind ein Pfand (4,42), das die Erde zurückgeben muß. Ebenso in 7,32: »Es gibt die Erde wieder, die darin schlafen, der Staub, die darin ruhn, die Kammern (promptuaria), jene ihnen anvertrauten Seelen.«

Diese Vorstellungen über die matrix als promptuaria entsprechen ziemlich exakt denjenigen der Ärzte dieser Zeit. Wie ich oben gezeigt habe (S. 167), kennt Hippokrates die Pluralbezeichnung für den Uterus, da er die Vorstellung vom Uterus als mehrfache Höhlen hat. Auch Galenus nimmt die Pluralbezeichnung auf, da er sich den Uterus als bisinuatus, als zweihörnig, vorstellt. Er ist es auch,

---

91. Sigmar W. Wittke, Wöchnerinnen, S. 17.

der von der Kraft redet, die dem Uterus eigen sei: die δύναμις καθεκτική, die zurückhaltende Kraft, die während der Dauer der Schwangerschaft wirkt, und die δύναμις ἀποκριτική, die austreibende Kraft, die bei der Geburt wirksam wird. Von dieser Kraft merken wir etwas in 4,40 und 4,42: Die matrix kann das Kind nicht mehr zurückhalten nach dem Einsetzen der δύναμις ἀποκριτική, d.h. nach der Vollendung der Schwangerschaftsdauer. Die Dauer der Schwangerschaft aber war nicht eindeutig zu bestimmen, kamen doch Kinder nach sieben, acht oder neun Monaten zur Welt (3.4). Hier ist die Rede von neun erfüllten Monaten (4,38), was einer durchschnittlichen Erfahrungszeit entsprach (vgl. dazu auch das Weihepigramm einer Wöchnerin, o. S. 174).

So begegnen wir also der Vorstellung, daß zur gegebenen Zeit der Uterus der Erde die ihm anvertrauten Toten zurückgeben, d.h. gebären werde. Somit wird der Erde eine Gebärmutter zugeschrieben und die Kraft, ihre Kinder auszutreiben. Wann dies geschehen wird, ist nicht eindeutig vorauszusagen. Dieser Geburt, die einer Auferstehung der Toten gleichkommt, gehen Zeichen voraus, die die Erde erzittern und erbeben lassen. Denn sie weiß, sie muß am Ende eine Wandlung erleiden (6,16).

Das Phänomen des Zitterns und Erbebens gehört zum Gebären. Beim Gebären gibt es drei zeitlich verschiedene Momente des Zitterns:

a) Jede Hebamme kennt das nervöse, ängstliche Zittern einer Frau, anfangs Geburt, wenn die Wehentätigkeit einsetzt.

b) Nachdem das Kind geboren ist, zittern viele Frauen aus Erschöpfung.

c) Aber nicht nur aus Angst oder Erschöpfung gibt es das Beben und Schlottern. Vor den Preßwehen, wenn die Wehentätigkeit gut vorangeschritten und der Muttermund eröffnet ist, verliert eine Gebärende oft die Kontrolle über ihre Beinmuskulatur. Die Beine zittern und schlottern so stark, daß sie von Drittpersonen gehalten werden müssen. Dieses Zittern hat mit dem Wechsel von Anspannung während der Wehen und Entspannung während der Wehenpausen zu tun. Auch wird die Beckenbodenmuskulatur durch die Wehentätigkeit gelöst, so daß gleichzeitig die Beinmuskulatur außer Kontrolle gerät. Dieses Zittern ist zwar unangenehm für die Gebärende, gilt aber als gutes Zeichen einer voranschreitenden Geburt: Bald werden die Preßwehen einsetzen und Frau und Kind werden erlöst werden.[92]

Daß Zittern und Gebären zusammengehören, ist auch in alttestamentlichen Stellen ersichtlich:

»Mich hatten tödliche Wehen umfangen,
und die Bäche des Verderbens erschreckten mich;
...

92. Hier stütze ich mich auf die eigene Geburtserfahrung, auf Gespräche mit Müttern und Hinweise der Hebamme Monika Thönen. Da der physiologische Vorgang der Geburt heute wie vor zweitausend Jahren derselbe ist, sind diese Frauenerfahrungen durchaus aussagekräftig.

Da wankte und schwankte die Erde
und die Grundfeste der Erde erbebten.

...

doch der Herr ward meine Stütze
und führte mich heraus ins Weite,
befreite mich, weil er Gefallen hat an mir.« Ps 18, 5,8,20
»Krämpfe und Wehen befallen sie;
sie winden sich wie eine Gebärende.

...

Darum wird der Himmel erbeben
und die Erde wird aufschrecken von ihrer Stätte ...

...

Denn der Herr wird sich Jakobs erbarmen
und Israel noch einmal erwählen und sie in
ihr Heimatland versetzen.« Jes 13, 8, 13; 14,1

An diesen Textstellen sehen wir nicht nur den Zusammenhang von Zittern und Gebären. Dadurch, daß die Erlösung nahe ist (durch das Eingreifen Gottes), können wir ersehen, daß mit dem Zittern der dramatische Moment vor den Preßwehen, die Erlösung bringen, gemeint ist. Noch ein weiteres Indiz zeigt uns den unauflösbaren Zusammenhang, der zwischen Beben und Gebären besteht. Im Hebräischen wird der Geburtsschmerz nach seinen wahrnehmbaren Erscheinungen beschrieben mit *ḥ î l*, *ḥ b l* und *s î r*.[93] Dieselben Wörter kommen aber auch in anderen Zusammenhängen vor, z.B. bei großem Schrecken und Angst bei unmittelbar drohenden Katastrophen. *Ḥ î l* heißt tanzen, kreisen, beben, sich winden, kreißen. Gebären und Beben gehören also so nahe zusammen, daß für dieses Phänomen ein und dasselbe Wort verwendet werden kann.

»Denn Geschrei höre ich wie vom kreißenden/bebenden Weibe,
Angstruf wie von der werdenden Mutter,
die Stimme der Tochter Zion, die ächzt und
die Hände ausstreckt: ›Wehe mir, es erliegt
mein Leben den Mördern!‹« Jer 4,31

Jeremia schildert in äußerst realistischer Weise den dramatischen Moment der Geburt, wo die Gebärende kurz vor den Preßwehen steht, bebt und schreit und sich verloren glaubt. Dies dürfte auch der Moment sein, in welchem Glycerium die göttliche Juno Lucina um rettende Hilfe anrief (s. o. S. 180).

Im 4Esra können wir in derselben Weise das Phänomen des Zitterns im Zusammenhang der gelingenden Geburt finden:

»Und jährige Kinder sprechen
und Schwangere haben Frühgeburten

93.   J. Scharbert, Der Schmerz im Alten Testament, S. 16-27.

im dritten und im vierten Mond
und solche bleiben lebend und beweglich.
...
Und laut schallt die Trompete;
bei ihrem Klang wird alles plötzlich zittern und erbeben.
...
Dann wird der Erdbewohner Herz verändert,
zu neuem Geiste umgewandelt.« 6,21.23.26

Auch hier tritt die erlösende Verwandlung kurz nach dem Zittern ein, so daß wir
das Zittern für das oben beschriebene Phänomen vor den Preßwehen halten dürfen.

Es scheint mir nun äußerst interessant, folgendes zu sehen: Es gibt Textstellen,
wo zwar Phänomene des Gebärens beschrieben werden, aber dennoch keine Geburt stattfindet. Bei diesen Stellen fehlt das Zittern, d.h. es kommt nicht zu Preßwehen.

»Was wirst du sagen, wenn sie zu Herren über dich
gestellt werden, die du selber als Buhlen an dich
gewöhnt hast? Werden nicht Wehen über dich kommen
wie über ein Weib, das gebiert?« Jer 13,21

Jeremia schildert hier zwar das Phänomen der Wehen. Er betont aber ausdrücklich, daß keine Verwandlung möglich ist (Jer 13,23). Dasselbe können wir auch in
folgenden Versen beobachten:

»Die du auf dem Libanon thronst und auf Zedern nistest,
wie wirst du stöhnen, wenn Wehen über dich kommen
wie über eine Gebärende!
...
Und ich schleudere dich und deine Mutter,
die dich geboren hat, in ein fremdes Land,
in dem ihr nicht geboren seid;
dort werdet ihr sterben.« Jer 22,23.26
»Ermattet ist Damaskus, hat sich zur Flucht
gewandt; Schrecken hat es befallen,
Angst und Wehen haben es ergriffen
wie ein Weib, das Mutter wird.
...
und alle ihre Krieger werden
an jenem Tage vernichtet werden,
spricht der Herr.« Jer 49,24.26
»Es kommen die Wehen für seine Geburt;
aber er ist ein unverständiges Kind,
das der Stunde nicht wahrnimmt,
da es zum Leben sollte geboren werden.
Sollte ich sie aus der Gewalt der Unterwelt loskaufen?
Vom Tod sie erlösen?
Her mit deinen Seuchen, Tod!« Hos 13,13.14

Hier glückt die Geburt nicht, die Wehen führen zum Tod statt zu neuem Leben und zu Verwandlung. Daß dies eine durchaus nicht seltene Erfahrung war, können wir oben an den griechischen Grabgedichten ersehen (3.5). Bei Hosea können wir auch den Glauben erkennen, daß das Kind eine aktive Rolle beim Geburtsprozeß hat (3.1). Nimmt es diese nicht wahr, ist die Geburt viel schwieriger oder gelingt gar nicht.

Kehren wir wieder zum 4Esra zurück. Auch hier kann uns eine Stelle beschäftigen, die zwar von Gebären, nicht aber vom Zittern und Beben spricht. In 5,8 begegnet uns ein seltsamer Gebärprozeß:

»Et chaus fiet per loca multa,
et bestiae agrestes transmigrabunt regionem suam,
et mulieres parient menstruatae monstra.«
»Und Abgründe öffnen sich an vielen Orten,
und wilde Tiere verlassen ihr Revier,
und Frauen gebären menstruierend Monster.«

Menstruierende Frauen werden Mißgeburten gebären. Statt bebende, schreiende Gebärerinnen sehen wir hier blutende Frauen. Statt infantes werden monstra geboren. Der ganze Abschnitt 5,1-12 unterstützt diese Schilderung der unglücklichen Geburten: Der gewaltige Schrecken (5,1) kann laut Hippokrates zu Fehlgeburt führen (3.6). Das Land wird sterilis genannt (5,1), ist also nicht geeignet zum Gebären. Das Bluten der fehlgebärenden Frauen wird im Bluten der Bäume aufgenommen (5,5). Die Sterne sind in Verwirrung, der Mond scheint am Tage, die Sonne in der Nacht: Folglich kann der Mondrhythmus der Frauen nicht mehr glücken.

Ich habe bei Lucanus[94] eine interessante Parallele gefunden. Er beschreibt den beginnenden Bürgerkrieg Roms, als Pompejus flieht (V.521-591). Auch da greift Furcht um sich. Böse Zeichen erscheinen als Vorboten schlimmer Ereignisse. »Die dunklen Nächte sahen unbekannte, neue Sterne.« Die »Mondgöttin« wurde vom Schatten der Erde getroffen und verdunkelt. Der »Sonnengott« verbarg sich. »Der wilde Vulkan öffnete auf Sizilien das Maul des Ätna«. »Die schwarze Charybdis wühlte das Meer von Grund auf«. »Wilde Tiere kamen bei Nacht aus den Wäldern«. »Tiere konnten plötzlich mit Menschenstimme reden; Frauen brachten Mißgeburten von monströser Größe und Gliederzahl zur Welt, und die Mütter erschraken vor ihren eigenen Kindern.«

Sowohl bei Lucanus wie im 4Esra 5,8 öffnet sich die Erde und Feuer bricht heraus (Vulkan): Das ist ein Bild für die zerstörenden Kräfte der Erde, die Tod und Mißernte bringen. Nicht eine bebende, gebärende Frau ist hier das Deutungsmuster für das Handeln der Erde, sondern eine Frau, die, statt in Wehen zu kommen, ihr Kind »verliert«, sei es, daß sie eine Frühgeburt erleidet, oder daß das Kind tot oder mißgestaltet zur Welt kommt. Hier erleben wir nicht die Kraft der

---

94. Lukan, Der Bürgerkrieg.

matrix der Erde, sondern nur das Öffnen des Muttermundes. Lucan nennt eine Frau, die eine Mißgeburt gebiert »steril« (s. o. S. 184). Auch 4Esra 5,1 nennt das Land »sterilis a fide«.

Wir können jetzt zwei Arten von Vorstellungen unterscheiden: Zum einen die Vorstellung der gebärenden Erde, die zitternd in Wehen ist, d.h. kurz vor der Phase der Preßwehen, und Wandlung erleben wird. Hier ist das zugrundeliegende Bild eine gelingende Geburt. Zum anderen finden wir die Vorstellung der sterilen Erde, die zwar gebärähnliche Phänomene erleidet. Trotzdem kommt es nicht zur Geburt, sondern zur Fehlgeburt. Diese Darstellung orientiert sich an abortierenden Frauen oder Frauen, die Mißgeburten[95] geboren haben. Häufig bedeutete eine nicht gelungene Geburt für die Mutter oder/und das Kind den Tod (3.5.)

4.2 Beispiele aus anderen Apokalypsen

Wie wir bei Lucan (V. 522ff.) und 4Esra 5,1-12 gesehen haben, wird die fehlgebärende Erde naturphänomenologisch als Vulkanausbruch beschrieben.

Ich werde im folgenden Beispiele dafür geben, daß, wenn beim Brüllen des Vulkans und Öffnen des Kraters auch vom Beben der Erde die Rede ist, der Vulkanausbruch auch für eine gelingende Geburt der Mutter Erde stehen kann.

Wir erfassen intuitiv, daß ein Vulkanausbruch ein Bild für die zerstörenden Kräfte der Natur ist und somit geeignet ist, eine Fehlgeburt der Erde zu bedeuten. Warum soll ein von Erbeben begleiteter Vulkanausbruch aber ein positives theologisches Bild darstellen? Die zu Tal fließende Lavamaße und den dichten Ascheregen ordnen wir doch unter Naturkatastrophen und nicht unter Naturwunder ein, da sie fruchtbares Land verwüsten, Hungersnot verbreiten, Siedlungen unbewohnbar machen und viele Menschen zur Flucht zwingen. Ich habe im folgenden zusammengestellt, wo das Erdbeben und/oder ein Vulkanausbruch in der apokalyptischen Tradition eine Wendung zum Besseren, d.h. eine wunderbare Verwandlung mit sich bringt.

In der *Thomasapokalypse*[96] begegnen wir einer großen Not, die sich steigert, wenn »die Stunden des Endes« näherkommen. Diese Stunden beginnen, wenn die Kräfte des Himmels sich in Bewegung setzen. Eine Wolke aus Blut wird aufgehen und ein Blutregen auf die Erde niedergehen.

Am zweiten Tag wird die Erde von »Erschütterungen heimgesucht« werden. Die Pforten des Himmels werden sich öffnen. Vulkanischer Rauch wird heraus-

---

95. Ich bin mir dank einer erstarkenden Krüppelbewegung in Deutschland und der Schweiz bewußt, wie problematisch es ist, von »mißgestalteten« Menschen zu reden. Wenn das Zunehmen von »Mißgeburten« ein drohendes, böses Zeichen sein soll, dann ist das zuallererst einmal eine böse, menschenverachtende Sprache. Diese liegt sowohl im zitierten Lucanus- wie auch im 4. Esratext vor. Wir treffen sie leider auch heute immer wieder an.

96. W. Schneemelcher, Neutestamentliche Apokryphen, Bd. II, S. 676-679.

gespien. Bangen und Angst werden herrschen. Danach beginnen die Abgründe zu brüllen und die »Zinnen des Himmelfirmaments« werden aufplatzen. Am vierten Tag wird der Abgrund schmelzen und brüllen. Die Erde wird von der Wucht der Erschütterungen beben. Am fünften Tag wird der Sonnenball aufplatzen.

Am sechsten Tag aber wird sich das Firmament öffnen, und die Engel werden durch die Klüfte des Himmels herausblicken. Erschütterungen werden sich überall ereignen, und die Steine werden sich durch und durch spalten. Dann werden die Leiber der entschlafenen Heiligen auferstehen und sich verwandeln. Sie werden neu bekleidet, und alle werden tiefste Freude empfinden.

Wir können eine Schilderung von einem Vulkanausbruch erkennen, was besonders durch den schmelzenden und brüllenden Abgrund des vierten Tages und den Rauch des zweiten Tages deutlich wird. Interessant sind auch die Phänomene, die diesen Vulkanausbruch begleiten: das Aufplatzen des Sonnenballs könnte eine Anspielung auf das Platzen der Fruchtblase sein, das Beben und Brüllen auf den dramatischen Moment vor den Preßwehen, die Verstorbenen aber auf das Neugeborene, das bekleidet wird. In diesem Zusammenhang scheint die Freude der Engel auch durchaus verständlich.

Hier haben wir also eine deutliche Verbindung zwischen dem dramatischen Bild eines Vulkanausbruches, der das Weltende für die von ihm betroffenen Menschen und Gebiete bedeuten könnte, und den Geburtsphänomenen, die auch Todesnähe und Bedrohung vermitteln, aber bei gelingender Geburt größte Freude bedeuten. Die Gliederung des Weltendes in sieben Tage ist nicht nur Erinnerung an die Weltschöpfung in sieben Tagen, sondern zeigt auch, daß das Ende eine neue Schöpfung sein wird, eine Geburt der neuen Erde und des neuen Himmels. Auch die Freude der Engel am sechsten Tag ist ein Zeichen dafür, daß die Geburt der neuen Erde glückt trotz der dramatischen Ereignisse.

Wenn wir dem Phänomen des Bebens, das an einen Lavaausbruch eines Vulkans erinnert, weiter folgen, führt es uns zu einem Text aus der *Qumran*gemeinde.[97] Hier wird besonders deutlich, daß das Beben in die Endphase des Gebärens gehört, weil die Rede von der Beschleunigung der Wehen ist. Die Wehenabstände werden immer kürzer; eine Wehe folgt auf die andere. Der Schmerz steigert sich ins Unerträgliche, bis alle Wehen losbrechen, d.h. die Preßwehen Erleichterung bringen:

»Ich [der Betende, L. S.] war in Bedrängnis wie ein Weib,
das seinen Erstgeborenen gebiert;
denn schnell kommen [ihre] Wehen,
und schlimmer Schmerz kommt über ihren Muttermund,
Beben hervorzurufen im Schoß der Schwangeren.
...
In der, die mit ihm schwanger ist,
beschleunigen sich alle Krampfwellen,
und schlimmer Schmerz ist bei ihrer Geburt.

97. E. Lohse, Die Texte aus Qumran, S.121.

192

Und Beben packt die, die mit ihnen schwanger sind.
Und bei seiner Geburt brechen alle Wehen los
im Schoß der Schwangeren.« I QH III, 7-11

Auch in der äthiopischen *Henochapokalypse*[98] können wir das Beben der Erde finden. Es ist wie oben auch ein Erdbeben, das aber nicht als schrecklich geschildert wird, sondern göttliche Verwandlung bedeutet und darum Freude verbreitet:

»Und die hohen Berge werden erschüttert,
und die hohen Hügel werden sich senken,
und sie werden schmelzen wie Honigwachs vor der Flamme.
Und die Erde wird zerbrechen,
und alles, was auf der Erde (ist), wird zugrunde gehen.
Und ein Gericht über alle und über alle Gerechten wird stattfinden.
Den Gerechten aber wird er Frieden schaffen,
und die Auserwählten wird er behüten,
und die Gnade wird über ihnen walten,
und sie werden alle zu Gott gehören,
und es wird ihnen wohl ergehen,
und sie werden gesegnet werden,
und das Licht Gottes wird ihnen leuchten.« äthHen 1,6-8

Bei der Erscheinung Gottes wird also eine Verwandlung der Erde geschehen, die einem gewaltigen Erdbeben gleichkommt. Hügel werden »niedersinken« und wie Wachs zusammenschmelzen. Vielleicht steht auch hinter diesen Schilderungen ein Vulkanausbruch. Jedenfalls könnte das Beben wie das Zerreißen der Erde so verstanden werden. Aber auch hier löst diese Schilderung nicht Verzweiflung aus, sondern Hoffnung: Nun wird alles gut.

Könnte das »Niedersinken« der Hügel mit dem Einsinken des Bauches nach dem Herauspressen des Kindes assoziiert werden? Es begegnet uns auch noch an anderen Orten.

Wir finden noch weitere Verbindungen zum Gebären:

»Und in jenen Tagen wird die Erde zurückgeben, was ihr anvertraut ist,
und die Unterwelt wird das zurückgeben, was sie empfangen hat,
und die Hölle (oder: Vernichtung) wird zurückgeben, wozu sie verpflichtet ist.
Und er wird die Gerechten und Heiligen von ihnen auswählen,
denn der Tag ist herangerückt, daß sie gerettet werden.
...
In jenen Tagen werden die Berge springen wie Widder
und die Hügel hüpfen wie Lämmer, die mit Milch gesättigt sind.
Und das Angesicht aller Engel im Himmel wird vor Freude leuchten ...« äthHen 51, 1-2+4+5

98. S. Uhlig, Das äthiopische Henochbuch.

Hier ist von der Aktivität der Erde auf gleiche Weise die Rede wie oben 4Esra 4,42: Die Erde gibt diejenigen zurück, die ihr anvertraut wurden. Die Verstorbenen werden dabei neu geboren, auferstehen, was Erlösung bedeutet. Die Entbindung ist sowohl für die Mutter wie auch das Kind im wahrsten Sinne des Wortes als Er-lösung zu verstehen. Wie in der Thomasapokalypse krönt das erlösende Ereignis die Freude der Engel.

Das Beben spielt eine interessante Rolle in der *Himmelfahrt des Moses*.[99] Denn auch hier wird das Kommen Gottes sichtbar an der Erde, d.h. ihre Verwandlung zeigt Gottes Kommen an:

»Und die Erde wird erbeben,
bis zu ihren Enden erschüttert werden,
und die hohen Berge werden niedrig gemacht
und erschüttert werden,
und die Täler werden einsinken.
Die Sonne wird kein Licht mehr geben
und sich in Finsternis verwandeln;
und die Hörner des Mondes werden zerbrechen,
und er wird sich ganz in Blut verwandeln,
und der Kreis der Sterne wird verwirrt.
Und das Meer wird bis zum Abgrund zurückweichen,
und die Wasserquellen werden versiegen,
und die Flüsse werden erstarren.
Denn der höchste Gott, der allein ewig ist,
wird sich erheben, und er wird offen hervortreten,
um die Heiden zu strafen,
und alle ihre Götzenbilder wird er vernichten.« AssMos 10,4-7

Die Phänomene, die uns in der Himmelfahrt des Moses geschildert werden, erscheinen, nebst dem bekannten Beben und Zittern, wie ein Atemholen zu etwas, das dann aber nicht eintrifft. Ich würde deshalb hier nicht von der gebärenden Erde reden. Sie scheint nicht soweit zu sein, daß aus ihrem Beben Preßwehen werden können. Das Hervorkommen Gottes bedeutet für die »Heiden« strafendes Gericht, für Israel aber Erlösung und Freude (10,8).

Der Text ist aber deshalb interessant, da er mit seinem Schweigen über eine Geburt deutlich macht, daß keine geschieht: der neue Himmel und die neue Erde werden noch nicht geboren. Die Himmelfahrt des Moses endet mit einer Bestätigung des status quo: »des Himmels und der Erde Festen sind all von Gott geschaffen und geprüft und stehen unterm Ringe seiner Rechten«(12,9).

Diese Beteuerung, daß sich nichts ändern wird, paßt zu unserer Analyse, daß trotz Beben keine Geburt stattfindet.

Sogar bis in die *Sibyllischen Orakel*[100] und in die *Apokalypse des Elia*[101] können wir das Beben der Erde verfolgen:

99. E. Brandenburger, Himmelfahrt des Moses, S. 57-84.
100. W. Schneemelcher, Neutestamentliche Apokryphen, S. 594-619.

»Den Himmel rollt er zusammen,
das Mondlicht löscht er,
Erhöhen wird er die Schluchten,
er wird die Höhen gleichmachen:
Die Höhe wird nicht mehr
unheilvoll unter den Menschen erscheinen,
Gleich wird das Gebirge der Ebene sein
und jedes Meer ohne Schiff.« Sib 8,233-237

»An jenen Tagen erbebt die Erde,
verfinstert sich die Sonne.
Dann bringt man Frieden auf die Erde und den Geist...« ApkEl 39,6102

In beiden Beispielen sehen wir das Erdbeben wieder positiv gedeutet. Die Texte vermitteln nicht Panik und Angst, weil doch die Erde bebe, sondern aufatmende Erlösung: Befreiung aus hierarchischen Machtspielen, Versklavung des Meeres und der Menschen. Das Beben der Erde bringt Frieden.

In der *Offenbarung des Petrus*[103] finden wir die Rede vom Pfand, resp. vom Anvertrauten, das zurückgegeben werden soll, wie wir sie schon äthHen 51,1 und 4Esra 4,42 und 7,32 angetroffen haben. Am Tage der Entscheidung gebietet Gott der Hölle,

»daß sie ihre stählernen Riegel öffnet und alles,
was in ihr ist, zurückgibt.« ApkPetr 4
»und die Erde gibt (sie) wieder wie ein anvertrautes Pfand« ApkPetr 4

In oben genannten Stellen ist der Zusammenhang zum Gebären als Zurückgeben evident. Hier ist vom Gebären nicht deutlich die Rede. Ich möchte allerdings hier die Rede von der Erde und den Samenkörnern, wie wir sie hier in der Off des Petrus finden und wie sie uns von Soranus überliefert ist, nebeneinander stellen:

»Seht und bedenkt die Samenkörner, die in die Erde gesät sind.
Wie etwas Trockenes, das seelenlos ist, sät man sie in die Erde.
Und sie leben auf, bringen Frucht, und die Erde gibt (sie) wieder
wie ein anvertrautes Pfand.« Apk Petr 4
»Denn wie der dürftige Boden die Saat nicht reifen und Früchte nicht
hervorzubringen vermag, sondern vermöge seiner schlechten Qualität
die guten Eigenschaften der Pflanze und des Samens verdirbt,
so vermögen auch beim Weibe abnorme Organe den in sie gedrungenen
Samen nicht zu behalten, ...«[104]

101. P. Rießler, Altjüdisches Schrifttum, S.114-125.
102. Anders W. Schrage, Der Friede auf der Erde, in: Die Elia-Apokalypse, S. 266.
103. W. Schneemelcher, Neutestamentliche Apokryphen, S. 566-578.
104. Soranus, lib. 1, IX, 35.

Soranus geht es um den zur Konzeption günstigen Zeitpunkt, wobei er der Ansicht ist, daß die Gesundheit der Frau der beste Garant für eine Empfängnis ist.

Was für uns aber hier interessant ist, ist der Vergleich Frau – Erde, den wir auch in der Offenbarung des Petrus gefunden haben. Soranus redet noch an vielen anderen Stellen vom Ackerboden als Metapher für die empfangende Gebärmutter.[105]

Mit diesem Hinweis wollte ich zeigen, daß es erlaubt sein kann, die Wendung »der Boden gibt zurück, was ihm anvertraut wurde« als Metaphorik für die gebärende Erde zu verstehen.

Wir haben nun an zahlreichen Textbeispielen gesehen, daß die eschatologische Vorstellung der gebärenden Erde fest in der apokalyptischen Tradition verankert ist. Das Motiv variiert – je nach theologischer Bedeutung; wir haben sowohl gelingendes Gebären wie auch Fehlgebären gefunden. Von großer Bedeutung scheint der dramatische Moment vor den Preßwehen zu sein, der immer wieder durch das Phänomen des Zitterns und Bebens angesprochen wird.

4.3 Bedeutung des Motivs für die Eschatologie des 4Esras

Da die eschatologische Vorstellung der gebärenden Erde in der Apokalyptik immer wieder vorkommt, müssen wir uns fragen, was das Motiv theologisch bedeutet und wie es speziell im 4Esra zu verstehen ist.

Wie wird das Gebären dargestellt? Ist von den großen Schmerzen der Gebärenden die Rede? Welcher Moment im Geburtsprozeß spielt eine zentrale Rolle in den apokalyptischen Texten? Was wird geboren? Hilft jemand der Gebärenden? Wer ist dieser Beistand? Wir können auch umgekehrt fragen: Was ist die Rolle Gottes bei der Geburtsarbeit der Erde? Wie wird die Geburt die Erde verändern? Wie betrifft die Gebärarbeit der Erde ihre BewohnerInnen?

1. Aktivität: Wir finden verschiedene Stellen, wo vom Gebären aus der Perspektive der Gebärenden die Rede ist.[106] Deutlich sehen wir dies in 4,40-42:

»Quemadmodum enim festinavit quae parit effugere
necessitatem partus, sic et haec festinat reddere
ea quae commendata sunt ab initio.«

»Wie auch immer jene, die gebiert, eilt,
zu entkommen der Not der Geburt,
so eilt auch diese (die Erde, L.S.) zurückzugeben,
was ihr von Anfang an anvertraut worden war.«

---

105. Soranus, lib. 1, X, 39 und 40.
106. Ein Beispiel, wo aus der Perspektive des Kindes die Geburt beschrieben wird, ist Hos 13,13.

Diejenige, »die gebiert«, wird aktiv beschrieben – im Gegensatz zu Formulierungen wie »das Geburtsschmerzen erleidende Weib«, »die in Wehen liegende Frau« – und es wird ihr auch Einfluß zugestanden auf den Verlauf der Geburt: sie beeilt sich und zögert nicht, verlangsamt den Geburtsverlauf also nicht. Wohl jede Gebärerin möchte sich beeilen – daß ihr dies aber als aktive Rolle zugestanden wird, ist nicht selbstverständlich.

2. *Vergeblichkeit:* In 5,1-12 wird, wie wir oben gesehen haben, ein Abort beschrieben. Dieses Ereignis wird sehr kraftvoll geschildert und nicht verharmlost. In ihm sind viele Energien, die durch den mißlingenden Aspekt einer Fehlgeburt viel Destruktives auslösen. Die Menschen mühen sich ab – allerdings vergebens:

»Et quaeretur a multis et non invenietur...« 5,10
»Von vielen wird sie (die Vernunft, L.S.) gesucht und nicht gefunden.«
»Et erit in illo tempore, et sperabunt homines et non inpetrabunt, laborabunt et non dirigentur viae eorum.« 5,12
»In jenen Zeiten wird es sein: Die Menschen hoffen, doch sie erlangen nicht, sie mühen sich ab, doch ihre Wege werden nicht gerade.«

Die Menschen tun ihr Bestmögliches: Sie suchen die Einsicht, sie mühen sich ab mit Hoffen und Arbeiten, aber sie kommen nicht zum Ziel. Dieses frustrierende Gefühl teilen sie mit fehlgebärenden Frauen, die sich wochen- oder monatelang auf ihre Schwangerschaft eingestellt hatten, sowohl was die körperlichen wie auch was die psychischen und sozialen Umstellungen betrifft, die, wie wir sagen, »in Hoffnung« waren, aber ihr Kind verloren haben. Das Unwohlsein der fehlgebärenden Erde kommt in mancher Zeile zum Ausdruck: Verwirrung und Schrecken herrschen vor (5,1. 5.7.8). Auf viele Weise widerspiegelt die Erde das Schicksal der fehlgebärenden Frauen: Wie die unfruchtbare Frau von ihrem Mann verlassen werden kann, so wird das Land, das mächtig war, unbegangene Wüste werden und verlassen sein (5,3). Wie der Foetus die Gebärmutter verläßt, so verlassen die Vögel ihre Heimat (5,6), die Fische ihr Element (5,7) und die wilden Tiere ihre Gebiete (5,8). So wird das Land denn auch »sterilis« (5,1), leer und unfruchtbar, genannt. Wie demoralisierend und existentiell bedrohlich die Unfruchtbarkeit für Frauen sein konnte, ersehen wir in Rahels Ausruf:

»Verschaffe mir Kinder, sonst bin ich eine Tote!« Gen 30,1

3. *Leere Hoffnung:* Ganz anders ergeht es dem Land und seiner Bevölkerung in 6,18-28. Es mag erstaunen, daß die Frauen hier Frühgeburten gebären, die am Leben bleiben und herumspazieren (6,21).[107] Es war auch den Menschen damals völlig klar, daß Drei- oder Viermonatskinder nicht lebendig geboren werden und

---

107. Wobei mit gleichem Recht gemeint sein könnte, daß die Frauen nach Frühgeburten herumspazieren »als ob nichts gewesen wäre«.

jährige Kinder noch nicht sprechen können. Interessant ist auch hier die Parallele von Land und Frauen:

>>et praegnantes immaturos parient infantes trium et quatuor mensuum et vivent et scirtabuntur, et subito apparebunt semina loca non seminata, et plena promptuaria subito invenientur vacua...<< 6,21-22
>>und Schwangere gebären unreife Kinder nach drei oder vier Monaten und sie leben und laufen umher, und plötzlich scheinen angesäte Felder nicht angesät und volle Kammern werden plötzlich leer gefunden...<<

Die Bezeichnung >>promptuaria<< für den Uterus der Erde haben wir oben schon mehrmals gefunden. Die vollen Kammern, die plötzlich leer sind, können daher wie eine Gebärmutter gesehen werden, die geboren hat und deshalb leer ist. Auch die Rede vom angesäten Feld, das plötzlich nicht mehr angesät ist, kann auf diese Weise verstanden werden. Gerade >>unreife Kinder<<, Foeten des dritten oder vierten Monats, wecken die Assoziation von erst angesäten Feldern, deren Früchte noch nicht reif zur Ernte sind.[108]

Was den Frauen geschieht, geschieht auch dem Acker: Wenn ihre Schwangerschaften nicht ausreifen, sondern vorzeitig zu einem Ende kommen, so ist dasselbe Phänomen auch bei der Erde zu beobachten: die kaum angesäte Saat reift nicht zu Früchten aus, die geerntet werden können. Und hoffte man, daß die Vorratskammern voll seien und der Arbeitseinsatz sich gelohnt habe, so entpuppen sie sich plötzlich als leer – die Hoffnung auf Nachwuchs, auf Ernte, auf eine gesicherte Zukunft erweist sich als falsche, leere Hoffnung. So weit werden hier Erfahrungen der armen Bevölkerung beschrieben: es herrschen Hunger und Elend – Zustände, in denen Frauen nicht gesunde Kinder gebären können. Kinder sind für die Eltern aber in Alter, Krankheit oder Witwenschaft die lebenssichernde Hoffnung.

4. Gebärarbeit und Landarbeit: Die Arbeit, die die Bevölkerung leistet, bringt keine Früchte. Es ist mir sehr wichtig zu zeigen, daß die Hoffnung auf eine lebenswerte Zukunft mit Bildern aus der Arbeitswelt der armen LandbebauerInnen und der gebärenden Frauen beschrieben werden. Die Parallelität von Frauenarbeit und bäuerlicher Arbeit ist nicht dieselbe wie die Gleichsetzung von Frau und Natur.[109] Die Perspektive ist eine andere: Bei der Gleichsetzung von Frau und

---

108. Im Gegensatz dazu: R. Kabisch, Das vierte Buch Esra, S. 54f.: >>Ebenso unterbricht dann V.22 den Fortschritt der Handlung. Nachdem die Gerichtsbücher aufgeschlagen sind, muß von der weiteren Vornahme der Gerichtshandlungen gesprochen, nicht aber ein in diesem Augenblick ganz gleichgültiges wunderhaftes Verschwinden der Kornvorräte erzählt werden; besonders da nach V.20 alle zugleich das Aufschlagen der Bücher am Himmel... gesehen haben, nun also doch wohl mit gespanntester Aufmerksamkeit die Vorgänge am Himmel beobachten und so geringfügige Ereignisse, wie das Leerwerden der Scheunen gar nicht bemerken werden.<<
109. Vgl. z.B.: R. R. Ruether, Frauen für eine neue Gesellschaft, S.200f.; auch: C. Merchant, Der Tod der Natur.

Natur handelt es sich um ein ideologisches Bild, eine Vorstellung aus der Perspektive der Herrschenden, die sowohl die Kraft der Frauen wie den Reichtum der Natur ausbeuten wollen. Wo aber von der Gebärarbeit und der bäuerlichen Arbeit gesprochen wird, wie wir es hier in 4Esra sehen, wird von den meist unsichtbaren und unterdrückten Erfahrungen der armen und marginalisierten Bevölkerung ausgegangen.

5. Sehnsucht nach der Nähe Gottes: Doch wir erfahren in 6,21: die unreifen Kinderchen bleiben am Leben! Sie können sogar umherlaufen. Sie sind nicht verloren. Und die Erde, die angesäte Felder nicht ausreifen läßt, wird sich verwandeln: Sie wird zittern und erbeben (6,23).

War oben (5,1-12) bei der mißlingenden Geburtsarbeit vom sterilen Land die Rede und dem Verborgensein der Wahrheit, so finden wir hier ein blühendes Land, das Früchte bringt:

»Florebit autem fides et vincetur corruptela, et ostendebitur veritas quae sine fructu fuit tantis temporibus.« 6,28
»Der Glaube wird aber blühen und das Schlechte wird besiegt, und die Wahrheit, die soviele Zeiten ohne Frucht war, wird sich zeigen.«

Das Verdorbene, in Form von corruptela, wird besiegt, der Glaube blüht, und die Wahrheit trägt Früchte: so wird die neue Erde beschrieben, für die anzustrengen sich lohnt.

Wir ersehen daraus auch, daß die neue Erde ganz neu sein wird: Einerseits wird sie in theologischen Begriffen beschrieben (Glaube, Wahrheit), andererseits in naturphänomenologischen Begriffen (blühen, fruchtbar). So wird uns die neue Erde nicht nur als geistig erneuert dargestellt; sie ist »an Leib und Seele« neu, außen und innen stimmen überein. Oder anders gesagt: Ein blühendes Land ist ein glückliches, gesegnetes Land – ein unfruchtbares, ödes Land leidet an der Abwesenheit Gottes. Dies widerspiegelt die traurige Erfahrung des von der römischen Siegermacht geschundenen jüdischen Volkes.

6. Gott kommt: Diese Interpretation wird auch durch die V. 6,18-19 unterstrichen:

»Et dixit: Ecce dies veniunt, et erit quando adpropinquare incipio, ut visitem habitantes in terram, et quando inquirere incipiam ab eis qui iniuste nocuerunt iniustitia sua, et quando suppleta fuerit humilitas Sion ...«
»Und sie [die Stimme Gottes, L. S.] sprach: Siehe, Tage werden kommen, und es wird sein, wann ich beginne, mich zu nähern, um die ErdbewohnerInnen zu besuchen, und wann ich anfange zu erfragen, welche von ihnen ungerechterweise mit ihrer Ungerechtigkeit geschadet haben, und wann die Erniedrigung Zions erfüllt sein wird ...«

Gott kommt. Die Rettung naht, und die Erniedrigung Zions hat ein Ende. Gott erscheint hier als Helferin bei der Geburt der neuen Erde. Gleich einer Hebamme eilt er, der gebärenden Erde beizustehen: Er wird sich nähern (adpropinquare), sie aufsuchen im Sinn von nachsehen, untersuchen (visitare) und er wird sie befragen nach ihren Schmerzen (inquirere). Hier finden wir die Erfahrung, wie wichtig es ist, einer Gebärenden beizustehen mit fachkundigem Wissen und emotioneller Unterstützung. Wenn Gott Hebamme ist, wird die Geburt der neuen Erde auch unter den widrigsten Umständen gelingen.[110]

Ein Gegenbeispiel dazu ist 5,1-12: Hier ist Gott abwesend. Ein anderer kommt, aber nicht um zu helfen, sondern um zu herrschen:

»Et regnabit quem non sperant qui inhabitant super terram...« 5,6
»Und derjenige wird herrschen, den die ErdbewohnerInnen nicht erhofften.«

Unter dieser Herrschaft erleiden die Frauen Aborte, wird das Land unfruchtbar. Hier wird buchstäblich »nichts«[111] geboren, weder Kinder noch eine neue Erde.

7. Solidarität mit dem Leiden: Bis jetzt war noch nie die Rede von den Schmerzen der Gebärenden. Dies erstaunt um so mehr, da wir heute die Geburt vor allem als schmerzreiche Angelegenheit beurteilen. Andere Aspekte des Gebärens, wie Gebären als Anstrengung, Arbeit oder der lebensbedrohende Aspekt für Mutter und Kind, treten heute beim Thema »Gebären« meist zugunsten der Schmerzen in den Hintergrund.

Daher finde ich es bemerkenswert, daß in den bis jetzt herangezogenen Texten die Wehenschmerzen keine Rolle spielen. Anders sieht es in 10,9-14 aus:

»Interroga enim terram et dicet tibi, quoniam haec est quae debeat lugere tantorum superstes germinantium. Et ex ipsia initio omnes nati et alii venient, et ecce paene omnes in perditionem ambulant et in exterminium fit multitudo eorum. Et quis ergo debet lugere

110. Hier widerspreche ich der Auffassung, die u.a. G. H. Box vertritt: »God and God alone, without the intervention of any mediatorial agency, is responsible for creation, and God alone will exercise the functions of Judge at the Final Judgement (6,1-6)«, The Ersa-Apocalypse, S.XXXV. Gott in der Rolle der Hebamme ist auf die Mitarbeit der Erde angewiesen.

111. Eine interessante Deutung von monstra finde ich bei G. Anders: »Wesen, die man nicht klassifizieren konnte, nannte man früher ›monströs‹; das heißt: als ›monstra‹ hatten Wesen gegolten, die, obwohl sie kein ›Wesen‹ hatten, doch da-waren und, der Frage, was sie seien, ins Gesicht lachend ihr Unwesen trieben. Ein solches Wesen ist die Bombe. Sie ist da, obwohl wesenlos. Und ihr Unwesen hält uns in Atem.« (Die Antiquiertheit des Menschen, Bd. 1, S.254.)
Vielleicht ergibt sich aus dieser Interpretation eine Möglichkeit, nicht behindertenfeindlich zu argumentieren. Monstra als Un-wesen wären dann keinesfalls behinderte Menschen. »Mißgeburten« wären daher in einem ganz anderen Kontext zu diskutieren (neben der Atombombe halte ich alle ausgeklügelten Waffensysteme für Mißgeburten, aber auch andere lebensfeindliche »Problemlösungen« wie Zwangssterilisation von Menschen, Tierfabriken, genetisch manipulierte Lebewesen, ungerechte politische Regierungen etc.).

magis nisi haec quae tam magnam multitudinem perdidit, quam tu quae pro uno doles? Si autem dices mihi quoniam non est similis planctus meus terrae, quoniam fructum ventris mei perdidi, quem cum maeroribus peperi et cum doloribus genui, terra autem secundum viam terrae, abiit quae in ea multitudo praesens quimodo et venit, et ego tibi dico: Sicut tu cum dolore peperisti, sic et terra dedit fructum suum hominem ab initio ei qui fecit eam.«

»Frage aber die Erde und sie wird dir sagen, daß sie es ist, die über so viele trauern müßte, die auf ihr entsprossen sind. Und aus ihr sind wir alle am Anfang geboren und andere werden kommen, und siehe: Fast alle gehen ins Verderben und ihre Menge wird vernichtet. Und wer muß also mehr trauern als diejenige, die eine so große Menge verloren hat? Etwa du, die du um einen leidest? Wenn du mir aber sagst: Mein Kummer ist dem der Erde nicht ähnlich, weil ich die Frucht meines Leibes verloren habe, die ich mit Seufzen geboren habe und mit Schmerzen gezeugt, der Erde ergeht es aber gemäß ihrer Art: Die Menge, die auf ihr lebte, ging zugrunde, sowie sie gekommen ist. Und ich sage dir: So wie du mit Schmerzen geboren hast, so brachte die Erde ihre Frucht, den Menschen ihrem Schöpfer hervor.«

Hier ist zwar von Geburtsschmerzen die Rede, doch müssen sie im Zusammenhang des Vergleichs Erde – Frau verstanden werden. Wir finden den Zugang zu dieser Stelle besser, wenn wir uns an die griechischen Grabgedichte (3.5) erinnern. Hier wie dort geht es ja um den Verlust von Kindern, der großen Schmerz verursacht:

»Schmerzen hinterließ er dem Vater,
noch viel mehr der Mutter,
die nun ihrer Wehen dritte Frucht
nicht mehr besitzt.« Nr. 270

»... überströmenden Jammers Weh der Mutter:
ihres Kreißens Schmerzensfrucht, hat sie
den Sohn nur für den Hades geboren.« Nr. 166

»... und die, welche mich gebar,
tauschte nur Trauer ein gegen Wehen ...« Nr. 416

Die Geburtsschmerzen werden im Kontext des Trauerns erinnert. Wie die große Freude über eine glückliche Geburt deren schmerzhafte Seiten verblassen lassen kann, so gehört es zum Trauerprozeß, sich Freuden und Schmerzen, alles Ausgestandene, zu vergegenwärtigen.

In 10,9-14 geht es darum, daß der Schmerz der trauernden Frau, die nur ein Kind geboren hat, nicht als größer eingestuft wird als der Schmerz der Erde, die eine riesige Menge Kinder hervorgebracht hat. Wenn Esra betont, daß die Erde auch mit Schmerz geboren hat, will er damit ihren unendlich großen Verlustschmerz zeigen. Denn nur ein Kind zu verlieren, hält er für weniger schmerzlich als den Verlust sehr vieler Kinder, da um sie viel mehr gelitten, mehr gehofft und mehr ausgehalten worden war als um den einen Sohn der trauernden Frau.

So steht hier nicht das schmerzhafte Gebären im Zentrum, sondern der Verlustschmerz. Esra möchte die trauernde Mutter zur Solidarität mit dem Leiden der

Erde überreden. Wir sehen daraus, daß die großen Geburtsschmerzen für den Verfasser durchaus eine Realität sind, die er nicht vergißt oder verdrängt. Je mehr Geburten eine Mutter ausgehalten hat, desto größer ist auch ihr Verlustschmerz. Das kann wie im Grabgedicht Nr. 270 auch heißen, daß eine Mutter mehr als ein Vater um das verlorene Kind Schmerzen erleidet. Theologisch mißt Esra den Geburtsschmerzen aber keine Bedeutung bei (z.B. im Sinne einer Leidensmystik).[112]

8. *Kooperation:* Gebären wird als Mitarbeiten, Ringen, Kämpfen um die neue Erde geschildert: die Erde läßt ihre Toten frei, sie gebiert sie wieder aus ihrem Mutterschoß. Damit ist die Basis für Gerechtigkeit geschaffen. Denn der Tod ist insofern zu überwinden, als er Menschen dahinrafft, bevor ihnen Gerechtigkeit geschehen ist. Dieses Festhalten an der Forderung nach Gerechtigkeit steht hinter den apokalyptischen Auferstehungshoffnungen.[113] Daher müssen die Verstorbenen, die MärtyrerInnen wie die sie verurteilenden Machthaber dem Tod entkommen. So ist die Mitarbeit der gebärenden Erde und ihrer BewohnerInnen auf das Aufheben der ungerechten Zustände gerichtet: Das Blut der MärtyrerInnen soll nicht zugedeckt und ohne Rechtsklage vergessen werden. Auf der neuen Erde werden gerechte Zustände sein: Das Böse wird ausgetilgt, der Trug vernichtet sein, der Glaube wird blühen, und die Menschen werden ein verändertes Herz haben (6,26-28).

Mit dem Gebärprozeß ist das Ende der Ungerechtigkeit eingeleitet. Gott übernimmt dabei die Rolle der Hebamme (6,18-19). Er kommt, um zu helfen. Damit ist die Aktivität der Erde und ihrer BewohnerInnen ins Zentrum gesetzt. In der Kooperation zwischen Gebärender und Hebamme wird das wesentliche Moment gesehen, ob die Geburt der neuen Erde gelingt oder nicht. Dies wird gerade bei den mißlingenden Geburten deutlich, wo nicht Gott kommt, sondern ein anderer, der nicht hilft, sondern herrscht (5,6).

9. *Das Ende:* Beim Gebären der neuen Erde ist der dramatische Moment des Bebens und Zitterns vor den Preßwehen im Blick. Das bedeutet, die lange Wartezeit der Schwangerschaft wie die oft langwierige Phase der Eröffnungswehen weichen der Phase der aktiven Mitarbeit der Gebärenden. So ist es wichtig zu sehen, daß das Gebären mit dem Ende im Sinne von Befreiung, Erleichterung (4,42) zu tun hat. Es ist m.E. völlig unangebracht, hier von »Weltuntergang«[114] zu

---

112. Daß das Gebären primär nicht mit Schmerzen assoziiert sein muß, zeigt auch J. Scharbert, Der Schmerz im Alten Testament, S.26. Er läßt aber völlig außer Betracht, daß Gebären in erster Linie mit Verwandlung zu tun hat. M.E. ist das der Vergleichspunkt zu den bedrohlichen Schicksalsschlägen, bei denen die Betroffenen auch sich winden oder beben (Jer 5,22; Ez 30,16; Sach 9,5; Ps 96,9). Nicht der Schmerz oder die Angst stehen dabei im Vordergrund, sondern die Verwandlung, die »erlitten« werden muß.

113. Vgl. Jürgen Ebach, Apokalypse, S. 5-61.

114. J. Keulers, Die eschatologische Lehre des vierten Esrabuches, S. 144f.

sprechen. Vielmehr geht es um die Verwandlung der alten ungerechten Erde in eine neue, voll Gerechtigkeit blühende Erde. In diesem Sinn ist hier auch keine Weltflüchtigkeit[115] zu spüren, sondern die lebendige Sehnsucht nach einem fruchtbaren, blühenden Leben, das nicht von Ungerechtigkeit geschmälert wird.

10. *Umwandlung als Hoffnungsinhalt:* Diese Grundzüge der Eschatologie des 4Esra machen uns also deutlich, daß nicht nur die neue Erde als Hoffnungsinhalt wichtig ist, sondern auch die Umwandlung, Umgestaltung, wie es die Vorstellung der gebärenden Erde mit sich bringt, zum Hoffnungsinhalt gehört. Das Gebären wird aber als Mitarbeiten am neuen, integren Leben verstanden, als Ringen und Kämpfen um die neue, noch nie dagewesene Erde. Diese neue Erde fällt nicht eines Tages vom Himmel. Ihr Kommen kündigt sich wie die Geburt eines Kindes an vielerlei Zeichen an, bis sie schließlich in sich steigernden Wehen geboren wird.

4.4 Auswertung

Auch wenn ein so starkes und poetisches Bild wie die gebärende Erde nicht eins zu eins übersetzbar ist und sich einer Ein-für-allemal-Deutung entzieht, indem es zu immer neuen Betrachtungen einlädt und sich unter dem meditativen Blick immer wieder verwandelt, so können wir doch einige, für das Apokalyptikverständnis überhaupt zentrale Aussagen machen.

Durch einen vom Androzentrismus unverstellten Blick auf das Gebären entdecken wir im 4Esra die Vorstellung der gebärenden Erde, die zentral zu sein scheint und die auch in anderen apokalyptischen Texten zu finden ist. Erstaunlicherweise wird in diesen alten Texten das Gebären in theologische Vorstellungen aufgenommen, ohne die damit verbundenen Frauenerfahrungen abzuwerten, ohne leib- und arbeitsfeindlich zu interpretieren. Für die apokalyptische Theologie ist die »Wann«-Frage zentral, denn die Menschen leiden unter der Ungerechtigkeit dermaßen, daß das Ausschauen nach Hoffnung, d. h. nach dem Ende der Ungerechtigkeit, zum antreibenden Motiv wird. Gerade dafür bietet sich der Vorstellungskreis Schwangerschaft-Geburt als erfahrungsintensives Bild an: Jeder Schwangeren wird mit »Wann ist es denn so weit?« begegnet, um so mehr wenn sich ihre Fülle rundet und die Beschwerlichkeit ihrer Bürde ins Auge springt. Geh, frage die Gebärerin – sie weiß über die letzten Zusammenhänge Bescheid, sie kennt die Anstrengung der Mitarbeit wie auch die unendliche Freude und Dankbarkeit über eine glückliche Geburt. Im apokalyptischen Text kommt diese Mitarbeit als Kooperation zwischen Menschen und Gott zum Ausdruck. Die Wann-Fragen (Wann kommt Gott? Wann nimmt das Leiden ein Ende? Wann wird das Land wieder blühen und gesegnet sein?) finden ihre Antwort darin, daß die Zusammenarbeit von Gott und Menschen die Geburt der neuen Welt einleiten wird.

115. Richard Kabisch, Das vierte Buch Esra, S. 33.

Nicht irgendwann fällt die Erlösung in den Schoß – sie ist nicht aufschiebbar, auch nicht exakt berechenbar; sie beginnt, wo menschlich-göttliche Geburtsarbeit, Befreiungsarbeit geleistet wird. Damit legt die Apokalyptik ihr Augenmerk radikal auf die Gegenwart. Die terminorientierte Wann-Frage ist vor allem für Außenstehende relevant. Sie sind sogar froh, wenn die hochschwangere Frau nicht in diesem Moment niederkommt und sie in Geburtsarbeit verwickelt. Für Betroffene und Nahestehende kündigt sich die Nähe Gottes längst an in den Veränderungen der Schwangerschaft, in den ersten Wehen. So kann die apokalyptische Eschatologie zur Hoffnungsquelle für die leidenden Menschen werden: Wo Gerechtigkeit hergestellt wird, beginnt die neue Welt Gottes durchzuscheinen. Jetzt, in der bedrückend empfundenen Gegenwart kann nicht nur nach Hoffnung Ausschau gehalten werden, sondern auch die befreiende Kooperation zwischen Menschen und Gott beginnt.

Die gebärende Erde beeindruckt mich auch in ihrer kosmischen Tiefe. Der Erlösungsanspruch umfaßt alle Menschen, alle Nationen und die gesamte Schöpfung. Die apokalyptische Sehnsucht nach Gerechtigkeit schließt keinen Grashalm aus und träumt von der ganzen Erde als Heimat für die Vertriebenen, Heimatlosen.

5. Bist du die Erde trösten gekommen?

Im folgenden frage ich nach der Aufgabe und Rolle der Menschen, der »ErdbewohnerInnen«, die ihnen beim Gebären der »Mutter Erde« zukommen könnte. Es ist dies die Frage nach einer Praxis, die aus der eschatologischen Hoffnung genährt wird. Wir haben zwar kaum sozialgeschichtliches Material über diejenigen Frauen gefunden, die als Nachbarinnen, Freundinnen, Dienerinnen, Schwestern, Mütter u.a. unzähligen Gebärenden Hilfe leisteten. Dennoch wurde es deutlich, daß, wenn immer möglich, Frauen in ihren schwersten Stunden beigestanden wurde (Abb. 7). Dabei spielte auch das Zeugenamt eine Rolle (3.5)

a) Ich taste mich an diese Frage heran anhand 4Esra 4,40-42.

»Er sprach zu mir:
Geh hin und frag die Schwangere,
ob nach neun Monden noch ihr Schoß
das Kind bei sich behalten kann?
Ich sprach:
Gewiß nicht, Herr!
Er sprach zu mir:
Dem Mutterschoße gleich
sind in der Unterwelt die Wohnungen der Seelen.
Denn, gleich wie ein gebärend Weib

Abb. 7:
Geburtsdarstellung aus Südindien, Holzschnitzerei, Tantra-Kunst, 18. Jh. Drei
Frauen stehen der Gebärenden zur Seite. – Aus: L. Kuntner, München 1994⁴, Abb. 39.

sich von Geburtsnöten recht bald befreien will,
so eilen jene auch, zurückzugeben,
was ihnen ward von Anfang anvertraut.«[116]

Nun ist für viele Ausleger gerade diese Stelle ein Beweis für den deterministischen Heilsplan Gottes, der weder durch die Sünder aufgehalten noch beschleu-
nigt werden kann. Das Heil werde mit derselben Notwendigkeit kommen, mit der
die Geburt stattfinde.

»Das Bildwort verdeutlicht weniger die ›Unentrinnbarkeit‹ als vielmehr die Zwangsläu-
figkeit des Vollzugs der großen Wende, die die ›Ernte der Gerechten‹ herbeiführt.«[117]

Der »Endtermin« ist den Menschen ja nicht bekannt und kann von ihnen auch in
keiner Weise beeinflußt werden. So sei die zentrale Aussage des 4Esra »theozen-
trisch-deterministisch«.[118]

Ich stimme den Auslegern insofern zu, daß der Termin des Endes genausowe-
nig zu verändern ist wie der Geburtstermin. Aber ich teile die Ansicht nicht, daß
mit dem Geburtsbild von 4,40-43 ausgesagt werden will: Wenn der Zeitpunkt
gekommen ist, kann nichts mehr die Geburt behindern oder beeinträchtigen. Wir
haben an den zahlreichen Grabgedichten, aber auch den dankbaren Votivtafeln
von Wöchnerinnen gesehen, daß mit dem Termin der Geburt über den Geburts-
verlauf noch nichts ausgesagt ist. Dies wird aber von den Auslegern nicht unterschieden. Der Zeitpunkt des Endes wird mit dem Ende gleichgesetzt. Diese Aussage halte ich für falsch und für das Ergebnis einer androzentrischen Perspektive
auf das Gebären. Gebären als Frauenarbeit wird dabei nicht wahrgenommen: Der
Zeitpunkt der beginnenden Geburt wird mit dem Ergebnis der gelungenen Geburt
in eins gesehen.

Diese androzentrische Verkürzung hat für die Eschatologie fundamentale Folgen: Das einzige, was theologisch von Interesse ist, ist der Termin des Endes. Da
dieser Termin aber nicht prognostiziert wird und die Pläne Gottes den Menschen
verborgen bleiben, müssen theologische Hilfskonstruktionen in die entstehende
Lücke treten, wie z.B. »Parusieverzögerung«, »Enthusiasmus« oder »das Problem des Ausbleibens der Verheißung«.[119] Jedoch richtet sich das theologische
Interesse kaum auf eine *eschatologische Lebensführung*. So stellt denn dieser Äon
»ein Zwischenspiel einer gottfernen Zeit dar, die im Zeichen der radikalen Jen-
seitigkeit und Unerreichbarkeit des Heils steht.«[120] In dieser heilsfernen Zeit kann

---

116. Übersetzung von Paul Rießler, Altjüdisches Schrifttum.
117. Wolfgang Harnisch, Verhängnis und Verheissung der Geschichte, S. 290.
118. Peter Schäfer, Studien zur Geschichte und Theologie, S.290. Derselben Meinung
    sind auch Richard Kabisch, Das vierte Buch Esra, (S.33); G.H. Box, The Ezra-Apo-
    calypse, (S.XXXVi); Alden Lloyd Thompson, Responsibility for Evil in the Theodi-
    cy of IV Ezra, S. 144; Joseph Schreiner, Das 4.Buch Esra, S. 322.
119. W. Harnisch, Verhängnis und Verheißung, S. 324.
120. Ebd., S. 325.

es nach Harnisch höchstens darum gehen, sich im Kampf mit dem Bösen zu bewähren und sich dadurch für die Heilsteilnahme zu qualifizieren.[121] J. Keulers übersieht die gebärende Erde völlig und hält die Aufhebung der Naturgesetze in 5,1-12 für den Anfang des Weltuntergangs, »die Todeszuckungen der sterbenden Welt«.[122]

Meine These ist aber, daß wir anhand der Gebärarbeit etwas über eine eschatologische Praxis der Glaubenden erfahren können. Gerade an 4,40-43 können wir ersehen, wie Esra auf die Geburtshilfe vorbereitet werden soll, die er in der Zionsvision 9,38-10,27 (s. unten) denn auch tatsächlich leistet. In 4,40-43 wird nicht nur ausgesagt, daß die Erde die Geburt der Verstorbenen nicht aufhalten kann. Mit dem Hinweis »Geh, frage die Schwangere« wird Esra sowohl über die Unbeeinflußbarkeit des Hereinbrechens des Endes belehrt, als auch auf die Bedürftigkeit der Gebärenden verwiesen: Eine Gebärende braucht Beistand, sei es in der Rolle der Hebamme, der Zeugin, oder der emotionellen Stütze etc. Denn die Geburt kann sehr wohl mißlingen: In Hos 13,13 ist es das Kind selbst, das seinen Geburtstermin verschläft. Aber auch 5,1-12 zeigt, wie eine Schwangerschaft ein schlechtes Ende nehmen kann, wenn »zur Herrschaft kommt, auf den niemand hofft«, d.h. keine göttliche Hebammenhilfe geleistet wird.

Eine androzentrische Perspektive auf unseren Text verhindert die Wahrnehmung des »Endes« als Prozeß der Geburt, Verwandlung, Neuschöpfung der Erde *unter Mithilfe der ErdbewohnerInnen.*

b) E. Breech sieht in 4Esra das Formalprinzip der Klagepsalmen und zeigt die Bewegung von Bedrängnis zur Tröstung:

»If one focuses on the motif of consolation, instead of on the contents of several sections, then one notices that the work moves from Ezra's distress, through his efforts to console a bereaved mother, to his own consolation and subsequent speech of comfort to his community (14,27- 36).«[123]

Ich stimme mit E. Breech hierin überein und halte das durchgehende »pattern of consolation« auch für ein wichtiges Erkenntnisprinzip. E.Breech sieht im Trösten Esras (10,49) den Beweis, daß Esra wirklich gequält und voller Kummer über die Zerstörung Jerusalems ist. Dieser Beweis mußte für »den Höchsten« erbracht werden. Erst jetzt ist er bereit, Esra weiteres zu offenbaren.[124]

Doch möchte ich den »Trost« aus seiner androzentrischen Perspektive befreien und ihn in den Zusammenhang der Gebärarbeit stellen. »Trost« wird damit konkret und differenziert zum Beistand für die gebärende Frau. Denn Esra unterstützt nicht nur eine trauernde Mutter, indem er ihren Schmerz wahrnimmt und

---

121. Ebd., S. 326.
122. J. Keulers, Die eschatologische Lehre, S. 146.
123. Earl Breech, These fragments I have shored against my ruins ..., 267-274 (VS. 279).
124. Ebd., S. 272.

aushält, er steht auch einer Gebärenden bei, da diese Trauernde sich verwandelt und eine neue Welt/Stadt gebiert. Diese Unterstützung, die Esra exemplarisch vorlebt, ist eine versöhnende, verbindende Haltung, die, wie ich meine, typisch ist für 4Esra. Gerade das Mutter-Motiv ruft diese Solidarität auch an anderen Orten hervor. A. L. Thompson nennt die »specific mother imagery« ein geeignetes Motiv, um Israel und alle Menschen untereinander zu verbinden.[125] Zu dieser »mother imagery« zählt Thompson:

3,4-5:	der Staub bringt den Menschen hervor;
4,26-32:	die Erde als Ackerfeld;
5,46-55:	die Erde als Mutterschoß;
6,53:	die Erde bringt Tiere hervor;
7,49-61:	die Erde bringt Silber, Gold und Erz hervor;
7,116-26:	die Erde brachte Adam hervor;
8,1-3:	die Erde bringt mehr Ton hervor als Gold;
8,41-45:	die Erde als Ackerfeld.

Ich füge hier noch einige Beobachtungen im Zusammenhang Mutter Erde – Mutterschaft an:

7,32:	die Erde gibt wieder, die darin schlafen;
7,62:	auch die Vernunft erstand aus dem Staub der Erde;
8,8-10:	das Leben im Mutterschoß bis zur Geburt;
9,43:	das Leid der unfruchtbaren Frau;
10,1ff::	das Leid der Mutter um ihren Sohn;
10,14:	auch die Erde gebar mit Schmerzen.

Hierher gehören auch die beiden Zeichenserien 5,1-12 und 6,18-28, die als »Wehen der Erde« m.E. im Kontext der Mutter Erde zu verstehen sind, um so mehr als in 5,8 und 6,21 von Schwangerschaft und Geburt die Rede ist.

c) Ich möchte diese »mother imagery« in den Kontext der Eschatologie Esras stellen. Wie haben wir das häufige Vorkommen des Motives zu verstehen? Welche Bedeutung könnte es innerhalb der eschatologischen Aussagen des 4Esras innehaben? M. E. Stone zeigt in seiner sorgfältigen Untersuchung, daß die materielle Erde nie Ursache der Sünde und des Bösen ist.

»... in all of this, however, there is no hint that the material as such is the cause of sin. The opposition of material and spiritual is not present in any form in the discussion of the earth any more than it was found to be present in passages contrasting the two ages.«[126]

---

125. A. L. Thompson, Responsibility, S. 223f.
126. Michael E. Stone, Features of the Eschatology of IV Esra, S. 183.

Stone betont, daß die materielle Erde als solche nicht moralisch negativ bewertet wird. In diesem Sinn ist der Autor des 4Esra auch nicht an einer rein »geistigen« zukünftigen Welt interessiert:

»Had the author wished to stress the non material nature of the coming age, one suspects that he would have used a less polysemantic term, at least one whose range of meaning did not include the idea of world, which presumably would be an anathema to a man teaching of a ›spiritual, nonmaterial‹ future state.«[127]

Es ist auch wichtig zu sehen, daß aus der Erde Körper und Geist hervorgingen (7,62). Die Erde ist der Mutterschoß, der die Menschen hervorbringt.

»The profound feeling of the closeness of man to the earth is expressed in the imagery and language of maternity and birth.«[128]

Es wäre also an den Text herangetragen, eine Zweiweltentheorie, bestehend aus einer materiellen Welt und einer geistigen, immateriellen Welt zu konstruieren. Im Gegenteil, das eindringliche Vorkommen der Erde als unsere Mutter läßt nirgendwo den Anschein aufkommen, daß diese Mutter zugunsten einer geistigen Welt verlassen werden müßte. Wie Stone meine ich, daß der Autor des 4Esra eine ganz anders geartete »Imagery« hätte finden können, wenn er die Überwindung der irdischen, materiellen Erde als eschatologische Hoffnung im Blick gehabt hätte. Vielmehr geht es ihm darum, das »böse Herz« (3,20; 6,27; 7,48) der Menschen zu verwandeln. Dies ist aber in erster Linie eine ethische Intention, d.h. wir müssen nach der Bedeutung der eschatologischen Hoffnung für die Lebenspraxis der ErdbewohnerInnen fragen.

So zeigen uns also die Untersuchungen von Thompson und Stone, wie sehr der Einbezug der »Mother imagery« in die Eschatologie des 4Esra von Bedeutung sein kann.

d) Wir haben nun gesehen, daß das eindrückliche Vorkommen des Motivs der Mutter Erde nicht geeignet ist, einen Gegensatz zwischen der »materiellen und bösen« Welt und der zukünftigen »spirituellen und guten« Welt zu konstruieren. Die ErdbewohnerInnen sind dermaßen Kinder der Erde, daß sie auch im Tod in ihren Schoß zurückkehren. Aus diesem Schoß werden sie auch wieder geboren zum Gericht.

Wie wir oben gesehen haben, leistet die Erde Gebärarbeit, sie bebt und schreit bei der Geburt der neuen Erde. Dies trifft auch für die Zionsvision zu:

»Ich spreche so zu ihr;
da glänzt ihr Angesicht auf einmal auf;
ihr Aussehen wird wie Blitzes Schein;

127. Ebd., S. 180.
128. Ebd., S. 146.

ich wage nicht vor großer Furcht,
mich ihr zu nahen.
Mein Herz entsetzt sich ganz gewaltig.
Ich überlege noch,
was dieses zu bedeuten habe,
da schreit sie plötzlich auf,
mit lauter, furchterfüllter Stimme;
vor diesem Schrei erbebt die Erde.
Ich sehe hin;
da ist das Weib nicht mehr zu sehen,
dagegen eine hocherbaute Stadt
und auf gewaltigen Fundamenten zeigte sich ein Platz.« 10,25-27[129]

Schreien und Beben gehören zum dramatischen Moment des Gebärens, die das Ende der Eröffnungsphase ankünden und zum aktiven Teil, dem Herauspressen des Kindes, überleiten. Wenn wir versuchen, hier in der Bildersprache des 4Esra zu bleiben, können wir sagen: Die trauernde Mutter gebiert die hocherbaute Stadt. Dies ist nur dann eine absurde Vorstellung, wenn wir der trauernden Mutter ihre Kollektivsymbolik absprechen.[130] Aber, wie der Engel Uriel später auch noch erklärt: diese Mutter ist Mutter Zion. Trauernd ist sie die zerstörte, geschleifte Stadt, die um ihre Kinder leidet, die keine Zukunft mehr hat (10,18). Sie bringt aber die neue Stadt hervor, sie gebiert die neue Erde, die hier konkret die wiederaufgebaute und uneinnehmbare (10,27) Stadt ist. Nun hat sie wieder Ehre unter den Frauen (10,16): Am Ende wird sie wieder als bewohnbare, sichere Stadt dastehen, die ihren Kindern Heimat sein kann.

Nun, da Esra die Geburt der neuen Stadt/Erde geschaut hat, kann er auch die vorhergehende Leidenszeit als Wehen verstehen. So verhilft Esra diese Vision der Geburt der neuen Stadt, seine Gegenwart als Drangsal der Endgeschichte zu verstehen, deren Leiden sich steigern werden bis zum Zeitpunkt der gelungenen Geburt. In diesem Sinne kann Esra jetzt eine *eschatologische Datierung der Gegenwart*[131] vornehmen: Das Leiden, das er und die Seinen jetzt ertragen müssen, bekommt durch die Geburt der neuen Erde/Stadt einen Sinn.

e) Nun komme ich auf die bereits unter 1. genannte Mithilfe der ErdbewohnerInnen beim Gelingen der Geburt der neuen Erde/Stadt zurück. Esra ist mit der Mutter Zion, die plötzlich schreit und bebt, mit einer Gebärenden konfrontiert. Wie verhält er sich? Wir müssen annehmen, daß sein Verhalten insofern richtig ist, als er die Geburt nicht behindert. Eher haben wir sogar Grund anzunehmen, daß ohne sein Engagement für die leidende Mutter die Gebärarbeit nicht so rasch und gut hätte abgeschlossen werden können. Dieser Ansicht ist auch W. Harnisch, allerdings ohne den Zusammenhang zur Gebärarbeit herzustellen:

129. Übersetzung von Paul Rießler, Altjüdisches Schrifttum.
130. Zur Kollektivsymbolik vgl.: Gustav Stählin, Das Bild der Witwe, S. 5-20.
131. Vgl. dazu: Luise Schottroff, Apokalyptik, S. 73-95.

»Das Wunder der Verwandlung erscheint als Ereignis, das offenbar durch Esras Gesprächsverhalten gegenüber der Frau allererst ausgelöst wurde.«[132]

Ich würde nicht so weit gehen und sagen, daß Esra die Geburt der neuen Stadt/ Erde in der Vision ausgelöst hat. Aber er verhalf der leidenden Frau zu einer guten Geburt, indem er auf die Schmerzen der Mutter Zion (freilich ohne zu merken, daß die Frau mit der Mutter Zion identisch ist!) eingegangen ist. Wir können wohl sagen: Er versuchte, sie zu trösten. Er ließ sie nicht allein. Er überließ sie nicht einfach ihrem Schmerz. Er hielt mit ihr zusammen nach Hoffnung Ausschau. Esra versank angesichts der trauernden, von Schmerz geplagten Frau nicht in Apathie. Seine Solidarität bewies er als prophetischer Tröster wie als eschatologischer Geburtshelfer. Die reine, strahlende Welt Gottes, die aus den Trümmern der alten Welt entstehen will, braucht Gebärarbeit und Geburtshilfe, solidarische, engagierte Frauen und Männer, damit die Verwandlung glücken kann.

f) Wenn wir nun das theologische Bild etwas verlassen und seine Übertragung in der Lebenswirklichkeit Esras und seiner Mitmenschen versuchen wollen, müssen wir die ernste Lage bedenken, in der das jüdische Volk innerhalb des römischen Reiches lebte.

Esra findet eindrückliche Worte für das unheilvolle Regime des Imperators:

»Ich sah, und siehe, es fuhr etwas wie ein Löwe mit Gebrüll aus dem Wald auf. Ich hörte, wie er Menschenstimme zum Adler hin erschallen ließ und deutlich sagte: Höre du, ich rede mit dir! Der Höchste sagt dir: Bist du es nicht, der von den vier Tieren übriggeblieben ist, die ich gemacht hatte, damit sie in meiner Welt herrschten und damit durch sie das Ende meiner Zeiten käme? Als viertes bist du gekommen und hast alle vorangegangenen Tiere besiegt; du hast die Gewaltherrschaft geführt über die Welt mit großem Schrecken und über den ganzen Erdkreis mit schlimmer Drangsal; ... du hast die Sanften gequält, die Ruhigen verletzt, die Wahrhaftigen gehaßt, die Lügner geliebt; du hast die Häuser der Fruchtbringenden zerstört und die Mauern derer, die nichts Böses taten, eingerissen .... Darum mußt du ganz sicher verschwinden, du Adler ..., damit die ganze Erde sich erholt, befreit von deiner Gewalt, zur Ruhe kommt und auf das Gericht und das Erbarmen ihres Schöpfers wartet.« 4Esr 11,37-46[133]

Der Seher leidet an einer schlimmen Wirklichkeit, die er schonungslos entlarvt und benennt. Doch er sagt dem Adler auch das Ende an: Die von Rom bestimmte Wirklichkeit ist keine bleibende, sie wird überwunden werden. Der Löwe aus Judäa (Gen 49,9-12) stellt sich dem römischen Adler mit solcher Kraft entgegen, daß er sich schließlich als überlegen erweisen wird.

Woher bezieht der Löwe aber seine Kraft? Ich meine, daß es Ziel und Aufgabe des eschatologischen Propheten ist, diese Kraft in seinem Volk zu wecken, zu stärken. Das in alle Richtungen vertriebene jüdische Volk, die in vielen Dimen

132. Wolfgang Harnisch, Die Ironie der Offenbarung, S. 87.
133. Wortlaut nach: K. Wengst, Pax Romana. Anspruch und Wirklichkeit, S. 71.

sionen unterdrückten Menschen müssen Löwenkräfte entwickeln, um ihre Situation zu erkennen und auszuhalten. Erkennen beinhaltet einerseits die Analyse der Unterdrückung, andererseits das Wissen um ihr Ende. Wo Unterdrückung als Schicksal, als unabänderlich, ja gottgewollt verstanden wird, wird sie in ihrer Bedeutung nicht erkannt. Esra aber sagt ihr Ende an: Die Macht des römischen Militärregimes ist begrenzt durch Gottes Macht und die Macht der widerständigen Menschen, die nicht in Apathie und Trostlosigkeit versinken wollen und an der Geburt der neuen, gerechten Welt arbeiten. Diese Arbeit ist der Gebärarbeit zu vergleichen. Das jüdische Volk braucht – gleich der Mutter Zion – ProphetInnen, die es während seiner dunklen Zeit nicht alleine lassen, sondern Gottes Nähe in seinem Leiden erkennen. Es braucht TrösterInnen, die – gleich Esra – sein Unrecht benennen und aufschreiben (vgl. 4Esr 14,44), damit es bewußt gemacht und verarbeitet werden kann. Aus diesem Ringen mit dem Unrecht, dem Leiden erwächst aber Kraft, so sehen wir es beispielhaft im Verlauf des 4. Esrabuches: Aus dem einsamen Grübler wird ein Hirte für sein Volk, aus dem Zweifler ein schöpferischer Gestalter seiner Situation. Er ist an Leib und Seele verwandelt, voller Einsicht und Weisheit, doch bewahrt er die Erinnerung an die Situation seines Volkes (14,40). Dermaßen gestärkt arbeitet er mit am Aufbau des neuen Zion, der Heimat der Unterdrückten. Er hat aus der Begegnung mit der Gebärenden gelernt, er hat ihr Beistand geleistet und gesehen, daß diese Beistandsarbeit Frucht bringt.

g) Abschließend möchte ich hier ein Gedicht von Dorothee Sölle zitieren[134]. Sölle gibt Antwort auf die Frage, was es heißt zu trösten, wie Esra tröstete. Es endet mit der Frage, ob Du ein Trost für die Erde gewesen bist? Dies allein ist die zentrale eschatologische Frage. Denn, wer weiß, ob es nicht nur noch meine aktive Liebe braucht, bis die Zahl vollgeworden ist und Gott kommen kann?

Eine Geschichte aus dem Talmud und Fragen für uns
Als Gott Himmel und Erde geschaffen hat,
waren ihm beide gleich lieb.
Während die Himmel sangen
und Gottes Ehre zu rühmen wußten,
weinte die Erde.
 Hast du die Erde weinen hören?
 Hast du die toten Fische vergessen?
 War dir der alte Baum im Weg?
 Sind dir die Vögel ausgeblieben?
 Hast du die Erde weinen hören?
Drei Gründe gab die Erde an für ihr Weinen.
Mich, sagte sie, hältst du fern von dir,
während die Himmel in deiner Nähe sind
und sich am Glanz deiner Herrlichkeit freuen.

---

134. Dorothee Sölle, Im Hause des Menschenfressers, S. 169-170.

Bist du die Erde trösten gekommen?
Als ihr Gewalt angetan wurde, hast du mitgegrölt und die Beute berechnet?
Hast du gesehen, wie schön ihr altes Gesicht voller Schrunden ist?
Hast du allen gezeigt, wie sie glänzt von der Nähe Gottes?
Bist du die Erde trösten gekommen?

Meine Speise, sagte die Erde,
gabst du in der Himmel Hand.
Während die Himmel von deinem Tisch gespeist werden.
  Hast du gehört, wie die Erde klagte?
  Loswerden die oberen Herrn, wer will das nicht?
  Sitzen am Tisch, der reichlich für alle gedeckt ist?
  Hast du vergessen, daß sie alle sattmachen kann?

Was auf mir ist, sagte die Erde,
ist dem Tode geweiht,
der nicht in der Himmel Reich kommt.
Wie sollte ich, sagte die Erde, da nicht weinen?
  Hast du die Erde sprechen hören?
  Hast du die Sprache der Erde verstanden?
  Hast du den Lügen der himmlischen Todfreien gelauscht?
  Hast du die Trauer der Erde geteilt?
  Hast du die Erde sprechen hören?

Nach den Büchern hat Gott die Erde getröstet.
Doch versprach er ihr keine Nähe,
keine bessere Speise und kein todfreies Leben.
Es soll dir nicht bange sein, Erde,
dereinst wirst auch du, sagte er,
unter den Singenden sein.
  Hast du Gott trösten sehen?
  Anders als durch dich oder mich?
  Hast du mit der Erde gesungen?
  Hast du von ihr singen gelernt?
  Hast du Gott trösten sehen?
  Bist du ein Trost für die Erde gewesen?

VI.
Ein Ort, von Gott bereitet: Apk 12,1-6

1. Einleitung

Konkrete historische Frauen sind in der Apokalypse des Johannes unsichtbar. Mit zwei Ausnahmen: Einmal erfahren wir von »Isebel«, einer Prophetin (2,20), die in der Gemeinde Thyatira großen Einfluß gehabt haben muß. Das andere Mal werden Frauen erwähnt, wenn von den rechten Nachfolgern des Lammes gesprochen wird (14,4): Das sind nämlich diejenigen, die sich mit Frauen nicht befleckt haben.

Die Frage ist, inwiefern wir unter »Isebel« eine konkrete historische Frau zu verstehen haben. Da der Verfasser sie als falsche Lehrerin schildert, die zu Unzucht und zum Verzehr von Götzenopferfleisch verführt, muß diese Frau ähnliche Züge wie die Gattin des Königs Ahab (1Kön 19f.) gehabt haben.[1] Für den apokalyptischen Verfasser war diese Prophetin eine Rivalin, die eine andere Auffassung des Christentums vertrat als er.[2] A. Yarbro Collins[3] zeigt, daß die Lehre von Isebel, Bileam und den Nikolaiten ähnlich gewesen sein muß. Wer ihre Lehre akzeptiert, wird beschuldigt, Unzucht zu treiben. In Num 25,1-2 wird die Unzucht der Israeliten auf zweifache Weise beschrieben: als Heirat zwischen IsraelitInnen und Nicht-IsraelitInnen und als Idolatrie. Die RivalInnen unseres Verfassers scheinen nun eine gemäßigte Position, vergleichbar den »Starken« in Korinth (1Kor 8,1f.), vertreten zu haben, währenddessen der Apokalyptiker davon ausgeht, daß christliche Lebensweise mit griechisch-römischer Lebensweise nicht verträglich sein kann. Jedenfalls können wir in »Isebel« eine Frau finden, die als Prophetin, Lehrerin und Gemeindeleiterin nicht unbedeutend gewesen sein dürfte. Das zweite Mal, wo wir etwas über das Leben von Christinnen erfahren können, ist der Abschnitt 14,1-5. Die 144.000 Erdbewohner (14,3-4) scheinen nicht einfach als ErdbewohnerInnen gelesen werden zu dürfen, da es von ihnen heißt: »Sie haben sich nicht mit Frauen befleckt«. Wer keine »Unzucht« mit Frauen getrieben hat, ist der rechte Nachfolger des Lammes (14,4). Allerdings werden diese Nachfolger auch παρθένοι, Jungfrauen, genannt. Für A. Yarbro Collins ist diese Textstelle mehr als ungeschickte, androzentrische Sprechweise. Der Umgang mit Frauen ist für Christen kompromittierend:

1. Ebenso muß es bei den Lehrern, die die Lehre Bileams festhalten, in Pergamum sein (2,12f.). Auch hier spricht der Verfasser auf typologische Weise von Bileam (Num 31,16).
2. 2Kor zeigt, daß neben Paulus auch andere reisende ApostelInnen in Korinth lehrten und Paulus mit ihnen nicht übereinstimmte.
3. Adela Yarbro Collins, Women's History and the Book of Revelation, S. 80-91.

»Rev 14,1-5 makes these women worse than invisible. Not only are the ideal Christians portrayed in male terms, but women are depicted as dangerous: sexual contact with women is defiling. This passage suggests that women in these congregations be defined as inferior and subordinate to men.«[4]

Wieder werden wir also darauf achten müssen, was πορνεία meint und wie sexuelle Beziehungen theologisch behandelt werden. In einigen Visionen des Verfassers kommen Frauen vor. Allerdings nur in spezieller Optik: Frauen erscheinen als Hure (17,3.4.6.7.9.18) oder als Braut (19,7; 21,9) oder als bedrohte Gebärerin (12,1.4.6.13-17). Während die Hure eindeutig negativ bewertet wird und die jungfräuliche Braut positiv, bleibt die bedrohte Gebärerin vorerst jeder Einordnung widerspenstig. Viele Kommentatoren wollen sie als Bild für die christliche Gemeinde verstehen, für das wahre Israel, das sich in der Bedrohung behaupten muß. Diese Deutung werde ich allerdings problematisieren, da sie einige Aporien aufwirft. Zudem wird durch eine Interpretation dieser Art die Gebärerin weginterpretiert: Die realen Frauenerfahrungen bleiben unbenannt und unsichtbar und werden theologisch nicht ernst genommen. Außerdem wird eine dogmatische Interpretation einem Text der frühen Kirche des 1. Jh. kaum gerecht.

Da die apokalyptischen Visionen wegen ihrer oft verschlüsselten Ausdrucksweise und Mehrschichtigkeit Interpretationsprobleme aufgeben, ist der Einbezug von sozialgeschichtlichem Material sehr aufschlußreich. Ich möchte daher nach der Lebenswirklichkeit damaliger Frauen fragen, um aus dem circulus vitiosus herauszukommen, in welchem von ExegetInnen beliebige alttestamentliche Zitate als »Parallelen« angeführt werden. Zudem können wir auf Grabinschriften, in den Akten der ApostelInnen und MärtyrerInnen etwas von der in der androzentrischen Wissenschaft meist übergangenen Wirklichkeit von bedrohten Frauen aufspüren. Die Vertreibung der Himmelskönigin aus dem Himmel wirft Fragen auf, die sich nicht nur mit patriarchaler Göttinnenfeindlichkeit beantworten lassen.[5] Gerade der Einbezug von Frauenschicksalen aus MärtyrerInnen- und ApostelInnenakten wird deutlich machen können, daß die Vision der bedrohten Gebärerin, die einen Ort in der Wüste findet, befreiende Aspekte beinhaltet.

2. Übersetzung des Textes

a) Und ein großes Zeichen erschien am Himmel:
   Eine Frau, von der Sonne umhüllt,
   und der Mond unterhalb ihrer Füße,
   und über ihrem Kopf eine Krone aus zwölf Sternen.

---

4. A. Yarbro Collins, Book of Revelation, S. 91.
5. Vgl. dazu: M. Kassel, Das Auge im Bauch, S. 192 f.

b) Und sie war schwanger,
und sie schrie laut in den Wehen,
gequält zu gebären.[6]

c) Und ein anderes Zeichen erschien am Himmel:
Und siehe, ein großer Drache,
feuerfarben, siebenköpfig und zehnhornig,
und auf seinen Köpfen königliche Gebinde.[7]

d) Und sein Schwanz schleift das Drittel der Sterne des Himmels mit sich
und wirft sie plötzlich auf die Erde.[8]
Und der Drache stellt sich vor die Frau auf,
die gebären will,
damit, wenn sie geboren habe,
er ihr Kind verschlinge.

e) Und sie gebar einen männlichen Sohn,
der weiden wird alle Völker mit ehernem Stab,
und ihr Kind wurde hinweggerissen
zu Gott und seinem Thron.

f) Und die Frau floh in die Wüste,
wo sie einen Ort hat,
von Gott bereitet,
damit sie sie dort umsorgen 1260 Tage lang.

3. Aus der Perspektive der Kommentatoren

Im folgenden werde ich anhand einiger Kommentare zeigen, wie die moderne Auslegung mit unserem Text umgeht, was sie interessiert und welche Prämissen sie macht.

a) Titelüberschrift: Unsere Textstelle Apk 12,1-6 erhält von den sie kommentierenden Theologen Überschriften, die das ihrer Meinung nach Wesentliche des Abschnittes zusammenfassen sollen. Es ist interessant zu sehen, wie die gebärende Frau in dieser Überschrift vorkommt, resp. nicht vorkommt.

In einer ganzen Reihe von Textüberschriften kommt keine Frau vor:

6. Hier vertehe ich βασανιζομένη τεκεῖν so: die Frau wurde gequält, auf daß sie gebäre. Sie wird nicht durch das Gebären gequält.

7. Gemeint ist: auf jedem Kopf ein königliches Gebinde, das zur Tiara des Königs gehört. Vgl.: Liddell and Scott, A Greek-English Lexicon, S. 393.

8. Mit »plötzlich« versuche ich den Aorist ἔβαλεν auszudrücken. Der Aorist kommt hier zum erstenmal vor. Damit endet m.E. die Beschreibung der Zeichen, und die Handlung beginnt mit der Bewegung des Drachens.

»Das Volk, der Messias und der Widerpart (12,1-6)«[9]
»Die beiden Zeichen am Himmel und die Geburt des Kindes: Vers 1-6«[10]
»Der Vernichtungsversuch des Drachens gegen Gott und seinen Messias«[11]
»Er [der Drache, L.S.] macht den vergeblichen Versuch, den Messias bei der Geburt zu verschlingen«[12]
»Die Christusgemeinde in der Wüste«[13]
»The Faithful flee to the Desert«[14]

Andere Kommentare nennen zwar die Frau im Titel, doch erfahren wir nichts über das Gebären:

»Das Weib mit dem Kinde und der Drache«[15]
»Das Weib, der Drache und das Kind«[16]
»Die Frau und der Drache: 12,1-6«[17]

Wir können also an der Überschriftensetzung erkennen, daß die bedrohte Gebärerin in der Perspektive der Kommentatoren nicht als das Wesentlichste erscheint. Sie wird entweder als Frau oder als Gebärende unsichtbar gemacht.

b) Wer ist die Frau? Diese Frage treibt alle Kommentatoren um. Auf verschiedenen Wegen finden alle eine Antwort darauf. In vielen Antworten sehen wir antijudaistische Züge, wenn die Frau »das neue Israel« (H. Giesen) darstellen soll. In der neueren Auslegung wird mehrheitlich diese Deutung vertreten. Die Frau ist Urbild und Vorbild des Volkes Gottes (A. Wikenhauser), das wartende Jerusalem und die Mutter des Messias (A. Pohl), das Heilsvolk (U.B. Müller), das Gottesvolk Israel (J. Behm; H. Ritt; D. Guthrie), die christliche Gemeinde (E. Lohse), the community and the faithful Jerusalem (J. Massyngberde Ford). Auch wenn einige Kommentatoren in unserem Text mythischen Stoff vermuten, ziehen sie daraus kaum Konsequenzen für die Interpretation. H. Ritt stellt die gebärende Frau in Zusammenhang mit der Himmelskönigin Isis, die vor den Nachstellungen des schlangenleibigen Typhon flieht. Die Dramatik zwischen diesen beiden Gegenspielern stamme aus uralten Astralmythologien. Doch nachdem H. Ritt diesen Zusammenhang hergestellt hat, verläßt er ihn auch schon wieder und wendet sich biblischen Bildern zu, an denen er Interpretationshilfen findet.[18] Ebenso wird

9. H. Giesen, Kirche auf dem Weg durch die Zeit, S. 172-182.
10. U. B. Müller, Die Offenbarung des Johannes, S. 228-245.
11. A. Pohl, Die Offenbarung des Johannes, S. 92-117.
12. A. Wikenhauser, Die Offenbarung des Johannes, S. 91-99.
13. D. Guthrie und J. A. Motyer (Hg.), Brockhaus Kommentar zur Bibel 4, S. 605-606.
14. J. Massyngberde Ford, Revelation, S. 187-207.
15. J. Behm, Die Offenbarung des Johannes, S. 62-71.
16. E. Lohse, Die Offenbarung des Johannes, S. 61-68.
17. H. Ritt, Offenbarung des Johannes, S. 65-69.
18. Ebd., S. 65.

bei U. B. Müller nicht ersichtlich, warum er überhaupt die Erinnerung an astral-mythologische Vorstellungen beschwört, wenn er sie dann doch in keiner Weise in seine Deutung integrieren kann.[19]

Als Beispiel der Argumentationsweise möchte ich A. Wikenhauser zu Wort kommen lassen.

»Wer ist das mit der Sonne bekleidete Weib? Da das Kind, das es zur Welt bringt, nach V.5 (siehe dort) der Messias ist, läge es an sich nahe, in ihm Maria, die Mutter Jesu, zu sehen. So hat man bis in die neueste Zeit das Weib auch oft gedeutet. Diese Deutung verbietet aber V.17, wonach das Weib noch andere Kinder und zwar die Christusgläubigen hat. Darum ist diese Auffassung in der wissenschaftlichen Exegese heute fast allgemein aufgegeben. Unter dem Weibe ist vielmehr zunächst das Volk Israel in seiner Bestimmung als Volk Gottes, aus dem der Messias kommt, zu verstehen, wie schon der hl. Augustinus richtig erkannt hat. Da das Weib aber dann als die Kirche, deren Glieder der Drache verfolgt auf der Erde erscheint (V.13ff.), so stellt es zugleich das neutestamentliche Gottesvolk dar, es ist also ein Symbol des Gottesvolkes überhaupt.«[20]

Der Sohn, der von der Frau geboren wird und entrückt wird, ist nach Auffassung aller Kommentatoren der Messias. Aus dieser Annahme heraus wird unser Text interpretiert: Nachdem die Deutung der Frau als Maria, Mutter Gottes, vor allem von protestantischer Seite her kritisiert und überwunden wurde, wird die Frau jetzt als Volk Gottes gedeutet. Denn aus dem wahren Volk Gottes sei der Messias hervorgebracht worden. Doch inwiefern stimmt denn diese Aussage? Inwiefern ist es sinnvoll, den Messias ausschließlich über seine Abstammung zu definieren? Und die gebärende Frau wird allein von ihrem Sohn her interpretiert, was ein patriarchales Verhaltensmuster ist, aber dem Text (und der Frau) vielleicht Gewalt antut.

c) *Der Drache:* einheiliglich wird der Drache als Gotteswidersacher, als Satan und Fürst dieser Welt verstanden. Einige Kommentare setzen den Drachen in Zusammenhang mit politischer Macht (dem Römischen Reich).[21] Mir scheint die Auflösungsebene hier eine ganz andere als bei der gebärenden Frau, die als Volk Gottes gedeutet wird: Bei der Erklärung, der Drache sei der Satan, scheint mir lediglich eine Unbekannte mit einer anderen ersetzt zu werden. Damit ist der Drache negativ bewertet. Aber wer oder was diese negative Macht ist, ist noch nicht geklärt. Wer ist denn der Teufel? Wenn die Frau die christliche Gemeinde darstellt, stellt dann der Drache die heidnische Umgebung dar? Oder nur eine spezielle heidnische Umgebung, Rom? Und wer ist »Rom«? Oder ist der Teufel eine geistige Macht, das Böse schlechthin, während die Frau die Kirche schlecht-hin ist? Aber wäre ein solches Bild überhaupt sinnvoll? Hier erfahren wir sehr

19. U. B. Müller, Johannes-Offenbarung, S. 232.
20. A. Wikenhauser, Johannes-Offenbarung, S. 92.
21. So z.B. U. B. Müller, Johannes-Offenbarung, S. 234; A. Pohl, Johannes-Offenbarung, S. 95; H. Ritt, Johannes-Offenbarung, S. 66.

wenig von den Kommentatoren. Während die Frau schnell weg-interpretiert ist und im Ausdruck »Volk Gottes« nicht mehr erkannt werden kann, bleibt der Drache meist als Satan oder »böse Macht« uninterpretiert, ohne weitere Konkretion.

d) Die Wüste: Wohin flieht die Frau, resp. nach Meinung der Kommentatoren, die christliche Gemeinde?

»Die Wüste gilt einmal als traditioneller Zufluchtsort der Verfolgten, zum anderen aber wußte das Judentum, daß Gott sich einst Israels beim Durchzug durch die Wüste angenommen und es bewahrt hat. So entstand die Erwartung, daß Gott sich seiner Gemeinde entsprechend auch in der notvollen Endzeit zuwenden werde.«[22]
»Durch die Wüste geht der Weg zur Erlösung – der in der Geschichte der alttestamentlichen Gottesgemeinde vorgebildete Gedanke. Die Flucht in die Wüste führt jedenfalls auf die Erde als Schauplatz. Aber das von hohen, himmlischen Dingen erfüllte Bild deutet diesen Zug nur noch flüchtig an ...«[23]

Eine Ausnahme in der Deutung der Wüste ist J. Massyngberde Fords These, daß die Wüste in unserem Text nicht identisch sein müsse mit dem »von Gott vorbereiteten Ort«. Der vorbereitete Ort könnte den Garten Eden suggerieren, wo die Frau ihren Status der Integrität wieder haben könnte.[24]
   Allgemein gilt die Wüste als »Verkündigungsbegriff«. Der von Gott bereitete Ort wird nicht als geographischer Ort auf der Landkarte verstanden. Er bringe nichts Neues hinzu, sondern werde »der Vollständigkeit halber« (A. Pohl) erwähnt.

e) Gebären: Alle Ausleger halten dafür, daß das Weib, das in Wehen liegt, ein Bild für endzeitliches Geschehen sei. Gebären wird nur mit Texten des Alten Testaments und Qumrans beleuchtet. Viele Ausleger betonen, daß es hier um mehr geht als um eine gewöhnliche, leibliche Geburt:

»The birth is something more than physical childbirth.«[25]
»Wie ein Kind nicht ohne Schmerzen geboren wird, die seine Mutter erträgt, so müssen Gefahr und Angst durchlitten werden, damit die Gemeinde Gottes bewahrende Rettung erfährt.«[26]

J. Behm spricht überhaupt nur im übertragenen Sinn von der Geburt:

22. U. B. Müller, Johannes-Offenbarung, S. 236. Im selben Sinn auch: H. Giesen, Auf dem Weg, S. 180; A. Wikenhauser, Johannes-Offenbarung, S. 94; D. Guthrie, Brockhaus Kommentar, S. 606; H. Ritt, Johannes-Offenbarung, S. 66; E. Lohse, Johannes-Offenbarung, S. 64.
23. J. Behm, Johannes-Offenbarung, S. 67.
24. J. Massyngberde Ford, Revelation, S. 193.
25. Ebd., S. 189.
26. E. Lohse, Johannes-Offenbarung, S. 63.

»... die himmlische Stadt in ihrer ewigen Herrlichkeit ist das Wahrzeichen des sich offenbarenden Gottes; durch sie wird der Welt der Erlöser geschenkt. Aber nur unter harten Ängsten und Schmerzen – das Gesetz des Leidens, das den Weg der Heilsoffenbarung bezeichnet, erfüllt sich auch an ihr – : der Anbruch der messianischen Zeit bedeutet ... äußerste Not, er entfesselt den Kampf zwischen Himmel und Hölle.«[27]

Den eschatologischen Zusammenhang mit »Wehen« betont auch H. Giesen. Er hält Apg 2,24 für besonders nah an unserem Text:

»Gott hat ihn auferweckt und die Wehen des Todes gelöst ...«[28]

Er kommt damit aber auch zum Schluß, daß die Wehen der Frau Zeichen der beginnenden Endzeit seien.

f) Ziel des Textabschnittes: Wieder sind sich die verschiedenen Ausleger sehr einig, was inhaltlich in unseren Versen ausgesagt werden soll. Wir können es etwa so zusammenfassen: Die bedrohte christliche Gemeinde muß sich in den Kämpfen der Endzeit bewähren, der Sieg Gottes ist aber gewiß.

»Gottes Sieg gegen den furchtbaren Ansturm des Satans ist das, was gezeigt und gewiß gemacht werden soll.«[29]

»Das neue Israel, die Kirche, bringt dann die Christen hervor (V.17), die sich gegenüber den Angriffen des Teufels bewähren müssen, während die Kirche als solches unüberwindbar dargestellt ist.«[30]
»... denn von der Bedrängnis des Volkes Gottes in der letzten Zeit soll gesprochen werden....Die chaotische Drachengewalt hat sich gegen das Gottesvolk erhoben, das sich durch die Flucht in die Wüste eben retten kann (vgl. auch V.13-17). Dort aber bleibt es unter Gottes Schutz bewahrt.«[31]

g) Zusammenfassende Überlegungen: Die große Einhelligkeit unter den AuslegerInnen ist sehr erstaunlich. Apk 12,1-6 wird für sehr schwierig zu interpretieren gehalten. Wie kommt es aber dann, daß über Jahrzehnte hinweg keine divergierenden Deutungen vorkommen? Alle Kommentare sind unter denselben Prämissen abgefaßt: Hier geht es um das himmlische Jerusalem, das nach alttestamentlicher Tradition als Frauengestalt dargestellt werden kann. Es wird von keinem Kommentator als störend empfunden, wenn hier das himmlische Jerusalem als Mutter des Messias gezeigt wird, in 21,9f. aber als Braut desselben dargestellt wird. M.E. ist dies eine unüberwindbare Aporie dieser Deutung. Die christliche

27. J. Behm, Johannes-Offenbarung, S. 66.
28. H. Giesen, Auf dem Weg, S. 174.
29. J. Behm, Johannes-Offenbarung, S. 67.
30. H. Giesen, Auf dem Weg, S. 173.
31. E. Lohse, Johannes-Offenbarung, S. 65.

Gemeinde, die Kirche, das Volk Gottes kann nicht gleichzeitig die Mutter des Messias sein, wenn es/sie als Braut dem Bräutigam in feierlicher Hochzeit zugesellt werden kann (Apk 19,6f.). Dies wäre geradezu eine inzestuöse Vorstellung.

Wir haben viele patriarchale Muster in den Auslegungen erkannt: die Definition der Frau über ihren Sohn, das Unsichtbarmachen der Frau oder des Gebärens in den Titelüberschriften. Zudem wird dem Gebären keine Aufmerksamkeit geschenkt, nur der Geburt des Sohnes. So wird die Aktivität der Frau nicht wahrgenommen. Weder in ihrem Schreien, noch in ihren Wehen, ihrer Geburt, noch in ihrer Flucht in die Wüste wird die Frau als handelndes Subjekt diskutiert. Im Gegenteil, die Frau wird bedroht, die Wehen kommen über sie, »die Wüste schützt die Frau«, und »die Erde kommt ihr zu Hilfe« (H. Giesen, S.181).

Eine weitere Prämisse der Ausleger scheint die Vorstellung zu sein, daß der Kirche (d.h. der Frau) nichts geschehen kann, nur den einzelnen Christen (und Christinnen!). Die Bedrohung und die Qual der Geburt im Angesicht des Drachen wird nicht als Folter für die Frau wahrgenommen. Die Kirche sei unantastbar. Gerade diese Aussage ist für die Kommentatoren zentral.

Der Umgang der AuslegerInnen mit den griechisch-römischen Mythen wirkt unbeholfen: Die meisten wissen von mythischen Erzählungen, die irgendwie bei der Beschreibung der Frau anklingen. Doch stützen sie sich bei der definitiven Interpretation der Verse nur auf alttestamentliche (und z.T. noch zur Qumran-Gemeinschaft gehörige) Textstellen ab.

4. Im Angesicht des Drachen – Der Umgang des Apokalyptikers mit dem mythischen Material

Die Vision der gebärenden Frau am Himmel wird vom Apokalyptiker Johannes mit Hilfe von mythischem Material erzählt. Dies wurde auch von verschiedenen Kommentatoren beobachtet. Mich interessiert im folgenden, wie dieses Material gestaltet wird. Was macht der Verfasser mit mythischem Material, das er zu seiner Zeit vorfand? Was erfahren wir aus der Analyse der Erzählstruktur? Wie geht der Apokalyptiker mit mythischem Material um, und wie baut er daraus seine christliche Botschaft?

4.1 Mythisches Material

Die gebärende Frau ist von Sonnenlicht umhüllt, steht auf dem Mond und ist bekränzt mit zwölf Sternen. Sie wird vom Visionär am Himmel gesehen. Die Gestirne und das himmlische Licht scheinen ihr Element zu sein, ihre Wahrzeichen, die sie identifizieren. Wenn wir nach mythischen Varianten suchen wollen, die wie unsere Frau Himmelsgestalten sind, fällt der Blick auf die Göttin

Isis. Zu ihr gehört die Sonnenscheibe, sie ist Himmelskönigin. Doch müssen wir verschiedene Stadien der Entwicklung, die der Isis-Mythos durchgemacht hat, unterscheiden. Die alte Göttin Isis, deren Embleme die Sonnenscheibe zwischen den Kuhhörnern und der Papyrusszepter sind[32], gleicht unserer lichten Frau eigentlich gar nicht. Zwar kennt auch der Isis-Mythos eine Gebärgeschichte: Isis wird als Hochschwangere von Seth (= Typhon, Riesenschlange) verfolgt und gebiert den Horus im Schilf. Doch spätestens hier sehen wir einen großen Unterschied zu unserer Frau, die im Himmel gebiert, im Angesicht des Drachen. Ihre Flucht findet erst später statt. In Rom wurde Isis gegen Ende des 2. Jh. mehr und mehr mit anderen römischen Göttinnen identifiziert: mit Venus, Ceres und Proserpina. In den Isis-Mysterien wurde sie *regina coeli* genannt.[33] Schließlich wurde auch Maria, die Mutter Jesu, mit den Titeln der mächtigen, weit bekannten Isis versehen, damit ihre große Bedeutung ersichtlich würde. Als reine, lichte und himmlische Gestalt wurde sie auch mehr und mehr mit der Weisheitsgöttin identifiziert.[34]

Verschiedene mythische Vorstellungen lassen sich zu einem Vergleich heranziehen:

– die altägyptische Himmelsgöttin Nut gebiert jeden Morgen Re, die Sonne, welche von Apophis, dem Finsternisdrachen, am Abend bedroht wird.[35]
– die ägyptische Göttin Isis gebiert den Horus und wird von der Schlange Typhon verfolgt.[36]
– die griechische Göttin Leto flieht auf eine Insel, wo sie die beiden göttlichen Zwillinge Artemis und Appollon gebiert. Später wurde sie von Python bedroht.[37]

Auf der Suche nach mythischem Material, das unsere Textstelle erklären hilft, finden wir also viele verschiedene Frauenschicksale, die sich dem Muster *Gebären – Bedroht werden – Fliehen* einordnen lassen.

4.2 Reflektierte Mythologie

Wir können aber auch große Unterschiede unter den verschiedenen mythischen Erzählzügen erkennen, obwohl sie einem ähnlichen Schema zugeordnet werden können. Z.B. ist in keiner anderen Erzählung die Bedrohung der Frau dermaßen akut und groß wie in unserem Text.

---

32. Vgl. dazu: E. A. W. Budge, The Gods of Egyptians, S. 233f.
33. Ebd., S. 218.
34. Vgl. U. Wilckens, Weisheit und Torheit.
35. Veronica Ions, Egyptian Mythology, S.56-57; Emma Brunner-Traut, Gelebte Mythen, S. 72-73; Paulys Real-Encyclopädie, 2. Reihe, 4. Halbband, S. 1909.
36. Plutarch, De Iside et Osiride, cap. 18, S. 145; Paulys Real-Encyclopädie, 18. Halbband, S. 2089.
37. Pierre Grimal, Dictionnaire de la Mythologie Grecque et Romaine, S. 259-260.

Der Apokalyptiker schildert die gebärende Frau zuerst in all ihrer Macht. Sie steht inmitten der Gestirne, sie ist fruchtbar und hat die Kraft zu gebären. Doch gleich darauf verwandelt sich ihre Macht in grauenhafte Ohnmacht. Während ihrer Wehen wird sie aufs Grausamste belauert, ihr Kindchen wird ihr entrissen, sie muß als Wöchnerin fliehen, als Exil findet sie die unwirtliche Wüste. Innerhalb von wenigen Versen wird aus der erhabenen Himmelsgestalt eine ohnmächtige, fliehende, beraubte Mutter, die ein Asyl in der Wüste sucht.

Wir haben nun in Umrissen einige religionsgeschichtliche Parallelen angedeutet, die als verschiedene Varianten des selben mythischen Materials »Göttliche Frau/Geburt/Bedrohung/Fliehen« verstanden werden können. Es läge nun nahe, die mythischen Motive unseres Textes solange zurechtzurücken, bis sich das Bild eines bekannten Mythos ergibt, den wir zufälligerweise kennen. Dabei würde man eine Abhängigkeit vom vorausliegenden Mythos konstatieren oder eine gegenseitige Beeinflussung zweier mythischer Erzählungen vermuten.[38] Dennoch würde dies uns kaum weiterhelfen. Wie L. Schottroff[39] und E. Schüssler Fiorenza[40] gezeigt haben (s. o. Anm. 105), wäre es verfehlt, einen hinter dem vorliegenden Text verborgenen Mythos zu suchen, einen Basis-Mythos zu rekonstruieren, der als solcher vielleicht nie vorgelegen hat. Denn nicht die Frage, woher mythisches Material stammt, bringt Aufschluß über unseren Text, sondern die Frage, *wie* das Material hier interpretiert und angeboten wird. Welches Material wie erzählt wird, liegt ganz im Ermessen des Verfassers. Somit reicht eine Suche nach religionsgeschichtlichen Parallelen nicht hin, um dem Sinn des Textes näher zu kommen. Wir müssen also auf den Verfasser als Theologen, resp. Mythologen blicken, der aus mythischem Material den vorliegenden Text verfaßt hat. Dabei hatte er zweifellos nicht uns, sondern seine damaligen AdressatInnen im Auge. Wir müssen also auch die Situation der AdressatInnen der Erzählung zu verstehen suchen, um die soziale und politische Weite der apokalyptischen Botschaft erkennen zu können.

In diesem Sinn handelt es sich in Apk 12,1-6 um *reflektierte Mythologie*, d.h. um mythisches Material, das vom Verfasser ausgewählt und für seine AdressatInnen zusammengestellt und in Beziehung zu seiner Theologie gesetzt wurde.

4.3 Abwärts-Theologie

Zur Struktur des Visionsberichtes: Ich habe schon darauf hingewiesen, daß innerhalb weniger Verse aus der erhabenen Himmelsgestalt eine arme, auf Solidarität angewiesene Flüchtlingsfrau wurde. Wie erzählt uns der Verfasser diese Entmächtigung?

38. So z.B.: H. Gunkel, Schöpfung und Chaos.
39. L. Schottroff, Der Glaubende und die feindliche Welt, S. 12.
40. E. Schüssler Fiorenza, Wisdom Mythology and the Christological Hymns of the New Testament, S. 29f.

Die Frau präsentiert er einerseits sehr positiv, souverän und machtvoll: die Sonne umkleidet sie, die Gestirne sind ihre Umgebung, sie ist fruchtbar und stark zu gebären.

Dies wird aber durch die Bedrohung des Drachens in Frage gestellt:
– Die Geburt wird zur Folter.
– Das Neugeborene wird ihr entrissen (ἁρπάζειν).
– Sie verliert ihren himmlischen Ort durch die Flucht.

Der Verfasser verbindet aber mit diesen negativen Erzählzügen theologische Aussagen, d.h. das Göttliche begegnet uns in ihnen, durch sie hindurch:
– Die Gebärende wird bedroht, aber sie erhält eine große Verheißung.
– Das Neugeborene wird ihr entrissen, aber es ist in der Nähe des göttlichen Thrones.
– Die Frau muß fliehen, aber in der Wüste erfährt sie dank göttlicher Fürsorge Stärkung.

Am Ende ist aus der lichten Himmelsmutter eine flüchtende, verwaiste Frau geworden, deren Schicksal uns schaudern läßt. Ihr ist Unrecht geschehen. Die Bedrohung des Drachen macht aus ihr ein Opfer, das gequält und gefoltert, vertrieben und verfolgt wird. Warum nimmt Gott nur ihren Sohn in den Himmel und gibt die Mutter der Verfolgung preis? Wo erlebt diese Frau Gerechtigkeit? Wo ist die Gerechtigkeit Gottes im Angesicht des Drachen? Wie sähe überhaupt Gerechtigkeit für eine solchermaßen gequälte Frau aus? Diese Frage verzweigt sich in die doppelte Frage nach der Gerechtigkeit Gottes und nach einer möglichen Handlungsperspektive der ChristInnen.

In der Bildersprache des Verfassers finden wir einen Zugang zu einer möglichen Antwort: Im Himmel droben, wo die Frau erscheint, erhält sie weder von Gott noch von Menschen eine Unterstützung. Sie wird in ihren Qualen mutterseelenallein gelassen. Gottes Thron taucht zwar am Rande auf, bedeutet für die Wöchnerin aber keine Hilfe. Nach der Geburt finden wir die Frau und auch den Drachen auf der Erde. Hier hat die Frau zumindest festen Boden unter den Füßen (der Mond ist das ja nicht). Hier erfährt sie auch Stärkung an einem Ort, der vorbereitet wurde (τρέφειν = nähren, stärken, sättigen). Wer sie ernährt, erfahren wir nicht. »τρέφωσιν«: der Plural zeigt, daß sie eine Gemeinschaft fand, die sich um sie kümmerte.

Der Verfasser schildert uns eine »Abwärts-Theologie«, deren Spannung von oben nach unten verläuft. Im Himmel, wo in letzter Not doch Hilfe erwartet werden dürfte, erfährt die Frau keine Solidarität, wohl aber auf der Erde. Somit offenbart der Apokalyptiker den wahren Machtbereich Gottes. Zugleich enthüllt er seine Machtlosigkeit angesichts des Drachen. Die Frau wird als sehr verletzlich und im Grunde ohnmächtig offenbart. Sie ist auf Solidarität angewiesen, um nicht umzukommen. Doch diese Solidarität muß sie suchen. Dazu muß sie ihren souveränen Status aufgeben und sich in Bewegung setzen.

Diese Erzählstruktur, die deutlich von oben nach unten führt, kann als eine Absage an eine *theologia gloriae* verstanden werden. Ein allmächtiger Gottvater im Himmel, der jederzeit eingreift, wenn Not am Manne ist, kann hier nicht gefunden werden. Gott greift eben nicht ein, und dennoch ist Stärkung erfahrbar. In der Wüste erlebt die Frau rettende Solidarität, die sie nährt. Der Hunger des Drachen wird nicht gestillt (er wollte ja ihr Kind verschlingen), die Frau aber erhält Nahrung.

Diese theologische Perspektive läßt sich ein Stück weit mit der Kreuzestheologie vergleichen. Wie uns Jesus in der Passionsgeschichte zuerst als mächtiger Held, der den Tempel reinigt und als gefeierter Messiasprätendent in Jerusalem einzieht, geschildert wird, um nur wenige Tage später als gefolterter Staatsfeind auf Golgatha zu sterben, so erleidet die Frau hier das Schicksal von himmelhoher Bewunderung, Kraft und Souveränität, das aber in Ohnmacht, Folter und Flucht umschlägt (Vgl. dazu auch Phil 2,6-11). Wie das Kreuz Jesu durch die Auferstehung nicht überholt werden kann, sondern nur ertragen, so mildert die Stärkung in der Wüste das Unrecht der beraubten Mutter nicht, aber sie macht es tragbar, so daß überhaupt noch Hoffnung möglich ist.

Der Verfasser zeigt die Wirklichkeit zwar in mythische Bilder gehüllt: Dennoch enthüllt er damit die wahre Situation seiner AdressatInnen. Er zeigt die Bedrohung, die Frauen erlebten, in ihrer fürchterlichsten Gestalt als kinderverschlingendes und frauenfolterndes Ungeheuer. Dieses Ungeheuer bekämpft die Fruchtbarkeit der Frau, treibt sie aus ihrer lichten Sphäre in die Wüste, an den Rand des römischen Imperiums, den Rand der Gesellschaft. Der Verfasser sieht dort eine Gemeinschaft, die einen Ort vorbereiten kann für Frauen, die auf Solidarität angewiesen sind. Dort, wo verfolgte Frauen gestärkt werden, ist Gott zu finden. Dieser Gott ist nicht omnipotent; er legt dem Drachen nicht das Handwerk. Er verhindert die Verfolgung der Frau nicht. Aber die Frau soll nicht zugrunde gehen. Es ist ein Ort für sie bereitet. Die Gemeinschaft, die dieser Frau Aufnahme bietet, ist wahrscheinlich eine christliche Gemeinde, die am Rande der römischen Großmacht, in der Peripherie des Imperiums lebt. Dort ist Gottes Macht erfahrbar. Aber auch im Gebären der Frau ist Gottes Macht spürbar: das Bild von der Gebärenden und dem vielköpfigen Ungeheuer scheint mir wie ein ungleicher Zweikampf, bei welchem die Chancen der Frau sehr gering sind. Dennoch wird ihr Kind nicht vom Drachen gefressen. Der Drache errang keinen Sieg.

5. Gebären auf Leben und Tod

Das Bild von der Bedrohung der hochschwangeren Frau durch ein mehrköpfiges Ungeheuer ist zwar mythische Sprache, doch vermute ich dahinter reale Erfahrungen von Frauen mit Schwangerschaft, Geburt und Kindbett. Erst diese Erfahrungen machen das Mythische verständlich und eindrücklich. Ein Mythos, der nicht auf Erfahrungen basiert, ist ein toter Mythos, der niemanden mehr interessiert.

Wir haben die Verletzlichkeit der schwangeren Frau gesehen. Wir haben ihre Gebärmacht sich verwandeln sehen in grauenhafte Ohnmacht. Wie sah Bedrohung für schwangere Frauen zu Beginn unserer Zeitrechnung aus? Welche Frauenerfahrungen können wir durch das Bild der bedrohten himmlischen Frau durchschimmern sehen? War Gebären an sich bedrohlich für Gesundheit und Leben? Welche Faktoren ließen die Gebärkraft der Frauen in ohnmächtigem Leiden enden? (Abb. 8)

Ich werde im folgenden eine Art Spirale des Leidens skizzieren, die auf diese Fragen zu antworten versucht. Die Spirale beginnt bei den natürlichen Schwierigkeiten des Gebärens. Wie in Abschnitt 3.5 gezeigt, barg die Gebärfähigkeit für Frauen zu Beginn unserer Zeitrechnung Todesgefahr in sich. Diese Tatsache mußte durch allgemeine Anschauung vielen bekannt sein (1.). Kinderreichtum galt als sehr hoher Wert (2.), so daß kinderlose Ehen eine kaum denkbare Lebensmöglichkeit waren (3.). Der gesellschaftliche Druck ging sogar so weit, auch gebärunfähige Frauen mehr oder weniger bewußt in den Tod, respektive in die Ehe zu führen (4.). Er weitete sich auch auf die Beziehungen der Frauen untereinander aus, d. h. er konnte zu großer Rivalität unter Frauen führen (5.). Aber auch die Abhängigkeit der Ehefrau von ihrem Ehemann oder Vater/Schwiegervater konnte erschwerend wirken (6.). Die Gebärkraft führte in intrigenhaften Verhältnissen zum Opfern der Frau (7.). Ledige Mütter waren zusätzlichen Schikanen ausgesetzt (8.). Schwangere und stillende Frauen kamen in Gefängnissen in zusätzliche Nöte (9. und 10.) oder werden mit ihrer Gebärkraft gefoltert (11.).

1. Die unglückliche Prexo muß mit zweiundzwanzig Jahren während der Geburt ihres zweiten Kindes sterben[41]

»... Und wie starbst du? Bei Wehen im Kindbett. Sag mir, zu welchem
Alter kamst du? Ich habe zweimal elf Jahre gelebt. –
Warest du kinderlos? – Nein. Kalliteles ließ ich, mein Fremdling,
noch als Kindlein von drei Jahren in Jugend zurück...« Nr. 164

Auch Lamiske stirbt zwanzigjährig bei der Geburt von Zwillingen, die mit ihr zusammen umkommen:

»Sie, des Eupolis und Nikaretes Tochter Lamiske,
hat in kläglichen Wehn nun ihre Seele verhaucht.
Libysche Ufer des Nils bedecken die Samierin, die erst
zwanzig Jahre gezählt, samt ihren Zwillingen heut.-
Die ihr der Frau die Gaben des Kindbetts bringt, ihr Mädchen,
gießt auf das kalte Grab warm eure Tränen hinab!« Nr. 166

Polyxo starb auch während der Geburt, schenkte aber drei Kindern das Leben:

41. Im folgenden sind die Grabgedichte nach Hermann Beckby (Hg.), Anthologia Graeca, VII, München 1957 numeriert.

Abb. 8:
Weinende oder schreiende schwangere Frau. – Aus: Hans Licht, Sittengeschichte
Griechenlands, Ergänzungsband: Die Erotik in der griechischen Kunst, Zürich
1928, S. 58.

» ›Wünsch ein Weib sich danach noch Kinder!‹, sagte Polyxo,
als beim Gebären von drei Kindern der Schoß ihr zerriß;
und in die Arme der Amme sank sterbend sie nieder; zur Erde
aus der Tiefe des Leibes glitten die Knäblein hinab,
toter Mutter lebendige Frucht. Ein einziger Gott war's,
der ihr das Leben geraubt und es den anderen geschenkt.« Nr. 168

Aretemias gebar Zwillinge: Eines blieb am Leben, das andere starb mit ihr.

»... Zwillinge hab ich geboren; ein Kindlein ließ ich dem Gatten
Euphron, ihr Lieben, und eins bring ich zum Acheron mit.« Nr. 464

Phainarete stirbt bei ihrer ersten Geburt und läßt ihr Töchterchen Larissa zurück:

»Um das gewaltige Mal am Grab der Phainarete schoren
Mädchen thessalischen Lands einst sich das blonde Gelock
und beweinten die Arme, im ersten Kindbett Gestorbne.
Eltern hat sie und ihr liebes Larissa betrübt.« Nr. 528

Auch Euethe verstarb nach der Geburt ihres ersten Kindchens. Ihre schwere und
schlecht verlaufende Geburt muß, so heißt es, unter schlechtem Omen gewesen
sein. Ihr Kindchen starb am zehnten Tag:

»Trytons Tochter Euethe gebar unter schlimmem Verhängnis;
denn sonst wäre sie so elend nicht nach der Geburt
gleich verschieden. Ihr einz'ges, am zehnten Morgen gestorbenes
Kindlein entführte so viel Hoffnungen mit ihr ins Grab.« Nr. 729

2. Andere Inschriften zeugen davon, daß es »glückliche« Frauen gab, die ihre
Geburten zusammen mit ihren Kindern überlebten. Ich wählte hier Gedichte aus,
die die Häufigkeit von Geburten erwähnen. Am ersten Beispiel sehen wir, wie
sehr eine verheiratete Frau über ihren Ehemann und ihren Kinderreichtum definiert werden kann, so daß ihr eigener Name auf der Inschrift fehlt:

»Phrures, mein Ehegemahl, gewährte dereinst mir als Gabe
dieses Grab, ein Geschenk, das meinen Züchten gebührt.
Ihm aber laß ich im Haus einen herrlichen Reigen von Kindern,
der getreulich bezeugt, daß ich auch sittsam gelebt.
Sterb ich als Frau eines Mannes, ich leb in zehn Lebenden weiter,
da ich die eh'liche Frucht oft in Geburten gepflückt.« Nr. 331

Der Ehegemahl schenkt das Grab, die getreue Gattin schenkte ihm zehn Kinder –
mehr erfahren wir über die Gattin nicht. Ihr außergewöhnlicher Kindersegen zeich-
nete sie aus. Die Umstände ihres Todes werden nicht näher geschildert.

Auch auf dem Grab der Bio können wir lesen, wie Kinderreichtum als Glück
gewertet und einer Frau angerechnet wird. Bio gebar fünf Söhne und fünf Töchter
(Nr. 484).

Der Timokleia wird die Geburt von zwei Söhnen als größere Vollkommenheit angerechnet:

»Sieh, Timokleia, nun sind die Augen dir nimmermehr lichtlos,
seit deine Lenden den zwei Knaben das Leben geschenkt.
Ja, vollkommener noch bist du als früher, da jetzt du der Sonne
flammenden Wagen mit mehr Augen als vorher gewahrst.« Nr. 742

Wenn wir uns der Häufigkeit des Kindbett-Todes gewahr werden, ist es um so erstaunlicher, daß es Frauen gab, die diesem Risiko so oft ausgesetzt waren und immer wieder Glück hatten. Daß dies Glück die Frauen auch auszeichnete, wird von daher auch verständlich.

3. Der Tod beim Gebären gilt als schlimmes Verhängnis, doch als Frauenschicksal, das hingenommen werden muß. Es scheint kaum Alternativen zu Heirat und Kindbett gegeben zu haben. Dies sehen wir beim Grabgedicht einer unbekannten Frau, das die enge Verbindung von Heirat und Kindbett veranschaulicht:

»Gäb es die Heirat doch nicht, und gäbe es doch nie mehr ein Brautbett,
ach, dann wäre auch kein Grund für die Geburtswehen da.
Hier aber sitzt zur Entbindung ein Weib, das wir doppelt bedauern:
tot ist das Kind, das ihr Schoß unheilbeladen behält.
Dreimal schon graute der Morgen heran, seit das Kindlein sich säumet
vor der Geburt, die doch sinnlose Hoffnung nur ist.
Leicht wird der Mutterleib dir, du Kleines, wohl leichter als Erde:
sieh, er trägt dich, dir tut keinerlei Erdenstaub not.« Nr. 583

Zudem erfahren wir hier auch mehr über die Grausamkeit einer tödlichen Geburt: Drei Tage und Nächte quälte sich die Gebärende in den Wehen, doch das Kind konnte nicht herausgenommen werden. Bis zur Erschöpfung in Wehen liegen, mit schwindender Aussicht auf Entbindung – welch gräßlicher Tod!

4. Um so mehr erstaunt mich das Verhalten des Vaters Aristodik:

»Dies ist Aristo, dies Philo, und diese da ist Timokleia,
dies Timaitho: es sind Töchter des Aristodik,
sämtlich in Wehen gestorben; und als dann der Vater den Kindern
diesen Denkstein gesetzt, folgte auch Aristodik.« Nr. 463

Obwohl die vier Töchter nicht gebären können – vielleicht lagen pathologische Hindernisse in der Familie vor – verheiratet er sie auf die Gefahr hin, die Jüngeren ebenso wie die Älteren zu verlieren! Und wie haben sich wohl Timokleia und Timaitho dazu gestellt, als sie vom Tod ihrer älteren Schwestern bei der Geburt vernahmen und auch dem Kindbett entgegensahen? Gab es denn keinen Ausweg für diese Frauen? Auf welchem Altar wurden diese jungen Frauen geopfert? Starb der Vater an Gram und Schuld, weil er aus Perspektivenlosigkeit seine Töchter eine nach der anderen in den Tod geführt hatte?

5. Auch an alttestamentlichen Texten können wir Gebären als Schicksal der Frauen ersehen: Die beiden Schwestern Rahel und Lea werden über ihre Söhne definiert. Lea gebiert oft: Sie kann sechs Söhne (Gen 35,23) und eine Tochter (Gen 34,1) vorweisen. Ihre jüngere Schwester hat weniger Glück: Sie stirbt bei der Geburt ihres zweiten Sohnes:

»... da gebar Rahel, und die Geburt kam sie schwer an. Und da sie eine so schwere Geburt hatte, sprach die Hebamme zu ihr: ›Sei getrost, du hast wieder einen Sohn‹. Als aber ihre Seele entfloh, – denn sie mußte sterben –, da nannte sie ihn Ben-Oni [d.i. Sohn meines Schmerzes].« Gen 35, 16-18

6. Eine ganz andere Art von Bedrohung begegnet uns im 1.Samuel: Hier wird die schwangere Frau Opfer von Machtpolitik und Krieg, weil ihr Ehemann und ihr Schwiegervater getötet werden. Doch zum Verlust ihrer sozialen und emotionellen Stützen verliert sie auch noch religiösen Halt, weil die Bundeslade geraubt wurde.

»Aber seine Sohnesfrau, das Weib des Pinehas, war hochschwanger. Als sie nun die Kunde hörte, daß die Lade Gottes genommen und ihr Schwiegervater und ihr Mann tot seien, sank sie nieder und gebar; denn die Wehen waren über sie gekommen. Und wie sie im Sterben lag, sprachen die Frauen, die neben ihr standen: ›Sei getrost, du hast einen Sohn geboren!‹ aber sie antwortete nicht und achtete nicht darauf, und sie hieß den Knaben Ikabod, indem sie sprach: ›Dahin ist die Herrlichkeit aus Israel!‹ weil die Lade Gottes genommen war, und um ihres Schwiegervaters und ihres Mannes willen.« 1Sam 4,19-21

Unter solchen Bedingungen zu gebären, erhöht das Gebärrisiko ohne Zweifel. Vielleicht wurde die Geburt auch durch den Schrecken zu einem offensichtlich ungünstigen Zeitpunkt ausgelöst. Auch die Geburt des Sohnes kann die Mutter nicht aufrichten: Wie soll sie den Sohn großziehen können, wenn sie alles verloren hat?

7. Eine andere Bedrohungserfahrung erlebte Julia, die Nichte des Kaisers Domitian. Juvenal und Sueton erzählen uns, daß sie die Geliebte ihres Onkels wurde – ob sie ihn liebte, erfahren wir leider nicht – und, als sie schwanger war, von ihm gezwungen wurde, abzutreiben. Diese Abtreibung kostete ihr das Leben.[42]

8. Die griechische Mythologie kennt verschiedene Erzählungen über die schwierige Geburt der Leto, der Mutter von Artemis und Apollon.[43] Sie war die Geliebte

---

42. Gaius Suetonis Tranquillus, Leben der Caesaren, S. 328; G. G. Ramsay (Hg.), Juvenal and Persius, Satire II, 29-35.
43. Vgl. Pierre Grimal, Dictionnaire de la Mythologie Grecque et Romaine, S. 259-260.

des Zeus und von ihm schwanger mit Zwillingen. Dies rief den Zorn und die Eifersucht der Hera hervor. Nach Callimachos[44] verbot Hera allen Orten der Erde, der Leto Asyl zur Niederkunft zu gewähren. So mußte Leto herumirren und wußte nicht, wo sie gebären könnte. Endlich fand sie in der damals heimatlosen Insel Ortygia eine Hilfe: Die Insel war öde und unfruchtbar und hatte deshalb von der Göttin Hera nichts zu fürchten. Als Belohnung für ihre Hilfe erhielt die Insel eine Befestigung im Meer, so daß ihr Herumschwimmen ein Ende nahm, und einen anderen Namen: Delos, die Leuchtende. Die Wehen dauerten neun Tage und Nächte lang. Alle Göttinnen waren zur Hilfe herbeigeeilt außer Hera und Eileithyia, die Göttin der Geburt. Endlich konnte diese dazu bewegt werden, Leto zur Hilfe zu kommen. Daraufhin gebar Leto ihre Zwillinge.

9. Die christliche Märtyrerin Vibia Perpetua wurde als Mutter eines Säuglings mit zweiundzwanzig Jahren hingerichtet. Ihre Mutterschaft machte ihr während der Gefangenschaft große Sorgen und Schmerzen, da sie ihr Söhnchen noch stillte. Ihre Brüste standen voller Milch, was zu Entzündungen führen konnte. Ihr Kind verkam fast vor Hunger, da es von ihr getrennt wurde. Schließlich erreichte sie, daß das Kind im Gefängnis bleiben konnte. Doch ihr Vater, der ihre Entscheidung zum Leiden nicht akzeptieren konnte, nahm ihr das Kind wieder weg:

»... schickte ich (Perpetua, L.S.) sogleich den Diakon Pomponius zu meinem Vater und bat um das Kind. Aber der Vater wollte es nicht geben. Und nach Gottes Willen hat es weiter die Brust nicht begehrt und diese hat mir auch keinen Schmerz gemacht, damit ich nicht durch die Sorge um das Kind und den Schmerz der Brüste zugleich gequält würde.«[45]

Sie wurde zusammen mit ihren Gefährten und Gefährtinnen hingerichtet.

10. Die christliche Märtyrerin Felicitas wurde als Hochschwangere zusammen mit Perpetua und anderen festgenommen. Da sie als Schwangere nicht hingerichtet werden konnte, befürchtete sie, daß sie ohne ihre GefährtInnen zu einem späteren Zeitpunkt getötet würde. Sie war acht Monate schwanger. Sie beteten zusammen zum Herrn:

»... und gleich nach dem Gebete befielen sie die Wehen. Als sie wegen der Schwierigkeiten, die immer eine Geburt im achten Monat macht, viele Schmerzen litt, sagte einer von den wachhaltenden Dienern: Wenn du jetzt so jammerst, was wirst du erst tun, wenn du den Tieren vorgeworfen bist, die du, als du nicht opfern wolltest, verachtetest?«[46]

Felicitas kommt also frühzeitig nieder. Sie muß im Gefängnis gebären und wird von einem Aufseher verspottet. Sie gebiert unter diesen Umständen ein Mädchen,

44. Callimachus – Lycophron – Aratus, Hymne IV.
45. Die Akten der heiligen Perpetua und Felicitas, II. Bd., S. 45.
46. Ebd., S. 51.

das sie einer Schwester geben kann, die es aufnimmt. Felicitas wird daraufhin mit ihren FreundInnen zur Hinrichtung geführt.

»Ebenso kam Felicitas, froh, daß sie glücklich geboren hatte, um mit den Tieren zu kämpfen, von dem einen Blutvergießen zum anderen, zuerst Wehmutter, dann Fechterin, im Begriffe, sich nach der Geburt durch eine zweite Taufe zu reinigen.«[47]

Die Wöchnerin Felicitas wird zusammen mit Perpetua nackt vorgeführt:

»Das Volk aber schauderte, da es in der einen ein zartes Mädchen, in der anderen eine junge Mutter mit noch milchtropfenden Brüsten sah.«[48]

Dies war aber kein Grund, die jungen Mütter vor ihrer Hinrichtung zu bewahren. Sie wurden nur mit losen Gewändern bekleidet, daß sie nicht mehr anstößig wirkten, dann wurden sie hingerichtet.

11. Die Leidensgeschichte Domitilas spielt sich heutzutage ab. Sie gehört daher zeitlich nicht zu den oben genannten Frauenschicksalen. Sie mag aber für Leidensgeschichten stehen, die nicht aufgeschrieben wurden und sich dennoch zutragen.

»Ich möchte keinen Augenblick, daß man die Geschichte, die ich erzählen will, nur als meine persönliche Angelegenheit versteht. Denn ich glaube, daß mein Leben mit dem meines Volkes verbunden ist...«[49]

Domitila ist Sprecherin eines Hausfrauenkomitees in Bolivien und setzt sich für bessere Lebensbedingungen der Bergarbeiterbevölkerung ein. Damit gerät sie aber in Konflikte mit der Regierung. Hochschwanger wird Domitila festgenommen und gefoltert.

»Und er schlug mich und sagte, ich solle sprechen, ich solle doch sprechen. Er schlug mich ohne Mitleid, mich, die ich im achten Monat schwanger war...«[50]

Domitila wird aber nicht nur trotz ihrer Schwangerschaft mitleidlos geschlagen, sondern gerade ihr Zustand wird zu Folterzwecken ausgenützt:

»Und er schlug mich voller Wut. Dann sagte er: ›Es ist gut, glücklicherweise erwartest du genau hier drin Nachwuchs. Und an deinem Kind werden wir uns rächen.‹ Und er holte ein Messer heraus und begann, es vor meinen Augen zu wetzen ... Und er sagte mir, er hätte viel Zeit zu warten, bis mein Kind geboren sei, und daß er mein Kind mit diesem Messer in Stücke schneiden werde.«[51]

47. Ebd., S. 53.
48. Ebd., S. 54.
49. Meoma Viezzer, Wenn man mir erlaubt zu sprechen, S. 19.
50. Ebd., S. 142.
51. Ebd., S. 144.

Die Folter und die Drohungen lösen die Wehen aus, die »Arbeit der Geburt«. Gegen ihren Willen – Domitila versucht mit aller Kraft, das Kind nicht zu gebären – beginnt ihr Leib, das Kind auszutreiben. Sie gebiert ihr Kind völlig verzweifelt, allein in der Folterkammer, beinahe bewußtlos. Sie weiß nicht mehr, ob sie es lebend geboren hat. Später wird sie oberflächlich von einem Unteroffizier untersucht.

»Dann ließ er mich aufsetzen und begann mich auszuschimpfen: ›Was fällt dir ein, Tochter? Du, als Frau, schwanger, warum schweigst du nicht? Wie handelst du? Warum sind Frauen solche Rebellen?‹«[52]

Domitila wird vorgeworfen, daß sie sich als Frau, als schwangere Frau, falsch verhalten hat: Sie hätte die passive Frauenrolle, die unpolitisch und schweigsam ist, nicht verlassen dürfen. Da sie am Sterben ist, wird sie in ein Krankenhaus gebracht, wo sie behandelt, aber auch von Polizisten mit Maschinenpistolen ständig bewacht wird.

»Ich hatte hysterische Anfälle, und dann schrie ich ohne Unterlaß. Es war wegen meines Kindes, nicht wahr? Weil ich immer die Vorstellung hatte, sie ließen ihn [ihren Sohn, L.S.] fallen, und ich suchte ihn und konnte ihn nicht finden. Und ich sah eine Art von Gorilla, so was ähnliches, das meinen Sohn packte und ihn mit den Füßen zuerst auffraß und ihn in Stücke riß. Und ich schrie und konnte ihn nicht erreichen.«[53]

Für Domitila dauern die Folterqualen noch lange nach dieser traumatischen Geburt an. Der physische und psychische Heilungsprozeß wird durch ihre schweren Lebensbedingungen verlangsamt.

6. »Reinheit ist's, um die sie kämpfen« – Asketische Frauen in den apokryphen ApostelInnengeschichten

Die gequälte Frau flieht in die Wüste (Apk 12,6). Sie findet Aufnahme in einer Gemeinschaft, die sie sättigt und so zu ihrer neuen Heimat wird. Können wir in dieser Flucht in die Wüste einen Exodus erkennen, der ihr Freiheit und Schalom brachte? Worin bestand diese Freiheit? In den fünf ältesten apokryphen ApostelInnengeschichten meine ich Hinweise zu finden, daß eine Flucht an den Rand der hellenistisch-römischen Gesellschaft für Frauen[54] attraktiv sein konnte.

52. Ebd., S. 147.
53. Ebd., S. 148.
54. Untersuchungen zu den Jungfrauen und Witwen z.B. L. Zscharnak, Der Dienst der Frau in den ersten Jahrhunderten der christlichen Kirche, S. 44-156; H. Koch, Virgines Christi, S. 59-112; Otto Bangerter, Frauen im Aufbruch; R. Gryson, Le ministère des femmes dans l'Église ancienne; Bonnie Bowman Thurston, The Widows. A Women's Ministry in the Early Church.

6.1 Unbekannte Apostelinnen

In den fünf frühesten apokryphen ApostelInnenakten finden wir Erzählungen über Frauen, die um Keuschheit kämpften. In den Predigten der Apostel hörten sie über die Vorzüge der Enthaltsamkeit und entschlossen sich meist ohne Zögern, keusch zu leben. In vielfältigen Bedrohungen verteidigten sie ihren Wunsch nach sexueller Enthaltsamkeit gegenüber ihrem Ehemann, Verlobten, Herrn oder der politischen Herrschaft.

Auch wenn diese Erzählungen nicht historisches Material enthalten sollten – vielleicht hat Paulus Thecla von Iconium nicht bekehrt –, so erfahren wir dennoch durch sie vieles von einem christlichem Asketismus, der vor allem in den östlichen Provinzen des römischen Reiches sehr stark gewesen war.[55]

Trotz ihres legendären Charakters, der Pseudonymität und der Problematik ihrer Datierung gewinnt Virginia Burrus ihnen interessante Aspekte über die Lebenswirklichkeit von Frauen ab:

»The chastity stories witness to the experiences of second century eastern Christian women who lived in societies in which women's roles were clearly defined within the structures of patriarchal marriage and household.«[56]

Eine präzise, allgemein anerkannte Bestimmung der Textsorte der apokryphen ApostelInnengeschichten (AGG) gibt es nach wie vor nicht. Ebensowenig gibt es *eine* Theologie der AGG. W. Schneemelcher nennt die AGG ein wertvolles Korrektiv an dem Bild der Kirche des 2. und 3. Jahrhunderts.

»Hier kommen Randgruppen mit einer eigenständigen Tradition und einer oft recht unreflektierten Glaubenshaltung zur Sprache. Welcher sozialer Schicht man Verfasser und Adressaten zuzuordnen hat, läßt sich kaum sagen. Es ist wohl für diese Frage nicht unwichtig, daß nicht so sehr das systematisch-theologische Denken dominiert als vielmehr eine Vielfalt von Themen, die das christliche Volk interessierten.«[57]

Schneemelcher ist der Ansicht, daß die männlichen Apostel im Mittelpunkt der Geschichten stünden, und wehrt sich gegen eine Lesart der AGG, die die Heroinnen als die entscheidenden Figuren in der AGG sehen will.[58] Ebenfalls bemerkenswert ist die Tatsache, daß Schneemelcher diese Frauen als »Apostelschülerinnen« und nie als Apostelinnen bezeichnet. Dagegen zählt das manichäische

---

55. Siehe dazu: S. P. Brock, Early Syrian Ascetism, S. 1-19.
56. V. Burrus, Chastity as Autonomy, S. 116.
57. W. Schneemelcher, Neutestamentliche Apokryphen, Bd. 2, S. 80.
58. Ebd., S. 77f. Seine Kritik an den amerikanischen AutorInnen Stevan L. Davis, Dennis Ronald MacDonald und Virginia Burrus ist m. E. unsorgfältig. So kann er z.B. die Arbeit von V. Burrus mehrmals falsch zitieren als »Castity as Autonomy« (S. 77 und 163).

Psalmbuch[59] in einem seiner Pilgerpsalmen unsere Frauen ohne weiteren Kommentar zu den »Aposteln, die ihre Schmerzen ertrugen«.

»Alle Apostel, die ihre Schmerzen ertrugen:
Petrus der Apostel, der gekreuzigt ward kopfüber,
wieviele Marter hat er erduldet ... mit dieser Reinheit.
Andreas der Apostel – man steckte das Haus unter ihm in Brand.
[...]
Thekla, die Gottliebende, ließ man das Feuer besteigen.
Sie nahm das Zeichen des Kreuzes an, sie schritt ins Feuer freudig.
Jedoch geriet sie nicht in Schande, entblößt inmitten der Menge.
Sie ward den Bären vorgeworfen, die Löwen hetzte man auf sie.
Bei den Stieren wurde sie gefesselt, man ließ die Robben auf sie los.
Alle diese (Leiden) ertrug sie, nicht unterlag noch [wich?] sie ihnen.
Ein Kranz ist's, den sie wünscht: Reinheit ist's, um die sie ringt.
Ebenso die selige Drusiana, auch sie ertrug dergleichen,
eingekerkert vierzehn Tage gleich ihrem Meister, ihrem Apostel.
Maximilla und Aristobula – große Pein ward über sie gebracht.
Was ist der Nutzen, daß sie dies empfingen? Reinheit ist's, um die sie kämpfen.«

Die verschiedenen AGG werden von vielen ForscherInnen dem 2. oder 3. Jahrhundert zugerechnet, während die individuellen Legenden natürlich älter sein können.[60] Burrus hält die wenigen historischen Anhaltspunkte, die wir aus den AGG für die Lebenswirklichkeit der damaligen Christinnen gewinnen können, für signifikant: Denn sie erinnern uns daran, daß, trotz der Abwesenheit von Frauenstimmen in den meisten frühchristlichen Texten, dies nicht das Schweigen dieser Frauen bedeuten muß. Vielmehr erfahren wir von leidenschaftlichen, leidenden, träumenden und um Reinheit ringenden Frauen im 2. Jh. und »these women are part of the history and heritage of all Christians.«[61]

6.2 Bekehrungspredigten und ihre Folgen

Alle Bekehrungsgeschichten dieser Frauen folgen einem ähnlichen Muster: Jede erzählt die Bekehrung einer Frau, deren Ehemann, Verlobter, Herr oder Vater relativ hohes soziales Prestige genießen in einer Stadt, die ein Apostel gerade aufsuchte. Die vom Apostel überzeugte Frau beginnt sexuell enthaltsam zu leben, was als Charakteristikum der Bekehrung bezeichnet werden kann. Der davon betroffene Mann beginnt gegen den neuen Asketismus zu kämpfen und bedroht die

---

59. Zitiert nach W. Schneemelcher, Neutestamentliche Apokryphen, Bd. 2, S. 83. Siehe dort unter Anm. 15 weitere Literatur.
60. Siehe dazu: Ross S. Kraemer, The Conversion of Women to Ascetic Forms of Christianity, 298-307, S. 299; weitere Literaturangaben ebd. unter Anm. 3, S. 299.
61. V. Burrus, Chastity as Autonomy, S. 177.

Frau, den Apostel oder beide. In den AGG geht die Frau aber als Siegerin aus diesen Bedrohungen hervor: Sie kann ihre neu erworbene Keuschheit verteidigen und lebt fortan außerhalb des Hauses, meist ohne Partner, manchmal innerhalb der alten Partnerschaft.

Nun möchte ich mit einigen Beispielen zeigen, wovon sich die Frauen überzeugen ließen und wie die Bekehrung ihr Leben veränderte.

6.2.1 Thekla von Ikonium

In der Apostelgeschichte des Paulus findet sich ein großer Teil namens »Taten des Paulus und der Thekla«.[62] Thekla ist hier die zentrale Gestalt. Sie wird von Paulus bekehrt, erleidet deshalb viel, bis sie schlußendlich sich selbst tauft und zur Apostelin wird, die das Wort Gottes lehrt (41).

Thekla kommt in Kontakt mit Paulus und der christlichen Predigt innerhalb ihres Hauses: Vom Fenster aus hört sie Paulus drei Tage und Nächte lang (7+8). Sie vernimmt die Seligpreisungen über die Enthaltsamen, die Gottesfürchtigen, die Barmherzigen und die Jungfrauen (5-6). Sie sieht zudem, wie viele Frauen und Jungfrauen zu Paulus hineingehen (7). Dies weckt in ihr das Verlangen, selbst zu Paulus zu gehen.

Damit sehen wir eine erste Folge der christlichen Predigt: Thekla wird ihren angestammten Platz im Hause verlassen. Sie geht nach draußen, in fremde Häuser, zu einem unbekannten Mann. Sie geht diesen Weg konsequent und folgt der Spur in die Freiheit, in die Unabhängigkeit, die ihr in der patriarchalen Welt nicht zugedacht war. Schlußendlich wird auch äußerlich sichtbar, wie sie sich verändert hat:

»Da nahm sie Diener und Dienerinnen, gürtete sich und nähte ihr Gewand zu einem Oberkleid nach Männerart, und sie kam in Myra an und fand Paulus ...« (40)

Diese Entwicklung befürchteten die Mutter und Thamyris, ihr Verlobter, zu recht schon ganz zu Anfang: Deshalb weinen die, die im Hause waren, um den Verlust der Tochter, der Frau und der Herrin (10). Diese gesellschaftlichen Rollen waren für eine vornehme Frau damals bereit, und diese gab Thekla mit ihrem Wunsch, Christin zu werden, auf. Sie gewann damit Bewegungsfreiheit, außer Haus und außer Landes zu gehen, und wurde eine Gotteslehrerin, die vielen Menschen Erleuchtung brachte (43).[63]

---

62. W. Schneemelcher, Neutestamentliche Apokryphen, Bd. 2, S. 216-224; Gilbert Dragon (ed.), Vie et miracles de Sainte Thècle.

63. Anne Jensen (Gottes selbstbewußte Töchter – Frauenemanzipation im frühen Christentum?, S. 74) kritisiert an dieser Stelle amerikanische feministische Theologinnen, die die Jungfrauen und Witwen als eine Art frühchristliche Frauenbewegung ansehen und damit den emanzipatorischen Aspekt der Enthaltsamkeit überbetonen würden, was die klassische Überordnung der Jungfrau über die Ehefrau auf femini-

6.2.2 Die Prinzessin von Andrapolis

Judas Thomas,[64] der eben in der königlichen Stadt eingetroffen war, wurde vom Brautvater gebeten, für seine einzige Tochter zu beten, die im Begriffe war zu heiraten. Der Apostel tat es und verließ das Brautgemach wieder. Jesus, in der Gestalt des Apostels, blieb aber im Zimmer und nachdem alle gegangen waren, redete er zum Brautpaar.

»Gedenket, meine Kinder, an das, was mein Bruder mit euch geredet und wem er euch befohlen hat, und erkennet, daß ihr, wenn ihr euch von diesem schmutzigen Verkehr befreit, heilige Tempel, rein und solche werdet, die von Leiden und Schmerzen, offenbaren und nicht offenbaren, befreit sind; und ihr werdet euch nicht Sorgen für Leben und Kinder auflegen, deren Ende Verderben ist. Wenn ihr euch aber viele Kinder anschafft, so werdet ihr um ihretwillen Räuber und Habsüchtige, die Waisen schinden und Witwen übervorteilen ... Wenn ihr aber gehorcht und eure Seelen Gott rein bewahrt, werden euch lebendige Kinder werden, die von diesen Schäden unberührt bleiben, und ihr werdet ohne Sorge sein ...« ATh 12

Beide jungen Leute wurden sofort gläubig und verbrachten die Nacht keusch nebeneinander. Am Morgen wurde die Braut von ihren Eltern getadelt, weil sie unverschleiert bei ihrem Mann saß. Sie erzählte, wie sie sich nun nicht mehr schäme und nicht mehr zu erschrecken sei. Durch ihren Ehemann läßt sich eine solche Frau kaum mehr beeindrucken oder einschüchtern, da ihr wahrhaftiger Mann, ihre einzige Liebe, Jesus geworden ist.[65]

Das Paar führte fortan eine christliche Ehe in dem Sinn, daß sie keusch und kinderlos miteinander leben und auch andere in ihre Gemeinschaft einbeziehen (die Flötenspielerin in ATh 16). Sie verließen später ihre Besitztümer und folgten dem Apostel nach.

6.2.3 Mygdonia, Marcia und Tertia

Die reiche Mygdonia ließ sich in einer Sänfte zum Apostel Judas Thomas tragen, da sie wißbegierig war und hören wollte, was er ihr zu sagen hatte. Sein Wort von der Enthaltsamkeit traf sie ins Herz (ATh 82-88). Sie wird von ihrem Gatten bedrängt, der mit ihr schlafen möchte, doch sie widersetzt sich ihm, indem sie nachts aus dem Hause flieht und bei ihrer Amme Marcia unterkommt (ATh 98).

stische Ebene reproduziere. Ich teile diese Kritik nicht, da wir eine doppelte Wirkungsgeschichte der Problematik Jungfrau-Ehefrau haben: Es gilt, sich sowohl feministisch-kritisch gegen die Überordnung der Jungfrau über die Ehefrau, wie gegen die frauenfeindliche Vorstellung der »lächerlichen, alten Jungfer« zu wenden. Ich halte meine Untersuchungen für einen Beitrag zur Rekonstruktion der Frauengeschichte, die sich gegen diese patriarchalen Ordnungsmuster sträubt.

64. W. Schneemelcher, Neutestamentliche Apokryphen, Bd. 2, S. 303-367. Acta Apostolorum Apocrypha II, 1903 (1959), 99-288.
65. Vgl. dazu 2Kor 3,7-18.

Ihr Gatte faßt die neue Predigt treffend zusammen:

»Es ist unmöglich, daß ihr ins ewige Leben, welches ich euch verkündige, eingeht, wenn ihr euch nicht von euern Frauen befreit, desgleichen auch die Frauen von ihren Männern.« ATh 101

Ihr Mann beschwert sich immer wieder, da sowohl die Götter als auch die Gesetze ihm das Recht verliehen hätten, über sie zu herrschen (ATh 114). Doch statt dessen läßt sich Mygdonia vom Apostel taufen. Ihre Amme hilft ihnen dabei und möchte schließlich auch getauft werden (ATh 121). Mygdonia sehnt sich nach Jesus und der neuen Welt, »wo weder Tag und Nacht ist noch Licht und Finsternis, weder Guter und Böser noch Armer und Reicher, Mann und Weib, nicht Freier und Sklave, nicht Hochmütiger und der die Demütigen unterwirft.« (ATh 129) Tertia, die Gattin des Königs, hält Mygdonia zuerst für wahnsinnig, als sie sie am Boden liegend und betend antrifft. Doch auch sie bekehrt sich als Dritte zum neuen Glauben und wird vom Apostel und Mygdonia getauft und gesalbt.

Die drei Frauen verbinden und verbünden sich im Verlauf der Erzählung und distanzieren sich immer mehr von den gesellschaftlichen Konventionen. Sie finden eine neue Gemeinschaft, die, nach Mygdonias Worten (ATh 129) zu schließen, egalitär gewesen sein könnte.

6.2.4 Drusiana von Ephesos

Der Apostel Johannes[66] ließ in Ephesos die alten Frauen herbeibringen, von denen aber nur vier bei leiblicher Gesundheit waren, die anderen litten an verschiedenen Gebrechen. Er beschloß, sie zu heilen, und ließ sie ins Theater bringen. Hier predigte er zu den Versammelten, bevor er die Heilung begann. Er wendet sich gegen die schändlichen Begierden und gegen den Glauben, mit Kindern irgendwie abgesichert zu sein:

»Auch meint nicht, wenn euch Kinder zuteil geworden sind, in ihnen Ruhe zu haben, und versucht nicht, um deretwillen zu rauben und zu übervorteilen.« AJn 34

Diese Predigt muß um so eindrücklicher gewesen sein, da so viele alte und kranke Frauen, um die sich vielleicht niemand mehr gekümmert hatte, dabei waren. Diese alten Frauen waren in ihrer Jugend auch Objekte der sexuellen Begierden von Männern gewesen. Jetzt aber lagen sie gebrechlich und »in Betäubung verfallen« (AJn 32) darnieder.

Der Text ist hier lückenhaft. Doch kann die Geschichte der Drusiana hier eingefügt und ergänzt werden. Vielleicht hatte sie auch diese Predigt des Johannes

---

66. W. Schneemelcher, Neutestamentliche Apokryphen, Bd. 2, S. 155-190. Acta Johannis, cura E. Junod et J.-D. Kaestli (Corpus Christianorum, series apocryphorum 1.2), Tunhout 1983.

gehört. Drusiana entschloß sich jedenfalls zur Enthaltsamkeit und wurde deswegen von ihrem Gatten Andronikus bedroht. Er schließt Drusiana ein: Entweder soll sie wieder mit ihm schlafen oder sterben. Sie wird auf wunderbare Weise befreit. Später wird auch Andronikus Christ. Beide folgen Johannes nach.

Drusiana wurde von ihrem Gatten mit dem Tode bedroht. Die Einkerkerung, die den Willen Drusianas brechen soll, zeigt vielleicht auch die Enge des patriarchalen Hauses, in welchem allein der Wille des Ehemannes zählt, gegenüber der Weite der Nachfolgegemeinschaft der ChristInnen, die sich draußen von Ort zu Ort frei bewegen können. Christentum bedeutete dann für Frauen zuerst einmal Bewegungsfreiheit, dann aber auch Zugehörigkeit zu einer Gemeinschaft, die auch bereit ist, sie im Alter zu versorgen.

6.2.5 Maximilla von Patras

In Patras begegnet Maximilla dem Andreas und wird Christin.[67] Auch sie lebt fortan enthaltsam, was ihr Ehemann ihr vorwirft:

»Wenn du jene wärest, die du vormals warst, und mit mir zusammen lebtest in der Weise, die wir kennen, mit mir schliefest, mit mir ehelichen Umgang pflegtest, mit mir Kinder zeugtest, dann würde ich in jeder Hinsicht gut an dir handeln ... « AA 3,4

Nach der Hinrichtung des Andreas ist es Maximilla, die seine Überreste mit der notwendigen Fürsorge begräbt. Sie trennt sich endgültig von ihrem Gatten und wählt ein heiliges und ruhiges Leben in der Gemeinschaft der ChristInnen.

6.2.6 Die Revolte der Konkubinen

Die vier Konkubinen des Präfekten Agrippa Agrippina, Nikaria, Euphemia und Doris werden in Rom von der Predigt über die Keuschheit in ihrer Seele getroffen (APt 33).[68] Sie verabreden sich untereinander, keusch zu leben und sich vom Lager des Agrippa fern zu halten. Er wird durch ihren neuen Lebenswandel derart verunsichert, daß er sie beobachten läßt. Sodann droht er ihnen, sie zu vernichten. Aber auch viele andere Frauen beginnen, keusch zu leben, was zu einem großen Aufruhr in Rom führt. Hier sehen wir, wie durch die sexuelle Verweigerung Frauen sich verbünden und ihre Rivalität um einen Mann aufgeben. Zudem wirkt das Verhalten der Konkubinen ansteckend, weil viele andere Frauen auch keusch zu leben beginnen. Die Verweigerung der Frauen wird als Revolte aufgefaßt, was die betroffenen Männer veranlaßt, sich gegen den Apostel Petrus zu wenden, um ihn öffentlich hinrichten zu lassen.

---

67. Passio Andreae, in: W. Schneemelcher, Neutestamentliche Apokryphen, Bd. 2, S. 123-137. Acta apostolorum apocrypha II 1, Bonnet, 1898 und 1903 (1959), 1-64.
68. W. Schneemelcher, Neutest. Apokryphen, Bd. II, 256-289. Acta apostolorum apocrypha II 1, ed. Lipsius – Bonnet, 1898 u. 1903 (1959), 78-102.

6.3 Die Verweigerung der patriarchalen Frauenrolle

In den AGG ist das Christentum hauptsächlich definiert als asketisches Leben. Von den ChristInnen wird verlangt, daß sie sich keusch verhalten und sich von ihrer Familie trennen. Die zahlreichen Schwierigkeiten wegen eines keuschen Lebens entstehen jedoch stets für Frauen, die ihre Männer oder Familien verlassen. In keinem Fall hören wir von einem Mann, der wegen seiner Keuschheit in Schwierigkeiten gerät. V. Burrus sieht in den Schwierigkeiten der Frauen einen Unterschied zu den hellenistischen Romanen dieser Zeit.[69] In allen Geschichten führt das enthaltsame Leben zu einem Autonomiezuwachs der Frauen:

– Thekla gewinnt Bewegungsfreiheit. Indem sie sich wie ein Mann kleidet, macht sie ihre Abkehr von der traditionellen Frauenrolle sichtbar.
– Die Prinzessinnen-Braut zeigt sich unverschleiert. Sie sagt selbst, daß sie ihre Scham und ihren Schrecken (gegenüber wem? den Männern?) verloren hat.
– In der Erzählung von Drusiana wird der Gegensatz deutlich zwischen der Enge des patriarchalen Hauses und der Weite der Nachfolgegemeinschaft.
– Mygdonia gibt gesellschaftliche Konventionen auf, was ihr als »Verrücktheit« angerechnet wird. Doch gewinnt sie Frauen als Verbündete. Eine egalitäre Gemeinschaft wird angedeutet.
– Maximilla trennt sich von ihrem Ehemann und kann ein ruhiges Leben führen.

Was beinhaltet denn der Entschluß zur Enthaltsamkeit? Worin besteht die Verweigerung der verschiedenen Frauen?

Offensichtlich ist die sexuelle Abstinenz mit der Begründung, die Leiber rein als »heilige Tempel« (ATh 12) zu bewahren. Bei einigen AGG wird die Aufzucht von vielen Kindern als Motivation zu Raub und Habsucht genannt. Witwen und Waisen würden übervorteilt, um die eigenen Kinder zu begünstigen (ATh 12; AJn 34). Der Ehe, die zwecks Hervorbringung von Nachkommen eingegangen wurde, werden also unsoziale, gemeinschaftshindernde Konsequenzen nachgesagt. In der Heilung der alten Frauen (AJn 30f.) wird ersichtlich, wie trügerisch familiale Bande sein können: Wenn Frauen alt und krank werden, läßt ihre Betreuung zu wünschen übrig. So besteht zum einen der Entschluß zum keuschen Leben für Frauen darin, ihren eigenen Körper aufzuwerten. Der Frauenkörper ist nicht nur zum Gebären da. Er kann heiliger Tempel Gottes sein. Der hellenistisch-römischen Gebärideologie wird somit eine Absage erteilt zugunsten einer Gemeinschaft, die sich nicht an den patriarchalen Werten von Stammhaltern, Erbschaften und Privilegien der alteingesessenen Familien orientiert. Mit dem Entschluß zur asketischen Lebensweise wird auch der Trennung von der Familie zugestimmt. Anstelle von familiärem Rückhalt gewinnen ChristInnen Anteil an einer egalitären Bewegung (ATh 129). Mit dem Verlassen der Familie gibt eine Frau ihre bisherigen gesellschaftlichen Verpflichtungen als Mutter, Ehefrau, Tochter und Herrin auf. Dies wird aber von der Gesellschaft schärfstens geahndet. Das Verlassen

---

69. V. Burrus, Chastity as Autonomy, S. 106.

dieser gesellschaftlichen Rollen ist denn auch der Verfolgungsgrund der Christin Thekla:

»Thus, to be a woman is to be a wife; she who refuses has committed sacrilege – she is *anomos.*«[70]

Thekla wird den Tieren vorgeworfen und wird verurteilt zum Verbranntwerden, während Paulus, der sie zur Askese veranlaßte, nur gegeißelt und aus der Stadt geworfen wird (APl 21). Bemerkenswert ist auch, daß der Grund zur Verfolgung eines Apostels nicht seine Keuschheit ist, sondern diejenige der von ihm bekehrten Frauen.[71] Eindrücklich wird in der Erzählung über die Tochter des Gärtners (APt)[72] geschildert, daß die Alternative für eine Frau hieß: entweder Sexualität oder Tod. Auch in der AJn stellt der Gatte seine Gattin vor diese Wahl: Entweder sie gibt ihren Entschluß auf oder sie muß sterben.[73]

In den AGG geben die neubekehrten Frauen ihre Enthaltsamkeit aber nicht auf. Im Gegenteil gelingt es ihnen, andere Frauen zu gewinnen und sich zu verbünden gegen die Normen, die auf sie angewandt werden. In der Nachfolgegemeinschaft der ChristInnen gewinnen sie zudem eine zuvor nie gekannte Bewegungsfreiheit. Wenn Frauen vom Kindergebären ablassen, wird ihnen eine Verheißung zuteil:

»Wenn ihr aber gehorcht und eure Seelen Gott rein bewahrt, werden euch lebendige Kinder werden, die von diesen Schäden unberührt bleiben, und werdet ohne Sorge sein, indem ihr ein unbeschwertes Leben ohne Schmerz und Sorge verlebt ... » ATh 12

Auch wenn wir bezüglich der Historizität dieser Aussagen äußerst vorsichtig sein wollen – ruhig und sorgenfrei war das Leben der damaligen ChristInnen mit Sicherheit nicht –, so können wir doch wichtige Beobachtungen über ihre Werte und Hoffnungen machen. Sie sind den Aussagen des Paulus über die Ehe nahe. Auch Paulus verheißt den Unverheirateten ein sorgenfreies Leben:

»Ich will aber, daß ihr ohne Sorgen seid ... Die Unverheiratete sorgt sich um die Dinge des Herrn, damit sie heilig sei an Leib und Geist; die Verheiratete dagegen sorgt sich um die Dinge der Welt, wie sie ihrem Manne gefallen möge.« 1Kor 7,32.34

»Dem Manne gefallen« ist vielleicht die knappste Zusammenfassung der patriarchalen Frauenrolle und zeigt die Definition der Frau über den Mann. Dagegen steht die christliche Forderung und Verheißung des »Heiligsein an Leib und Geist«. Auch sie finden wir in der AGG in der Formulierung »heiliger Tempel für Gott sein« (vgl. 1Kor 3,16f.; 6,19; 2Kor 6,16).

70. Ross S. Kraemer, The Conversion of Women, S. 302.
71. Vgl. dazu: V. Burrus, Chastity as Autonomy, S. 107.
72. W. Schneeemelcher, Neutestamentliche Apokryphen, Bd. 2, S. 258.
73. W. Schneeemelcher, Neutestamentliche Apokryphen, Bd. 2, S. 163.

7. Die Botschaft der gebärenden Frau – Eine Fülle von Ansätzen und Widersprüchen

Die Mehrdeutigkeit einer Vision, die mythisches Material mit apokalyptischer Rede verbindet, muß bei einem Deutungsversuch unbedingt bewahrt werden. Es kann nicht darum gehen, die Fülle der möglichen, sinnvollen Botschaften zugunsten einer einzigen Erklärung zu schmälern. Vor Widersprüchen brauchen wir nicht zu erschrecken. Das Textgewebe enthält ein deutliches Muster, in dem wir nicht »Fehler« aufspüren, sondern das Gewebe des Apokalyptikers in seiner schillernden Pracht entdecken wollen. Die sozialgeschichtliche Hintergrundsarbeit, die wir unter 5. und 6. geleistet haben, zeigt uns, wie die Längs- und Querfäden ineinandergreifen. Wir erkennen somit, wie unser Textabschnitt Apk 12,1-6 zentrale Themen der Apk aufnimmt (Fragen nach der Macht, die Gegenüberstellung Pax Romana – Pax Christi, die Problematik der »Unzucht«), ohne sie vom historischen Erfahrungshintergrund abzulösen.

a) In der Apokalypse des Johannes ist viel von Macht und Gewalt die Rede. Immer wieder ist die zentrale Frage die nach der Macht: Wem gehört die Herrschaft über die Welt? Und: Wann tritt Gott die Herrschaft an (Apk 11,15f.)? Denn bis dahin hat der Drache die Macht (Apk 13,1f.). Der Drache verleiht Macht denen, die ihm nützen und dienen. Und die Glaubenden haben Anteil an der Macht Gottes (1,9; 20,4.6). Das apokalyptische Beharren auf der Machtfrage zieht oft eine gewalttätige (z.B. 5,8; 8,7ff.;14,10) und militärische Sprache mit sich (z.B. 9,15; 13,4f.). Auch in unserer Vision steht die Frage nach der Macht im Raum: Wem gehört die Macht, dem Drachen oder der gebärenden Frau? Im Anschluß an unsere Textstelle, Apk 12,7f., ist denn auch wieder von Krieg, Herrschaft und Macht die Rede.

Wenn wir aber nach der Qualität der Macht fragen, so bekommen wir in der Vision der gebärenden Frau eine Antwort: Die Macht, zu verschlingen (12,4), eignet dem Drachen. Der Drache ist das Un-Wesen, das vernichtet und einverleibt, frißt und tötet. Die Macht der gebärenden Frau ist es, Leben zu geben. Gebären heißt, am Leben arbeiten. Die Frau ist begabt dazu, neues, unversehrtes Leben in die Welt zu setzen. Das kann der Drache nicht. Gewissermaßen ist er angewiesen auf die Gebärarbeit der Frau: Sie liefert ihm das Leben, das er fressen will. Denn er kann nicht aus sich selbst heraus leben. Er sucht Nahrung, die er verschlingen kann. Im Gegensatz zum Verschlingen des Drachen (12,4) gebiert die Frau aus sich heraus neues Leben. In der Wüste aber findet sie die Nahrung, die sie sättigt (12,6). Ihr Hunger unterscheidet sich von demjenigen des Drachen. Indem die Frau in die Wüste flieht, kehrt sie sich vom Drachen und seiner Gier nach Verschlingen ab. Sie steigt gewissermaßen aus: Sie ist nicht länger bereit, dem Ungeheuer Nahrung zu liefern. Sie gibt ihre Mittäterschaft auf. Sie geht dorthin, wo sie selbst ernährt und gesättigt wird. Aber der Machthunger des Drachen scheint unersättlich. Denn er kann die lebenspendende Frau nicht einfach ziehen lassen. Er braucht ihre Nahrung. So verfolgt er sie gnadenlos.

b) ᾽Αποκαλύπτειν heißt: Offenbaren, entlarven, aufdecken, enthüllen. Der Verfasser entlarvt die Frauenpolitik des römischen Imperiums. Durch den ständigen Gebärzwang[74] werden die Frauen erschöpft und ausgebeutet. Gleichzeitig werden sie zu Kollaborateurinnen: Sie vergrößern die Macht des Reiches, indem sie ihm Untertanen und Soldaten gebären. Der machthungrige Drache verschlingt diese schmerzhaften Opfer der Frauen und erreicht dadurch, daß die Frauen in den Knien gehalten werden.[75] Sie sollen gebären, bedeutet auch, sie sollen nicht in der Öffentlichkeit auftreten, sondern still im Hause arbeiten. Die Gebärideologie, die den Frauen Anerkennung und Ehre verspricht und ihren Kindern die Zukunft, wird enthüllt: Sie ist verlogen, denn es geht in Wahrheit nur um den unersättlichen Machthunger des unmenschlichen Drachen. Die gequälte, mißbrauchte Frau flieht vor dem Monstrum. Sie zieht an den Rand, εἰς τὴν ἔϱημον, in die Verlassenheit. Das heißt: Sie verläßt ihre bisherigen, von Gewalt geprägten Verhältnisse. Sie gibt den kräftezehrenden Kampf mit dem verschlingenden Unwesen auf und mit ihm ihre bisherige gesellschaftliche Rolle als (potentielle) Mutter von Untertanen. Sie sieht einen Ausweg aus dem erschöpfenden Gebären: In der Wüste findet sie Ruhe. Hier wird an ihre Nahrung gedacht, sie muß nicht mehr den Drachen versorgen.

Die lebenspendende Gemeinschaft, von der die Frau ernährt wird, erhält vom Verfasser leider keine schärferen Konturen. Τϱέφωσιν: mehrere sind da, die sich in einem zumindest einig sind und auszeichnen: Die geflohene Frau wird aufgenommen; sie erhält Gastrecht mit allem, was dazu gehört. Davon wird die Frau satt. Sie erlebt in der Wüste Gottes Nähe:

»Sie werden nicht mehr hungern und werden nicht mehr dürsten, und die Sonne wird sie nicht treffen noch irgendeine Glut. Denn das Lamm, das mitten vor dem Throne steht, wird sie weiden und sie zu Wasserquellen des [ewigen] Lebens leiten; und Gott wird alle Tränen abwischen von ihren Augen.« Apk 7,16-17

So dürfen wir annehmen, daß die heilende Gemeinschaft in der Wüste eine christliche Gemeinde ist.

---

74. Zweck der römischen Ehe war es, Kinder hervorzubringen. Die Formel »liberorum procreandorum causa« wird auf dem Ehevertrag bezeugt. S.o. Anm. 85, S.185.
75. Die kniende Demutshaltung regt mich an, hier etwas über die Gebärhaltungen der Frauen auszuführen. Über die Gebärhaltung der Frau in Apk 12,1-6 läßt sich nur soviel sagen, daß sie nicht in liegender Position geboren hat, da der Mond unter ihren Füßen ist. Eine weit verbreitete Haltung war das Kauern, wobei sich die Frau auf einen Stock oder eine Helferin stützt. Die Göttin-Hebamme Eileithyia wird selbst als Gebärende in kniender Haltung dargestellt. Die Knie-Ellenbogenlage war lange Zeit die verbreitetste Position neben dem Sitzen. (Liselotte Kuntner, Die Gebärhaltung der Frau, S. 90f.) Die Ägypterinnen pflegten auf Ziegelsteinen sitzend zu gebären, vgl. Wilhelm Spiegelberg, Ägyptologische Randglossen zum Alten Testament, 19-25. Vgl. auch: ApkE1 28, 10. (Verschiedene Gebärstellungen: Abb. 1, Abb. 4, 5, 7 und 9).

Abb. 9:
Geburtsdarstellung aus Südindien, Holzschnitzerei, Tantra-Kunst, 18. Jh. Stricke dienen der Gebärenden zum Halten, die Beine werden von Holzpfosten gestützt. –
Aus: L. Kuntner, München 1994⁴, Abb. 40.

c) Wie wir in den AGG gesehen haben, zogen im 2./3. Jh. zahlreiche Frauen das enthaltsame Leben einer Christin dem Dasein als Ehefrau und Mutter vor. Sie wählten Askese und erhielten ein Stück Autonomie in einer Gemeinschaft, die in Dissonanz zur heidnisch-patriarchalen Umwelt lebte.

Die Abfassungszeit der Apokalypse ist wesentlich früher als diejenige der AGG.[76] Doch gibt es m.E. keinen stichhaltigen Grund, in der Wüstengemeinschaft, die die verfolgte Frau findet, nicht eine christlich-asketische Gemeinschaft zu sehen. In der Apokalypse ist die porneia, die Unzucht, ein großes Problem. Der Verfasser prangert sie unermüdlich an. Der Untergang der großen Hure Babylon wie ein Mühlstein im Meer wird damit kommentiert, daß keine Musik und kein Licht, keine Mühle mehr sein wird, die zur Hochzeit gehören, kurz: Es wird keine Hochzeiten mehr geben (Apk 18,21-24).

Eine mögliche Frage ist, ob die asketische Gemeinschaft eine reine Frauengemeinschaft gewesen sein könnte. Eine reine Männergemeinschaft kann sie nicht gewesen sein, da diese die Frau nicht hätte aufnehmen können.[77] Das asketische Leben in der Wüste wird vom Verfasser der Apokalypse nur auf Zeit gesehen: 1260 Tage lang. Es wird als momentane Situation verstanden, deren Auflösung erst möglich ist, wenn Christus kommt: Die Vereinigung der Braut mit dem Bräutigam ist das Ziel des christlich-asketischen Lebens (Apk 19,7; 21,2).

Stevan L. Davies[78] vertritt die These, daß die AGG von Frauengemeinschaften verfaßt wurden. Es müßten dies Gruppen gewesen sein, die mit denjenigen von Apg 6,1-6; 9,36-42 und 1Tim 5,3-16 vergleichbar sind: Witwen und Jungfrauen, die sich zu einem enthaltsamen christlichen Leben zusammenschlossen. Inwieweit solche Witwengemeinden dem Verfasser bekannt waren und Einfluß auf die Apokalypse nehmen konnten, muß hier offenbleiben. Jedenfalls ist es für eine feministische Rekonstruktion der christlichen Anfänge reizvoll, daß mitten in der Apokalypse eine Frauengemeinschaft in den Blick gerät. So läßt sich also auch in der Apokalypse des Johannes – trotz androzentrischer Perspektive des Verfassers – die Erinnerung an Frauenwiderstand bewahrt finden.[79]

---

76. Allgemein stimmt die Forschung darüber ein, daß die Apk gegen Ende des 1. Jahrhunderts abgefaßt wurde. Zu verschiedenen Datierungshypothesen s. E. Schüssler Fiorenza, The Book of Revelation – Justice and Judgement, S. 18f.
77. Im 2. Clemens-Brief »An die Jungfrauen« finden wir Verhaltensregeln für christlich-asketische Männer(-gemeinschaften). »Mit Jungfrauen wohnen wir nicht und haben nichts mit ihnen gemein; mit Jungfrauen essen und trinken wir nicht, und wo eine Jungfrau schläft, dort schlafen wir nicht. Auch waschen uns Weiber nicht die Füsse, noch salben sie uns, auch schlafen wir durchaus dort nicht, wo eine noch ehelose oder gottgeweihte Jungfrau schläft, ja wir bleiben dort nicht einmal über Nacht, wenn eine solche an einem (wenn gleich) anderen Ort allein ist.« Aus: V. Thalhofer (Hg.), Bibliothek der Kirchenväter, Die Briefe der Päpste, Bd. 1, S. 79-80.
78. Stevan L. Davies, The Revolt of the Widows.
79. Zu einem vergleichbaren Ergebnis bezüglich des Mt-Ev. kommt Elaine Mary Wainwright, Towards a Feminist Critical Reading of the Gospel According to Matthew.

d) Die Gebärende steht einen ungleichen Zweikampf durch: Sie wird vom mehrköpfigen, gekrönten Drachen als Hochschwangere gefoltert. Diese Folter erinnert an die Bergarbeiterfrau Domitila, die zur verfrühten, ungewollten Geburt gequält wird.

Folterqualen führen uns wieder zu Märtyrerinnen. Schwangere und stillende Frauen sind uns in den beiden Märtyrerinnen Felicitas und Perpetua schon begegnet (s.o. S. 231). Wir kennen eine weitere Märtyrerin, die schwanger vor der römischen Behörde stehen muß: Eutychia. Sie gehörte zu einer Frauengemeinschaft, denn sie verließ zusammen mit fünf Frauen und einem Jüngling ihre Heimatstadt, ihre Familie und ihr Eigentum.[80] Die beiden älteren Frauen Agape und Chione werden als Erste zum Feuertod verurteilt. Eutychia gehört zu den jüngeren Frauen der Gruppe. Sie lebten seit einiger Zeit draußen, auf den Bergen. Gott, der alle ernährt, ernährte auch sie (5,25f.). Ihre Familien und ihre Väter wußten jedenfalls nichts von ihnen. Immer wieder wird den Frauen Verrücktheit (ἀπόνοια) vorgeworfen. Ihr Verhalten ist dem verhörenden Präfekten absolut uneinsichtig. Als er die junge Eutychia vor sich hat, sieht er, daß sie schwanger ist. Als erstes fragt er sie nach ihrem Ehemann. Er erhält eine negative Antwort: Eutychia ist Witwe. Ihr Mann sei verstorben. Schwanger wurde sie von dem Mann, »den Gott ihr gegeben hat« (3,6). Diese doppeldeutige Antwort versteht der Präfekt nicht: Wie kann eine Frau schwanger sein von ihrem verstorbenen Mann? Doch Eutychias Sicherheit ist grenzenlos: Niemand kann den Willen des allmächtigen Gottes kennen.

In unserem Zusammenhang sind einige Erzählzüge bemerkenswert. Wir sehen eine Gemeinschaft von Frauen, die emanzipiert von Ehemännern und Vätern zusammen leben. Offensichtlich haben wir hier eine Gemeinde von Witwen und Jungfrauen vor uns.[81] Aus Liebe zu Gott und in Erwartung der himmlischen Dinge zogen sie aus (1,2), um im Himmel zu leben (1,3). Wir könnten also sagen: Sie gaben ihre Position der Kollaboration mit dem Drachen auf und flohen in die Wüste, wo sie ernährt wurden.

Was besonders bedenkenswert ist, ist die Tatsache der Schwangerschaft der jungen Eutychia. Lebte diese Gemeinschaft der Frauen nur bedingt asketisch? Oder war Eutychia schwanger geworden, bevor sie sich den Frauen angeschlossen hatte? Aber ihre Antwort auf die Frage nach der Vaterschaft zeigt, daß sie ihre Schwangerschaft als von Gott gewollt versteht und nicht von einem früheren Ehemann aufgezwungen. Jedenfalls bezieht sich Eutychia nicht mehr auf eine konventionelle Ehe, die nach patriarchalen Regeln zu kontrollieren wäre. Nach dem Willen Gottes wurde sie schwanger durch irgendeinen Mann. Das heißt, die Klassifizierung nach patriarchalen Kategorien interessiert sie nicht mehr. Daher können wir nur spekulieren, ob dieser Mann ihr ehemaliger Gatte gewesen war oder

---

80. Martyrium der Hl. Agape, Irene und Chione, in: H. Musurillo (ed.), The Acts of Christian Martyrs, S. 280-293.
81. Dafür spricht auch, daß sie sich als dem allmächtigen Gott verlobt verstehen (5,3). Zur Aufgabe der Witwen gehört es, unablässig zu beten. Diese Haltung erkennen wir auch in 5,7 wieder.

ein vorbeiziehender Apostel oder ein christlicher Bruder. Unsere Spekulationen sind nicht im Geiste der Eutychia, sondern zeigen unsere Verhaftung in den traditionellen Denkmustern. Für Eutychia wie für ihre Gefährtin Irene ist »irdische«, d.h. biologische wie soziale Vaterschaft unwichtig geworden. Dies ist auch ersichtlich aus der Haltung gegenüber dem eigenen Vater, der nichts von ihrem Aufenthaltsort noch von ihrem Christsein zu wissen schien (5,6). Gott liebt und ernährt alle, darum wird er allein Vater genannt.[82]

Wir haben also eine Gemeinschaft von Witwen und Jungfrauen vor uns, die das Leben auf den Bergen einem Dasein in den geordneten Verhältnissen der Stadt Thessalonica vorzogen. Sie mögen enthaltsam gelebt haben. Doch ist hier noch keine rigide asketische Moral feststellbar, die auf eine Leib- und Sexualitätsfeindlichkeit schließen ließe. Der Auszug aus den unterdrückenden Verhältnissen der römischen Gesellschaft steht im Vordergrund.

Über die Hinrichtung der Eutychia erfahren wir nichts. Wegen ihrer Schwangerschaft wurde sie wahrscheinlich noch bis zur Geburt gefangen gehalten, wie wir es auch von Felicitas wissen. Das Schweigen über ihren Tod wie über denjenigen ihrer jungen FreundInnen könnte vielleicht auch bedeuten, daß sie irgendwie dem Verbrennungstod entronnen sind.

e) Die Frau gehört in eine Reihe von Visionen, in deren Mitte Engel die Botschafter sind (Apk 5,2; 7,2; 10,3; 18,2; 19,17). Die Engel dieser Visionen haben z.T. ähnliche Züge wie unsere Frau:

»Und ich sah einen anderen starken Engel aus dem Himmel herabkommen, angetan mit einer Wolke, und der Regenbogen auf seinem Haupt und sein Angesicht wie die Sonne und seine Füße wie Feuersäulen.« 10,1

»Und ich sah einen anderen Engel aus dem Himmel herabkommen, der große Gewalt hatte, und die Erde wurde erleuchtet von seinem Lichtglanz.« 18,1

Die genannten Visionen werden durch das Verb κράζειν (schreien) verbunden. Auch unsere Botschafterin schreit. Κράζειν enthält viele Bedeutungsnuancen im Bereich »schreien, anrufen«[83] Hier erfährt es eine präzise Deutung durch die Verbindung mit den Engel-Visionen. Κράζειν erscheint dann als Offenbarungswort,

---

82. Auch die Märtyrerin Agathonice beruft sich auf Gott, der für ihre Kinder sorgt. Ihre biologische und soziale Mutterschaft ist für sie kein Argument, sich von ihrem eingeschlagenen Weg abbringen zu lassen: »Meine Kinder haben Gott, der für sie sorgt. Aber ich werde Euren Gesetzen nicht gehorchen, noch werde ich den Dämonen opfern.« (Martyrium des Carpus, Papylus und der Agathonice, 6,3. Aus: Acts of the Christian Martyrs, a.a.O., 22-37, S. 35)

83. Vgl. Artikel κράζειν (W. Grundmann, in: ThWNT, Bd. III, S. 900f.). Ich möchte im Gegensatz zum Verfasser des Artikels die Kontinuität mit dem jüdischen Denken, d. h. dem alttestamentlichen Begriff, stärker betonen. Der Verfasser argumentiert zudem antijudaistisch, wenn er die »lebenschaffende Wirklichkeit« des christlichen Gebets gegen das »Inspirationsdogma des Spätjudentums« (S. 904) ausspielt.

das Gebet und Enthüllung zugleich ist. Durch das Schreien wird die Not und die Parteilichkeit Gottes für die Notleidenden enthüllt. Gott läßt sich durch das geschriene Gebet herausrufen, provozieren: die offenbarte Not bleibt nicht ungehört, d.h. die Not wird abgewendet. So ist κράζειν notwendiges, notwendendes Schreien. Κράζειν offenbart den Wendepunkt, die absolute Krise, wo es nur mit Gottes Hilfe weitergehen kann.

Die Hilfe Gottes kann allerdings ausbleiben: Dem gottesfernen Volk hilft Gott nicht (z.B. Mi 3,4; Sach 7, 13; Jer 11,11), der Fall Babels ist unabwendbar (Apk 18,18.19). In unserer Visionsreihe der Engel zeigt sich allerdings stets die Nähe Gottes an. Interessant ist, daß die anderen Visionen der Reihe zu κράζειν zusätzlich die starke, laute Stimme betonen. Es wird auch gesagt, was die Engel geschrien haben. Nur bei unserer Engelsfrau fehlt die verbale Umsetzung ihrer Botschaft. Die Frau redet nicht, sie gebiert. Da sie die einzige Frau in der Visionsreihe der Engel ist, fällt ihr verbales Schweigen auf. Sie hätte auch beim Gebären noch ein paar Worte rufen können. Doch schien dies nicht im Interesse des Verfassers zu sein.

Der Geburtsschrei vieler Frauen – der hier mit κράζειν ausgedrückt ist – beschließt das Ende der Geburtsarbeit. Auch er trägt den Doppelcharakter, den wir für das geschriene Gebet benannt haben: Unter der großen Anstrengung geschieht er oft unwillkürlich, notwendig. Und: Er verschafft Erleichterung, umso mehr als die Preßwehen das Kind dann austreiben und die Frau entbunden, erlöst ist.[84]

Daß in der Visionsreihe der großen Engel eine Frau dabei ist, muß seinen Grund darin haben, daß ihre Botschaft mit dem Gebären verknüpft ist, resp. im Gebären zum Ausdruck kommt. Ein Botschafter könnte daher ihre Botschaft nicht übermitteln.

f) Wenden wir uns der ungeheuren Arbeit der Frau zu: Sie gebiert im Angesicht des Drachen ein Kind. Wenn wir diese Szene im Traum erleben würden, würden wir wohl schweißgebadet aufwachen. Eine schrecklichere Vorstellung als vis-à-vis eines verschlingenden, belauernden Monsters gebären zu müssen, gibt es wohl gar nicht! (Vgl. dazu das Angsttrauma der gefolterten Domitila, S. 233) Doch unsere Frau hält dem Drachen stand und gebiert ihren Sohn. Sie bleibt am Leben und kann fliehen. Zwei Seiten derselben Medaille: Die lebenspendende Kraft steht den Zweikampf mit der lebenverschlingenden Macht durch, ihr »Produkt« ist dem Zugriff des Drachen entrissen, die Frau steht den Ablösungskampf aus der römisch-patriarchalen Welt durch, sie flieht als christliche Märtyrerin/Witwe[85] in die Wüste, wo

84. In Röm 8,22.23 kommt συστενάζειν in große Nähe zu κράζειν, da es auch die Geburtsarbeit beschließt. Vgl. auch Röm 8,15: Die neugeborenen Kinder Gottes schreien (κράζειν) zu Gott und provozieren so seine Nähe, seinen erlösenden Beistand.

85. Zur motivierenden Perspektive des Martyriums für Frauen siehe: Mary R. Lefkowitz, The Motivations for Saint Perpetua's Martyrdom, S. 417-21 und Frederick C. Klawiter, The Role of Martyrdom and Persecution in Developing the Priestly Authority of Women in Early Christianity, S. 251-261.

der Drache keine Macht/Wirkung mehr auf sie haben kann. In der gebärenden Frau nur eine Leidende, passiv Er-leidende, zu sehen, trifft den Kern der Botschaft deshalb nicht. Sie ist die Aktive in unserem Bild, während der Drache wartet, lauert und reagiert (und das noch zu langsam, denn seine Beute entkommt). Die Gebärerin aber leistet ihre Arbeit, sie läßt sich nicht aufhalten, nicht zum Untergehen verurteilen, nicht von ihrer Aufgabe abhalten: Sie setzt neues, integres Leben in die Welt.[86] Als Christin – vielleicht als »zum Manne gewordene Frau« – sagt sie ihre Kollaboration mit der lebenverschlingenden römischen Machtpolitik ab und setzt ihre Hoffnung und ihr Vertrauen auf die Gemeinschaft der Heiligen. Diese christliche Gemeinschaft könnte vielleicht in dem Kranz von Sternen angedeutet sein, der sie umgibt.[87] Die Frau kann ihren Kampf mit dem Drachen also in geistiger Verbundenheit mit den Engeln der Heiligen austragen. Diese unterstützende Kraft findet sie auch in der sättigenden Solidarität der Wüstengemeinschaft.[88]

g) In Apk 12,1-6 können wir eine christliche Frau sehen, die einen schweren Kampf auszustehen hat und ihn tatsächlich durchsteht, »ihren Mann stellt«. Gebären ist dann Ausdruck für die widerständige Arbeit gegenüber der lebenverschlingenden Macht des Ungeheuers. Die Engelsfrau zeigt, wie solch lebenspendende Arbeit in geistiger Verbundenheit mit Christus (= umhüllt mit der Sonne) und den Heiligen zu tun ist. Sie zeigt auch, daß ihr Schreien ($\varkappa\varrho\acute{\alpha}\zeta\varepsilon\iota\nu$) von Gott erhört wird[89]. Ihre Arbeit wird nicht zunichte gemacht. Dieser Arbeit gehören die Verheißungen der erfüllten Zukunft:

»und sie gebar einen Sohn, ein Männliches, der alle Heiden weiden soll mit eisernem Stab.« Apk 12,5

Die lebenspendende Kraft wird sich durchsetzen. Es wird nicht mehr lange dauern, bis der Sohn die Macht übernehmen wird. Wenn Christus kommt, werden die ChristInnen an seiner Macht Anteil haben (Apk 2,26-27). Dann werden die Konsequenzen der Mittäterschaft für alle sichtbar werden (Apk 19,15).

86. Vielleicht ist die Geburt eines »männlichen Sohnes« im selben Sinne zu verstehen wie in AA die Anrede an Maximilla: »Ich bitte dich nun, den verständigen Mann, daß dein kluger Geist beharre.« (W. Schneemelcher, Neutestamentl. Apokryphen, Bd. 2, S. 120). Die Tugendhaftigkeit, die virtus, macht die Frau zum Mann, d. h. sie überwindet die Grenzen ihres biologischen und sozialisierten Menschseins als Frau. Sie wird Mensch, was in androzentrischer Perspektive heißt: Sie wird Mann. Hier könnte der »männliche Sohn« sowohl ein Hinweis auf die Tugendhaftigkeit seiner Mutter wie auch seiner eigenen Person sein. (Vgl. dazu: Kari Vogt: »Männlichwerden« – Aspekte einer urchristlichen Anthropologie.)
87. In Apk 1,20 werden Sterne erklärt als Engel der Gemeinden.
88. Ich meine hier Spuren von heilender Gemeinschaft zu finden, die auf eine Praxis des Miteinander in gerechten Beziehungen schließen lassen. Dies müßte aber weiter verfolgt werden.
89. Vgl. Ex 22,22+23: Gott hört das Schreien der bedrängten Witwen und Waisen.

Dies ist genuin apokalyptische Sprache. Die Ohnmächtigen, am Rand lebenden Menschen haben in der biblischen Tradition ihre Hoffnung immer wieder auf den gerechten Gott gesetzt: Er wird kommen und ihr Recht einfordern, er wird nicht zulassen, daß sie zuschanden kommen. Dies ist die Sprache der Psalmen (z.B. Ps 53, 58, 137), aber auch Hiobs, der Gott auf- und herausfordert, dem Elend ein Ende zu setzen und seine Macht auf Erden zu offenbaren, anzutreten (Hi 16,18-21; 19,25). Die sozialkritischen Propheten haben an der Gerechtigkeit Gottes stets festgehalten als kritisches Prinzip jeglicher Menschen-Herrschaft gegenüber. Die Auferstehungshoffnung kommt aus diesem Gerechtigkeitsdenken heraus: Es kann und darf nicht sein, daß die lebenverschlingende Macht, der Tod und seine Leute, das Unrecht besiegeln, das Menschen getan oder erfahren haben. Die Auferstehung aller Menschen zum Gericht ist eine Hoffnungsvision, beruhend auf der unerbittlichen Forderung nach Gerechtigkeit.

Diese Hoffnung finden wir auch in unserer apokalyptischen Vision. Wir sehen, wie diese Hoffnung handlungsmotivierende Kraft ist: Sie erleuchtet die Frau (umhüllt mit der Sonne, bekränzt mit Sternen), sie beflügelt sie (die Flügel des Adlers, Apk 12,14), sie ernährt sie (τρέφωσιν).

Diese Hoffnung wird von christlichen Gemeinschaften versucht, in eine lebbare Praxis umzusetzen. Diese Praxis macht Gott erfahrbar für verfolgte, beraubte Mütter, die am neuen Leben arbeiten, die der Macht des Drachen widerstehen, sich nicht fressen lassen und ihn nicht weiter mit Nahrung versorgen wollen. Sie beinhaltet Machtverzicht – wenn mit Macht verschlingende Macht gemeint ist, Macht über andere Menschen –, Privilegienverzicht, Widerstand im Alltag gegenüber menschenverschlingenden Machtansprüchen und Existenz in der Marginalität, am Rande der römischen Macht. Dort aber läßt die christliche Praxis die Nähe Gottes als Solidarität mit den Flüchtenden spürbar werden. Hier wird der selbst mitleidende Gott spürbar, der draußen vor der Stadt, auf dem Galgenhügel, gefoltert und getötet wurde, der sich aber von den Machtansprüchen der Herrschenden distanziert und mit den Armen und sozial Unterprivilegierten solidarisiert hat.

Konklusionen

1. Die herkömmliche Auslegung der Kommentare ist in androzentrischer Vorstellung von »Gebären« befangen. Dies haben meine Einzeluntersuchungen zu apokalyptisch geprägten Textstellen gezeigt. Es ist eine problematische Reduzierung, im Gebären nur das Hervorbringen/Produzieren und das Leiden zu sehen, also das Produkt, das durch Schmerzen gewonnen werden kann. Der wichtige Aspekt der Arbeit und der Befreiung (Ent-bindung) – sei es der Gebärarbeit der Frauen oder der Mitarbeit von Hebamme und HelferInnen – fehlt dabei völlig. Deshalb lohnt es sich, wenn Gebären in apokalyptischen Texten vorkommt, es ins Zentrum der Exegese zu stellen.

2. Wie eine ausgiebige Untersuchung des zeitgeschichtlichen Materials über Schwangerschaft und Geburt zeigt, war zur Entstehungszeit unserer Texte die Gefahr, bei Schwangerschaft, Geburt und Wochenbett zu sterben, sehr akut. Sehr viele Frauen sind unter der Gebärarbeit gestorben. So finden wir auch in den apokalyptischen Texten das Wissen um die Lebensgefahr der Gebärenden, um das große Risiko, neues Leben in die Welt zu setzen. Doch kommt der Wehen-Schmerz thematisch nicht vor. Vielmehr steht das Schreien aus großer Not, was mit Wehen-Schmerz nicht gleichzusetzen ist (κράζειν, συστενάζειν) im Zentrum. Damit wird aber nicht eine Leidensmystik entwickelt, sondern der Gott der Exodustradition und der Psalmen kommt auf den Plan, der das Schreien seines Volkes erhört und die Not wenden wird. So ist das apokalyptische Schreien aus Not nicht um seiner selbst willen gesetzt, sondern um Hoffnung auf göttliche Erhörung, auf notwendende Gerechtigkeit zu wecken.

3. Wir haben gesehen, wie genau Gebärarbeit theologisch reflektiert sein kann: In vielen apokalyptischen Texten ist vom Beben der Erde die Rede. Das Beben gehört zu bestimmten Geburtsphänomenen. Wenn es am Ende der Eröffnungsphase eintritt und die Gebärende kaum noch ihre Beine halten kann, zeigt das Beben die Nähe der Entbindung an, das ersehnte Ende. Bei der Vorstellung der gebärenden Erde ist dieses Beben das Zeichen für die Nähe Gottes: Gottes Hilfe kommt der Gebärenden in ihrer Not zu gute, d.h. die Geburt wird glücken. Wenn das Beben aber fehlt, kann das bedeuten, daß es nicht zur Geburt der neuen Welt kommen kann. Auch die Erfahrung zahlreicher Frauen von Aborten finden wir in der Vorstellung der sterilen Erde, die geburtsähnliche Phänomene erleidet, an deren Ende aber keine neue Erde zum Vorschein kommt. Den Zusammenhang von Land/Erde und Frauen habe ich nicht frauenfeindlich gefunden. Im Gegenteil: Die vielfach unterdrückten und tabuisierten Erfahrungen von Sterilität und mißlingenden Geburten werden so erinnert und weitergegeben. Auch die Erfahrungen der arbeitenden Landbevölkerung von Mißernte und Hungersnot kommen so zur Sprache. In dieser Vorstellung, wie sie in apokalyptischen Texten vorkommt, kommt keine Herrschaftsideologie zu Tage, sondern die Erfahrungen armer Frauen und Männer und Kinder.

4. Eine androzentrische Perspektive auf das Gebären verhindert das Wahrneh-
men der Geburt als Prozeß, an dessen Ende Verwandlung, Neuschöpfung steht.
Somit bleibt ein wichtiger Zugang zur apokalyptischen Eschatologie verschlos-
sen. Das Gebären kann dann nicht gesehen werden als Ringen um Hoffnung
und Leben, als Kämpfen um die Vision eines neuen Himmels und einer neuen
Erde, auf der Gerechtigkeit wohnen kann. So wie die Gebärende aber mit ihren
Wehen ringt, mit ihrem Kindchen, mit ihren Kräften, so ringt Esra mit der
Ferne Gottes und seinen Verheißungen. Er macht dabei einen schmerzhaften
Erkenntnisprozeß durch: Er selbst muß zum Hirten für sein Volk werden, er
kann sich nicht länger hinter einem allmächtigen Gott verstecken. In diesem
Sinn kann apokalyptische Literatur auch Aufklärungs- und Emanzipationslite-
ratur sein. Auch Paulus erzählt von seiner Arbeit am Reich Gottes. Auch er
versteht seine Arbeit als Kooperation an der neuen Schöpfung, wenn er von
der Erneuerung der Erde spricht (Röm 8,22). Wie die Untersuchungen von
φθορά und ματαιότης gezeigt haben, sind dies im jüdischen Denken Begriffe, die nicht metaphysische oder physische Vergänglichkeit meinen, sondern
»Unheil, Verderben« im sozialen Sinn bezeichnen. Die Erneuerung der Erde
wird aber als diesseitige Erlösung vorgestellt, als Umwandlung der menschlichen Beziehungen und Gesellschaftsstrukturen, so daß weder φθορά noch
ματαιότης den Kontext des sozialen Handelns vergiften können. Paulus steht
mit diesen Gedanken in ungebrochener Kontinuität mit der jüdischen Vorstellung, daß Auferstehung auf einer neuen Erde zu denken ist. Neue Menschen in
alten ungerechten Verhältnissen – das wäre eine unglückliche Vorstellung. Doch
nirgendwo in den fünf von mir untersuchten Textstellen ist eine Zwei-Welten-
Theorie auffindbar gewesen, deren eine Welt unsere irdische, deren zweite aber
eine spirituelle, metaphysische sein soll. Diese dualistische Zwei-Welten-Theo-
rie ist eine theologische Konstruktion späterer Zeit. Was in apokalyptischen
Texten zu finden ist: zwei Welten, die sich hinsichtlich der Gegenwart Gottes
der Wirksamkeit und Spürbarkeit seiner Macht und Gerechtigkeit unterscheiden lassen. In der einen Welt herrscht gottlose Gewalt – in der anderen wohnt
die Gerechtigkeit Gottes. Gerade das Gebären und die damit erinnerten Erfahrungen der Gebärenden verhindern eine solchermaßen dualistische Aufteilung
in irdisch und überirdisch. Die »mother-imagery« des 4. Esrabuches läßt nicht
ans Überwinden der Mutter denken, an ein Verlassen derjenigen, die uns hervorgebracht hat (Erde/Mutter). Die Erneuerung der Erde ist eine organische
Verwandlung, die durch Anstrengung und Zusammenarbeit geschieht, als Kooperation zwischen Menschen und Gott – die Gerechtigkeit fällt uns nicht in
den Schoß. Vielleicht sind da die Erfahrungen der Theologen als Väter irrefüh-
rend: Da sie von der Gebärarbeit ausgeschlossen sind, wird ihnen die Kunde
vom neuen Leben bloß überbracht. Das Kind ist da, ohne daß sie von der Anstrengung und der menschlich-göttlichen Kooperation Kenntnis zu nehmen
brauchen. Es bleibt ihnen verborgen, wie das neue Leben Wirklichkeit wird.
Gerade ihnen muß gesagt werden: »Frage die Gebärerin!«

5. So eröffnet die Untersuchung des Gebärens letztlich auch einen anderen Zugang zur apokalyptischen Eschatologie. Das negative Apokalyptik-Verständnis in der herkömmlichen Auslegung, das Hand in Hand zu gehen scheint mit antijudaistischen Vorstellungen, habe ich in zahlreichen Kommentaren zu den untersuchten Stellen wiedergefunden. Die Kritik von BefreiungstheologInnen an der klassischen Eschatologie, daß sie eine befreiende Praxis eher lähmt als fördert, trifft bezüglich der apokalyptischen Eschatologie-Auslegung sehr zu. Mk 13,28f. muß als Deutung der gegenwärtigen Not verstanden werden, als Analyse der Situation und als Antwort auf die Frage: Wieviel können wir angesichts unseres Elends überhaupt noch erhoffen? Was erwartet uns noch? Markus läßt Jesus mit dem grünenden Feigenbaum ein Bild zarter Hoffnung skizzieren, das die Notlage nicht übertünchen will, und dennoch Kraftquellen zu weiterführendem Handeln eröffnet. Damit läßt er Raum zur Veränderung entstehen. Er zeigt, daß mit dem Ende der Gewaltsgeschichte nicht auch das Ende der Welt oder das Ende mit der Geschichte Gottes angebrochen sein muß. So ist ein Perspektivenwechsel in der Beurteilung apokalyptischer Eschatologie dringend nötig: Die Rede vom Weltende will nicht Angst und Panik machen, sondern ist als Situationsanalyse zu verstehen, als Ausziehen der Konsequenzen, wenn es so weitergeht wie bisher.

Zweitens wird das Reden vom Ende der Gewalttätigkeiten die unterdrückten, betroffenen Menschen nicht erschrecken, sondern erlösen. Erst mit dem Gedanken vom Abbruch der Ungerechtigkeiten entsteht Raum zur verändernden Praxis. Wenn es immer so weitergeht – die sog. Dritte Welt ausgeblutet, die Natur vergiftet und die kleinen Leute für dumm verkauft werden – wird fatalistische Ergebenheit, Resignation und politische Apathie gefördert, aber kein befreiendes Engagement zur Ehre Gottes. Meine These, daß apokalyptische Eschatologie Handlungsperspektiven eröffnen will, habe ich bestätigt gefunden. In 1Kor 15,19ff. wird vom Ringen um die Vision der Gerechtigkeit Gottes erzählt. Das Bild von der Endschlacht ist äußerst dynamisch und verlangt Aktivität von allen, die auf der Seite Christi stehen.

Das Ziel des Kampfes kann jedoch nicht die Herstellung der patriarchalen Ordnung sein – auch nicht eines christlichen Liebespatriarchalismus. Vielmehr geht es um die eschatologische Umkehrung, die ihre Kraft und Autorität nicht aus dem Patriarchat, sondern aus der Nähe Gottes bezieht. So erachte ich die Kirche der Frauen als geeignetes Modell, sich die soziale Ordnung im frühchristlichen Korinth vorzustellen. Inwiefern Paulus die vorgefundene Ordnung in der korinthischen Gemeinde modifizieren will, ob er hinsichtlich der Frauen restriktive Vorstellungen mit dem Bild der Endschlacht äußert (s. meine Kritik an der militärischen Sprache), liegt hier außerhalb meiner Fragestellung. Wichtig ist mir, daß Apokalyptik nicht als Ordnungshüterin heraufbeschworen werden kann, als Korrektur zu extremen Glaubensauffassungen. Vielmehr liegt es im Interesse apokalyptischer Eschatologie, die ungerechten Ordnungsverhältnisse aufzudecken und hinter sich zu lassen.

Das wird auch sehr deutlich in Apk 12,1-6. Die alte (Ehe)Ordnung, in welcher

Frauen der Gebärideologie des römischen Patriarchats zum Opfer fallen, soll zugunsten einer neuen asketischen Gemeinschaft aufgegeben werden. Das Ringen der Gebärenden mit dem sie bedrohenden Drachen kommt einem Befreiungskampf gleich. Schließlich gelingt es ihr, in die Wüste zu ziehen, wo sie Anteil an einer Bewegung findet, die sie stärkt und ernährt. Wir verstehen diesen Prozeß besser, wenn wir apokryphe ApostelInnengeschichten und MärtyrerInnenakten herbeiziehen. Viele Frauen haben in den frühchristlichen Aufbruchsbewegungen einen Ort gefunden, wo sie die patriarchalen Grenzen ihres Frauseins überwinden konnten. D. h. ihr Körper wurde durch die Befreiung aus patriarchaler Ehe aufgewertet, sie erhielten Bewegungsfreiheit und die Möglichkeit, ihre verschiedenen Fähigkeiten und Kräfte im Dienste der Gemeinschaft einzusetzen. Zudem glaube ich auch gezeigt zu haben, wie das mythische Material in Apk 12,1-6 so gelesen werden kann, daß aus ihm Erfahrungen sprechen und nicht bloß fremde, unverständliche Geschichten.

6. Ich habe nur einen sehr kleinen Ausschnitt apokalyptischer Literatur bearbeitet. Viele apokalyptische Texte warten noch auf feministisch-befreiungstheologische Untersuchungen, auf Befreiung aus negativem Vorverständnis und androzentrischer Einengung. Solche Textuntersuchungen ziehen die Notwendigkeit der Erschließung anderer Materialquellen nach sich. Wer andere Bilder in apokalyptischen Texten als das Phänomen des Gebärens untersuchen will, wird auch andere sozialgeschichtliche Forschungen anstellen müssen. Ich habe, von den apokalyptischen Texten geführt, im Verlauf der Arbeit mich nicht nur grundsätzlich mit dem Apokalyptikverständnis der Forschung auseinandergesetzt (Bultmann/Käsemann) und zeitgenössisches Material zum Bereich Gebären gesichtet, sondern auch über das Problem soziologischer Modell-Vorstellungen (Liebespatriarchat/Frauenkirche) nachgedacht, bin mit dem 4. Makkabäerbuch zur jüdischen MärtyrerInnentradition vorgestoßen, und habe mit Freuden einige apokryphe ApostelInnen- und MärtyrerInnenakten kennengelernt. So denke ich, daß sich bei weiteren Forschungen apokalyptischer Textstellen zahlreiche, für feministische Theologie interessante Bereiche und Fragestellungen erschließen lassen. Vor allem könnte sich dabei die Berührungsangst der feministischen Theologie vor eschatologischen Fragestellungen auflösen. Eschatologie beginnt nicht erst da, wo über Auferstehung der Toten, jüngstes Gericht, Verdammnis und Jenseits geredet wird, sondern da, wo an der Gerechtigkeit Gottes auch zu gottfernen Zeiten festgehalten wird. Das Ersehnen der Nähe Gottes, der verwandelten Erde und ihrer BewohnerInnen ist inhaltlich zwar vertrautes Feld feministischer Theologinnen, jedoch wird es nicht eschatologisch eingebunden. Daß apokalyptische Eschatologie aber zum Handeln motiviert, indem sie Hoffnung möglich macht, kann für feministische Befreiungstheologie von Bedeutung sein.

Bibliographie

Bemerkungen zu den Abbildungen:
Die verwendeten Abbildungen stammen zeitlich und kulturell aus ganz unterschiedlichen Epochen, resp. Bereichen. Da sie nicht zum Beweisen meiner Thesen herangezogen werden, sollte dies keine Probleme bereiten. Sie sind aber dennoch nicht nur illustrativ-ästhetisch gemeint. Sie zeigen in ihrer Eindringlichkeit Szenen und Details, die ich im Text behandle, und lassen diese uns näherkommen. Sie helfen, Gebären als Frauenarbeit und Befreiungsarbeit deutlich zu machen – etwas, was in den vielen christlichen Jahrhunderten kaum mehr anzutreffen ist.

Vorbemerkung:
Die verwendeten Abkürzungen richten sich nach: Theologische Realenzyklopädie. Abkürzungsverzeichnis, zusammengestellt von Siegfried Schwertner, Berlin/New York 1976.

Antike Quellentexte:
Alciphron: The Letters of Alciphron, Aelian and Philostratus, trans. by A. R. Benner and F. H. Fobes, The Loeb classical library, London 1949
Aretaeus: »On the Causes and Symptoms of Acute Disease«, Übers. F.Adams, in: M. R. Lefkowitz and M. B. Fant, Women's life in Greece and Rome, London 1982
Aristoteles: Politik, übers. und hrsg. von Eugen Rolfes, Hamburg 1981
Augustinus, A.: Der Gottesstaat, übers. A. Schroeder, Bibliothek der Kirchenväter, Des heiligen Aurelius Augustinus ausgewählte Schriften, Bd. III, München 1916
ders.: De nuptiis et concupiscentia. Ad Valerium comitem libri duo, in: Sancti Aurelii Augustini Opera omnia (Hg. J.-P. Migne; = Patrologiae latinae tomus 44), 412-474, Turnholti, o. J.
Beckby, H. (Hg.): Anthologia Graeca, Bd. 1-4, München 1957
Box, G.H.: The Ezra-Apocalypse, London 1912
Brandenburger, E.: Himmelfahrt des Moses, in: Jüdische Schriften aus hellenistisch-römischer Zeit, Bd. V/2, Gütersloh 1976
Callimachus – Lycophron – Aratus: übers. von G. R. Mair, London 1960 (The Loeb Classical Library)
Celsus, C.: »On Medecine«, Übers. W. G. Spencer, in: M. R. Lefkowitz and M. B. Fant, Women's life in Greece and Rome, London 1982
Corpus Juris civilis: W. Schilling und C. F. F. Sintenis (Hg.), Bd. 6, Leipzig 1832
Charlesworth, J. H. (ed.): The Old Testament Pseudepigrapha, vol. 1 u. 2, London 1983
Die Heilige Schrift des alten und des neuen Testamentes, Verlag der Zürcher Bibel, Zürich 1973
Dio Chrysostomos, Discourses 37,8 u. 37,36, in: J. Murphy-O'Connor, St. Paul's Corinth. Text and Archeology (Good News Studies, vol. 6) 1983
Dupont-Sommer, A.: Le quatrième Livre des Maccabées, Paris 1939
Eusebius Pamphilius, Kirchengeschichte V 1, übersetzt von Ph. Häuser, München 1932 (Bibliothek der Kirchenväter, zweite Reihe Bd. II), 207-208
Galenus Medicus: *Peri psychäs pathon ktl.*, J. Marquardt (Hg.), Galeni Scripta Minora, Leipzig 1884
Galen: On the Natural Faculties, trans. by A. J. Brock, London 1952

Gellius, A.: »Die Attischen Nächte«, in: R. Rilinger (Hg.), Lust an der Geschichte: Leben im Alten Rom, München/Zürich 1989

Gunkel, H.: »Das vierte Buch Esra«, in: Emil Kautzsch (Hg.), Die Apokryphen und Pseudepigraphen des Alten Testaments, Bd. 2, Tübingen 1900, 331-401

Hippokrates: Die Werke des Hippokrates, Hg. R. Kapferer, Stuttgart 1939

Homer: Ilias, Übers. H. Rupé, Tempel-Verlag Berlin (o. J.)

Juvenalis: Juvenal and Persius, Hg. G. G. Ramsay, Cambridge/London 1961 (The Loeb Classical Library)

Kautzsch, E.: Das 4. Makkabäerbuch, in: ders.: Die Apokryphen und Pseudepigraphen des Alten Testaments, Tübingen 1900, Bd. 2, 149-177

Kirchner, J.(ed.): Inscriptiones Graecae, 1916

Lactantius, L. C. F.: De opificio dei, liber 17 (Opera omnia, ed. S. Brandt, = Corpus scriptorum ecclesiasticorum latinorum vol. XXVII, Prag u.a. 1893)

Lefkowitz, M. R. and M. B. Fant.: Women's life in Greece and Rome, London 1982, S. 225

Lohse, E.(Hg.): Die Texte aus Qumran, München 1964

Lukan: Der Bürgerkrieg, Übers. G. Luck, Darmstadt 1985

Musurillo, H.(Hg.): The Acts of Christian Martyrs, Oxford 1972

Nestlé, E. und K. Aland: Novum Testamentum Graece, Stuttgart 1979, 26. Aufl.

Ovidius Naso, P.: Die Fasten, Hg. Franz Bömer, Heidelberg 1957, Bd. 1

Page, T. E. et al. (ed.): Juvenal and Persius, The Loeb Classical Library, London 1961

Peek, W.: Griechische Grabgedichte, Berlin 1960 (Schriften und Quellen der Alten Welt, Bd.7)

Perpetua: Akten der hl. Perpetua und Felicitas, übers. von J.Leitl, in: Bibliothek der Kirchenväter, Frühchristliche Apologeten und Märtyerakten, Bd.2, München 1913

Platon: Werke in acht Bänden, Hg. Gunther Eigler, Darmstadt 1970-81

Plautus: Truculentus, Hg. P. J. Enk, Lugduni Batavorum 1953

Plinius der Ältere: Naturkunde (Historia naturalis), B. VII, lat. – dt., München 1975, übers. R. König und G. Winkler.

Pliny the Elder: Natural History, Übers. H. Rackham, in: M. R. Lefkowitz and M. B. Fant, Women's Life in Greece and Rome, London 1982

Plutarch: Plutarch's Moralia, Übers. F. C. Babbitt, Quaestiones Romanae, vol. IV, London 1936

ders.: De Iside et Osiride, Hg. J. G. Griffiths, University of Wales 1970

Rahls, A.: Das 4. Makkabäerbuch, in: Septuaginta, Stuttgart 1935, Bd. 1, 1157-1184

Rilinger, Rolf (Hg.): Lust an der Geschichte: Leben im Alten Rom, München/Zürich 1989, S. 73

Schneemelcher, W.: Neutestamentliche Apokryphen, Bd. 2, Tübingen 1989

Schrage, W.: Die Elia-Apokalypse, in: Jüdische Schriften aus hellenistisch-römischer Zeit, Bd. V/3, Gütersloh 1980

Schreiner J.: Das 4.Buch Esra, in: Jüdische Schriften aus hellenistisch-römischer Zeit, Bd. V/4, Gütersloh 1981

Seneca: An Lucilius. Briefe über Ethik, Übers. M. Rosenbach, Darmstadt 1980

Soranus von Ephesus: Περὶ γυναικείων, Übers. H. Lüneburg, München 1894

ders.: Sorani Gynaeciorum vetus translatio Latina edita cum additus Graeci textus reliquiis a Valentino Rose (Hg.), Leipzig 1882

Suetonis Tranquillus, G.: Leben der Caesaren, Übers. A. Lambert, Reinbek 1960

Tacitus, P.C.: Annales, Hg. E. Heller, Darmstadt 1982

Terentius, P.: »Andria«, Übers. C. Bardt, Römische Komödien, Berlin 1909, Bd. 3

Tertullian: Apologeticum – Verteidigung des Christentums, lat.-dt., Hg. von Carl Becker, München 1952

Thalhofer, V.(Hg.): 2.Clemens-Brief, An die Jungfrauen. In: Bibliothek der Kirchenväter, Die Briefe der Päpste, Bd. 1, Kempten 1875

Uhlig, S.: Das äthiopische Henochbuch, in: Jüdische Schriften aus hellenistisch-römischer Zeit, Bd.V/6, Gütersloh 1984

Volkmar, G.: Das vierte Buch Esra, in: Handbuch der Einleitung in die Apokryphen, 2.Abt., Tübingen1863

Weitere Literatur:

Alves, R.: »Christian Realism: Ideology of the Establishment«, in: Christianity an Crisis, 1973/17 (zitiert nach A. Boesak)

Althaus, H. (Hg.): Apokalyptik und Eschatologie, Freiburg i. Br. 1987

Anders, G.: Die Antiquiertheit des Menschen, Bd. 1, München 1956

Apophoreta, Festschrift für E. Hänchen, Beihefte zur Neutestamentlichen Wissenschaft 30, Berlin 1964

Atwood, M.: »Giving Birth«, in: dies.: Dancing Girls and Other Stories, New York 1978, S. 225

Balsdon, D.: Die Frau in der römischen Antike, München 1979

Balz, H.: »Μάταιος«, in: EWNT, Bd. 2, Spalte 975ff., Stuttgart/Berlin/Köln/ Mainz 1981

Bangerter, O.: Frauen im Aufbruch. Die Geschichte einer Frauenbewegungen in der Alten Kirche, Neukirchen-Vluyn 1971

Bartchy, S.: ΜΑΛΛΟΝ ΧΡΗΖΑΙ – First-Century Slavery and the Interpretation of 1 Cor 7,21, Missoula 1973

Bauernfeind, O.: »Μάταιος«, in: ThWBNT, Bd. 4, 525f.

Beasley-Murray, G.R.: A Commentary on Mark thirteen, London 1957

Behm, J.: Die Offenbarung des Johannes, Göttingen 1949 (Neues Testament Deutsch)

Betto, F.: Zeichen des Widerspruchs. Gespräche über Politik u.a., Fribourg / Brig, 1989

Bleicken, J.: Verfassungs- und Sozialgeschichte des Römischen Kaiserreiches, Paderborn 1978

Bloch, E.: Atheismus im Christentum, Frankfurt a.M. 1968

de Boor, W.: Der erste Brief des Paulus an die Korinther, Wuppertal 1968

Boesak, A.: Unschuld, die schuldig macht. Eine sozialethische Studie über Schwarze Theologie und Schwarze Macht, Diss. Hamburg 1977

Bonino, J. M.: Theologie im Kontext der Befreiung, Göttingen 1977

Bowman Thurston, B.: The Widows. A Women's Ministry in the Early Church, Minneapolis 1989

Breech, E.: These fragments I have shored against my ruins: the Form and Function of 4 Ezra, in: Journal of Biblical Literature, vol. 92/2, 1973, 267-274

Brock, S.P.: »Early Syrian Ascetism«, in: Numen 20 / 1973, 1-19

Bruce, F.: 1 and 2 Corinthians, New Century Bible Commentary, London 1980

ders.: The Epistle of Paul to the Romans, Leicester 1983

Brunner-Traut, E.: Gelebte Mythen, Darmstadt 1981

Budge, E. A. W.: The Gods of Egyptians, London 1904

Bultmann, R.: »Ist die Apokalyptik die Mutter der christlichen Theologie?«, in: Apophoreta, Festschrift für E. Haenchen, Beihefte zur Zeitschrift für die neutestamentliche Wissenschaft 30, Berlin 1964, 64-69

ders.: Neues Testament und Mythologie, Hg. E. Jüngel, München 1985 ders.: Geschichte und Eschatologie, Stuttgart 1957

ders.: Exegetica, Tübingen 1967

Buess, H.: »Hierophilos und die Geburtshilfe in alexandrinischer Zeit«, Gynäkologische Rundschau 5/1968

Berger, E.: Das Basler Arztrelief, Basel 1970

Burrus, V.: »Chastity as Autonomy: Women in the Stories of the Apocryphal Acts«, in: Semeia – an Experimental Journal for Biblical Criticism, 38 / 1986, 101-117

Castillo, F.: »Befreiende Praxis und theologische Reflexion«, in: ders.: Theologie aus der Praxis des Volkes, Neuere Studien zum lateinamerikanischen Christentum und zur Theologie der Befreiung, München-Mainz 1978, 13-60

Collins, John: »Towards the Morphology of a Genre«, in: Semeia 14, 1979

Conzelmann, H./A. Lindemann: Arbeitsbuch zum Neuen Testament, Tübingen 1979

Corbett, P. E.: The Roman Law of Marriage, Aalen 1979

Cranfield, C. E. B.: The Gospel according to Saint Mark, Cambridge 1974

ders.: The Epistle of the Romans, in: The International Critical Commentary, vol. 1, Edinburgh 1895/1975, 403-420

Curatulo, G. E.: Die Kunst der Juno Lucina in Rom, Berlin 1902

Davies, S. L.: The Revolt of the Widows – The Social World of the Apocryphal Acts, London and Amsterdam 1980

Diepgen, P.: Die Frauenheilkunde der Alten Welt (= Handbuch der Gynäkologie, Hg. W. Stoeckel, Bd. 12/1), München 1937

Dodd, Ch.: The Epistle of Paul to the Romans, London 1949

Dragon, G. (ed.): Vie et miracles de Sainte Thècle. Text grec, trad. et commentaire. Avec la collaboration de Marie Dupré la Tour (Subsidia hagiographica 62), Bruxelles 1978

Drews, A.: Das Markus-Evangelium, Jena 1921

dtv-Lexikon: Ein Konversationslexikon in 20 Bänden, München 1972, Bd. 10

Ebach, J.: »Apokalypse – Zum Ursprung einer Stimmung«, in: Einwürfe 2/1985, 5-61

Elliger, W.: Paulus in Griechenland – Philippi, Thessaloniki, Athen und Korinth, Stuttgart 1978

Ernst, J.: Das Evangelium nach Markus, Regensburger Neues Testament, Pustet 1980

Everling, O.: Die paulinische Angelologie und Dämonologie, Göttingen 1888

Fasbender, H.: Geschichte der Geburtshilfe, Hildesheim 1964

Fascher, E.: Der erste Brief des Paulus an die Korinther, 1.Teil, Berlin (2. Aufl.) 1980

Fee, G. D.: »The First Epistle to the Corinthians« in: The new International Commentary on the New Testament, Grand Rapids (Mich.) 1987, 744-753

Fredriksen, P.: »Hysteria and the gnostic mythos of creation«, in: Vigiliae Christianes 33, 1979, 287-90

Frisk, H.: Griechisches etymologisches Wörterbuch, Heidelberg 1954-1970

Fuchs, E.: Die Freiheit des Glaubenden, in: Beiträge zur Evangelischen Theologie Bd. 14, München 1949

Giesen, H.: »Kirche auf dem Weg durch die Zeit. Zu Offb. 12,1-18«, in: Theologie der Gegenwart, Bd. 25 / 1985, 172-182

Gnilka, J.: Das Evangelium nach Markus, 2.Bd., Zürich, Einsiedeln, Köln 1979

Gössmann, E. Moltmann-Wendel, H. Pissarek-Hudelist, I. Praetorius, L. Schottroff, H. Schüngel-Straumann (Hg.), Wörterbuch der Feministischen Theologie, Gütersloh 1991

Greinacher, N.: »Welches sind die zentralen Streitpunkte?«, in: ders.(Hg.): Konflikt um die Theologie der Befreiung, 300-312

Greinacher, N.: Konflikt um die Theologie der Befreiung, Zürich / Einsiedeln / Köln 1985

Grimal, P.: Dictionnaire de la Mythologie Grecque et Romaine, Paris (10.Aufl.) 1990

Grimm, C.L.W.: Kurzgefaßtes exegetisches Handbuch zu den Apokryphen des Alten Testaments, Leipzig 1857

Grundmann, W.: Das Evangelium nach Markus, Berlin 1977

ders.: »κράζω«, ThWBNT, Bd. III, S. 900f., 1990

Gryson, R.: Le ministère des femmes dans l'Eglise ancienne, Gembloux 1972

Gunkel, H.: »Das vierte Buch Esra«, in: Emil Kautzsch (Hg.), Die Apokryphen und Pseudepigraphen des Alten Testaments, Bd. 2, Tübingen 1900, 331-401

ders.: Schöpfung und Chaos, Göttingen 1921

Guthrie, D. und A. J. Motyer (Hg.): Brockhaus Kommentar zur Bibel, 4, Mt – Offb, Wuppertal 1980

Harder, G.: »φθείρω«, ThWBNT, Bd. IX, S. 100ff., 1990

Harnisch, W.: Verhängnis und Verheißung der Geschichte. Untersuchungen zum Zeit- und Geschichtsverständnis im 4.Buch Esra und in der syr. Baruchapokalypse, Göttingen 1969

ders.: »Die Ironie der Offenbarung: Exegetische Erwägungen zur Zionsvision im 4.Buch Esra«, in: Society of Biblical Literature, Seminar Papers 1981, 79-104

Harrison, B. W.: Die neue Ethik der Frauen, Stuttgart 1991

Hatch, E./ Redpath, H.A.: A Concordance to the Septuagint, vol.2, Oxford 1897

Herzog, R.: Die Wunderheilungen von Epidaurus, in: Philologus, Suppl. XXII.3, Leipzig 1931, 1-164

Heyward, C.: Und sie rührte sein Kleid an – eine feministische Theologie der Beziehung, Stuttgart 1986

Hoffmann, P.: »Zukunftserwartung und Schöpfungsglaube in der Basileia-Verkündigung Jesu«, in: Religionsunterricht an höheren Schulen, 31.Jahrg., 6/1988, 374-384

Holtzmann, H. J.: Die Synoptiker, Bd. 1, Freiburg 1889

Hopkins, K.: »Contraception in the Roman Empire«, in: Society and History, 8, 1965/66, 124-151

Ions, V.: Egyptian Mythology, Library of the World's Myths and Legends (3.Aufl.) 1984

Janetzky, E. Mingram, E. Pelkner (Hg.): Aufbruch der Frauen – Herausforderungen und Perspektiven feministischer Theologie, Münster 1989

Jensen, A.: Gottes selbstbewußte Töchter – Frauenemanzipation im frühen Christentum? Freiburg im Br. 1992

Jungk, R.: Menschenbeben – Der Aufstand gegen das Unerträgliche, München 1983

Kabisch, R.: Das vierte Buch Esra, Göttingen 1889

Kähler, E.: Die Frau in den paulinischen Briefen, Diss. Zürich 1960

Kapferer, R. (Hg.).: Die Werke des Hippokrates, XXIV, Stuttgart 1939, S. 12

Kassel, M.: Das Auge im Bauch – Erfahrungen mit tiefenpsychologischer Spiritualität, Olten 1986

dies.: Feministische Theologie – Perspektiven zur Orientierung, Stuttgart 1988

Käsemann, E.: An die Römer, Tübingen 1973

ders.: »Die endzeitliche Königsherrschaft Gottes«, in: ders., Kirchliche Konflikte, Bd. 1, Göttingen 1982, 214-225

ders.: »Die Anfänge christlicher Theologie«, in: ders., Exegetische Versuche und Besinnungen, Göttingen 1986, 110-132

ders.. »Zum Thema der urchristlichen Apokalyptik«, ebd., 133-159

ders.: »Paulus und der Frühkatholizismus«, 180-194

Kelly, P. K.: »Frauen-Friedenspolitik angesichts der drohenden Weltvernichtung«, in:

L.F.Pusch (Hg.), Feminismus. Inspektion einer Herrenkultur, Frankfurt a.M. 1983, 507-523

Keulers, J.: Die eschatologische Lehre des vierten Esrabuches, Freiburg 1922, Biblische Studien 20

Klawiter, F. C.: »The Role of Martyrdom and Persecution in Developing the Priestly Authority of Women in Early Christianity: A Case Study of Montanism«, in: American Society of Church History, 49 / 1980, Nr. 13, 251-261

Klauck, H. J.: 1.Korintherbrief, Stuttgart 1979

Klostermann, E.: Das Markus-Evangelium, Tübingen 1971

Koch, H.: »Virgines Christi. Die Gelübde der gottgeweihten Jungfrauen in den ersten drei Jahrhunderten.« In: Texte und Untersuchungen zur Geschichte der altchristlichen Literatur, 31/1907, 59-112

Koch, K.: »Einleitung«, in: Koch, K./Schmidt, J. M.: Apokalyptik.

Koch, K./Schmidt, J. M. (Hg.): Apokalyptik, Darmstadt 1982

Köster, H.: Einführung in das Neue Testament im Rahmen der Religionsgeschichte und Kulturgeschichte der hellenistischen und römischen Zeit, Berlin/New York 1980.

Kraemer, Ross S.: Maenads, Martyrs, Matrons, Monastics – A Sourcebook on Women's Religions in the Greco-Roman World, Philadelphia 1988

dies.: «The Conversion on Women to Ascetic Forms of Christianity«, in: Signs / Bd. 6, 1990, 298-307

Kroll, W. (Hg.): Paulys Real-Encyclopädie der klassischen Altertumswissenschaft, Stuttgart 1916, 18. Halbband

Kroll, W. und Witte, K. (Hg.): Paulys Real-Encyclopädie der klassischen Altertumswissenschaft, Stuttgart 1923, zweite Reihe/ 4.Halbband

Kuntner, L.: Die Gebärhaltung der Frau, München 1985

Lachs, J.: »Die Gynäkologie des Soranus von Ephesus«, in: Sammlung klinischer Vorträge, N.F.335, Leipzig 1902

Lachs, L.: Die Gynäkologie des Galen, Breslau 1903

Lang, F.: Die Briefe an die Korinther, Göttingen und Zürich 1986 (Neues Testament Deutsch, Bd. 7)

Lefkowitz, M. R.: »The Motivations for Saint Perpetua's Martyrdom«, in: Journal of the American Academy of Religion, 44 / 1976, 417-21

Libanio, J.-B./Lucchetti Bingemer, M. C.: Christliche Eschatologie – Die Befreiung in der Geschichte, Düsseldorf 1987

Licht, H.: Sittengeschichte Griechenlands, Ergänzungsband: Die Erotik in der griechischen Kunst, Zürich 1928

Liddel, H. G. and Scott, R.: A Greek-English Lexicon, Oxford 1968

Lietzmann, H.: Handbuch zum Neuen Testament: An die Römer, Tübingen 1928

ders.: Das Evangelium nach Markus, Göttingen 1937

Lohse, E.: Die Offenbarung des Johannes, Göttingen 1960 (Neues Testament Deutsch)

Luck, U.: »Makkabäerbücher«, in: Religion in Geschichte und Gegenwart, Bd. 4, Tübingen (3.Aufl.) 1960, 622-623

Lührmann, D.: Das Markus-Evangelium, Tübingen 1987

Maier, J.: »Apokalyptik im Judentum«, in: Althaus, Heinz (Hg.): Apokalyptik und Eschatologie, 43-72

Massyngberde Ford, J.: »Revelation«, in: The Ancor Bible, New York (6.Aufl.) 1982

Menge-Güthling, Enzyklopädisches Wörterbuch der griechischen und deutschen Sprache, Berlin-Schöneberg 1913

Merchant, C.: Der Tod der Natur, München 1987

Meyer-Wilmes, H.: »Kirche«, in: Wörterbuch der Feministischen Theologie, 213-215

Michel, O.: Der Brief an die Römer, Göttingen 1978

Müller, U.B.: Die Offenbarung des Johannes, Gütersloh und Würzburg 1984 (Oekumenischer Taschenbuch-Kommentar zum Neuen Testament)

Murphy-O'Connor, J.: St. Paul's Corinth. Text and Archaelogy, 1983 (Good News Studies, Vol. 6)

Osten-Sacken, P. von der: »Von der Notwendigkeit theologischen Besitzverzichtes«, in: R. Ruether, Nächstenliebe und Brudermord, München 1978, 244-251

Paulys Real-Encyclopädie der classischen Altertumswissenschaften, Stuttgart 1916

Philologus, Suppl. XXII.3, Leipzig 1931, 1-164

Pesch, R.: Naherwartungen, Düsseldorf 1968

ders.: Römerbrief, Würzburg 1983

Pohl, A.: Die Offenbarung des Johannes, Wuppertal 1971

Pusch, L. F. (Hg.): Feminismus. Inspektion einer Herrenkultur, Frankfurt a.M. 1983, 507-523

Reinhard, F.: Gynäkologie und Geburtshilfe der altägyptischen Papyri, in: Archiv für Geschichte der Medizin, Bd. 9, 1916

Religion in Geschichte und Gegenwart, Bd. 1, Tübingen (3. Auflage) 1957

Religionsunterricht an höheren Schulen, 31. Jg., 6/1988

Rienecker, F.: Das Evangelium nach Markus, Wuppertal 1962

Rießler, P.: Altjüdisches Schrifttum außerhalb der Bibel, Freiburg i.Br./Heidelberg 1979 (Nachdruck von 1928)

Ringgren, H.: »Jüdische Apokalyptik«, in: Religion in Geschichte und Gegenwart, Bd. 1, Tübingen (3.Aufl.) 1957, 464-466

Ritt, H.: Offenbarung des Johannes, Stuttgart 1980 (Die neue Echter Bibel)

Rost, L.: Einleitung in die alttestamentlichen Apokryphen und Pseudepigraphen, Heidelberg-Wiesbaden, 1985

Ruether, R.: Nächstenliebe und Brudermord, München 1978

dies.: Frauen für eine neue Gesellschaft. Frauenbewegung und menschliche Befreiung, München 1979

dies.: Sexismus und die Rede von Gott. Schritte zu einer anderen Theologie, Gütersloh 1985

dies.: Unsere Wunden heilen / unsere Befreiung feiern. Rituale in der Frauenkirche. Stuttgart 1988

Sammlung klinischer Vorträge, N.F.335, Leipzig 1902

Sanday, W./ Headlam, A. C.: The Epistle of the Romans, The International Critical Commentary, Edinburgh 1895/1950

Sanders, H.: »A Latin Marriage Contract«, in: Transactions and Proceedings of the American Philological Association, Philadelphia 1938, vol. LXIX, 104-116

Schäfer, G. K. und Th. Strohm (Hrsg.), Diakonie – biblische Grundlagen und Orientierungen, Heidelberg 1990, 222-242.

Schäfer, P.: Studien zur Geschichte und Theologie des rabbinischen Judentums, Leiden 1978

Scharbert, J.: Der Schmerz im Alten Testament, Bonn 1955

Schaumberger, Ch.: »Subversive Bekehrung«, in: dies./L. Schottroff: Schuld und Macht – Studien zu einer feministischen Befreiungstheologie, München 1988, 153-288, 200f.

dies./L. Schottroff: Schuld und Macht – Studien zu einer feministischen Befreiungstheologie, München 1988

Schlangenbrut Nr. 32, 1991, 5-20

Schmeil, O.: Leitfaden der Pflanzenkunde, 170. Aufl., Leipzig 1935

Schmid, H.W.: Der Brief an die Römer, Theol. Handkommentar zum Neuen Testament, Bd. 6, Berlin 1962

Schmid, J.: Das Evangelium nach Markus, Regensburg 1954

Schmidt, W. H.: »Apokalyptik – Erbe der Prophetie und der Weisheit«, in: ders.,W. Thiel, R. Hanhart, Altes Testament, 67-69, Stuttgart 1989

Schmithals, W.: Der Römerbrief, Gütersloh 1988

ders.: Das Evangelium nach Markus, Bd. 2, Würzburg 1979

Schottroff, L.: Der Glaubende und die feindliche Welt, Neukirchen 1970

dies.: »Die Gegenwart in der Apokalyptik der synoptischen Evangelien«, in: dies., Befreiungserfahrungen – Studien zur Sozialgeschichte des Neuen Testaments, München 1990, 73-95

dies.:: »Nicht viele Mächtige. Annäherung an eine Soziologie des Urchristentums«, ebd., 247-256

dies.: »Wie berechtigt ist feministische Kritik an Paulus? Paulus und die Frauen in den ersten christlichen Gemeinden im Römischen Reich«, ebd., 229-246

dies.: »Patriarchatsanalyse als Aufgabe Feministischer Theologie – Neutestamentliche Aspekte«, in: Reader der Projektbeiträge zur Sommeruniversität, Kassel 1988

dies.: Die Nähe Gottes, unveröffentlicht, verteilt am Deutschen Kirchentag 1989

dies.: »DienerInnen der Heiligen«, in: G. K. Schäfer/Th. Strohm (Hg.), Diakonie – biblische Grundlagen und Orientierungen, Heidelberg 1990, 222-242

dies.: Befreiungserfahrungen – Studien zur Sozialgeschichte des Neuen Testaments, München 1990, 73-95.

Schottroff L. und W.: Die kostbare Liebe zum Leben – Biblische Inspirationen, München 1991

W. Schottroff/W. Stegemann (Hg.): Der Gott der kleinen Leute, Bd. 2, München 1979

Schreiner, J.: Das 4. Buch Esra, in: Jüdische Schriften aus hellenistisch- römischer Zeit, Bd.V/4, Gütersloh 1981

Schroer, Silvia: »Die Zweiggöttin in Palästina/Israel«, in: Janetzky, E. Mingram, E. Pelkner (Hg.): Aufbruch der Frauen – Herausforderungen und Perspektiven feministischer Theologie, Münster 1989, 85-112, S. 100.

Schüngel-Straumann, H.: »Bibel«, in: Wörterbuch der Feministischen Theologie, Hg. von E. Gössmann et al.

Schüssler Fiorenza, E.: »Wisdom Mythology and the Christological Hymns of the New Testament«, in: R. L. Wilken (ed.), Aspects of Wisdom in Judaism and Early Christianity, Indiana 1975, 17-41

dies.: The Book of Revelation – Justice and Judgement, Philadelphia 1985

dies.: »Biblische Grundlegung«, in: Kassel, M.(Hg.): Feministische Theologie – Perspektiven zur Orientierung. Stuttgart 1988, 13-44, S. 25.

dies.: Zu ihrem Gedächtnis – eine feministisch-theologische Rekonstruktion der christlichen Ursprünge, München 1988

dies.: Brot statt Steine – Die Herausforderung einer feministischen Interpretation der Bibel, Freiburg 1988

dies.: »Zur Methodenproblematik einer feministischen Christologie des Neuen Testaments«, in: D. Strahm/R. Strobel, Vom Verlangen nach Heilwerden, 129-147.

Schütz, R.: »Altchristliche Apokalyptik«, in: Religion in Geschichte und Gegenwart, (3.Aufl.)1957, 467-469

Schweizer, E.: Das Evangelium nach Markus, Göttingen 1983

Sölle, D.: Im Hause des Menschenfressers – Texte zum Frieden, Reinbek bei Hamburg 1981 *gedicht S.212*

dies.: Leiden, Stuttgart 1984

dies.: Gott im Müll – Eine andere Entdeckung Lateinamerikas, München 1992

Spiegelberg, W.: Aegyptologische Randglossen zum Alten Testament, Strassburg 1904

Stählin, G.: Das Bild der Witwe. Ein Beitrag zur Bildersprache der Bibel und zum Phänomen der Personifikation in der Antike, Jahrbuch für Antike und Christentum, Jg. 17/1974, 5-20

Stauffer, E.: »Das theologische Weltbild der Apokalypse«, in: Zeitschrift für systematische Theologie, 8/1930-31, 203-215

Stegemann, W.: »Wanderradikalismus im Urchristentum?«, in: W.Schottroff/W.Stegemann (Hg.): Der Gott der kleinen Leute, Bd. 2, München 1979

Stemberger, G.: Der Leib der Auferstehung – Studien zur Anthropologie und Eschatologie des palästinensischen Judentums im neutestamentlichen Zeitalter, Analecta Biblica 56, Rom 1972

Stone, M.E.: Features of the Eschatology of IV Ezra, Diss. Harvard 1965 (Harvard Semitic studies, no. 35, 1989)

ders. (ed.): Jewish Writings of the Second Temple Period, Assen-Philadelphia 1984

Strahm, D./ Strobel, R.: Vom Verlangen nach Heilwerden, Christologie in feministisch-theologischer Sicht, Freiburg 1991

Strobel, A.: Der erste Brief an die Korinther, Zürich 1989

Surkau, H.W.: Martyrien in jüdischer und frühchristlicher Zeit, Göttingen 1938

Sutter Rehmann, L.: »Eschatologie« (Artikel) in: E. Gössmann, E. Moltmann-Wendel, H. Pissarek-Hudelist, I. Praetorius, L. Schottroff, H. Schüngel-Straumann (Hg.), Wörterbuch der Feministischen Theologie, Gütersloh 1991, 86-89

Taylor, V.: The Gospel according to St Mark, London 1952

Thalhofer, V. (Hg.): Bibliothek der Kirchenväter, Die Briefe der Päpste, Bd. 1, Kempten 1875

Theißen, G.: Studien zur Soziologie des Urchristentums, Tübingen 1989

Theologischer Handkommentar zum NT, Bd. 6, Berlin 1962, 149

Thiel, W., R. Hanhart: Altes Testament, Stuttgart/Berlin/Köln/Mainz 1989, 67-69.

Thompson, A. L.: Responsibility for Evil in the Theodicy of VI Ezra, Diss. Edinburgh 1974 (Society of Biblical Literature, Dissertation Series 29, Missoula, Montana 1977

Thürmer-Rohr, Ch.: Vagabundinnen. Feministische Essays, Berlin 1988

Troeltsch, E.: Die Soziallehren der christlichen Kirchen und Gruppen, in: Gesammelte Schriften, Bd. 1, Tübingen 1912

Veith, I.: Hysteria – the History of a Disease, Chicago 1965

Vigiliae Christianes 33, 1979, 287-90

Vielhauer, Ph.: Geschichte der urchristlichen Literatur, Berlin/New York 1975.

Viezzer, M.: Wenn man mir erlaubt zu sprechen... – Zeugnis von Domitila, einer Frau aus den Minen Boliviens, Bornheim-Merten 1979

Vogt, K.: »Männlichwerden« – Aspekte einer urchristlichen Anthropologie, in: Concilium 1985, Bd. 2, Heft 1, 434-442.

Wainwright, E. M.: Towards a Feminist Critical Reading of the Gospel According to Matthew, Berlin – New York 1991 (= BZNW und die Kunde der älteren Kirche, Bd. 60).

Weinreich, O.: Antike Heilungswunder, Gießen 1909

Weiss, J.: Das älteste Evangelium, Göttingen 1903

Wengst, K.: Pax Romana. Anspruch und Wirklichkeit, München 1986

Wikenhauser, A./ Kuss, O. (Hg.): Das Neue Testament, Bd. 6, 1940

Wikenhauser, A.: Die Offenbarung des Johannes, Regensburger Neues Testament, 1959

Wilckens, U.: Weisheit und Torheit, Tübingen 1959

ders.: Der Brief an die Römer, 2.Bd., Neukirchen-Vluyn 1980

Wilken, R. L. (ed.): Aspects of Wisdom in Judaism and Early Christianity, Indiana 1975

Wire, A. C.: »The Corinthian Women Prophets – A Reconstruction through Paul's Rhetoric«, Minneapolis 1990.

Wittke, S.W.: Wöchnerinnen in griechischen Weihepigrammen – eine Studie auf der Grundlage der Anthologia Palatina, Diss. Erlangen-Nürnberg 1973

Wolff, Ch.: Der erste Brief des Paulus an die Korinther, zweiter Teil, Berlin 1982

Yarbro Collins, Adela: »Womens History and the Book of Revelation«, Seminar Papers / Society of Biblical Literature, Bd. 26, 1987, 80-91

Zager, W.: Begriff und Wertung der Apokalypse in der neutestamentlichen Forschung, Frankfurt/Berlin/New York/Paris 1989 (Europäische Hochschulschriften: Reihe 23, Theologie; Bd. 358).

Zahn, Th. (Hg.): Kommentar zum Neuen Testament, Bd.6, Leipzig 1910

Zscharnak, L.: Der Dienst der Frau in den ersten Jahrhunderten der christlichen Kirche, Göttingen 1902

Zeller, D.: Der Brief an die Römer, Regensburg 1985

Zervos, G.: Beitrag zur vor-hippokratischen Geburts-Gynäkologie der Babylonier und Assyrer nach den alten griechischen Autoren, in: Archiv für Geschichte der Medizin, Bd. IV, Heft 6, Leipzig 1913, 401-416.

Zimmermann, H.: Neutestamentliche Methodenlehre, Stuttgart 1970 (3. Aufl.), 214-230.